21世纪普通高等教育
法学系列教材

合同法

房绍坤 著

中国人民大学出版社
·北京·

作者简介

房绍坤：法学博士，吉林大学“匡亚明学者”杰出教授，烟台大学法学院教授，博士研究生导师；教育部高等学校法学类专业教学指导委员会副主任委员、中国法学会民法学研究会副会长、中华司法研究会常务理事；教育部“长江学者奖励计划”特聘教授，国家“万人计划”哲学社会科学领军人才，中宣部文化名家暨“四个一批”人才，“新世纪百千万人才工程”国家级人选；荣获“国家级教学名师奖”；享受国务院政府特殊津贴。代表性著作有《公益征收法研究》《用益物权基本问题研究》《物权法的变革与完善》《民事立法理念与制度构建》《土地承包经营权益实现机制研究》等，代表性论文有《民事法律的正当溯及既往问题》《标表型人格权的构造与人格权商品化批判》《导致物权变动之法院判决类型》《国有土地上房屋征收的法律问题与对策》《用益物权三论》等。

编写说明

党的二十大报告指出，要“充分发挥市场在资源配置中的决定性作用”，“构建全国统一大市场，深化要素市场化改革，建设高标准市场体系”。在发展市场经济中，合同法发挥着十分重要的作用，是促进交易便利、鼓励市场要素自由流通的重要保障。因此，合同法是市场经济的基本法。《民法典》设置合同编，全面、系统地规定了合同法的基本制度及各类典型合同，构建了完整的合同法体系，为合同法教学与科研提供了基本规范。

为适应合同法的教学需要，针对法学本科教学的特点，受中国人民大学出版社委托，本人撰写了这部教材。本教材体现了如下特点：第一，按照《民法典》合同编的体例设计教材内容，力求准确解释《民法典》合同编的规定，并全面反映最高人民法院有关合同法的司法解释。第二，内容上力求简明扼要，尽量用简洁的语言集中阐述合同法的基本概念、基本理论、基本制度，不作过多的理论分析和观点评述，以便于学生对合同法知识能够一目了然。第三，各章中设置了例题、案例讨论，供学生学习、讨论之用，以提高学生分析问题和解决问题的能力。

本人受限于能力，对《民法典》合同编的学习和理解还不够深入，书中内容难免存在不妥之处，敬请批评指正。

房绍坤

2023 年 12 月

缩略语一览表

《民法典》——《中华人民共和国民法典》
《保险法》——《中华人民共和国保险法》
《著作权法》——《中华人民共和国著作权法》
《商标法》——《中华人民共和国商标法》
《旅游法》——《中华人民共和国旅游法》
《电子签名法》——《中华人民共和国电子签名法》
《矿产资源法》——《中华人民共和国矿产资源法》
《固体废物污染环境防治法》——《中华人民共和国固体废物污染环境防治法》
《循环经济促进法》——《中华人民共和国循环经济促进法》
《招标投标法》——《中华人民共和国招标投标法》
《拍卖法》——《中华人民共和国拍卖法》
《商业银行法》——《中华人民共和国商业银行法》
《公司法》——《中华人民共和国公司法》
《民事诉讼法》——《中华人民共和国民事诉讼法》
《村民委员会组织法》——《中华人民共和国村民委员会组织法》
《城市房地产管理法》——《中华人民共和国城市房地产管理法》
《海商法》——《中华人民共和国海商法》
《民用航空法》——《中华人民共和国民用航空法》
《铁路法》——《中华人民共和国铁路法》
《电信条例》——《中华人民共和国电信条例》
《民法典总则编解释》——《最高人民法院关于适用〈中华人民共和国民法典〉总则编若干问题的解释》
《诉讼时效规定》——《最高人民法院关于审理民事案件适用诉讼时效制度若干问题的规定》
《担保制度解释》——《最高人民法院关于适用〈中华人民共和国民法典〉有关担保制度的解释》
《民法典合同编通则解释》——《最高人民法院关于适用〈中华人民共和国民法典〉合同编通则若干问题的解释》
《买卖合同解释》——《最高人民法院关于审理买卖合同纠纷案件适用法律问题的解释》
《商品房买卖合同解释》——《最高人民法院关于审理商品房买卖合同纠纷案件适用法律若干问题的解释》
《民间借贷规定》——《最高人民法院关于审理民间借贷案件适用法律若干问题的

规定》

《城镇房屋租赁合同解释》——《最高人民法院关于审理城镇房屋租赁合同纠纷案件具体应用法律若干问题的解释》

《融资租赁合同解释》——《最高人民法院关于审理融资租赁合同纠纷案件适用法律问题的解释》

《施工合同解释（一）》——《最高人民法院关于审理建设工程施工合同纠纷案件适用法律问题的解释（一）》

《技术合同解释》——《最高人民法院关于审理技术合同纠纷案件适用法律若干问题的解释》

目　　录

上　编　合同法总论

下 编 合同法分论

上编

合同法总论

第一章 合同法概述

第一节　合同概述

一、合同的概念和特征

在民法上，合同又称契约。《民法典》虽然没有直接使用契约的概念，但实质上是承认这一概念的，如违约责任、违约金中的“约”即指契约。《民法典》第 464 条第 1 款规定，合同是指民事主体之间设立、变更、终止民事法律关系的协议。根据这一规定，合同具有以下特征。

第一，合同是当事人之间在自由平等基础上所达成的协议。协议是两个以上当事人对于某个事项在理解和认识上所达成的一致，体现了当事人的意愿。合同就是当事人之间为实现一定的民事法律目的而达成的协议，是在设立、变更、终止民事法律关系上的认识一致。这种一致是当事人之间通过自愿协商所达成的，建立在自由平等基础之上。合同既然是当事人自愿达成的协议，当事人的法律地位也就必然是平等的。因此，不是平等主体之间签订的协议，不属于合同。当事人的地位平等，是合同的内在要求。

第二，合同是双方或者多方民事法律行为。民事法律行为是以发生一定的民事法律后果为目的，以当事人的意思表示为基本要素的法律事实。合同是当事人以发生一定民事法律后果为目的的行为，以当事人的意思表示为要素，因此，合同是民事法律行为。合同作为一种民事法律行为，是一种双方或者多方民事法律行为。因此，合同要有两方以上的当事人，并且须各方的意思表示一致。只有一方的意思表示，或者虽有两方以上的意思表示，但是各方的意思表示不一致的，各方之间也就达不成协议，合同也就不能成立。

第三，合同以确立民事权利义务关系为目的。当事人可以通过合同设立民事权利义务关系，也可以通过合同来变更或者终止民事权利义务关系。因此，合同是以确立民事权利义务关系为目的的。合同所确立的民事权利义务关系不同于因其他原因而确定的民事权利义务关系，它是当事人依法自由约定的，是相互平等协商一致后自行确立的。尽管合同的权利义务是当事人自行确立的，但是因为它是由当事人依法设定的，所以，合同所确定的民事权利义务关系同样受法律的保护。合同一经依法成立，就对当事人产生法律约束力，当事人必须按照合同约定享有权利和承担义务。任何一方违反合同，都要依法承担违约责任。

二、合同的范围

合同是一种协议，且以设立、变更、终止民事法律关系为内容。但是，并非所有设立、变更、终止民事法律关系的协议都是合同法上所指的合同。

首先，依据《民法典》第 464 条第 2 款的规定，婚姻、收养、监护等有关身份关系的协议，适用有关身份关系的法律规定；法律没有规定的，可以根据其性质参照适用《民法典》合同编的规定。在《民法典》中，有关身份关系的协议有很多，如离婚协议、收养协议、监护协议、夫妻财产约定等。这些协议虽然也都是当事人意思表示一致的结果，但并不是《民法典》合同编所指的合同。因此，有关身份关系的协议应适用有关身份关系的法律规定；只有在法律没有规定的情况下，才可以根据该类协议的性质参照适用《民法典》合同编的规定。例如，离婚协议、收养协议、监护协议属于纯粹的有关身份关系的协议，基于身份性质，不能适用《民法典》合同编的规定。但是，夫妻财产约定、离婚财产分割协议等虽然是基于身份关系作出的，但是与财产有关，因此，可以参照适用《民法典》合同编的规定。

其次，在《民法典》中，除有关身份关系的协议外，还存在其他一些与身份有关，但性质上属于财产关系的协议，如夫妻间的赠与协议、人格利益许可使用合同等。这些协议或者合同在本质上属于财产性合同，应当认定为属于《民法典》合同编中所指的合同，可以适用《民法典》合同编的相关规定。

再次，在《民法典》物权编中，有关物权变动的合同如土地承包经营权合同、建设用地使用权出让合同、居住权合同、地役权合同、抵押合同、质押合同等在内容上主要是设立相应的物权。而从《民法典》合同编所规定的合同来看，其内容主要是债权债务，因此，《民法典》合同编所指的合同并不包含上述有关物权变动的合同，属于狭义的合同。① 当然，有关物权变动的合同虽然不属于《民法典》合同编所指的合同，但是并不妨碍可以适用合同的有关规则，如合同的订立规则等。

最后，在特别法中，法律上也规定了一些合同，如《保险法》所规定的保险合同、《著作权法》所规定的著作权许可使用和转让合同、《商标法》所规定的商标许可使用和转让合同、《旅游法》所规定的旅游服务合同等。这些合同都会在当事人之间产生债权债务关系，因此，应属于《民法典》合同编所指的合同。当然，按照特别法优于普通法的法律适用规则，对这些合同首先应适用特别法的相关规定，在特别法没有规定的情况下，可以适用《民法典》合同编通则分编的规定。

综上，《民法典》合同编所指的合同仅指产生债权债务关系的合同，因此，合同是债的发生原因（《民法典》第 118 条）。

---

① 另一种观点认为，《民法典》中的合同采纳了广义的合同概念，除债权合同外，还包括抵押合同、质押合同、国有土地使用权出让合同等。徐涤宇．合同法学．3 版．北京：高等教育出版社，2020：34.

三、合同的分类

在现实生活中，合同的形态复杂多样，按照一定的标准可以作不同的分类。

（一）有名合同与无名合同

根据法律是否设有规范并确定特定的名称，合同可以分为有名合同与无名合同。

有名合同又称典型合同，是指法律设有规范并赋予了特定名称的合同。《民法典》合同编典型合同分编所规定的 19 类合同，其他特别法中所规定的保险合同、旅游服务合同等，都属于有名合同。有名合同的功能在于：法律通过对其确定特定的名称并设置相应规范，为当事人订立和履行合同提供便利；同时通过法律确立的合同规范，当事人还可以对交易的预期利益、交易风险、交易障碍等作出合理的预测，从而决定是否从事某项交易活动。应当指出，法律对有名合同的规定，主要是规范合同的内容，而并非代替当事人订立合同。

无名合同又称非典型合同，是指法律没有赋予特定名称，也未设有相应规范的合同。无名合同的功能在于，法律允许当事人订立没有确定名称和相应规范的合同类型。在合同类型的选择上，合同法实行"合同类型自由主义"，即当事人不仅可以根据法律的规定订立有名合同，也可以根据自己的特殊需求订立法律没有规定的无名合同，只要不违背法律、行政法规的强制性规定和公序良俗，所订无名合同即可发生效力。在现实生活中，由于交易关系十分复杂，当事人的需求又多种多样，而法律的规定又不可能十分周全，因此，无名合同的存在是必然的。无名合同有不同的表现形式，主要有三种类型：一是纯粹无名合同，即以法律完全没有规定的事项为内容，法律上也没有确定名称的合同，例如，借用他人物品所订立的合同。这类合同虽然称为"借用合同"，但是法律上并没有相应的名称，也没有相应的规范，故为无名合同。二是混合合同，即以两个以上有名合同的事项为内容的合同。例如，在订立房屋租赁合同时，承租人以保管车辆代替交付租金。这类合同虽然同时包含着租赁合同和保管合同的内容，但是在性质上属于一个合同，应属于无名合同。三是准混合合同，即以有名合同的事项与不属于任何有名合同的事项为内容的合同。也就是说，在一个有名合同中规定有其他无名合同的事项。例如，在委托合同中，受托人为委托人处理委托事务，委托人教受托人的子女学习钢琴，此即为无名合同。

此外，关于合同联立是否为一种无名合同，学说上存在争议。[①] 所谓合同联立，是指数个合同具有相互结合关系。其表现形式可以是单纯的外观结合，也可以是数个合同的结合具有一定的依存关系。在前者，因仅有单纯的外观结合，故数个合同之间不具有依存关系，在效力上不发生牵连。例如，甲将 A 车交给乙修理而订立承揽合同，乙将 B 车出租给甲而订立租赁合同。这里的承揽合同与租赁合同互不依存，应分别适用承揽合同和租赁合同的规范。在后者，数个合同之间具有依存关系，即一个合同的效力依存于另

① 主张合同联立为一种无名合同的观点，参见崔建远．合同法．4 版．北京：北京大学出版社，2021：22 - 23；韩世远．合同法学．2 版．北京：高等教育出版社，2022：22。主张合同联立不属于无名合同的观点，参见王利明．合同法：上册．2 版．北京：中国人民大学出版社，2021：12。

一个合同的效力。例如，甲乙签订借款合同，约定甲向乙提供贷款；同时又约定，贷款到期后，乙应当将其一栋别墅出售给甲。在这个合同中，房屋买卖合同具有依存合同的性质，借款合同为被依存的合同。因此，若借款合同无效，则房屋买卖合同也归于无效。

区分有名合同与无名合同的法律意义主要在于：处理两类合同所适用的规则不同。对于有名合同，由于法律规定有统一的规范，因而对于当事人欠缺约定的事项，可以直接适用相关的法律规定。但是，对于无名合同而言，由于法律没有设计具体的规范，故没有具体的法律规范可供直接适用。关于无名合同的法律适用，依据《民法典》第467条第1款的规定，应当遵循如下规则：首先，应适用《民法典》合同编通则分编的规定，如关于合同的订立、效力、履行、保全、变更和转让、终止、违约责任等规定都适用于无名合同。其次，在适用《民法典》合同编通则分编的基础上，参照适用《民法典》合同编或者其他法律最相类似合同的规定。这里的“参照适用”，也就是类推适用。类推适用的对象是《民法典》合同编中的典型合同的规定或者单行法中针对其他典型合同的相关规定，而且是最相类似的典型合同的规定。所谓“最相类似”，是指无名合同中的事项在性质上最接近于典型合同。例如，无名合同中有让与使用权内容的，其最相类似的合同就是租赁合同。

例题 1

（二）有偿合同与无偿合同

根据当事人取得权利是否需要支付相应代价，合同可以分为有偿合同与无偿合同。

有偿合同是指当事人取得权利必须支付相应代价的合同。就是说，一方当事人取得利益，必须向对方当事人支付相应的代价，而支付相应代价的一方必然取得相应的利益。这种代价可以是给付金钱，也可以是给付实物或者提供劳务。有偿合同应当适用等价有偿原则，但是一方取得的利益与对方支付的代价，不要求在经济上、价值上完全相等，只需达到公平合理的程度即可。有偿合同是商品交易关系的最典型的法律形式，实践中的多数合同都是有偿合同。例如，买卖合同、租赁合同、融资租赁合同、保理合同、承揽合同、建设工程合同、运输合同、技术合同、仓储合同、物业服务合同、行纪合同等，都是有偿合同。

无偿合同是指当事人取得权利无须支付相应代价的合同。因无偿合同没有对价的支付，故等价有偿原则对无偿合同没有适用的价值。在有名合同中，赠与合同、保证合同等是无偿合同，作为无名合同的“借用合同”也是无偿合同。

合同的有偿与否，取决于合同的性质。有些合同只能是有偿合同，有些合同只能是无偿合同。如果将合同的有偿性或者无偿性予以改变，则合同的性质就会发生根本的变化。例如，买卖合同为有偿合同，如变成无偿合同，则为赠与合同；作为无名合同的“借用合同”是无偿合同，如变成有偿合同，则为租赁合同。当然，有些合同可以是有偿合同，也可以是无偿合同，是否有偿取决于当事人的约定，如自然人之间的借款合同、保管合同、委托合同等。

区分有偿合同与无偿合同的法律意义主要在于：第一，当事人的注意义务要求不同。在有偿合同中，当事人的注意义务要受当事人之间的利益关系的影响，因此，法律对有偿合同的当事人规定了较高的注意义务；在无偿合同中，因当事人一方仅支付代价而没有取得利益，所以法律要求其承担较低的注意义务。例如，在保管合同中，如果保管合同是有偿的，则保管人因收取了保管费而承担较高的注意义务，因其保管不善（过错）造成保管物毁损、灭失的，应负全部赔偿责任。但是，如果保管合同是无偿的，则保管人证明自己没有故意或者重大过失的，不承担赔偿责任，即无偿保管人只对因故意或者重大过失造成的保管物毁损、灭失承担赔偿责任（《民法典》第897条）。第二，主体资格要求不同。由于有偿合同的当事人需要支付代价才能取得利益，因此，法律对当事人资格有较高的要求。有偿合同的当事人原则上应当具备完全民事行为能力；限制民事行为能力人非经法定代理人同意，原则上不得订立有偿合同。限制民事行为能力人订立的有偿合同，只有经法定代理人同意或者追认，才能有效（《民法典》第19条）。但是，无偿合同的当事人一方无须支付代价即可取得利益，因此，法律对他的当事人资格要求较低。对于一些单纯获利的无偿合同如赠与合同等，限制民事行为能力人也可以订立，无须法定代理人同意或者追认。第三，债权人行使撤销权的条件不同。债权人行使撤销权的条件因合同的有偿或者无偿而有所不同。如果债务人将财产无偿地转让给第三人，只要影响债权人的债权实现，债权人就可以请求撤销该行为，而无论债务人和第三人的主观态度如何（《民法典》第538条）。但是，如果债务人以明显不合理的低价转让、以明显不合理的高价受让他人财产或者为他人的债务提供担保，则除该行为影响债权实现外，只有在债务人的相对人知道或者应当知道该情形时，债权人才能行使撤销权（《民法典》第539条）。第四，构成善意取得的条件不同。在无权处分他人财产的人将财产转让给第三人时，如果第三人是善意有偿取得的，则构成善意取得，第三人取得转让财产的所有权，原所有权人无权要求善意第三人返还财产，即第三人不负返还财产的义务。但是，如果第三人是无偿取得的，则无论第三人是否为善意，均不构成善意取得，第三人不能取得转让财产的所有权，应当将财产返还给原所有权人。

（三）双务合同与单务合同

根据当事人双方是否负有对待给付义务，合同可以分为双务合同与单务合同。①

双务合同是指当事人双方相互负有对待给付义务的合同。在双务合同中，一方当事人所享有的权利就是他人当事人所负担的义务。就是说，双方当事人之间存在着互为对价的关系。例如，买卖合同、租赁合同、承揽合同、仓储合同等合同，都属于双务合同。

单务合同是指仅有当事人一方负担给付义务的合同。在单务合同中，当事人的权利与义务并不存在对应关系，一方的义务并不体现为另一方的权利。应当指出，在单务合同中，仅一方负担给付义务，并不是说只有一方负担义务，而另一方不负担任何义务，而是指双方所负担的义务并不存在互为对价的关系。例如，赠与合同、保证合同是单务合同。

① 在学说上，与双务合同与单务合同相类似的还有另一分类，即一方负担合同与双方负担合同（王泽鉴．债法原理．2版．北京：北京大学出版社，2013：165－166）。这种分类的标准是一方负担义务还是双方负担义务。如果是一方负担义务，即为单务合同。如果是双方都负担义务，则合同又有双务合同与不完全双务合同之分。所谓不完全双务合同，是指当事人双方虽然都负有义务，但其义务并不构成对待给付的合同。例如，在有偿委托合同中，受托人处理委托事务的义务与委托人支付报酬的义务是对待给付义务，故有偿委托合同是双务合同；而在无偿委托合同中，委托人负有预付费用的义务，但是该义务与受托人处理委托事务的义务并不构成对待给付关系，因此，无偿委托合同为不完全双务合同。应当指出，因双务合同与单务合同的分类标准和一方负担合同与双方负担合同的分类标准并不一致，故对合同性质的认定会存在差异。例如，如果以当事人双方是否负有对待给付义务为标准进行判断，则不完全双务合同也属于单务合同，因其并不存在对待给付关系。

区分双务合同和单务合同的法律意义主要在于：第一，合同履行抗辩权的适用不同。在双务合同中，因当事人双方互负对待给付义务，故双务合同可以适用同时履行抗辩权、先履行抗辩权和不安抗辩权。在单务合同中，双方当事人之间并不存在对待给付义务，故单务合同不能适用上述履行抗辩权。第二，风险负担有所不同。在双务合同中，如果非因当事人一方的原因而使合同不能履行的，义务人不再负履行义务，权利人也无权要求对方履行。如果对方已经履行了合同义务，则应将其所得返还给对方。在单务合同中，如果一方因不可抗力等不能履行义务的，不会发生双务合同中的风险负担问题。第三，不履行合同的后果不同。在双务合同中，当事人一方不履行合同或者履行合同不符合约定的，守约方有权要求违约方继续履行合同或者承担其他违约责任。如果守约方解除合同，则违约方应当将从守约方处所取得的财产返还给守约方。在单务合同中，由于双方并不存在对待给付义务，所以，当事人一方违约的，不存在要求对方对待履行或者返还财产的问题。

（四）诺成合同与实践合同

根据合同的成立是否以完成特定现实给付为要件，合同可以分为诺成合同与实践合同。

诺成合同是指以当事人的意思表示一致为成立要件的合同。这种合同不以交付标的物或者完成其他给付作为合同的成立要件，故又称不要物合同。诺成合同是合同的典型形态，大多数合同都是从当事人意思表示一致时成立的。例如，买卖合同、供用电（水、气、热力）合同、赠与合同、金融机构借款合同、保证合同、租赁合同、融资租赁合同、保理合同、承揽合同、建设工程合同、技术合同、仓储合同、委托合同、物业服务合同、行纪合同、中介合同、合伙合同等都属于诺成合同。

实践合同是指除当事人意思表示一致外，还需要交付标的物或者完成其他给付才能成立的合同。这种合同仅凭当事人的意思表示一致还不能成立，尚须有一方交付标的物或者完成其他给付，故又称要物合同。实践合同并不是常态合同，而是法律特别规定的一种合同。在有名合同中，自然人之间借款合同是实践合同，自贷款人提供借款时成立（《民法典》第679条）；保管合同原则上是实践合同，除非当事人另有约定（《民法典》第890条）。

区分诺成合同与实践合同的法律意义主要在于：第一，合同的成立时间不同。诺成合同自当事人意思表示一致时即告成立；而实践合同的当事人意思表示一致，合同并不成立，只有一方当事人交付标的物或者完成其他给付，合同才能成立。第二，交付标的物或者完成其他给付的意义不同。在诺成合同中，当事人交付标的物或者完成其他给付是履行合同的行为，是当事人的应尽义务；而在实践合同中，当事人交付标的物或者完成其他给付，既是合同成立的条件，又是履行合同的行为。

（五）要式合同与不要式合同

根据合同是否以特定的形式为要件，合同可以分为要式合同与不要式合同。

要式合同是指法律、行政法规规定或者当事人约定采用特定形式的合同。一般地说，要式合同中的特定形式通常为书面形式。但是，并非采取书面形式的合同都是要式合同。合同是否属于要式合同，应当取决于法律、行政法规的规定或者当事人的约定。例如，

《民法典》规定了如下合同应当采用书面形式：金融机构借款合同（第 668 条第 1 款）、租赁期限为 6 个月以上的租赁合同（第 707 条）、融资租赁合同（第 736 条第 2 款）、保理合同（第 762 条第 2 款）、建设工程合同（第 789 条）、技术开发合同（第 851 条第 3 款）、技术转让合同和技术许可合同（第 863 条第 3 款）、物业服务合同（第 938 条第 3 款）。

不要式合同是指法律、行政法规没有规定或者当事人没有约定采用特定形式的合同。不要式合同的特点在于，当事人可以根据合同自由原则，约定合同所采用的形式，不受法律、行政法规规定的限制。

在现代合同法中，合同的形式以不要式为原则，以要式为例外。因此，当事人订立合同可以采用书面形式、口头形式或者其他形式；法律、行政法规规定或者当事人约定采用特定形式的，应当采用特定形式（《民法典》第 135 条）。可见，区分要式合同与不要式合同的法律意义主要在于，要式合同若没有采用法律、行政法规规定或者当事人约定的特定形式，则会发生特殊的法律效果。这种效果主要体现在如下方面：其一，合同没有采用特定形式的，原则上不成立。依据《民法典》第 490 条第 2 款的规定，法律、行政法规规定或者当事人约定合同应当采用书面形式订立，当事人未采用书面形式但是一方已经履行主要义务，对方接受时，该合同成立。可见，当事人没有采用法律、行政法规规定或者当事人约定的书面形式，也没有履行主要义务的，合同应不成立。其二，合同没有采用特定形式的，合同未生效。依据《民法典》第 502 条第 2 款的规定，法律、行政法规规定合同应当办理批准等手续，当事人未办理批准等手续的，合同未生效。

（六）一时性合同与继续性合同

根据时间因素在合同履行中的作用，合同可以分为一时性合同与继续性合同。

一时性合同是指因一次履行即可实现合同内容的合同。例如，买卖合同、赠与合同、承揽合同等都属于一时性合同。在一时性合同中，所谓“一次履行”，既可以是一次性履行完毕，如在赠与合同中，赠与人将房屋交付受赠人并办理房屋所有权的转移登记手续；也可以是分期履行完毕，如分期付款买卖合同、分期交货买卖合同。在“分期履行”中，合同的总给付是自始就确定的，分期的时间因素对履行的内容及范围并没有影响，因此，这类合同仍为一时性合同。

继续性合同是指合同的内容并非一次履行即可实现，而是须持续履行才能实现的合同。例如，供用电合同、租赁合同、融资租赁合同、保管合同、仓储合同、物业服务合同、合伙合同等都属于继续性合同。在继续性合同中，时间因素对合同的履行有重要影响，合同总内容的实现取决于履行的时间长度，即随着履行时间的推移，当事人之间不断产生新的权利义务。

区分一时性合同与继续性合同的法律意义主要在于：第一，合同履行的效力不同。在一时性合同中，债务一经履行，合同即归于消灭；而在继续性合同中，在约束期间内，债务履行呈持续状态，合同并不因此而归于消灭。第二，合同解除的事由不同。在一时性合同中，在具备法律规定或者当事人约定的解除事由时，当事人才可以解除合同，不得擅自解除合同；而在继续性合同中，除法律规定或者当事人约定的解除事由外，当事人对于不定期的继续性合同，享有随时解除权。例如，依据《民法典》第 563 条第 2 款的规定，以持续履行的债务为内容的不定期合同，当事人可以随时解除合同，但是应当在合理期限之前通知对方。第三，合同消灭的溯及既往效力不同。在一时性合同中，合同消灭可以发生溯及既往的效力，即发生恢复原状的效力，如返还原物等。在继续性合同中，合同消灭一般不发生溯及既往的效力，即仅对将来发生效力，对已经履行的合同关系不发生效力。第四，违反合同的救济不同。违反继续性合同的，可以区分“个别给付”与“整个合同”予以处理。“个别给付”可以适用违约责任的一般规定处理，如租赁合同的承租人没有支付某一期租金的，出租人可以就该期未支付的租金请求承租人承担违约责任。而对于一时性合同而言，因不存在持续履行问题，故通常不发生“个别给付”的处理问题。

（七）主合同与从合同

根据合同相互间的主从关系，合同可以分为主合同与从合同。

主合同是指不依赖于其他合同而能独立存在的合同。主合同的特点在于，它能够独立存在，不以其他合同的存在为存在前提。

从合同是指以其他合同的存在为存在前提的合同。从合同的特点在于，它不能独立存在，必须以主合同的存在并有效为前提。例如，为担保借款合同的履行而订立的保证合同，借款合同为主合同，而保证合同则为从合同。主合同和从合同是相对而言的，没有主合同就没有从合同，没有从合同也就无所谓的主合同。

区分主合同和从合同的法律意义主要在于：从合同的命运决定于主合同。主合同不存在，从合同也就不能存在；主合同转让，从合同也不能单独存在；主合同终止，从合同也随之终止。但是，从合同的存在与否以及是否有效，一般并不影响主合同的存在及效力。

（八）实定合同与射幸合同

根据合同订立时当事人的给付义务是否确定，合同可以分为实定合同与射幸合同。

实定合同是指在合同订立时当事人的给付义务即已确立的合同。实定合同的特点在于，当事人的给付义务于合同订立时，就已经确定地由双方负担，与是否发生偶然事件没有关系。大多数合同都是实定合同，如买卖合同、租赁合同、承揽合同、运输合同、保管合同、仓储合同等。

射幸合同是指在订立合同时当事人的给付义务尚未确定的合同。例如，保险合同就是一种典型的射幸合同，购买彩票合同也是一种射幸合同。在保险合同订立时，仅投保人承担给付保险费的义务，而保险人是否承担给付保险金的义务则取决于保险事故是否发生，即保险人的给付义务是以保险事故的发生为前提的，具有不确定性。

区分实定合同与射幸合同的法律意义主要在于：实定合同通常以给付是否等价为价值判断标准，而射幸合同则不存在这个问题。就是说，对于实定合同，当事人可以给付不等价即显失公平为由，请求人民法院或者仲裁机构撤销合同；而对于射幸合同，当事人不能以给付不等价为由提出撤销合同。

（九）利己合同与利他合同

根据当事人订立合同是为了谁的利益，合同可以分为利己合同与利他合同。

利己合同是指订约当事人为自己设定权利，使自己直接取得和享有利益而订立的合同。因此，利己合同又称“为订约人自己利益订立的合同”。利己合同的特点在于，合同仅在订约当事人之间发生效力，完全体现了合同的相对性规则。由于合同是人们追求某种利益的法律工具，因此，绝大多数的订约当事人都是为自己的利益而订立合同。

利他合同是涉他合同的一种。涉他合同是合同的内容亦即合同的效力涉及第三人的合同。在涉他合同中，若是合同权利涉及第三人，则为利他合同；若是合同义务涉及第三人，则为束他合同。利他合同又称“为第三人利益订立的合同”，是指订约当事人一方不为自己设定权利而为第三人设定权利，并使他方当事人向第三人履行义务，第三人由此而取得直接请求履行权利的合同。[①] 在利他合同中，为第三人设定权利的一方为债权人，按约定向第三人履行义务的一方为债务人，第三人为受益人。例如，在货物运输合同中，托运人与收货人不一致的，托运人就是为收货人的利益而订立合同。这时的货物运输合同就是利他合同。在指定了受益人的人身保险合同中，投保人是为受益人的利益而订立保险合同。这种人身保险合同也属于利他合同。《民法典》第522 条第 2 款规定了利他合同，即“法律规定或者当事人约定第三人可以直接请求债务人向其履行债务，第三人未在合理期限内明确拒绝，债务人未向第三人履行债务或者履行债务不符合约定的，第三人可以请求债务人承担违约责任；债务人对债权人的抗辩，可以向第三人主张”。

区分利己合同与利他合同的法律意义主要在于：合同的效力范围不同。利己合同只在当事人之间发生效力，只有订立合同的当事人才享有履行请求权，与第三人无涉。但是，在利他合同中，合同效力涉及第三人，因此，利他合同具有如下效力：(1) 第三人虽然不是合同当事人，但是在利他合同成立后，直接享有合同上的权利，影响合同存续的权利除外。该第三人是根据法律规定或者当事人约定而直接取得权利，而不是因第三人承诺或者债权人代理或者转让而取得。依据《民法典合同编通则解释》第 29 条第 1、2 款的规定，除法律另有规定外，第三人无权主张行使撤销权、解除权等民事权利。在合同依法被撤销或者被解除时，债务人有权向债权人请求返还财产。(2) 第三人享有拒绝权。合同当事人虽然可以为第三人设定权利，但是不能强迫第三人接受该权利。因此，合同当事人为第三人设定的权利，该第三人有权拒绝接受。依据《民法典合同编通则解释》第 29 条第 3 款的规定，债务人按照约定向第三人履行债务，第三人拒绝受领，债权人有权请求债务人向自己履行债务，但是债务人已经采取提存等方式消灭债务的除外。第三人拒绝受领或者受领迟延，债务人有权请求债权人赔偿因此造成的损失。(3) 第三人有权直接请求债务人向其履行债务。债务人不向第三人履行债务或者履行债务不符合约定的，债务人应向第三人承担违约责任。(4) 债务人对债权人的抗辩，可以向第三人主张。债务人向第三人履行的债务是由利他合同而产生的，故债务人对于因利他合同所产生的抗辩，可以对抗第三人，如诉讼时效抗辩、履行期未届满抗辩等。应当指出，非因利他合同所产生的抗辩，如对债权人的抵销抗辩等，则不得对抗第三人。

---

① 在理论上，利他合同有广义与狭义之分。广义利他合同包括真正利他合同与不真正利他合同，而狭义利他合同仅指真正利他合同。在真正利他合同中，第三人对债务人享有独立的履行请求权；在不真正利他合同中，第三人对债务人并不享有独立的履行请求权。依照上述界定，《民法典》第 522 条第 1 款规定的是不真正利他合同，而第 2 款规定的是真正利他合同。本书所指的利他合同仅指真正利他合同，不包括不真正利他合同。

(十）预约合同与本约合同

根据订立合同是否有事先约定的关系，合同可以分为预约合同与本约合同。

预约合同简称预约，是指当事人约定将来订立一定合同的合同；本约合同简称本约，是指为履行预约合同而于将来订立的合同。依据《民法典》第 495 条第 1 款的规定，当事人约定在将来一定期限内订立合同的认购书、订购书、预订书等，构成预约合同。

基于合同自由原则，当事人可以为任何类型的合同订立预约合同。在本约合同为实践合同的场合，当事人通常订立预约合同；在本约合同为诺成合同的场合，当事人也可以订立预约合同。例如，当事人预先约定于将来买卖货物的合同就是预约合同，而将来订立的买卖货物的合同就是本约合同。在预约合同中，双方当事人均负有订约义务的，为双务预约；仅一方当事人负有订约义务的，为单务预约。应当指出，预约合同和本约合同是相对应而言的，没有预约合同也就没有本约合同，没有本约合同也就无所谓的预约合同。依据《民法典合同编通则解释》第 6 条的规定，当事人以认购书、订购书、预订书等形式约定在将来一定期限内订立合同，或者为担保在将来一定期限内订立合同交付了定金，能够确定将来所要订立合同的主体、标的等内容的，人民法院应当认定预约合同成立。当事人通过签订意向书或者备忘录等方式，仅表达交易的意向，未约定在将来一定期限内订立合同，或者虽有约定但是难以确定将来所要订立合同的主体、标的等内容，一方主张预约合同成立的，人民法院不予支持。当事人订立的认购书、订购书、预订书等已就合同标的、数量、价款或者报酬等主要内容达成合意，符合合同成立条件，未明确约定在将来一定期限内另行订立合同，或者虽有约定但是当事人一方已实施履行行为且对方接受的，人民法院应当认定本约合同成立。

区分预约合同与本约合同的法律意义主要在于，二者的法律效力不同。预约合同的效力在于当事人应订立本约合同，而不发生当事人之间的实体上的权利义务关系；而本约合同的效力在于确定当事人之间的权利义务关系。如果当事人没有履行预约合同，即不履行预约合同约定的订立合同的义务，对方可以请求其承担预约合同的违约责任（《民法典》第 495 条第 2 款）。预约合同生效后，当事人一方拒绝订立本约合同或者在磋商订立本约合同时违背诚信原则导致未能订立本约合同的，应当认定该当事人不履行预约合同约定的义务。认定当事人一方在磋商订立本约合同时是否违背诚信原则，应当综合考虑该当事人在磋商时提出的条件是否明显背离预约合同约定的内容以及是否已尽合理努力进行协商等因素（《民法典合同编通则解释》第 7 条）。预约合同生效后，当事人一方不履行订立本约合同的义务，对方有权请求赔偿因此造成的损失。这里的损失赔偿，当事人有约定的，按照约定；没有约定的，应当综合考虑预约合同在内容上的完备程度以及订立本约合同的条件的成就程度等因素酌定（《民法典合同编通则解释》第 8 条）。

例题 2

四、合同之债

（一）合同之债的分类

合同是债的发生原因之一（《民法典》第 118 条第 2 款），因合同而产生的债为合同之债。合同之债根据不同的标准，可以有不同的分类。[①]

1. 单一之债与多数人之债

根据债的主体人数，债可以分为单一之债与多数人之债。

单一之债是指债的主体双方即债权人和债务人都为一人的债；多数人之债是指债的主体双方均为两人以上或者其中一方主体为两人以上的债。

区分单一之债与多数人之债的法律意义主要在于，这两种债的关系之复杂程度不同。在单一之债中，只存在债权人与债务人双方当事人之间的关系；而在多数人之债中，不仅存在债权人与债务人双方当事人之间的外部关系，而且在主体人数为多数的一方（多数债权人或者多数债务人）内部，还存在他们相互之间的关系，这即带来了多数人之债的更为复杂的关系结构。

2. 按份之债与连带之债

在多数人之债中，根据多数人一方相互之间的权利义务关系，债可以分为按份之债与连带之债。

按份之债是指债的一方主体为多数人，且各自按照一定的份额享有权利或者承担义务的债。依据《民法典》第 517 条的规定，按份之债包括按份债权和按份债务。在按份之债中，债权人为二人以上，标的可分，按照份额各自享有债权的，为按份债权；债务人为二人以上，标的可分，按照份额各自负担债务的，为按份债务。无论是按份债权还是按份债务，其份额应当由当事人约定；如果按份债权人或者按份债务人的份额难以确定，则视为份额相同。在按份之债中，各债权人的债权或者各债务人的债务各自独立，相互之间没有连带关系。

连带之债是指债的主体一方为多数人，且多数人中的任一当事人都有权请求对方履行全部债务或者都有义务向对方履行全部债务的债。依据《民法典》第 518 条的规定，连带之债包括连带债权与连带债务。债权人为二人以上，部分或者全部债权人均可以请求债务人履行债务的，为连带债权；债务人为二人以上，债权人可以请求部分或者全部债务人履行全部债务的，为连带债务。在连带之债中，多数人一方当事人之间有连带关系，即对当事人中一人发生效力的事项对于其他当事人同样会发生效力。

区分按份之债与连带之债的法律意义主要在于，二者所发生的效力不同。按份之债的各债权人的债权或者各债务人的债务都是各自独立的，相互之间没有连带关系，对某一债权人或者某一债务人发生效力的事项，对其他债权人或者债务人不发生效力。按份债权人只能就自己享有的债权份额请求债务人履行，按份债务人只就自己分担的债务份额负清偿责任，因此，按份之债只发生对外效力，一般不发生对内效力，因某一债权人或者债务人所为而发生的事项，如不履行债务、免除债务、抵销、提存等，对其他债权人或者债务人不发生影响。但是，连带之债既发生对外效力，也发生对内效力。就对外效力而言，连带之债的各债权人的债权或者各债务人的债务并不是各自独立的，而是存在连带关系的，对某一债权人或者某一债务人发生效力的事项，对其他债权人或者债务人同样发生效力。因此，部分连带债务人履行、抵销或者提存的，其他债务人对债权人

---

① 合同之债的分类，原则上也适用于其他债的关系，如无因管理之债、不当得利之债等。

的债务在相应范围内消灭；部分连带债务人的债务被债权人免除的，在该连带债务人应当承担的份额范围内，其他债务人对债权人的债务消灭；部分连带债务人的债务与债权人的债权同归于一人的，在扣除该债务人应当承担的份额后，债权人对其他债务人的债权继续存在；债权人对部分连带债务人的给付受领迟延的，对其他连带债务人发生效力（《民法典》第520条）。就对内效力而言，当连带债权人的任何一人接受了全部债务的履行，或者连带债务人的任何一人清偿了全部债务时，虽然原债归于消灭，但是连带债权人或者连带债务人之间会产生新的按份之债。因此，实际受领债权的连带债权人，应当按比例向其他连带债权人返还（《民法典》第521条第2款）。实际承担债务超过自己份额的连带债务人，有权就超出部分在其他连带债务人未履行的份额范围内向其追偿，并相应地享有债权人的权利，但是不得损害债权人的利益。其他连带债务人对债权人的抗辩，可以向该债务人主张。被追偿的连带债务人不能履行其应分担份额的，其他连带债务人应当在相应范围内按比例分担（《民法典》第519条）。

3. 简单之债与选择之债

根据债的标的有无选择性，债可以分为简单之债与选择之债。

简单之债又称不可选择之债，是指债的标的是单项的，当事人只能按该种标的履行而没有其他选择余地的债。在简单之债中，当事人只能按约定的标的履行，不能以其他标的代替。同时，当事人在履行时间、履行地点、履行方式等方面也都没有其他选择的余地。

选择之债是指债的履行标的有数种，当事人可以从中选择一种来履行的债。选择之债有两个特点：一是履行标的具有可选择性。只有当履行标的为两个以上时，方可构成选择之债。二是履行标的特定后，债务才能履行。无论有多少种可供选择的履行标的，当事人只能确定其中的一种履行。选择之债在当事人行使选择权或者发生数种标的中仅剩一种可以履行的情况时，就成为简单之债。依据《民法典》第515条第1款的规定，在选择之债中，标的有多项而债务人只需履行其中一项的，债务人享有选择权；但是，法律另有规定、当事人另有约定或者另有交易习惯的除外。该除外规定表明，选择权人也可以是债权人，甚至是第三人。如果享有选择权的当事人在约定期限内或者履行期限届满未作选择，经催告后在合理期限内仍未选择，则选择权转移至对方（《民法典》第515条第2款）。当事人行使选择权时，应当及时通知对方，通知到达对方时，标的确定。在标的确定后，选择权人不得变更确定的标的，但是经对方同意的除外。可见，选择权属于形成权，自通知到达对方时生效，且原则上不得撤销。在可选择的标的发生不能履行的情形时，选择权人不得选择不能履行的标的，但是该不能履行的情形是由对方造成的除外（《民法典》第516条）。具体而言，非由无选择权的当事人造成可选择的标的发生不能履行的，享有选择权的当事人只能在剩余的标的中选择。但是，由无选择权的当事人造成可选择的标的不能履行的，享有选择权的当事人既可以在剩余标的中选择，也可以选择该不能履行的标的。在享有选择权的当事人选择了不能履行的标的时，应区分享有选择权的主体身份确定其法律后果。如果债权人享有选择权且选择了不能履行的标的，则其有权解除合同或者请求债务人承担违约责任；如果债务人享有选择权且选择了不能履行的标的，则因不能履行的原因在于债权人，故债务人可以解除合同且无须承担违约责任。

区分简单之债与选择之债的法律意义主要在于：第一，简单之债的标的是特定的一种，当事人只能按该标的履行；而选择之债的标的有两种以上，只有在当事人选择之后，债的标的才得以确定，债务才能履行。第二，简单之债的标的无法履行时，发生债的履行不能；而选择之债的某种标的无法履行时，不发生债的履行不能，因为当事人仍然可以选择其他的标的履行以实现债的目的，只有在数项标的都无法履行时，才发生债的履行不能。

4. 种类之债与特定之债

根据债的标的物属性的不同，债可以分为特定之债与种类之债。

种类之债又称种类物之债，是指给付的标的物仅以物的种类指示的债，即以种类物为标的物的债。例如，合同中约定给付某种品种的大米若干吨、给付某种规格的钢材若干吨等，均属于种类之债。种类之债具有如下特点：第一，种类之债的标的物以物的种类指示。种类之债的标的物具有可替代性，不可替代物一般不能成为种类之债的标的物。种类之债中的种类指示，应足以确定给付物的范围，这种范围应以一般交易上能够确定者为限，如无法确定，应认为债的标的不确定而无效。第二，种类之债所指示的种类为一定数量的物。种类之债是以给付种类的一部分为标的物的，因此，种类之债的标的物应有确定或者可以确定的数量，这是种类之债的成立条件。第三，种类之债的履行以标的物特定为条件。种类之债是以种类物为给付标的物的，因此，只有在给付的标的物特定后才能履行。种类之债的标的物特定后，种类之债就变为特定之债。第四，种类之债一般不发生履行不能。由于种类之债的标的物是种类物，具有可替代性，因此，在标的物发生毁损、灭失时，一般不发生履行不能，债务人仍可以从市场上购置该类标的物以履行债务。

特定之债又称特定物之债，是指以特定物为标的物的债。例如，约定以交付某画家的字画为标的物的债，就属于特定之债。特定之债具有如下特点：第一，特定之债的标的物为特定物。特定之债的标的物并非仅以种类指示的物，而是已具体确定的特定物。这种特定物可以是独一无二的物，如古字画；也可以是由当事人指定的物，如某一台电视机。第二，债务人只能以给付特定物履行义务。在特定之债中，债务人负有交付特定标的物的义务，债权人也只能要求债务人交付特定的标的物，当事人原则上不能以其他标的物代替约定的标的物为给付。第三，特定之债会发生债的履行不能。在特定之债中，由于给付标的物是特定物，而特定物是不可替代物，因此，在特定的标的物灭失时，则发生债的履行不能，债务人不负履行责任。

区分特定之债与种类之债的主要意义在于：第一，在特定之债中，债务人只能以给付特定的标的物来履行债务，债权人也只能请求债务人给付特定物；而在种类之债中，债务人可以给付同种类的物来履行债务。第二，特定之债的标的物灭失时，发生债的履行不能；如标的物的灭失是因不可归责于债务人的事由发生的，债务人可以免责。而种类之债的标的物发生灭失时，通常不发生履行不能；当该种类物全部灭失而不存在或者即使没有全部灭失但履行成本过高时，才会发生履行不能。

5. 金钱之债与非金钱之债

根据债的标的是否为给付一定的金钱，债可以分为金钱之债与非金钱之债。

金钱之债又称货币之债，是指债务人以给付一定金钱为内容的债；非金钱之债是指债务人以给付金钱以外的其他标的为内容的债。

区分金钱之债与非金钱之债的主要意义在于：第一，债的内容不同。金钱之债以给付一定的金钱为内容，而非金钱之债以给付金钱以外的其他标的为内容。非金钱之债根据内容不同又可分为货物之债与服务之债。货物之债是指债务人以转让标的物的所有权或者使用权为内容的债，服务之债是指债务人以提供一定服务为内容的债。第二，能否发生债的履行不能不同。货币属于一种特殊的种类物，具有可替代性，因此，金钱之债不发生债的履行不能，债权人有权请求债务人继续履行；而非金钱之债因标的物的灭失或者债务人丧失服务能力等，可能发生债的履行不能，从而债权人不能请求继续履行。例如，当事人一方不履行非金钱债务或者履行非金钱债务不符合约定的，对方可以请求履行，但是在法律上或者事实上不能履行时，不能请求继续履行（《民法典》第580条第1款）。第三，债的履行要求不同。金钱之债的债务人原则上不需要支付特定的货币，仅需要向债权人支付等值的货币。依据《民法典》第514条的规定，以支付金钱为内容的债，除法律另有规定或者当事人另有约定外，债权人可以请求债务人以实际履行地的法定货币履行。非金钱之债的债务人须按照约定的标的物或者服务履行债务，不能以其他的标的物或者服务代替。第四，是否约定利息不同。金钱之债的标的为货币，故当事人可以约定利息，从而产生利息之债；而非金钱之债以交付标的物或者提供服务为标的，一般不发生利息问题。第五，债的转让限制不同。就债的转让而言，当事人约定非金钱债权不得转让的，不得对抗善意第三人；而当事人约定金钱债权不得转让的，不得对抗第三人（《民法典》第545条第2款）。

例题3

（二）合同债权

合同债权是合同债权人所享有的权利，是指权利人请求特定义务人为或者不为一定行为的权利（《民法典》第118条第2款）。

合同债权具有如下特点。

第一，合同债权是请求权。合同是特定当事人间得请求为特定行为的关系，债权人取得合同利益，只能通过请求债务人给付来完成。因而，合同债权为请求权，而不属于支配权。

第二，合同债权是相对权。合同是特定当事人之间的法律关系，债权人和债务人都是特定的。债权人只能向特定的债务人请求给付，债务人只对特定的债权人负给付义务。因此，合同债权是相对权，具有相对性。

第三，合同债权具有平等性。当数个债权人对于同一债务人先后发生数个合同债权时，各个债权具有同等的效力，不因债权的发生先后而有所差异，因而合同债权具有平等性。当然，法律基于特殊的政策考虑，在特定情形下也会赋予某种债权以一定的优先效力。例如，经过预告登记的房屋买卖合同的请求权即具有一定的优先效力（《民法典》第221条）。

第四，合同债权具有兼容性。债权是一种请求权，而不是支配权。因此，同一标的物上可以成立数个内容兼容的合同债权，各债权之间是兼容的，而不是相互排斥的。从这个意义上讲，债权具有兼容性，而无排他性。例如，甲将同一项财产出卖给乙、丙、丁三人，尽管只有一人能实现债权，但是这三个买卖合同关系均可有效成立。

（三）合同债务

1. 合同债务的概念和特点

合同债务是合同债务人所承担的义务，是指债务人向债权人为或者不为一定行为的义务。

合同债务具有如下特点。

第一，合同债务具有特定性。债务表现为特定债务人所为的特定行为，因此，合同债务的内容具有特定性。例如，债务人应交付货物的，其所应交付的货物的数量、质量等都是确定的。合同债务内容，既可以由当事人协商确定，也可以依照法律规定确定。

第二，合同债务具有积极性。合同债权为请求权，必须依赖于债务人的特定行为才能得到实现。也就是说，只有通过债务人的积极行为，才能满足债权人的利益需要。因此，合同债务具有积极性。当然，在有的情况下，债务人的行为也可以是消极行为。这种消极行为表现为不作为义务，通常是债务的附随义务。

第三，合同债务具有不利益性。在合同关系中，债务人与债权人处于利益对立的地位。因此，债务人履行债务的行为，一方面使债权人的利益得到实现；另一方面则使债务人失去了既有利益，处于不利益的状态。

第四，合同债务具有受约束性。债务是债务人应当为特定行为的义务，因此，合同债务具有法律约束性。债务人必须依照合同约定或者法律规定的内容为特定行为，否则，债务人就应当承担债务不履行的责任。

2. 合同的给付义务和附随义务

合同的给付义务包括主给付义务和从给付义务。主给付义务是指合同当事人所约定的、自始确定并决定合同类型的基本义务。例如，在买卖合同中，出卖人交付标的物、买受人支付价款等义务，都为主给付义务。主给付义务为合同的主要债务，因此，当事人一方违反主给付义务的，对方可以解除合同。从给付义务是指主给付义务以外，债权人可独立诉请履行，以满足其给付利益的义务。例如，名犬的出卖人负有交付血统证明书的义务，即为从给付义务。从给付义务仅起辅助主给付义务的作用，目的在于确保债权人的利益能够得到最大限度的满足。例如，《民法典》第 599 条所规定的“出卖人应当按照约定或者交易习惯向买受人交付提取标的物单证以外的有关单证和资料”，就属于从给付义务。从给付义务为合同的非主要债务，因此，当事人一方违反从给付义务的，对方不能解除合同，但是不履行该债务致使不能实现合同目的或者当事人另有约定的除外。当然，当事人一方未根据法律规定或者合同约定履行开具发票、提供证明文件等非主要债务的，对方有权请求继续履行该债务并赔偿因怠于履行该债务造成的损失（《民法典合同编通则解释》第 26 条）。

附随义务是指促进实现主给付义务或者保护当事人人身或者财产上的利益，于合同发展过程中基于诚信原则而产生的义务。依据《民法典》第 509 条第 2 款的规定，当事人应当遵循诚信原则，根据合同的性质、目的和交易习惯履行通知、协助和保密等义务。这里所规定的义务就是附随义务，包括作为义务和不作为义务，前者如通知义务、协助义务等，后者如保密义务等。附随义务原则上不属于对待给付，债务人不履行附随义务的，不会发生同时履行抗辩权问题。同时，债务人不履行附随义务，债权人原则上不得解除合同，只能主张违约损害赔偿。

第二节　合同法的属性和调整范围

一、合同法的属性

合同法是调整因合同产生的民事关系的法律规范。合同法是民法的重要组成部分，并不是一个独立的法律部门。合同法有形式意义的合同法与实质意义的合同法之分。形式意义的合同法是指以法律的形式所表现的合同法，如《民法典》合同编；实质意义的合同法是所有调整合同关系的法律规范的总称，包括《民法典》合同编、其他法律中的合同规范、有关合同的司法解释等。

就实质意义的合同法而言，合同法具有如下主要属性。

第一，合同法属于财产法。合同法是调整民事主体之间设立、变更、终止财产权利义务的合同关系的法律规范，是以财产关系为规范对象的，不涉及人身关系。因此，合同法属于财产法的范围。

第二，合同法属于交易法。尽管合同法所规范的对象不限于交易关系，但是交易关系是合同法的核心内容。合同法中的交易关系主要是通过转让物品或者权利、完成工作或者提供劳务加以实现的，因此，合同法属于交易法。

第三，合同法属于任意法。合同法上的规范多是为当事人提供交易的模式，属于任意性规范，允许当事人依其意思加以改变。只要当事人协商的内容、采用的形式不违反法律规定，不违背公序良俗，合同就依法具有约束力。从这个意义上说，合同法是任意法。当然，合同法中也有强制性规范，如对合同自由原则设有一定的限制等。

二、合同法的调整范围

依据《民法典》第463条的规定，《民法典》合同编调整因合同产生的民事关系。可见，合同法的调整范围为因合同而产生的民事关系。

应当指出，《民法典》合同编对于非因合同而产生的债权债务关系，也有适用的空间。因此，《民法典》合同编中的通则分编具有债法总则编的功能。依据《民法典》第468条的规定，对于非因合同产生的债权债务关系的法律适用，应当遵循如下规则：首先，对于侵权行为之债、无因管理之债、不当得利之债等，应当适用有关该债权债务的法律。如侵权行为之债应当适用《民法典》侵权责任编的法律规定，无因管理之债和不当得利之债应当适用《民法典》合同编准合同分编中有关无因管理和不当得利的法律规定。其次，法律没有对侵权行为之债、无因管理之债、不当得利之债等相关内容作出特殊规定的，可以直接适用《民法典》合同编通则分编的规定。例如，有关合同的履行、合同的保全、合同的变更和转让、合同的权利义务终止等规则，均可以适用于非因合同产生的债权债务关系。具体而言，在《民法典》合同编通则分编中，凡以债权人、债务人或者债权、债务进行表述的规定，均适用于各种债权债务关系。最后，根据非因合同产生的债权债务关系的性质不能适用《民法典》合同编通则分编规定的，应当排除适用之。例如，有关合同订立、合同解除的规则就只适用于因合同产生的债权债务关系，而不能适用于非因合同产生的债权债务关系。

第三节　合同法的原则

一、合同自由原则

合同自由是指当事人决定是否订立合同以及以何种内容、何种方式订立合同的自由。合同自由原则的内容相当广泛，主要包括以下五项内容。

第一，订约的自由。订约自由即当事人自主决定是否与他人订立合同的自由。在现代社会中，合同是满足人们各种需求的重要法律手段。因此，只有允许当事人自主决定是否与他人订立合同，才能满足其利益需求。订约自由在合同自由原则占有十分重要的地位，是其他合同自由的前提。如果当事人不享有订约自由，合同的其他自由都将无从谈起。

第二，选择相对人的自由。选择相对人的自由即当事人自主决定与何人订立合同的自由。当事人为最大限度地满足自己的需求，有权自由决定与何人订立合同，即选择贸易伙伴。在市场经济条件下，选择不同的贸易伙伴，订约、履约成本会有所不同。因此，为维护当事人的利益，法律应允许当事人自由选择贸易伙伴。

第三，决定合同内容的自由。决定合同内容的自由即当事人自主决定合同内容的自由，这是合同自由的核心。当事人在订立合同时，于法律规定的范围内，可以自由订立合同条款，设定双方的权利和义务。只要当事人设定的合同内容不违反法律的强制性规定，不违背公序良俗，就应当承认其效力。例如，当事人有权根据自己的利益需要订立无名合同；对于法律的任意性规定，当事人也有权加以改变。

第四，变更或者解除合同的自由。变更或者解除合同的自由即当事人自主协商变更或者解除合同的自由（《民法典》第 543 条、第 562 条第 1 款）。变更或者解除合同的自由是订约自由、决定合同内容自由的延伸。既然当事人有订约自由，当然也就有通过协商解除合同的自由；当事人有权决定合同的内容，当然也就有权通过协商变更合同的内容。

第五，选择合同方式的自由。选择合同方式的自由即当事人自主选择订立合同方式的自由。当事人在订立合同时，除法律另有规定外，可以自由选择自己认为合适的合同形式，如书面形式、口头形式或者其他形式。

应当指出，合同自由并不是绝对的，合同法对合同自由也作了许多限制，主要有：其一，利用强制缔约限制合同自由。依据《民法典》第 494 条的规定，国家根据抢险救灾、疫情防控或者其他需要下达国家订货任务、指令性任务的，有关民事主体之间应当依照有关法律、行政法规规定的权利和义务订立合同。依照法律、行政法规的规定负有发出要约义务的当事人，应当及时发出合理的要约；依照法律、行政法规的规定负有作出承诺义务的当事人，不得拒绝对方合理的订立合同要求。例如，从事公共运输的承运人不得拒绝旅客、托运人通常、合理的运输要求（《民法典》第810条）。其二，利用格式条款限制合同自由。利用格式条款限制合同自由，主要是限制决定合同内容的自由。在利用格式条款订立合同时，格式条款的提供方将合同的内容事先制订，相对方只能表示接受或者不接受这些条款，而没有就合同内容进行协商的自由。因此，就决定合同的内容而言，格式条款的提供方享有合同自由，而相对方则不享有合同自由。其三，利用强制性规定限制合同自由。利用强制性规定限制合同自由，包括对决定合同内容的自由、选择合同形式的自由、变更或者解除合同的自由等方面的限制。合同法虽然属于任意法，但是也有强制性规定。这些强制性规定，构成了对合同自由原则的限制。例如，合同违反法律、行政法规的效力性强制性规定或者违背公序良俗的，无效（《民法典》第153条）；合同中约定的免除造成对方人身伤害以及因故意或者重大过失造成对方财产损失的责任之条款无效（《民法典》第506条）。

二、鼓励交易原则

合同法属于交易法，因此，合同法自然应当遵循鼓励交易原则。所谓鼓励交易原则，是指法律尽可能促成合同的成立和生效，从而实现当事人的交易目的。鼓励交易原则的内容表现在合同的订立、履行、效力、违约救济等各个方面。

首先，在合同的订立上，合同法提供各种交易规范和标准术语并使当事人根据这些规范、术语来订立合同。这就可以减少当事人为了达成交易和反复推敲合同条款所需要支付的各种成本，从而有利于交易的达成。例如，《民法典》合同编规定了详尽的合同订立规则，从而有利于提高订约成功率，降低订约成本；在合同的形式上，合同法坚持以不要式为原则，也为当事人降低订约成本提供了便利。

其次，在合同的履行上，一方面，当事人应当按合同约定履行合同义务，保证履约率，以确保合同债权的实现；另一方面，当事人应当按照经济合理原则履行合同义务，以降低履约成本，从而实现当事人所要取得的理想经济效益。

再次，在合同的效力上，合同法严格限制无效合同的范围，尽量维持合同的效力，以促成合同交易。就是说，对于当事人之间的合同，法律应当尽量使之有效，而不是使之无效。

最后，在合同的违约救济上，鼓励交易原则也多有体现。例如，在当事人一方违反合同时，首先强调违约方的继续履行责任，以期实现当事人的订约目的。再如，合同法对违约解除合同进行严格的限制，因为解除合同意味着一项交易的消灭，无论是否恢复原状，都将会给当事人造成订约、履约成本上的损失。

三、合同严守原则

合同严守原则是指当事人必须信守依法成立的合同。依据《民法典》的相关规定，依法成立的合同，受法律保护（第465条第1款）；当事人应当按照约定全面履行自己的义务（第 509 条第 1 款）；当事人不履行合同义务或者履行合同义务不符合约定的，应当承担违约责任（第 577 条）。这些规定都充分体现了合同严守原则。

在合同法上，合同严守原则贯穿于合同的订立、履行、终止等各个环节，其内容主要包括两个方面，即订约必守、违约必究。所谓订约必守，是指合同依法成立后，对当事人就具有约束力（《民法典》第 119 条）。任何一方当事人都必须积极全面地履行合同所设定的义务，不得任意变更或者解除合同，不得任意毁约。例如，合同生效后，当事人不得因姓名、名称的变更或者法定代表人、负责人、承办人的变动而不履行合同义务（《民法典》第 532 条）。所谓违约必究，是指合同当事人不履行合同或者履行合同不符合约定的，必须追究其违约责任，以维护合同关系的严肃性。追究违约责任，既是对违约受害人的救济，也是对违约行为的否定，反映了法律对维护合同严肃性的基本态度。

当然，如同合同自由原则不是绝对的一样，合同严守原则也不是绝对的。其一，合同严守原则不能否定法律的权威。强调合同严守，只是意味着依法成立的合同具有法律约束力，应得到完全履行，并不意味着违法的合同也应得到维护。其二，合同严守原则并不意味着合同不能变更或者解除。在合同订立后，基于某种原因，合同法允许合同当事人变更或者解除合同。其三，合同严守原则并不否定违约责任的免除。当事人因不可抗力的原因而不能履行合同的，根据不可抗力的影响，就可以部分或者全部免除违约责任。

四、合同相对性原则

合同是特定当事人之间的法律关系，因此，合同原则上仅在当事人之间发生效力。依据《民法典》第 465 条第 2 款的规定，依法成立的合同，除法律另有规定外，仅对当事人具有法律约束力。这就明确确立了合同相对性原则。合同相对性原则可以使合同关系明确化，有利于确定当事人各自的权利与义务。

合同相对性的内容主要包括三个方面：第一，合同主体的相对性。合同主体的相对性意味着合同关系只能发生在特定的主体之间，因此，合同关系之外的第三人不能基于合同对当事人提出请求。第二，合同内容的相对性。依据合同内容的相对性，只有合同当事人才能享有合同债权，承担合同债务，合同关系之外的第三人不能依据合同主张权利和承担义务。第三，违约责任的相对性。依据违约责任的相对性，在发生违约行为时，违约方应当向合同另一方当事人承担违约责任，与合同关系之外的第三人无关。例如，在向第三人履行或者由第三人履行的情况下，债务人未向第三人履行或者第三人不履行债务的，债务人应当向债权人承担违约责任，而非向第三人承担违约责任或者由第三人承担违约责任（《民法典》第 522 条第 1 款、第 523 条）。再如，当事人一方因第三人的原因造成违约时，应当依法向对方承担违约责任（《民法典》第 593 条）。

当然，合同相对性原则也存在例外，即在当事人有特别约定或者法律有特别规定的情况下，合同对第三人也会产生效力。例如，在合同的保全中，债权人代位权和撤销权都使合同对第三人发生了效力，从而突破了合同的相对性。

例题 4

重点思考题

1. 如何确定无名合同的法律适用?
2. 如何认定预约合同的效力?
3. 如何理解合同自由原则?
4. 如何理解合同的相对性?

案例讨论

甲厂因生产需要，与乙公司签订了煤炭买卖合同。双方约定：由乙公司在10日内供给热值为3 000大卡的煤炭200吨或者热值为6 000大卡的煤炭100吨。若供给热值为3 000大卡的煤炭，每吨单价为250元；若供给热值为6 000大卡的煤炭，每吨500元。合同总值为5万元。合同生效后第三天，甲厂将5万元货款汇至乙公司账户。次日，乙公司向甲厂发运了热值为3 000大卡的煤炭200吨。由于热值为3 000大卡的煤炭发热量低，锅炉炉膛温度达不到技术要求，影响了甲厂的生产。甲厂要求乙公司改供热值为6 000大卡的煤炭或者退款。乙公司认为，其所供的煤炭符合国家的质量标准和双方的约定，不同意甲厂的请求。经查，乙公司所供煤炭的热值达到了3 000大卡的国家标准。

请回答以下问题：

(1) 本案合同所生之债属于何种类型的债？为什么？

(2) 本案应由甲厂还是乙公司选择供应何种煤炭？为什么？

(3) 若乙公司已无热值为6 000大卡的煤炭可供，本案合同应当如何履行？为什么？

(4) 乙公司供应的煤炭不能满足甲厂的生产要求，是否构成违约？为什么？

第二章 合同的订立

第一节　合同订立概述

一、合同订立的概念

合同是民事主体之间设立、变更、终止民事法律关系的协议。因此，合同的订立就是缔约人达成这种协议的过程，即缔约人相互为意思表示并达成协议的状态。

合同的订立是缔约各方自接触、协商开始直到达到合意的全过程，是动态行为和静态协议的统一体。合同订立的动态行为是缔约人达成协议前的相互协商的过程，要约邀请、要约、承诺在此阶段发挥作用。在这一阶段，由于缔约人相互接触、协商，因而产生先合同义务和缔约过失责任。合同订立的静态协议是缔约人达成合意，合同成立，当事人的合同权利义务得到确定。在这一阶段，承诺、合同成立要件以及合同条款效力等制度发挥作用。可见，合同订立与合同成立不尽相同，不能将合同订立与合同成立混为一谈。

依据《民法典》第 502 条第 1 款的规定，依法成立的合同，自成立时生效，但是法律另有规定或者当事人另有约定的除外。可见，合同成立与合同生效是密切相联而又有所不同的两个问题。合同成立所解决的是合同是否存在的问题，而合同生效所要解决的是已经成立的合同是否具有法律效力的问题。因此，合同成立是合同生效的前提。

二、合同成立的效力

合同的订立从静态上讲意味着当事人的意思表示一致，即合同成立。依法成立的合同具有如下效力。

第一，合同的成立旨在解决合同是否存在的问题，属于事实判断的范畴。如果合同不成立，也就不存在合同的履行、变更、解除或者终止等问题，因此，合同成立是当事人之间产生权利义务关系的基础。

第二，合同的成立是认定合同效力的前提条件，而合同效力属于法律判断的范畴。只有在认定合同已经成立的前提下，才能判断合同的效力。如果合同没有成立，就不发生合同的生效、有效或者无效等效力问题。

第三，合同的成立是区分违约责任和缔约过失责任的标志。在合同订立过程中，因一方当事人的过失造成他方损失的，过失方应承担赔偿责任，这种责任属于缔约过失责任，而不属于违约责任。在合同成立后，当事人之间存在合同关系，如果一方当事人违反发生法律效力的合同，则应承担违约责任。

三、合同成立的条件

合同的成立条件是当事人达成协议建立合同关系所应具备的基本条件。合同的成立条件有一般条件与特殊条件之分。一般条件即在一般情况下合同成立所需要具备的条件，而特殊条件是在一般条件的基础上所特别需要具备的条件，如实践合同的成立需要具备交付标的物这一特殊条件。

一般地说，合同的成立须具备如下两项条件。[①]

（一）须有两方以上的订约人

订约人就是实际订立合同的人，即合同的当事人。订约人可以自己订立合同，也可以通过代理人订立合同，但是代理人并非订约人。因合同是双方或者多方民事法律行为，故订约人须有两方以上。通常而言，合同的成立须有两方订约人，如买卖合同、供用电合同、赠与合同、借款合同、保证合同、租赁合同等大多数合同都需要两方订约人。在少数合同中，合同的订约人会超过两方，如合伙合同可能就有多方（如三方）订约人。一般地说，订约人就是合同关系中的权利义务人，但在利他合同中，订约人并不是合同权利人，而受益人才是合同权利人。

（二）订约人的意思表示一致

合同的成立不仅需要两方以上的订约人，而且需要订约人的意思表示一致。所谓订约人的意思表示一致，是订约人就合同成立所需要具备的主要条款（必要条款）达成合意。如果订约人未能就合同的主要条款达成一致，则合同就不能成立。一般而言，合同的主要条款包括主体、标的和数量等。因此，当事人对合同是否成立存在争议，能够确定当事人姓名或者名称、标的和数量的，一般应当认定合同成立。但是，法律另有规定或者当事人另有约定的除外。能够认定合同已经成立的，对合同欠缺的内容，应当依据《民法典》第 510 条、第 511 条等规定予以确定（《民法典合同编通则解释》第 3 条第 1、2 款）。

依据《民法典合同编通则解释》第 3 条第 3 款的规定，在审理合同纠纷案件过程中，当事人主张合同无效或者请求撤销、解除合同等，人民法院认为合同不成立的，应当依据《最高人民法院关于民事诉讼证据的若干规定》第 53 条的规定将合同是否成立作为焦点问题进行审理，并可以根据案件的具体情况重新指定举证期限。此外，在认定当事人之间的权利义务关系时，不应当拘泥于合同使用的名称，而应当根据合同约定的内容。当事人主张的权利义务关系与根据合同内容认定的权利义务关系不一致的，应当结合缔

① 关于合同成立的一般条件，理论上有不同的概括，主要涉及如下三个要素：订约人、标的、意思表示。订约人、意思表示作为合同成立的条件并不存在认识分歧，主要争议点在于合同标的是否为合同成立的条件。一般认为，标的是指民事法律行为的客体（或内容）。既然如此，合同标的就必然为意思表示所包含。因此，合同标的就不必作为合同成立的条件，而应包含于意思表示的要件之中。

约背景、交易目的、交易结构、履行行为以及当事人是否存在虚构交易标的等事实认定当事人之间的实际民事法律关系（《民法典合同编通则解释》第 15 条）。

第二节 合同订立的方式

一、合同订立的一般方式

依据《民法典》第 471 条的规定，当事人订立合同，可以采取要约、承诺方式或者其他方式。其中，要约、承诺方式为合同订立的一般方式，而其他方式为合同订立的特别方式。

（一）要约

1. 要约的概念和成立条件

依据《民法典》第 472 条的规定，要约是希望和他人订立合同的意思表示。可见，要约是指订约人一方以订立合同为目的，向对方所作出的意思表示。在要约关系中，发出要约的人为要约人，接受要约的人为受要约人。从性质上说，要约只是一种意思表示，而不是民事法律行为。这是因为，民事法律行为是民事主体通过意思表示设立、变更、终止民事法律关系的行为（《民法典》第 133 条），而要约虽然能够发生一定的法律效力，但这种法律效力并不表现为当事人之间设定、变更、终止民事法律关系。

要约是一种意思表示，应当具备一定条件才能成立。《民法典》第 472 条将要约的构成条件规定为如下两项：（1）内容具体确定；（2）表明经受要约人承诺，要约人即受该意思表示的约束。从理论上而言，要约的构成条件可以概括为如下四项。

（1）要约须以订立合同为目的。要约人发出要约的目的在于订立合同。所以，只有以订立合同为目的的意思表示，才能构成要约。如果一方向他方发出提议，但是该提议并不欲发生订立合同的法律后果，则该提议就不是要约。

（2）要约须由具有订约能力的特定人发出。要约的目的在于订立合同，而合同的订立必须有两方以上具有订约能力的订约人参加。因此，只有要约人是特定的，受要约人才能对之承诺而成立合同。要约人的特定有两种表现形式：一是通过表明要约人的身份而特定，例如，说明自然人的姓名、住址、身份证明等，或者向他人说明法人的情况等。二是通过无须要约人表明身份的订约行为而特定。例如，人们在自由市场买卖物品，无论谁先发出要约，都无须表明自己的身份，只要通过欲购买或者出售物品的订约行为，就可以使要约人特定。

（3）要约须向受要约人发出。要约人订立合同的目的，只有通过受要约人对要约表示承诺才能实现。因此，要约只有向受要约人发出才能成立。要约人向谁发出要约，也就是希望与谁订立合同。受要约人原则上应为特定的人，因为只有受要约人为特定的人，才能说明要约人选择了将来与之订立合同的相对人，合同也才能订立。但是，在某些特殊情况下，受要约人也可以是不特定的人，如设置自动售货机，就是向不特定的人所发出的要约。

（4）要约的内容须具体确定。要约的内容具体确定包括两个方面的内容：一是要约的内容必须具体，即要约必须包括能够决定合同成立的主要条款。如果要约不能包括合同成立的主要条款，那么，受要约人就无法承诺，合同也就不能成立。二是要约的内容必须确定，即要约所包括的合同的主要条款必须是明确的，否则，受要约人也无法对之作出承诺。例如，一项提议中尽管包括了合同主要条款，但是如果不明确（如数量无法明确），也不能构成要约。一般地说，要约的内容除可以根据合同的主要条款确定外，还可以根据当事人之间业已形成的习惯做法或者惯例加以确定。

2. 要约与要约邀请、悬赏广告

（1）要约与要约邀请。依据《民法典》第473条的规定，要约邀请是希望他人向自己发出要约的表示。可见，要约邀请是指一方向对方发出的希望其向自己提出要约的一种提议，即一方邀请对方向自己发出要约。因此，要约邀请又称引诱要约。要约与要约邀请是不同的：其一，两者的目的不同。要约的目的在于与受要约人订立合同，其作用在于唤起受要约人的承诺；而要约邀请的目的在于唤起别人的注意，其作用在于希望他人发出订立合同的要约。其二，两者的性质不同。要约是一种意思表示，要约发出后即会产生一定的法律拘束力；而要约邀请是行为人订立合同的预备行为，不属于意思表示，而属于事实行为。其三，两者是否具有效力不同。要约具有法律约束力，要约邀请不具有法律约束力。

区分要约与要约邀请，一般可以根据以下标准进行：一是法律的规定，即如果法律对某种行为是要约或者要约邀请作出了明确的规定，则应依法律的规定确定行为的性质。例如，依据《民法典》第473条的规定，拍卖公告、招标公告、招股说明书、债券募集办法、基金招募说明书、商业广告和宣传、寄送的价目表等为要约邀请；商业广告和宣传的内容符合要约条件的，视为要约。二是某种行为是要约还是要约邀请，可以通过交易习惯加以区分。例如，询问商品的价格一般不能认为是要约，而只能是要约邀请。三是当事人的提议内容，即根据当事人的提议是否包括了合同成立的主要条款来区分要约和要约邀请。如果提议中包括了合同成立的主要条款，则该提议可视为要约，反之则为要约邀请。四是当事人的意愿，即当事人事先声明其提议为要约或者要约邀请的，应以其声明的内容予以确定。例如，尽管提议中包括了合同的主要条款，但行为人明确表示不受此拘束的，则该提议只能是要约邀请。

例题5

（2）要约与悬赏广告。悬赏广告是指悬赏人以公开方式声明对完成特定行为的人支付报酬的意思表示（《民法典》第499条）。可见，悬赏广告须具备如下条件：一是以公开的方式作出声明，具体方式可以是在报刊、网络等媒体上发布，也可以是在公共场合发布传单或者在公开宣传栏张贴广告等。二是悬赏人应当在声明中提出具体的要求，即要求完成特定的行为。悬赏人的要求应当有明确、具体的内容，且是可以完成的合法行为。三是悬赏人具有支付报酬的意思表示，即表明对完成特定行为的人给付一定的报酬。

关于悬赏广告的性质，理论上存在着单方行为说和要约说的争议。单独行为说认为，悬赏广告是一种无相对人的意思表示，只要完成了广告中指定的行为，广告人即应给付报酬，无须行为人的承诺；要约说认为，悬赏广告是对不特定的人所发出的要约，一旦相对人完成了广告中指定的特定行为，即为承诺，从而成立合同。相比较而言，单方行为说对维护当事人的利益和交易安全更为有利，更符合公平正义的精神。例如，在无民事行为能力人完成广告中指定的特定行为时，依要约说，行为人则会因没有承诺资格而不能向广告人行使报酬请求权；但是依单方行为说，则特定行为的完成为取得报酬请求权的条件，故行为人不会因民事行为能力欠缺而影响报酬请求权的行使。再如，如果行为人完成悬赏广告中指定的特定行为时，不知道有广告的存在，则依要约说，行为人因没有对要约作出承诺而不享有报酬请求权；而依单方行为说，无论行为人是否知道广告的存在，其完成特定行为的本身即已构成充分的享有报酬请求权的条件。依据《民法典》第 499 条的规定，只要行为人完成了悬赏广告中指定的特定行为，其就享有报酬请求权，无论行为人是否知道悬赏广告的存在。因此，悬赏广告属于单方行为，而不是要约。

例题 6

3. 要约的法律效力

要约的法律效力是指要约生效后所发生的法律后果，具体包括要约的生效时间及对要约人和受要约人所产生的拘束力。

（1）要约生效的时间。依据《民法典》第 474 条的规定，要约的生效时间适用《民法典》第 137 条的规定。可见，要约的生效时间依意思表示方式的不同而分别采取了解主义和到达主义。以对话方式作出要约的，采取了解主义，即相对人知道要约内容时，要约生效（《民法典》第 137 条第 1 款）；以非对话方式作出要约的，采取到达主义，即要约到达相对人时生效（《民法典》第 137 条第 2 款第一句）。所谓要约到达受要约人，是指要约送达到受要约人所能控制并应当了解的地方，如受要约人的住所和信箱等，不要求必须送达到受要约人手中。以非对话方式作出的采用数据电文形式的要约，相对人指定特定系统接收数据电文的，该数据电文进入该特定系统时生效；未指定特定系统的，相对人知道或者应当知道该数据电文进入其系统时生效。当事人对采用数据电文形式的要约的生效时间另有约定的，按照其约定（《民法典》第 137 条第 2 款第二、三句）。

（2）要约对要约人的拘束力。要约对要约人的拘束力又称要约的形式拘束力，即在要约生效后，要约人不得任意撤销要约，也不得对要约的内容进行限制、扩张或者变更。这是因为，受要约人在要约生效后，可能会拒绝第三人发来的同样内容的要约或者不再向第三人发出要约，或者为履行合同做了准备。如果允许要约人任意撤销要约，或者对要约的内容进行限制、扩张或者变更，则可能使受要约人遭受损失，不利于维护正常的交易安全。

（3）要约对受要约人的拘束力。要约对受要约人的拘束力又称要约的实质拘束力，即要约生效后，受要约人取得承诺的资格。实际上，要约对受要约人所产生的拘束力并不是限制受要约人为一定行为或者不为一定行为，而是赋予受要约人以一定的权利，即承诺权。承诺权的行使与否，完全由受要约人决定。如果受要约人对要约表示承诺，则合同即告成立；如果受要约人对要约不予承诺，则合同不能成立。受要约人不为承诺的，并不负通知要约人的义务。即使要约人在要约中明确规定受要约人不为通知即为承诺的，也不能拘束受要约人。这是因为，要约人不能以自己的意思而使他人负担义务。

4. 要约的撤回与撤销

(1) 要约的撤回。要约的撤回是指在要约发出后、生效前，要约人取消要约。既然要约还没有生效，对要约人就没有法律效力，要约人当然也就有权取消要约。这也就意味着，在要约生效后，要约人就不能撤回要约。因此，撤回要约的通知应当在要约到达相对人前或者与要约同时到达受要约人（《民法典》第 475 条、第 141 条）。

(2) 要约的撤销。要约的撤销是指在要约生效后，要约人取消要约，从而使要约失去效力。在要约生效后，虽然对要约人产生拘束力，但是在受要约人承诺之前，合同并没有成立，因此，应当允许要约人撤销要约。但是，要约人撤销要约要受到一定的限制。依据《民法典》第 476 条的规定，要约可以撤销，但是有下列情形之一的，要约不得撤销：其一，要约人以确定承诺期限或者以其他形式明示要约不可撤销。承诺期限也就是要约的有效期限，表明要约在承诺期限一直有效，故不可撤销；要约人以其他形式明示要约不可撤销的，如要约人明确表示要约不可撤销，要约不得撤销。其二，受要约人有理由认为要约是不可撤销的，并已经为履行合同做了合理准备工作。受要约人有理由认为要约是不可撤销的，意味着受要约人对要约产生了合理信赖；同时，基于这种依赖，受要约人又为履行合同做了合理准备工作，如为履行合同购买了相应的材料等。在同时具备上述两个条件的情况下，要约即具有不可撤销性。①

依据《民法典》第 477 条的规定，要约人撤销要约的，应当区分如下情形确定撤销的生效时间：撤销要约的意思表示以对话方式作出的，该意思表示的内容应当在受要约人作出承诺之前为受要约人所知道；撤销要约的意思表示以非对话方式作出的，应当在受要约人作出承诺之前到达受要约人。之所以将撤销要约的生效时间限制为“受要约人作出承诺之前”，是因为一旦受要约人作出了承诺，就意味着受要约人行使了承诺权，要约也就失去撤销的可能。

5. 要约的失效

要约的失效是指要约失去法律效力。依据《民法典》第 478 条的规定，要约失效的原因包括如下几种。

(1) 要约被拒绝。要约生效后，受要约人可以承诺，也可以拒绝承诺。要约因被拒绝而失效，发生于受要约人为特定人的场合；于受要约人为不特定人的场合，要约并不存在因被拒绝而失效的问题。应当指出，受要约人明确拒绝要约后，也可以撤回拒绝要约的通知，但是撤回的通知应当先于拒绝要约的通知或者与其同时到达要约人。受要约人撤回拒绝要约通知的，要约在承诺期限内仍然有效。

(2) 要约被依法撤销。要约人虽然有权撤销要约，但是应当依法进行。例如，要约人撤销要约应当符合《民法典》第 476 条的规定，即当要约具有不可撤销性时，要约人不能撤销要约。要约人依法撤销要约的，要约即失去效力。可见，要约人没有依法撤销要约的，要约仍为有效。

(3) 承诺期限届满，受要约人未作出承诺。承诺期限是受要约人可以承诺的有效期

---

① 有一种观点认为，要约的不可撤销并非禁止撤销。也就是说，要约仍然可以撤销，只是要约人因撤销要约而造成受要约人损害的，要约人应当承担缔约过失责任。王利明．合同法：上册．2 版．北京：中国人民大学出版社，2021：80；韩世远．合同法学．2 版．北京：高等教育出版社，2022：47.

限，也就是要约的有效期限。如果要约人在要约中明确规定了承诺期限，则承诺必须在规定的期限内作出，否则，超过该期限，要约即自动失效，这相当于受要约人以默示方式拒绝了要约。

（4）受要约人对要约的内容作出实质性变更。受要约人对要约的内容表示同意，且对要约的内容没有作实质性变更的，合同方能成立。受要约人对要约的实质内容有所变更，是对要约的一种拒绝。但是，这种要约的拒绝同时又构成一个新要约，即反要约。

例题 7

（二）承诺

1. 承诺的概念和成立条件

依据《民法典》第 479 条的规定，承诺是受要约人同意要约的意思表示。可见，承诺是指受要约人向要约人作出的同意按要约的内容订立合同的意思表示。作出承诺的受要约人，也就是承诺人。承诺是订立合同的最后一个阶段。承诺以与要约结合而使合同成立为目的，并非民事法律行为，而属于意思表示。承诺须具备一定条件才能成立，具体包括如下几项。

（1）承诺须由受要约人向要约人作出。受要约人是由要约人所选定的，是要约人准备订立合同的对方当事人。同时，要约仅使受要约人取得承诺的资格。因此，只有受要约人才有权作出承诺，无论受要约人是特定的人，还是不特定的人。受要约人之外的第三人不具有承诺资格，不能对要约作出承诺。即使第三人向要约人作出同意要约的意思表示，也不是承诺，而是一种要约。受要约人作出承诺，可以由其本人进行，也可以授权其代理人进行。

（2）承诺的内容须与要约的内容一致。承诺是对要约的同意，非对要约的同意不构成承诺。承诺人对要约表示同意，即意味着其具有与要约人订立合同的目的。应当指出，承诺的内容与要约的内容一致，只要求实质内容一致即可，并不要求所有的内容都一致。也就是说，承诺只要在实质内容上与要约的内容一致，即可成立，而对于要约的非实质内容的变更，并不影响承诺的成立。依据《民法典》的规定，受要约人对要约的内容作出实质性变更的，为新要约。有关合同标的、数量、质量、价款或者报酬、履行期限、履行地点和方式、违约责任和解决争议方法等的变更，是对要约内容的实质性变更（第 488 条）。承诺对要约的内容作出非实质性变更的，除要约人及时表示反对或者要约表明承诺不得对要约的内容作出任何变更外，该承诺有效，合同的内容以承诺的内容为准（第 489 条）。

（3）承诺须在要约的有效期限内作出。要约的有效期限是要约效力的存续期间，也就是承诺的期限。超过了要约的有效期限，要约即失去效力，要约人不再受要约的拘束。因此，承诺只有在要约的有效期限作出，才能产生承诺的效力。如果要约规定了承诺的期限，则承诺人应当在规定的期限内作出承诺。如果要约没有规定承诺的期限，则要约以对话方式作出的，承诺人应当实时作出承诺；要约以非对话方式作出的，承诺应当在合理期限内到达。受要约人在要约的有效期限届满后所作出的对要约同意的意思表示，不成立承诺，而只能是一种新要约。关于承诺期限的起算，依据《民法典》第 482 条的规定，要约以信件或者电报作出的，承诺期限自信件载明的日期或者电报交发之日开始计算。信件未载明日期的，自投寄该信件的邮戳日期开始计算。要约以电话、传真、电子邮件等快速通讯方式作出的，承诺期限自要约到达受要约人时开始计算。

例题 8

2. 承诺的方式

承诺的方式是受要约人向要约人送达承诺通知的形式。依据《民法典》第 480 条的规定，承诺应当以通知的方式作出；但是，根据交易习惯或者要约表明可以通过行为作出承诺的除外。可见，承诺的具体方式有明示方式和默示方式之分。所谓承诺的明示方式，是指受要约人以口头或者书面形式表示承诺。如果法律或者要约中没有明确要求应当采用书面形式承诺，受要约人可以用口头形式表示承诺。所谓承诺的默示方式，是指受要约人没有采用口头或者书面形式表示承诺而是通过实施一定的行为表示承诺。默示作为承诺的方式，只适用于根据交易习惯或者要约表明可以通过行为作出承诺的场合，单纯的沉默或者不作为不能视为承诺。依据《民法典合同编通则解释》第 2 条的规定，在不违反法律、行政法规的强制性规定且不违背公序良俗的情况下，下列情形可以被认定为交易习惯：(1) 当事人之间在交易活动中的惯常做法；(2) 在交易行为当地或者某一领域、某一行业通常采用并为交易对方订立合同时所知道或者应当知道的做法。对于交易习惯，由提出主张的当事人一方承担举证责任。

例题 9

3. 承诺的生效时间

依据《民法典》第 484 条的规定，以通知方式作出的承诺，生效时间适用《民法典》第 137 条的规定，具体而言：以对话方式作出的承诺，相对人知道其内容时生效；以非对话方式作出的承诺，到达相对人时生效。以非对话方式作出的采用数据电文形式的承诺，相对人指定特定系统接收数据电文的，该数据电文进入该特定系统时承诺生效；未指定特定系统的，相对人知道或者应当知道该数据电文进行其系统时承诺生效。当事人对采用数据电文形式的承诺的生效时间另有约定的，应当按照约定确定承诺的生效时间。

根据交易习惯或者要约的要求，以行为作出的承诺，作出承诺的行为时生效。

4. 承诺的撤回

受要约人有权撤回承诺，但是撤回承诺的通知应当在承诺通知到达要约人前或者与承诺通知同时到达要约人（《民法典》第 485 条、第 141 条）。如果撤回承诺的通知晚于承诺通知到达要约人，则撤回的通知不发生效力，合同仍可成立。

5. 承诺的逾期

承诺逾期是指承诺在承诺期限届满后到达要约人，主要包括如下两种情形。

(1) 主观的承诺逾期。受要约人超过承诺期限发出承诺，或者在承诺期限内发出承诺，按照通常情形不能及时到达要约人的，为主观的承诺逾期。这种承诺逾期是受要约人主观因素造成的，因而不构成有效承诺，而是一种新要约。当然，要约人及时通知受要约人该承诺有效的，承诺有效（《民法典》第 486 条）。

(2) 客观的承诺逾期。受要约人在承诺期限内发出承诺通知，按照通常情形能够及时到达要约人，但是其他原因致使承诺到达要约人时超过承诺期限的，为客观的承诺逾期。这种承诺逾期是客观因素造成的，因此，

例题 10

除要约人及时通知受要约人因承诺超过期限不接受该承诺外，该承诺有效（《民法典》第487条）。

二、合同订立的特别方式

（一）交错要约

交错要约又称交叉要约，是指订约当事人采取非直接对话的方式，相互向对方提出两个独立的且内容相同的要约。在通常情形下，合同的订立过程是先有要约人发出要约，然后受要约人作出承诺，要约与承诺在时间上有先后之分。但是，在实际生活中，有时双方当事人各自向对方发出内容相同的要约，如甲向乙发出一个要约，在该要约尚未到达乙时，乙向甲也发出一个内容相同的要约。这就属于交错要约的情况。

在交错要约中，双方都有订立合同的愿望，而双方意思表示的内容又相同。实际上，双方既是要约方，同时也都是受要约方。因此，可以认定双方已经达成了合意，合同可以成立。合同成立的时间，以后一要约到达对方当事人时为准。

与交错要约相类似的是同时表示。所谓同时表示，是指双方当事人采取直接对话的方式，同时作出内容相同的意思表示。例如，双方对于买卖的条件都表示同意时，击掌成交。同时表示在法律效力上与交错要约相同，也会产生合同成立的效果。

（二）意思实现

意思实现是指依照习惯、事件的性质或者要约人的声明，承诺无须通知的，根据客观的事实认定受要约人有承诺的意思，即受要约人通过一定的事实实现其承诺的意思。意思实现既然是受要约人通过一定的事实实现其承诺的意思，那么其效力就在于使合同成立。

在意思实现中，首先，承诺无须通知只限于根据交易习惯或者要约表明可以通过行为作出承诺而无须通知的情况。根据交易习惯承诺无须通知的，如向旅馆预订房间、向酒店预订酒席等；根据要约人声明承诺无须通知的，如甲向乙紧急购物，嘱乙即刻发货。此外，根据事件的性质，承诺也可以无须通知。如自动售货机的设置是一种要约，但购物人就无须作出承诺通知。其次，受要约人无须通知的承诺意思应通过一定的事实认定。也就是说，只有存在可以认定为承诺的事实，才能构成意思实现。所谓可以认定为承诺的事实，是指由外部可以推断的有承诺意思存在的客观事实。至于受要约人是否认识到该事实为承诺的意思表示，主观上是否有承诺的意思，则在所不问。例如，向要约人发货、向要约人支付货款、使用要约人送到的物品、为旅客预留房间等，都可以认定为承诺的事实。

（三）以竞价方式订立合同

依据《民法典合同编通则解释》第4条的规定，以竞价方式订立合同的，须遵循如下特殊规则：（1）采取招标方式订立合同的，当事人可以请求确认合同自中标通知书到达中标人时成立。合同成立后，当事人拒绝签订书面合同的，应当依据招标文件、投标文件和中标通知书等确定合同内容。（2）采取现场拍卖、网络拍卖等公开竞价方式订立合同的，当事人可以请求确认合同自拍卖师落槌、电子交易系统确认成交时成立。合同成立后，当事人拒绝签订成交确认书的，应当依据拍卖公告、竞买人的报价等确定合同内容。（3）产权交易所等机构主持拍卖、挂牌交易，其公布的拍卖公告、交易规则等文件公开确定了合同成立需要具备的条件的，当事人可以请求确认合同自该条件具备时成立。

第三节 合同的形式

一、合同形式的概念

合同的形式是订立合同的当事人达成协议的表现形式，是合同内容的外观和载体。

合同是当事人意思表示一致的结果，而当事人的意思只有通过一定的载体表现出来，才能被人们把握和认定，法律也才能予以准确地评价。因此，合同形式是合同订立不可或缺的内容。

依据《民法典》第 469 条第 1 款的规定，当事人订立合同，可以采用书面形式、口头形式或者其他形式。同时，依据《民法典》第 135 条的规定，法律、行政法规规定或者当事人约定采用特定形式的，应当采用特定形式。可见，合同的形式有约定形式和法定形式之分。

合同的约定形式是指对于无法定形式要求的合同，当事人约定采用的形式。合同的约定形式由当事人自由协商选择，是合同自由的一种表现。合同的约定形式一般于合同成立前由当事人在要约中声明，但是也有约定于合同成立后履行一定形式的情况。

合同的法定形式是指法律、行政法规直接规定的某种合同应当采取的特定形式。一般地说，除口头形式外，其他的合同形式都可以由法律、行政法规规定为法定形式，其中最主要的是书面形式。合同的法定形式与约定形式不同，它不能由当事人自由选定，当事人只能根据法律、行政法规的规定，采取规定的形式。

二、合同形式的种类

（一）口头形式

口头形式是当事人只用语言为意思表示而订立合同的形式。通过口头形式订立的合同为口头合同。

合同采取口头形式，无须当事人特别指明。凡当事人无约定、法律未规定特定形式的合同，当事人均可以采用口头形式订立。但是在发生争议时，当事人必须举证证明合同的存在及合同的内容。

合同的口头形式，简便易行、快捷，最能体现合同的效益原则，在日常生活中适用得十分广泛。例如，集市上的现货交易、商店里的商品零售买卖等，一般都采取口头形式。当然，合同采取口头形式并不意味着不能有任何书面凭证，如购货发票、购物凭证等。但是，这些书面凭证只能作为合同成立的证据，而不能作为合同成立的条件。

由于口头形式不能有形地表明合同的内容，在发生纠纷时，权利义务不易确定，责任也不易分清。因此，对于不能实时清结的合同和数额较大的合同，不宜采用口头形式。

（二）书面形式

书面形式是指通过文字为意思表示而订立合同的形式。通过书面形式订立的合同为书面合同。

合同的书面形式包括合同书、信件、电报、电传、传真等可以有形地表现所载内容的形式（《民法典》第469条第2款）。此外，以电子数据交换、电子邮件等方式能够有形地表现所载内容，并可以随时调取查用的数据电文，视为书面形式（《民法典》第469条第3款）。应当指出，并不是一切文字凭证都是合同的书面形式。只有文字凭证上载有合同的权利义务，并有当事人签字或者盖章的文字凭证，才能成为合同的书面形式。例如，购货发票、购物凭证就不是书面合同的表现形式，而只是合同成立的证据。合同的书面形式的最大优点是在发生纠纷时，举证方便，有据可查，易于分清责任。因此，对于不能实时清结的合同、关系复杂的合同、数额较大的合同，最好采用书面形式。

合同书是记载合同内容的文书。合同书有多种表现形式，可以是示范合同文本，可以是格式合同，还可以是当事人自己签订的合同文本。

信件是当事人就要约和承诺的内容来往的普通信函。信件可以是普通平信，可以是挂号信，也可以是特快专递。

电报、电传、传真是通过电子方式传递信息，并最终将信息表现于书面的形式。

数据电文是指以电子、光学、磁或者类似手段生成、发送、接收或者储存的信息（《电子签名法》第2条第2款）。数据电文主要通过电子数据交换、电子邮件等方式表现，其作为合同的书面形式须具备两个条件：其一，能够有形地表现所载内容。这是书面形式的本质特征，缺乏这一条件无法作为合同的书面形式。其二，可以随时调取查用。这是数据电文作为书面形式的特殊要求。可以随时调取查用的前提是数据电文的内容要保存下来，若数据电文的内容没有保存，则就无法做到可以随时调取查用，也就不能视为书面形式。

（三）其他形式

除口头形式、书面形式外，合同还可以有其他形式，如推定形式（也有学者称之为默示形式）。推定形式是当事人未用语言、文字表达其意思表示，而是仅用行为向对方为要约，对方通过一定的行为作出承诺，从而使合同成立。依据《民法典总则编解释》第18条的规定，当事人未采用书面形式或者口头形式，但是实施的行为本身表明已经作出相应的意思表示，并符合合同成立条件的，可以认定为采用其他形式订立的合同。例如，房屋租赁合同期满后，出租人继续接受承租人所交纳的租金。根据这一特定的行为，就可以推定当事人有延长房屋租赁合同期限的意思表示。再如，商店设置自动售货机，顾客将规定的货币投入自动售货机内，买卖合同即告成立，即通过顾客的投币行为就可以推定合同成立。另外，实践中还存在着通过事实推定合同的存在。例如，当乘客乘上公共汽车并到达目的地时，尽管乘客与承运人之间没有明示协议，但是依法应推定他们之间存在运输合同。

第四节　合同的内容

一、合同内容的概念和分类

合同的内容可以从两个方面理解：从民事法律关系方面而言，合同的内容是指当事人的权利和义务，也就是合同之债的内容；从法律文书方面而言，合同的内容是指合同的各项条款。合同内容的这两方面含义是密切相联的，因为合同当事人的权利义务正是通过合同条款确定和反映出来的。从《民法典》第470条的规定来看，合同内容是指合同的条款。

合同条款是合同条件的表现和固定化，是确定合同当事人权利和义务的根据。因此，合同条款应当明确、肯定、完整，而且条款之间不能相互矛盾。如果合同条款含混不清或者有漏洞，则应当通过合同解释予以完善。在合同中，当事人为保证合同的正确履行，防止发生争议和解决争议，往往会根据不同的需要设置不同的条款，这些不同的合同条款在合同中所处的地位和所起的作用各不相同。

根据合同条款的作用和表现形式，合同条款主要有以下几类。

（一）主要条款与普通条款

根据合同条款所起的作用，合同条款可分为主要条款与普通条款。

合同的主要条款又称必要条款，是指合同成立所必须具备的条款。合同若欠缺主要条款，则不能成立。当事人只有就主要条款达成一致，才能成立合同。一般地说，确定合同主要条款的根据有三：一是法律的规定。凡法律规定某些合同必须具备的条款，则为合同的主要条款。若当事人双方不能就这些条款达成协议，合同就不能成立。二是合同的类型和性质。凡合同的类型和性质决定的合同必须具备的条款为主要条款。例如，买卖合同若没有标的物和数量条款，则不能成立，因此，标的物及其数量是买卖合同的主要条款；租赁合同若没有标的物和租金的约定，也不能成立。三是当事人的要求。除法律规定和根据合同性质所确定的主要条款以外，凡当事人要求合同必须具备的条款，也属于合同的主要条款。例如，买受人要求出卖人必须将货物运至某地交付才愿意购买，则买受人提出的送货地点就成为合同的主要条款。由于确定合同主要条款的根据不同，因而，每一个具体合同的主要条款也有所不同。

合同的普通条款又称一般条款，是指合同主要条款以外的条款。普通条款对于明确当事人的权利义务，与主要条款具有同样的意义，只是不影响合同的成立。因此，不能将主要条款看成是重要条款，而将普通条款看成是次要条款。合同的普通条款包括通常条款和偶尔条款。所谓通常条款，是指不必经当事人协商而当然地成为合同内容的条款。通常条款的内容一般由法律或者交易习惯而定，合同一旦成立，就会成为合同的内容，当事人没有必要协商。例如，买卖合同的出卖人负有保证出卖物符合质量规定的义务。这一义务性条款不必与当事人协商，也不问当事人是否写入合同，即当然成为合同内容的组成部分。所谓偶尔条款，是指须经当事人协商方能成为合同内容的一般条款。偶尔条款只有经当事人的协商一致才能成为合同的内容，在合同成立后也可以由当事人继续协商。例如，对于货物的包装，如果当事人对包装没有约定，则不能认定合同中含有关于包装的内容。这时，合同可以成立，当事人可就包装问题进行协商。

（二）实体条款与程序条款

根据合同条款的内容，合同条款可分为实体条款与程序条款。

实体条款是指体现当事人权利义务的条款，如标的条款、质量或者数量条款、价款或者酬金条款、履行期限条款、履行地点及方式条款等；程序条款是指当事人为解决争议而规定的条款，故又称解决争议条款，如仲裁条款、选择法院管辖条款、选择法律适用条款、选择检验及鉴定机构条款等。程序条款具有独立性，合同不生效、无效、被撤销或者终止的，不影响合同中有关解决争议方法的条款的效力（《民法典》第507条）。

（三）明示条款与默示条款

根据合同条款的表现形式，合同条款可分为明示条款与默示条款。

明示条款是指当事人以口头或者文字等方式明确表示的条款。明示条款是合同存在的基础，没有明示条款，合同就不能存在。因此，合同的主要条款都是明示条款。默示条款是指合同中没有规定的，但是根据法律规定、交易习惯、当事人的行为或者合同的明示条款，理应存在的条款。默示条款不能单独存在，是以明示条款为存在前提的。没有明示条款的存在，默示条款也就不能存在。因此，默示条款都属于合同的普通条款。由于明示条款和默示条款所起的作用不同，因此，在一般情况下，默示条款不具有优于明示条款的效力。也就是说，默示条款不能改变明示条款。如果默示条款与明示条款发生矛盾，应以明示条款为准。当然，对于某些法定的默示条款，当事人不得以协议排除适用，即法定默示条款具有优于明示条款的效力。

（四）有责条款与免责条款

根据合同条款的责任内容，合同条款可以分为有责条款与免责条款。

有责条款是指当事人在合同中约定的当事人违反合同应承担责任的条款，即违约责任条款。违约责任是违反合同义务的当事人应承担的民事责任，可以是当事人约定的，也可以是法律规定的。当然，合同没有约定违约责任条款不等于合同当事人违反合同不承担责任。只要违约责任没有被依法免除，违约当事人就应当承担责任。

免责条款是指当事人在合同中约定的，免除或者减轻违约方未来责任的条款。免责条款具有如下特征：（1）免责条款具有约定性。免责条款作为合同条款，是合同的组成部分，是当事人于合同中约定的。因此，免责条款具有约定性。只有免责条款已经构成合同的组成部分，才能产生免责的效力。可见，免责条款是否订入合同，是免责条款是否生效的前提。（2）免责条款具有预先性。当事人约定免责条款是为了免除或者减轻违约方未来发生的责任，因此只有在责任发生以前由当事人约定免责条款，才能导致当事人的责任的减轻或者免除。如果在责任产生后，当事人之间通过和解协议而减轻或者免除责任，则该和解协议不构成免责条款。（3）免责条款具有明示性。免责条款的提出必须是明示的，不允许以默示方式作出，也不允许法官推定免责条款的存在，因此，免责条款只能是明示条款。（4）免责条款具有免责性。免责条款的目的在于免除或者减轻违约方未来所应承担的责任，因此，免责条款具有免责性。这种免责性体现为两个方面，即免除责任或者减轻责任。由于免责条款免除或者减轻了一方当事人的责任，所以，为保护受害当事人的利益，法律对于免责条款设有严格的限制。依据《民法典》第506条的规定，合同中的下列两种免责条款无效：一是造成对方人身伤害的；二是因故意或者重大过失造成对方财产损失的。

（五）商议条款与格式条款

根据当事人能否对合同条款进行协商，合同条款可以分为商议条款与格式条款。

商议条款是指当事人经过协商而确定的条款。商议条款的特点在于，合同条款完全是由当事人协商确定的，若当事人对合同主要条款没有协商一致，则合同不能成立。

格式条款是指当事人为了重复使用而预先拟定，并在订立合同时未与对方协商的条款（《民法典》第 496 条第 1 款）。格式条款具有如下特点：(1) 格式条款是为了重复使用而由单方事先决定的。格式条款是由提供商品或者服务的一方为了重复使用而事先确定的，相对人不参与合同条款的制订。所以，格式条款具有“定型化”特点。依据《民法典合同编通则解释》第 9 条的规定，合同条款符合《民法典》第 496 条第 1 款规定的情形，当事人仅以合同系依据合同示范文本制作或者双方已经明确约定合同条款不属于格式条款为由主张该条款不是格式条款的，人民法院不予支持；从事经营活动的当事人一方仅以未实际重复使用为由主张其预先拟定且未与对方协商的合同条款不是格式条款的，人民法院不予支持。但是，有证据证明该条款不是为了重复使用而预先拟定的除外。(2) 格式条款的相对人只有订约自由，而没有决定合同内容的自由。对于格式条款，相对人在订立合同时，只有是否订立合同的自由，而对合同条款没有进行协商改变的自由，处于一种附从地位。(3) 格式条款具有广泛的适用性。格式条款适用于大量提供同类商品或者服务的交易活动中，要约人是制订合同条款的特定人，而受要约人则是欲购买商品或者接受服务的不特定人。因此，在公共交通、供水、供气、供电、邮电等行业中，都广泛适用格式条款。(4) 格式条款以书面明示为原则。格式条款一般由提供商品或者服务的一方当事人以一定书面形式事先印制，以便于对方了解和选择。因此，格式条款具有“标准”或者“定式”的特点。

因提供格式条款的一方未与对方协商，限制了另一方选择合同内容的自由，故法律通常对格式条款进行特殊的规制，主要体现在如下几个方面：(1) 采用格式条款订立合同的，提供格式条款的一方应当遵循公平原则确定当事人之间的权利和义务，并采取合理的方式提示对方注意免除或者减轻其责任等与对方有重大利害关系的条款，按照对方的要求，对该条款予以说明。提供格式条款的一方未履行提示或者说明义务，致使对方没有注意或者理解与其有重大利害关系的条款的，对方可以主张该条款不成为合同的内容（《民法典》第 496 条第 2 款）。依据《民法典合同编通则解释》第 10 条的规定，提供格式条款的一方在合同订立时采用通常足以引起对方注意的文字、符号、字体等明显标识，提示对方注意免除或者减轻其责任、排除或者限制对方权利等与对方有重大利害关系的异常条款的，人民法院可以认定其已经履行《民法典》第 496 条第 2 款规定的提示义务；提供格式条款的一方按照对方的要求，就与对方有重大利害关系的异常条款的概念、内容及其法律后果以书面或者口头形式向对方作出通常能够理解的解释说明的，人民法院可以认定其已经履行《民法典》第 496 条第 2 款规定的说明义务；提供格式条款的一方对其已经尽到提示义务或者说明义务承担举证责任；对于通过互联网等信息网络订立的电子合同，提供格式条款的一方仅以采取了设置勾选、弹窗等方式为由主张其已经履行提示义务或者说明义务的，人民法院不予支持，但是其举证符合前述规定的除外。(2) 严禁限制格式条款的效力，在具备法定情形时，应认定格式条款无效。依据《民法典》第 497 条的规定，有下列情形之一的，该格式条款无效：其一，具有《民法典》第一编第六章第三节和第 506 条规定的无效情形。《民法典》第一编第六章第三节是有关民事法律行为效力的规定，第 506 条是关于免责条款无效的规定。若格式条款具有民事法律行为无效的情形，则该格式条款无效。例如，格式条款以虚假意思表示而拟定、格式条款违反法律或者行政法规的强制性规定、格式条款违背公序良俗等的，格式条款应认定无效。《民法典》第 506 条规定的免责条款无效包括两种情形：一是造成对方人身损害的，二是因故意或者重大过失造成对方财产损失的。其二，提供格式条款一方不合理地免除或者减轻其责任、加重对方责任、限制对方主要权利。提供格式条款的一方无论是免除或者减轻自己的责任、加重对方的责任，还是限制对方的主要权利，都在一定程度上违背了公平原则。但是，并非只要出现上述情形，格式条款就归于无效，而只有达到不合理的程度，即不合理免除或者减轻其责任、加重对方责任、限制对方主要权利的，才能认定格式条款无效。至于达到何种程度为不合理，应当根据交易性质、合同目的、当事人的风险控制能力和交易成本等具体情况进行综合判断。其三，提供格式条款一方排除对方的主要权利。这种情形严重违背了公平原则，应直接认定格式条款无效。何谓主要权利，应根据具体合同的性质进行认定。（3）基于格式条款的单方拟定性，为保护相对方的利益，在当事人对格式条款的理解发生争议时，应当按照通常理解予以解释；对格式条款有两种以上解释的，应当作出不利于提供格式条款一方的解释；格式条款与非格式条款不一致的，应当采用非格式条款（《民法典》第 498 条）。

例题 11

二、合同的提示条款

合同的提示条款是指法律为方便当事人订立合同而确定的合同条款。依据《民法典》第 470 条第 1 款的规定，合同的内容由当事人约定，一般包括以下条款。

（1）当事人的名称或者姓名和住所。当事人是合同关系的主体，如果没有当事人，合同就不能成立。因此，合同必须写明当事人的名称或者姓名和住所。这一条款是任何合同都必须具备的条款，属于合同的主要条款。

（2）标的。合同标的是合同双方的权利和义务共同指向的对象。没有标的，权利义务就失去目标，也就无法确定，当事人之间就不可能建立起合同关系。因而，没有标的的合同是不存在的，标的是任何合同不能欠缺的重要内容。合同标的可以是有形财产、无形财产、劳务、工作成果等。

（3）数量。数量是确定合同标的的具体条件，也是使合同标的得以相互区别的具体特征。合同标的的数量应当在合同中加以明确，当事人应当约定明确的计量单位和计量方法。合同标的的数量不明确，合同就无法履行。因此，数量为合同的主要条款。

（4）质量。质量也是确定合同标的的具体条件，合同中应当加以明确，如标的物的技术指标、质量要求、规格、型号等都要明确，以免在履行中发生争议。

（5）价款或者报酬。价款或者报酬是标的的价金，也是取得标的所应支付的代价。对有偿合同来说，价款或者报酬一般为合同的主要条款。但是，对无偿合同来说，价款或者报酬不仅不是合同的主要条款，而且连普通条款也不是。可见，合同有无价款或者报酬的约定，是区别有偿合同与无偿合同的标准之一。

（6）履行的期限、地点和方式。履行期限是当事人各方依照合同约定全面完成自己合同义务的时间。履行期限不仅直接关系到合同义务完成的时间，也是确定违约与否的因素之一。对合同可以约定为即时履行，也可以约定为定时履行，还可以约定为在一定期限内履行。履行地点是当事人依照合同约定完成自己义务所处的场所，是确定验收地点、运输费用由谁负担、风险由谁承受的依据。履行方式是指当事人履行合同义务的方法。合同履行的具体方法应在合同中约定，如是一次交付还是分期分批交付，是现实交付还是观念交付等。

（7）违约责任。违约责任是当事人违反合同时所应承担的法律责任，是促使债务人履行义务，保护守约方利益的重要措施。因此，合同中对违约责任应予明确，如违约金数额、赔偿金额及其计算方法等。当然，合同中没有约定违约责任的，并不意味着违约方就不承担违约责任。只要违约方没有被依法免除违约责任，违约方就应对其违约行为负责。

（8）解决争议的方法。解决争议的方法是当事人解决合同纠纷的手段、途径，如诉讼、仲裁等。在合同中，当事人可以选择仲裁或者诉讼作为解决合同纠纷的方法。如果当事人没有选择解决争议的方法，则应通过诉讼解决合同纠纷。

应当指出，实践中交易活动十分繁多，为方便当事人订立合同，有关部门会拟定合同的示范文本。为更好地明确各自的权利义务以及节省交易成本，当事人可以参照各类合同的示范文本订立合同（《民法典》第 470 条第 2 款）。

三、合同解释

（一）合同解释的概念和目的

合同解释是指当事人对合同条款的理解有争议以及各合同文本所使用的词句不一致时，对该条款及词句的真实意思所作的理解和说明。

合同解释的目的在于进一步明确合同的内容，即通过合同解释使合同中不明确、不清楚的内容明确、具体，从而准确确定合同当事人的真实意思，使合同得到正确履行，合同纠纷得到合理解决。

（二）合同解释的主体和客体

关于合同解释的主体，可以从广义和狭义两个方面理解。从广义上讲，合同解释的主体包括当事人、人民法院或者仲裁机构；从狭义上讲，合同解释的主体仅指人民法院或者仲裁机构。《民法典》第 466 条并没有明确合同解释的主体，但是从司法实践来看，合同解释的主体应当限定为人民法院或者仲裁机构。因为只有人民法院或者仲裁机构作出的合同解释，才能作为解决合同纠纷的依据。当然，合同当事人的解释对于人民法院或者仲裁机构的解释也具有一定的参考价值。

合同解释的客体基于需要解释的内容而有所不同。依据《民法典》第 466 条的规定，合同解释的客体包括两个方面：一是当事人对合同条款的理解有争议时，合同解释的客体为有争议的合同条款；二是两种以上合同文本所使用的词句不一致时，合同解释的客体为使用不一致的词句。应当指出，学理上也有将合同漏洞的填补作为合同解释的客体的。但是，严格来说，合同解释与合同漏洞填补是不同的，两者的对象存在明显差别：前者是有争议的条款或者使用不一致的语句，是已经存在的内容；而后者是合同欠缺的事项，是不存在的内容。

（三）合同解释的方法

依据《民法典》第466条的规定，当事人对合同条款的理解有争议的，应当依据《民法典》第142条第1款的规定，确定争议条款的含义；合同文本采用两种以上文字订立并约定具有同等效力的，对各文本使用的词句推定具有相同含义。各文本使用的词句不一致的，应当根据合同的相关条款、性质、目的以及诚信原则等予以解释。《民法典》第142条第1款确定的意思表示的解释规则为：有相对人的意思表示的解释，应当按照所使用的词句，结合相关条款、行为的性质和目的、习惯以及诚信原则，确定意思表示的含义。可见，《民法典》坚持了客观主义兼主观主义的合同解释原则，确立了文义解释、整体解释、目的解释、习惯解释、诚信解释等合同解释方法。同时，依据《民法典合同编通则解释》第1条的规定，人民法院对合同条款进行解释时，应当以词句的通常含义为基础，结合相关条款、合同性质和目的、习惯以及诚信原则，参考缔约背景、磋商过程、履行行为等因素确定争议条款的含义；有证据证明当事人之间对合同条款有不同于词句的通常含义的其他共同理解，一方主张按照词句的通常含义理解合同条款的，人民法院不予支持。对合同条款有两种以上解释，可能影响该条款效力的，人民法院应当选择有利于该条款有效的解释；属于无偿合同的，应当选择对债务人负担较轻的解释。可见，《民法典合同编通则解释》还确定了历史解释、有利解释的合同解释方法。

1. 文义解释

文义解释是指按照合同所使用的词句解释有争议的合同条款。合同是由若干条款所组成的，而合同条款又是由语言文字所构成的。因此，欲确定合同条款的含义，必须先了解其所用词句，并按照合同所使用的词句解释合同条款。对合同条款，首先，要按照通常理解的词句含义进行解释。就是说，当事人对合同条款有争议时，应当按照合同所使用词句的通常意义进行解释。其次，如果当事人在订立合同时，赋予其词句以特定含义，就应按词句的特定含义进行解释，但是主张词句特定含义的当事人应当承担举证责任。

2. 整体解释

整体解释又称体系解释，是指将合同的全部条款和构成部分作为一个整体，从各个条款及构成部分之间的总体联系上阐明有争议的合同条款及用语的真正含义，而不能拘泥于所用的个别词句。合同并不是由众多条款堆积而成的，而是各个条款有机联系的整体。同时，合同的内容也非一定都包含在各个条款之中。因此，在解释合同时，就应当将合同的条款及构成部分作为一个整体来考虑，以探求合同条款或者用语的真正意思。例如，在合同的条款前后有矛盾时，应当根据前后合同条款的整体意思进行解释；印刷体条款与手写体条款相矛盾的，应按手写体条款解释；合同的特殊用语与一般用语相矛盾的，应按特殊用语解释。

3. 目的解释

目的解释是指对合同有争议的文字或者条款，根据合同目的所进行的解释。合同是当事人为达到一定目的而订立的，合同的条款及其用语都是实现这一目的的手段。因此，如果当事人对合同的用语或者条款发生争议，就必须根据合同的目的确定其真正含义。

目的解释要求在某一合同用语表达的意思与合同目的相反时，应当通过解释更正合同用语；当合同内容暧昧不明或者相互矛盾时，应当在确认每一个合同用语或者条款都有效用的前提下，尽可能通过解释的方式予以统一和协调，使之符合合同目的；当合同文句有不同意思时，应当按照符合合同目的的含义解释，摒弃有悖于合同目的的含义。

4. 习惯解释

习惯解释是指当事人对合同所使用的文句或者条款有疑义时，按照习惯所进行的解释。由于交易习惯是人们在交易活动中普遍认可和遵守的行为规则，具有普遍的指导意义，常常成为民事法律的渊源，因此，按照习惯对合同进行解释，对于明确合同当事人的权利与义务是十分重要的。

5. 历史解释

历史解释是指应当根据当事人交易的整个过程中的事实材料，如来往文件、合同草案等来解释合同。当事人在合同从订立到履行的整个过程中，要进行大量的接触、磋商，从而形成许多重要的合同资料。因此，在解释合同时，就不能脱离这些“历史资料”，而应当斟酌签订合同时的事实材料，如缔约背景、磋商过程、来往文件和合同草案等。

6. 有利解释

有利解释是指对合同条款的理解发生争议时，应当作出有利于合同有效和有利于债务人的解释。可见，有利解释包括两个方面：一方面，有利于合同有效的解释，即对合同条款有两种以上解释，可能影响该条款效力的，应当选择有利于该条款有效的解释。这种解释方法是促进交易，实现当事人订约的愿望所需要的，也符合鼓励交易原则。另一方面，对合同条款有两种以上解释，若合同为无偿合同，应当选择对债务人负担较轻的解释，即作出有利于债务人的解释。

7. 诚信解释

诚信解释是指依据诚信原则对有争议的合同条款及使用不一致的词句所进行的解释。诚信原则为民法的基本原则，合同解释也应当遵循这一原则。按照诚信原则解释合同，要求人民法院或者仲裁机构应当按照一个诚实守信的人的理解确定合同条款及词句的含义，公平合理地确定双方的权利义务。应当指出，通常认为，基于诚信原则的概括抽象性，只有在其他解释方法无法适用时，才能适用诚信解释的方法。因此，诚信解释是一种补充性的解释方法。

第五节　合同成立的时间和地点

一、合同成立的时间

合同成立的时间是指合同于何时成立。关于合同成立的时间，应当区分如下三种情况确定。

第一，除法律另有规定或者当事人另有约定外，承诺生效时合同成立（《民法典》第483条）。可见，在一般情况下，承诺生效之时就是合同成立之时。承诺生效时合同成立的规则有两种例外情况：一是法律另有规定的，合同不能以承诺生效时间作为成立时间。例如，自然人之间的借款合同，自贷款人提供借款时成立（《民法典》第 679 条），而不是自承诺生效时成立。二是当事人另有约定的，合同不能以承诺生效时间作为成立时间。例如，当事人约定合同在办理公证后成立的，只有办理了公证，合同才能成立。

第二，采用合同书订立合同的，自当事人均签名、盖章或者按指印时合同成立。签字、盖章或者按指印不在同一时间的，最后签字、盖章或者按指印时合同成立。但是，如果在签名、盖章或者按指印之前，当事人一方已经履行主要义务，对方接受时，该合同成立。同时，如果法律、行政法规规定或者当事人约定合同应当采用书面形式订立，当事人未采用书面形式但是一方已经履行主要义务，对方接受时，则该合同成立（《民法典》第 490 条）。

第三，当事人采用信件、数据电文等形式订立合同要求签订确认书的，签订确认书时合同成立。当事人一方通过互联网等信息网络发布的商品或者服务信息符合要约要求的，对方选择该商品或者服务并提交订单成功时合同成立，但是当事人另有约定的除外（《民法典》第 491 条）。

二、合同成立的地点

合同成立的地点是指合同于何地成立。关于合同成立的地点，应当区分如下三种情况确定。

第一，承诺生效的地点为合同成立的地点（《民法典》第 492 条第 1 款）。这是确定合同成立地点的一般规则。承诺需要通知的，承诺通知到达要约人的地点为合同成立的地点；承诺不需要通知的，根据交易习惯或者要约的要求作出承诺行为的地点为合同成立的地点。

第二，采用数据电文形式订立合同的，收件人的主营业地为合同成立的地点；没有主营业地的，其经常居住地为合同成立的地点。当事人另有约定的，按照其约定（《民法典》第 492 条第 2 款）。

第三，采用合同书形式订立合同的，最后签名、盖章或者按指印的地点为合同成立的地点，但是当事人另有约定的除外（《民法典》第 493 条）。

例题 12

第六节　缔约过失责任

一、缔约过失责任的概念和成立条件

缔约过失责任是指在合同订立过程中，一方当事人违反依诚信原则所应承担的先合同义务而造成对方信赖利益的损失时所应承担的赔偿责任。

缔约过失责任是法律直接规定的一种责任，其理论基础为诚信原则，其成立应当具备下列四个条件。

（一）缔约一方违反先合同义务

缔约过失责任也是违反义务的结果，但是这里的义务并不是合同义务，而是先合同义务。这是缔约过失责任与违约责任的根本区别。所谓先合同义务，是指当事人为缔约而相互接触、磋商时，基于诚信原则而负担的说明、告知、保密等义务。先合同义务是一种附随义务，是随着合同关系的发展而逐渐产生的，其目的在于促进合同的成立。

（二）缔约相对人受有损失

缔约过失责任表现为损害赔偿责任，因此，其以损害事实的存在为前提条件，即只有缔约一方违反先合同义务造成相对方损失时，才能产生缔约过失责任。通说认为，缔约过失责任中的损失主要是信赖利益的损失，即当事人因信赖合同的成立和有效，但是合同却不成立或者无效而遭受的损失。

（三）违反先合同义务与损失之间具有因果关系

缔约一方违反先合同义务与相对方所遭受的损失须具有因果关系，缔约过失责任才能成立，否则，不会产生缔约过失责任。

（四）违反先合同义务的缔约一方有过错

顾名思义，缔约过失责任的成立须缔约一方有“过失”。但是这里的“过失”，并非指狭义的过失，而是包括故意在内。例如，假借订立合同，恶意进行磋商就说明缔约一方主观上存在故意，其应当承担缔约过失责任。

例题 13

二、缔约过失责任的主要类型

依据《民法典》第 500 条的规定，缔约过失责任的类型主要有三种。

（一）假借订立合同，恶意进行磋商

假借订立合同，恶意进行磋商是指当事人根本没有订立合同的目的，假借订立合同而损害相对人利益的行为。例如，故意与对方谈判使对方丧失与他人交易的机会、假借与对方谈判而取得非法利益（如旅游、就餐）等，都会产生缔约过失责任。

（二）故意隐瞒与订立合同有关的重要事实或者提供虚假情况

在合同的订立过程中，当事人负有如实告知的义务。当事人故意隐瞒与订立合同有关的重要事实或者提供虚假情况，属于一种欺诈行为，造成对方损失的，即承担缔约过失责任。

（三）其他违背诚信原则的行为

除上述行为外，当事人在订立合同过程中，有其他违背诚信原则的行为，造成对方损失的，也承担缔约过失责任。例如，要约人在要约生效后，擅自撤销或者变更要约，造成对方损失的，应承担缔约过失责任；因胁迫、显失公平或者重大误解而导致合同被撤销的，要约人也应承担缔约过失责任。再如，当事人在订立合同过程中知悉的商业秘密或者其他应当保密的信息，无论合同是否成立，不得泄露或者不正当地使用；泄露、不正当地使用该商业秘密或者信息，造成对方损失的，应当承担赔偿责任（《民法典》第 501 条）。这里的赔偿责任，就是缔约过失责任。

例题 14

三、缔约过失责任的赔偿范围

缔约过失责任中的损失为信赖利益的损失，即缔约当事人因信赖合同有效成立而遭受的损失，而不是履行利益的损失。这种信赖利益的损失主要表现为与订约有关的费用支出，例如，订立合同的各种费用、准备履行合同所支出的费用等。当然，它也包括信赖人的财产应增加而未增加的利益，但是这些利益必须是在可以客观预见的范围内。

一般认为，信赖利益的赔偿数额以不超过履行利益为限，即不应超过合同成立或者有效并得到履行所获得的利益。当然，在缔约过失责任与侵权责任竞合的情况下，赔偿数额可以按照侵权责任的规定处理。同时，缔约双方都有过错的，应当各自过错的程度承担相应的责任。

重点思考题

1. 合同订立的要约和承诺有何具体要求？
2. 如何认定合同成立的时间和地点？
3. 如何确定合同成立的主要条款？
4. 对合同的格式条款如何进行规制？
5. 如何认识缔约过失责任的成立条件和赔偿范围？

案例讨论

1. 甲公司于3月21日分别向乙、丙、丁三家公司发出函件，称："急需500吨直径12毫米的螺纹钢，价格每吨2 500元，如有货，可在4月15日前交货，货到后10日内付款。"丙公司于3月23日收到函件，次日给甲公司回电称："有现货，按照来函价格等条件执行，4月15日前交货。"丁公司在收到函件后给甲公司回电，要求将价格每吨调整为2 510元。乙公司收到函件未予回复，而是于3月30日向甲公司发运了500吨直径12毫米的螺纹钢，并于4月5日将货物运达。

请回答以下问题：

(1) 甲公司与乙、丙、丁三家公司之间的缔约过程是如何进行的？为什么？

(2) 甲公司与乙、丙、丁三家公司是否成立合同关系？为什么？

(3) 本案的合同若成立，是否都为有效？

2. 甲公司的仓库中存有4 000立方米的优质松木。6月5日，甲公司给乙公司发信，询问乙公司是否愿意以860元/立方米的价格购买松木，并由甲公司代办托运，限3天内答复。乙公司当时正急需松木，在收到信件后的第二天便回电话，表示愿意以甲公司提出的价格购买3 000立方米松木。第三天，双方又经过协商，将甲公司代办托运货物改为乙公司自提货物。6月12日，乙公司租用车辆，派人开车到了甲公司的仓库。此时甲公司发现仓库里实际上只存有1 000立方米的松木，并且松木一直在涨价，如果现在以860元/立方米的价格将松木卖出，会少赚很多钱。甲公司便提出，其发出的要约要求为甲公司代办托运，并未规定由乙公司派车提货，现在乙公司派车前来，属于单方变更要约条件，应视为未接受甲公司提出的要约，乙公司的承诺只是一个反要约。此外，甲公司认为自己以发信的形式发出要约，乙公司也应以发信的形式作出承诺，而不应以电话的形式作出承诺。甲公司拒绝向乙公司交付松木。乙公司经反复请求无效后，向人民法院提起诉讼，要求甲公司交付3 000立方米松木并赔偿损失。

请回答以下问题：

(1) 本案中的要约、承诺如何认定？

(2) 甲乙双方的合同是否成立？为什么？

(3) 甲公司提出的理由是否合法？为什么？

第三章
合同的效力

第一节 合同效力概述

一、合同效力的概念

合同的效力是指依法成立的合同所具有的法律约束力。依据《民法典》第 465 条的规定，依法成立的合同，受法律保护；依法成立的合同，仅对当事人具有法律拘束力，但是法律另有规定的除外。可见，只有依法成立的合同，才能具有法律拘束力。合同之所以具有法律拘束力，是因为法律对当事人意志的评价，是法律对合同进行法律判断的结果。

关于合同的效力，应当区分合同成立、合同有效与合同生效。合同成立属于事实判断的问题，只要符合相应的事实条件，合同即告成立；合同有效属于法律判断的问题，即只有符合法律规定的有效条件，合同才能有效；合同生效取决于已经成立并有效的合同具备生效条件。可见，就已经成立的合同而言，符合法律规定的有效条件，为有效合同；欠缺法律规定的有效条件，不为有效合同。欠缺法律规定的有效要件的合同，依其欠缺有效要件的情况不同，又有不同的法律后果：有的自始就绝对不能有效，此为无效合同；有的成立后为有效，但是当事人可以请求法院撤销而使之无效，此为可撤销的合同；有的成立后是否发生效力尚不能确定，还有待于其他的行为予以决定，此为效力未定的合同。

二、合同的对内效力与对外效力

合同具有相对性，因此，合同原则上仅对当事人具有拘束力。但是，在法律另有规定的情况下，合同对当事人之外的第三人也会发生效力（《民法典》第 465 条第 2 款）。合同对当事人的效力为对内效力，对合同之外第三人的效力为对外效力。

合同的对内效力主要包括如下内容：(1) 当事人负有全面、适当履行合同的义务；(2) 当事人不得随意变更、解除合同；(3) 任何一方不履行合同义务或者履行义务不符合约定的，应当承担相应违约责任；(4) 合同是处理当事人纠纷的依据。

合同的对外效力主要包括如下内容：(1) 任何第三人都负有不得侵害合同债权的义务；(2) 合同可以向第三人履行或者由第三人履行；(3) 在债权人行使代位权或者撤销权时，合同的效力及于第三人。

第二节　合同的有效要件

关于合同的有效条件，《民法典》合同编通则分编并没有具体规定，因此，可以适用民事法律行为有效条件的规定（《民法典》第508条）。依据《民法典》第143条的规定，具备下列条件的民事法律行为有效：（1）行为人具有相应的民事行为能力；（2）意思表示真实；（3）不违反法律、行政法规的强制性规定，不违背公序良俗。

一、行为人具有相应的民事行为能力

民事行为能力是民事主体以自己的行为设定民事权利义务的能力。合同作为民事法律行为，只有具备相应民事行为能力的人才有资格订立，不具有相应民事行为能力的人所订立的合同不能发生效力。

自然人订立合同的，原则上应当具有完全民事行为能力。限制民事行为能力人订立的纯获利益的合同或者与其年龄、智力、精神健康状况相适应的合同有效，订立的其他合同经法定代理人同意或者追认后有效（《民法典》第145条）。至于限制民事行为能力人订立的合同是否与其年龄、智力、精神健康状况相适应，可以从行为与本人生活相关联的程度，本人的智力、精神健康状况能否理解其行为并预见相应的后果，以及标的、数量、价款或者报酬等方面认定（《民法典总则编解释》第5条）。无民事行为能力人订立的合同无效（《民法典》第144条），但是一般认为，无民事行为能力人订立的纯获利益的合同也是有效的（如赠与合同）。

法人订立合同的，也应当具有相应的民事行为能力。但是，法人订立合同的相应民事行为能力不能完全以经营范围为限。因此，当事人超越经营范围订立的合同是否有效，应当依据民事法律行为的有效条件进行认定，不得仅以超越经营范围确认合同无效（《民法典》第505条）。法人的分支机构在得到法人的授权后，可以自己的名义订立合同。非法人组织虽然不具有法人资格，但是能够依法以自己的名义从事民事活动（《民法典》第102条第1款），因此，个人独资企业、合伙企业等非法人组织具有相应的订立合同的民事行为能力。

应当指出，法人的法定代表人或者非法人组织的负责人超过权限订立的合同，除相对人知道或者应当知道其超越权限外，该代表行为有效，订立的合同对法人或者非法人组织发生效力（《民法典》第504条）。关于法人的法定代表人或者工作人员、非法人组织的负责人或者工作人员超越权限订立合同的问题，《民法典合同编通则解释》作了如下两项特殊规定：

（1）法律、行政法规为限制法人的法定代表人或者非法人组织的负责人的代表权，规定合同所涉事项应当由法人、非法人组织的权力机构或者决策机构决议，或者应当由法人、非法人组织的执行机构决定，法定代表人、负责人未取得授权而以法人、非法人组织的名义订立合同，未尽到合理审查义务的相对人主张该合同对法人、非法人组织发生效力并由其承担违约责任的，人民法院不予支持，但是法人、非法人组织有过错的，

可以参照《民法典》第157条的规定判决其承担相应的赔偿责任。相对人已尽到合理审查义务，构成表见代表的，人民法院应当依据《民法典》第504条的规定处理。合同所涉事项未超越法律、行政法规规定的法定代表人或者负责人的代表权限，但是超越法人、非法人组织的章程或者权力机构等对代表权的限制，相对人主张该合同对法人、非法人组织发生效力并由其承担违约责任的，人民法院依法予以支持。但是，法人、非法人组织举证证明相对人知道或者应当知道该限制的除外。法人、非法人组织承担民事责任后，向有过错的法定代表人、负责人追偿因越权代表行为造成的损失的，人民法院依法予以支持。法律、司法解释对法定代表人、负责人的民事责任另有规定的，依照其规定（第20条）。

（2）法人、非法人组织的工作人员就超越其职权范围的事项以法人、非法人组织的名义订立合同，相对人主张该合同对法人、非法人组织发生效力并由其承担违约责任的，人民法院不予支持。但是，法人、非法人组织有过错的，人民法院可以参照《民法典》第157条的规定判决其承担相应的赔偿责任。前述情形，构成表见代理的，人民法院应当依据《民法典》第172条的规定处理。合同所涉事项有下列情形之一的，人民法院应当认定法人、非法人组织的工作人员在订立合同时超越其职权范围：1）依法应当由法人、非法人组织的权力机构或者决策机构决议的事项；2）依法应当由法人、非法人组织的执行机构决定的事项；3）依法应当由法定代表人、负责人代表法人、非法人组织实施的事项；4）不属于通常情形下依其职权可以处理的事项。合同所涉事项未超越依据上述情形确定的职权范围，但是超越法人、非法人组织对工作人员职权范围的限制，相对人主张该合同对法人、非法人组织发生效力并由其承担违约责任的，人民法院应予支持。但是，法人、非法人组织举证证明相对人知道或者应当知道该限制的除外。法人、非法人组织承担民事责任后，有权向故意或者有重大过失的工作人员追偿（第21条）。

此外，《民法典合同编通则解释》还对法人的法定代表人或者工作人员、非法人组织的负责人或者工作人员等以法人、非法人组织的名义未超越权限订立合同的效力作了以下规定：

（1）法定代表人、负责人或者工作人员以法人、非法人组织的名义订立合同且未超越权限，法人、非法人组织仅以合同加盖的印章不是备案印章或者系伪造的印章为由主张合同对其不发生效力的，人民法院不予支持。合同系以法人、非法人组织的名义订立，但是仅有法定代表人、负责人或者工作人员签名或者按指印而未加盖法人、非法人组织的印章，相对人能够证明法定代表人、负责人或者工作人员在订立合同时未超越权限的，人民法院应当认定合同对法人、非法人组织发生效力。但是，当事人约定以加盖印章作为合同成立条件的除外。合同仅加盖法人、非法人组织的印章而无人员签名或者按指印，相对人能够证明合同系法定代表人或者负责人、工作人员在其权限范围内订立的，人民法院应当认定该合同对法人、非法人组织发生效力。在上述情形下，法定代表人、负责人或者工作人员在订立合同时虽然超越代表或者代理权限，但是依据《民法典》第504条的规定构成表见代表，或者依据《民法典》第172条的规定构成表见代理的，人民法院应当认定合同对法人、非法人组织发生效力（第22条）。

（2）法定代表人、负责人或者代理人与相对人恶意串通，以法人、非法人组织的名义订立合同，损害法人、非法人组织的合法权益，法人、非法人组织主张不承担民事责任的，人民法院应予支持。法人、非法人组织请求法定代表人、负责人或者代理人与相对人对因此受到的损失承担连带赔偿责任的，人民法院应予支持。根据法人、非法人组织的举证，综合考虑当事人之间的交易习惯、合同在订立时是否显失公平、相关人员是否获取了不正当利益、合同的履行情况等因素，人民法院能够认定法定代表人、负责人或者代理人与相对人存在恶意串通的高度可能性的，可以要求前述人员就合同订立、履行的过程等相关事实作出陈述或者提供相应的证据。其无正当理由拒绝作出陈述，或者所作陈述不具合理性又不能提供相应证据的，人民法院可以认定恶意串通的事实成立（第 23 条）。

二、意思表示真实

意思表示是行为人欲设立、变更、终止民事法律关系的内在意思的外部表现。可见，意思表示包括内在意思即效果意思与外部行为。因此，所谓意思表示真实就是行为人的效果意思与外部行为相一致。订约当事人双方的意思表示一致，合同即可成立。但是，只有当事人的意思表示是真实的，合同才能有效。如果当事人的意思表示不真实，因其所表示的并非真实的效果意思，则不应使其不真实的效果意思发生效力。但是，当事人的意思表示是否真实，他人从外观上是无法考察的，只有当事人自己才最清楚。因此，从当事人双方的意思表示一致时起，就视为当事人的意思表示真实，合同就可有效。只有在当事人证明其意思表示不真实而撤销合同时，合同才是无效的。

意思表示不真实说明当事人的意思表示有瑕疵，可以表现为意思与表示不一致，也可以表现为意思表示不自由。意思与表示不一致是指表意人的内在真实意思与表示出的意思不一致，如虚假的意思表示、通谋的意思表示等；意思表示不自由是指表意人的意思表示受到不正当的干预行为，非自由形成的意思表示，如受欺诈的意思表示、受胁迫的意思表示等。

三、不违反法律、行政法规的强制性规定，不违背公序良俗

虽然合同是当事人自愿订立的，是当事人自主交易的法律形式，当事人可以自由地协商决定合同的内容，但是，当事人的自由不能超出法律的限制。因此，当事人订立合同的目的和约定的合同内容不得违反法律、行政法规的强制性规定，也不得违背公序良俗。

第三节　无效合同

一、无效合同的概念和特征

无效合同是指因根本不具备合同的有效要件，自始就确定地当然不能发生法律效力的合同。

无效合同具有以下特征。

第一，无效合同是严重欠缺合同有效条件的合同。所谓严重欠缺，是指所欠缺的要件是从外观上就可以确定的，当事人不能补正。

第二，无效合同是自始无效的合同。依据《民法典》第155条的规定，无效的合同自始就没有法律约束力。所谓自始没有法律约束力，是指从合同成立时起就是无效的。一旦合同被宣告无效，其效力就要溯及合同成立之时。

第三，无效合同是当然无效的合同。所谓当然无效，是指无须经任何程序和无须任何人主张，合同就是无效的。当然，当事人就合同是否无效发生争议时，可以请求人民法院或者仲裁机构予以确认，人民法院或者仲裁机构应当依法作出确认，但是人民法院或者仲裁机构的裁决不能将合同无效的事实改变。

第四，无效合同是确定无效的合同。无效合同不仅自成立时起就不发生效力，其后也不会因其他行为的补正而发生效力。其无效的后果是自始确定不变的，不能因为时间的经过而转为有效，也不能通过当事人的实际履行转为有效。

第五，无效合同是绝对无效的合同。所谓绝对无效，是指不仅人民法院或者仲裁机构可依职权主动确认合同无效，而且任何当事人和利害关系人都可以主张合同无效。在民事纠纷中，即使当事人未主张合同无效，人民法院或者仲裁机构也不能将无效合同作为有效合同处理。

第六，无效合同可以是全部无效或者部分无效。全部无效的合同因其不符合法律的要求而不能发生法律效力。但是，合同部分无效，若不影响其他部分效力，则其他部分仍然有效（《民法典》第156条）。

例题15

二、无效合同的种类

（一）无民事行为能力人实施的合同

《民法典》第144条规定，无民事行为能力人实施的民事法律行为无效。据此，无民事行为能力人订立的合同应为无效。应当指出的是，对于无民事行为能力人纯获利益的合同如赠与合同等，不应认定为无效。

例题16

（二）虚假合同

虚假合同是指当事人明知其表现出来的合同并非其本意，而按当事人的真意是另外一个合同的现象。依据《民法典》第146条第1款的规定，行为人与相对人以虚假的意思表示订立的合同无效。当事人双方以虚假的意思表示订立合同，尽管双方存在着合意，但是因该虚假的意思表示与表意人的内心意思不符，也即当事人并不存在效果意思，因此，虚假合同为无效合同。但是，虚假的意思表示往往隐藏着真实的意思表示，被隐藏的合同是否有效，应依该合同是否符合有效条件加以认定。因此，以虚假的意思表示隐藏的合同的效力，应当依照有关法律规定处理（《民法典》第146条第2款）。

依据《民法典合同编通则解释》第14条的规定，当事人之间就同一交易订立多份合同，人民法院应当认定其中以虚假意思表示订立的合同无效。当事人为规避法律、行政法规的强制性规定，以虚假意思表示隐藏真实意思表示的，人民法院应当依据《民法典》第153条第1款的规定认定被隐藏合同的效力；当事人为规避法律、行政法规关于合同应当办理批准等手续的规定，以虚假意思表示隐藏真实意思表示的，人民法院应当依据《民法典》第502条第2款的规定认定被隐藏合同的效力（第1款）。认定被隐藏合同无效或者确定不发生效力的，人民法院应当以被隐藏合同为事实基础，依据《民法典》第

157 条的规定确定当事人的民事责任。但是，法律另有规定的除外（第 2 款）。

（三）恶意串通的合同

恶意串通的合同是指当事人双方故意合谋实施的损害他人合法权益的合同。依据《民法典》第 154 条的规定，行为人与相对人恶意串通，损害他人合法权益的合同无效。这种合同虽然是当事人双方的真实意思表示，但是以损害他人合法权益为目的，因而是无效合同。在恶意串通的合同中，当事人双方须有共同的故意，并且当事人合谋的后果损害了他人的合法权益。

（四）违反法律、行政法规的强制性规定的合同

合同不得违反法律、行政法规的强制性规定，这是合同的有效条件之一。因此，违反法律、行政法规的强制性规定的合同无效，但是该强制性规定不导致该合同无效的除外。这里的法律、行政法规必须是全国人大及其常委会制定的法律和国务院制定的行政法规，而不包括地方性法规和规章。一般认为，这里的“强制性规定”，是指效力性强制性规定。也就是说，只有合同违反了法律、行政法规中的效力性强制性规定，才能认定其无效。如果合同只是违反了法律、行政法规中的管理性强制性规定，并不能导致该合同无效。依据《民法典合同编通则解释》第 16 条第 1 款的规定，合同违反法律、行政法规的强制性规定，有下列情形之一，由行为人承担行政责任或者刑事责任能够实现强制性规定的立法目的的，人民法院可以依据《民法典》第 153 条第 1 款关于“该强制性规定不导致该民事法律行为无效的除外”的规定认定该合同不因违反强制性规定无效：（1）强制性规定虽然旨在维护社会公共秩序，但是合同的实际履行对社会公共秩序造成的影响显著轻微，认定合同无效将导致案件处理结果有失公平公正；（2）强制性规定旨在维护政府的税收、土地出让金等国家利益或者其他民事主体的合法利益而非合同当事人的民事权益，认定合同有效不会影响该规范目的的实现；（3）强制性规定旨在要求当事人一方加强风险控制、内部管理等，对方无能力或者无义务审查合同是否违反强制性规定，认定合同无效将使其承担不利后果；（4）当事人一方虽然在订立合同时违反强制性规定，但是在合同订立后其已经具备补正违反强制性规定的条件却违背诚信原则不予补正；（5）法律、司法解释规定的其他情形。可见，强制性规定主要是指公法上的强制性规定。当然，违反私法上的强制性规定，法律明确规定合同无效的，亦应当认定合同无效。此外，法律、行政法规的强制性规定旨在规制合同订立后的履行行为，当事人以合同违反强制性规定为由请求认定合同无效的，人民法院不予支持。但是，合同履行必然导致违反强制性规定或者法律、司法解释另有规定的除外（《民法典合同编通则解释》第 16 条第 2 款）。依据前述情形认定合同有效，但是当事人的违法行为未经处理的，人民法院应当向有关行政管理部门发出司法建议。当事人的行为涉嫌犯罪的，应当将案件线索移送刑事侦查机关；属于刑事自诉案件的，应当告知当事人可以向有管辖权的人民法院另行提起诉讼（《民法典合同编通则解释》第 16 条第 3 款）。

应当指出，法律、行政法规的规定虽有“应当”“必须”或者“不得”等表述，但是该规定旨在限制或者赋予民事权利，行为人违反该规定将构成无权处分、无权代理、越权代表等，或者导致合同相对人、第三人因此获得撤销权、解除权等民事权利的，应当依据法律、行政法规规定的关于违反该规定的民事法律后果认定合同效力（《民法典合同编通则解释》第 18 条）。

（五）违背公序良俗的合同

民事主体从事民事活动，不得违背公序良俗，这是民法的基本原则。当事人订立的合同违背了公序良俗，也就是违反了民法的基本原则，就会损害社会公共利益，因此，违背公序良俗的合同无效。依据《民法典合同编通则解释》第 17 条的规定，合同虽然不违反法律、行政法规的强制性规定，但是有下列情形之一，人民法院应当认定因违背公序良俗而无效：（1）合同影响政治安全、经济安全、军事安全等国家安全的；（2）合同影响社会稳定、公平竞争秩序或者损害社会公共利益等违背社会公共秩序的；（3）合同背离社会公德、家庭伦理或者有损个人尊严等违背善良风俗的。人民法院在认定合同是否违背公序良俗时，应当以社会主义核心价值观为导向，综合考虑当事人的主观动机和交易目的、政府部门的监管强度、一定期限内当事人从事类似交易的频次、行为的社会后果等因素，并在裁判文书中充分说理。当事人确因生活需要进行交易，未给社会公共秩序造成重大影响，且不影响国家安全，也不违背善良风俗的，人民法院不应当认定合同无效。

第四节　可撤销合同

一、可撤销合同的概念和特征

可撤销合同是指因意思表示有瑕疵，当事人一方享有撤销权，可行使撤销权请求法院对已经成立的合同予以撤销的合同。

可撤销合同虽可因撤销权的行使而无效，但其不同于无效合同，体现出如下特征。

第一，可撤销合同的发生事由是当事人的意思表示有瑕疵。可撤销合同之所以可由当事人撤销，是因为合同所反映的意思表示并不是当事人的真实意思，而合同无效的原因是其严重欠缺合法性。正因为如此，可撤销合同仅涉及当事人的利益，而无效合同涉及国家利益、社会公共利益或者第三人利益。

第二，可撤销合同在被撤销前是有效的，只有在被撤销后才自始无效。可撤销合同并非只要存在可撤销的事由就当然无效，相反，只有在有撤销权的当事人行使撤销权后，合同才因被撤销而自始无效，合同成立后未被撤销前是有效的。而无效合同自成立时起就是无效的，只要存在无效的事由就自始不能发生效力，无须撤销。

第三，可撤销合同是只有有撤销权的当事人可主张无效的合同。只要有撤销权的一方当事人未行使撤销权，可撤销合同就是有效的，其他任何人均不得主张合同无效。即使存在撤销的事由，人民法院或者仲裁机构也不得依职权撤销合同。因此，因撤销而无效的可撤销合同又称相对无效的合同。而无效合同是绝对无效的，只要存在无效的事由，任何人都可主张无效，人民法院或者仲裁机构也可以依职权主动确认合同无效。

二、可撤销合同的种类

（一）重大误解的合同

依据《民法典》第 147 条的规定，基于重大误解而订立的合同，行为人有权请求人民法院或者仲裁机构予以撤销。所谓重大误解，是指当事人对有关合同效力的重要事项产生了严重的错误认识。行为人对行为的性质、对方当事人或者标的物的品种、质量、规格、价格、数量等产生错误认识，按照通常理解如果不发生该错误认识，行为人就不会作出相应意思表示的，可以认定为重大误解。重大误解的合同须具备以下构成要件：(1) 当事人一方因过失对合同的重要事项产生了错误认识。所谓重要事项，是指有关合同性质，合同的当事人，合同标的物品种、质量、规格和数量等（《民法典总则编解释》第 19 条第 1 款）。(2) 须当事人基于误解而订立合同，即合同的订立与当事人的错误认识之间有因果关系。若当事人不产生错误认识，则不会订立该合同。(3) 须所订立的合同使当事人一方遭受重大损失或者达不到合同的目的。如果基于当事人的误解所订立的合同并不会给当事人一方造成重大损失或者不会影响合同的目的，则不构成重大误解的合同。应当指出，当事人以其意思表示存在第三人转达错误为由请求撤销合同，应当适用重大误解的合同（《民法典总则编解释》第 20 条）。当事人能够证明自己实施民事法律行为时存在重大误解，有权请求撤销该合同，但是根据交易习惯等认定行为人无权请求撤销的除外（《民法典总则编解释》第 19 条第 2 款）。

（二）受欺诈而订立的合同

受欺诈而订立的合同是当事人一方或者第三人实施欺诈行为，使对方在违背真实意思的情况下所订立的合同。所谓欺诈，是指当事人一方故意告知虚假情况，或者负有告知义务的人故意隐瞒真实情况，致使当事人基于错误认识作出意思表示的行为（《民法典总则编解释》第 21 条）。欺诈有两种表现情形：(1) 一方当事人的欺诈。依据《民法典》第 148 条的规定，一方以欺诈手段，使对方在违背真实意思的情况下订立的合同，受欺诈方有权请求人民法院或者仲裁机构予以撤销。(2) 第三人欺诈。依据《民法典》第 149 条的规定，第三人实施欺诈行为，使一方在违背真实意思的情况下订立的合同，对方知道或者应当知道该欺诈行为的，受欺诈方有权请求人民法院或者仲裁机构予以撤销。

例题 17

无论是因何种欺诈而订立合同，均须具备以下条件：(1) 须有欺诈行为；(2) 受欺诈方因受欺骗而陷入错误认识；(3) 双方订立的合同是欺诈的结果。

（三）受胁迫而订立的合同

依据《民法典》第 150 条的规定，受胁迫而订立的合同是指一方或者第三方以胁迫手段，使对方在违背真实意思的情况下所订立的合同。所谓胁迫，是指以给自然人及其近亲属等的人身权利、财产权利以及其他合法权益造成损害或者以给法人、非法人组织的名誉、荣誉、财产权益等造成损害为要挟，迫使其基于恐惧心理作出意思表示的行为（《民法典总则编解释》第 22 条）。

例题 18

受胁迫订立的合同须具备以下要件：(1) 须有一方的胁迫行为；(2) 须对方因受胁迫而产生恐惧；(3) 须对方因受胁迫违心地与胁迫人订立合同。

（四）显失公平的合同

显失公平的合同是指当事人一方利用对方处于危困状态、缺乏判断能力等情形，致使合同成立时显失公平的合同。依据《民法典》第 151 条的规定，一方利用对方处于危困状态、缺乏判断能力等情形，致使民事法律行为成立时显失公平的，受损害方有权请求人民法院或者仲裁机构予以撤销。

显失公平的合同须具备以下要件：(1) 一方当事人须存在处于危困状态、缺乏判断能力等情形。若当事人一方是自然人，根据该当事人的年龄、智力、知识、经验并结合交易的复杂程度，能够认定其对合同的性质、合同订立的法律后果或者交易中存在的特定风险缺乏应有的认知能力，则可以认定该情形构成"缺乏判断能力"(《民法典合同编通则解释》第 11 条)。(2) 另一方当事人故意利用对方的危困状态或者缺乏判断能力等情形。如果不存在故意利用的情形，则不成立显失公平的合同。(3) 合同的内容使当事人双方的权利义务明显不公平。当事人间的权利义务是否显失公平，应依社会情势具体判断。显失公平的合同只有在订立合同时发生显失公平才是可以撤销的合同。如果在订立合同时并非显失公平，而是在订立合同后因情势变更致使双方的权利义务显失公平，则该合同不为可撤销的合同。

例题 19

三、可撤销合同中撤销权的行使

(一) 撤销权的概念和行使方式

可撤销合同中的撤销权，是指合同当事人可以请求人民法院或者仲裁机构对已经成立的合同予以撤销的权利。

从性质上说，可撤销合同的撤销权属于形成权。这种形成权须由撤销权人依诉讼或者仲裁方式行使。也就是说，撤销权人应向人民法院或者仲裁机构请求撤销合同。在未行使撤销权前，合同可发生法律效力，而在撤销权行使后，可撤销的合同即溯及自成立时起无效。

撤销权是法律赋予合同当事人的权利，只有依法享有撤销权的人才可享有。依据《民法典》的规定，在重大误解的合同中，合同当事人任何一方均有撤销权（第 147 条）；在受欺诈而订立的合同、受胁迫而订立的合同中，只有受欺诈方、受胁迫方才享有撤销权（第 148～150 条）；在显失公平的合同中，只有受损害方才能享有撤销权（第 151 条）。

(二) 撤销权的消灭

依据《民法典》第 152 条的规定，撤销权的消灭原因有两种：

其一，撤销权人在撤销权行使期间未行使撤销权。撤销权的行使期间为除斥期间，具体为：(1) 当事人自知道或者应当知道撤销事由之日起 1 年、重大误解的当事人自知道或者应当知道撤销事由之日起 90 日；(2) 当事人受胁迫，自胁迫行为终止之日起 1 年。撤销权人在上述期限内没有行使撤销权的，撤销权消灭。同时，当事人自合同成立之日起 5 年内没有行使撤销权的，撤销权消灭。

其二，撤销权人知道撤销事由后明确表示或者以自己的行为表明放弃撤销权。撤销权既为权利，撤销权人就可以行使，也可以放弃而不行使。因此，尽管撤销权的存续期间未届满，撤销权人放弃撤销权的，撤销权也就归于消灭。撤销权人明确表示放弃撤销权的，应以口头或者书面的明示方式向对方为放弃的意思通知；撤销权人以自己的行为放弃撤销权，是以

例题 20

自己的行为表明其承认合同的法律效力。例如，撤销权人在知道撤销事由后仍向对方履行合同义务，或者向对方主张合同权利，都表明其承认可撤销合同的效力，也就意味着其放弃撤销权。

撤销权消灭后，可撤销合同即成为有效合同，当事人应当依约履行该合同。

第五节　效力未定合同

一、效力未定合同的概念和特征

效力未定合同又称效力待定合同，是指于合同成立时是否发生效力尚不能确定，还有待于其他行为使之效力确定的合同。

效力未定合同具有如下特征。

第一，效力未定合同成立后，其效力处于不确定状态。效力未定合同欠缺合同的有效条件，因而于合同成立时还不能生效，但又不是当然无效，其有效还是无效处于不确定的状态。

第二，效力未定合同可以通过一定的事实予以补正而有效。效力未定合同欠缺合同的有效条件，但是这种欠缺是非实质性的，可以通过一定的事实加以补正。效力未定合同一旦经过补正，即成为有效合同。

第三，效力未定合同的效力只能通过当事人意思以外的事实加以补正。效力未定合同所欠缺的事项，不能由行为人自己的意思来补正，只能由他人的行为补正。

二、效力未定合同的种类

（一）限制民事行为能力人不能独立订立的合同

依据《民法典》第145条第1款的规定，对于纯获利益的合同或者与年龄、智力、精神健康状况相适应的合同，限制民事行为能力人具有相应的民事行为能力，有权独立订立，故合同有效。除此之外的合同，因限制民事行为能力人并不具有相应的民事行为能力，不能独立订立，故须经法定代理人同意或者追认，才能有效。可见，限制民事行为能力人不能独立订立的合同为效力未定合同。

限制民事行为能力人不能独立订立的合同之效力完全决定于法定代理人是否同意或者追认。但是，若法定代理人一直不表示是否追认，合同的效力就会始终处于不确定的状态，这不利于保护相对人的利益。因此，为保护相对人的利益，法律赋予相对人以催告权和撤销权。依据《民法典》第145条第2款的规定，相对人可以催告法定代理人自收到通知之日起30日内予以追认。法定代理人未作表示的，视为拒绝追认。合同被追认之前，善意相对人有撤销的权利，但是撤销应当以通知的方式作出。在合同被追认后，善意相对人无撤销的权利。相对人知道或者应当知道与之订立合同的行为人为限制民事行为能力人的，不论合同是否被追认，都无撤销的权利。

（二）无权代理人代订的合同

无权代理人代订的合同又称无权代理合同，是指行为人没有代理权而以本人名义订立的合同。

当事人可以自己订立合同，也可以通过代理人订立合同。代理人代订合同须有代理权，否则为无权代理。无权代理对被代理人不能发生有权代理的法律后果，无权代理人代订的合同对被代理人也就不能发生法律效力。但是，无权代理不同于滥用代理权，因无权代理的结果对被代理人并非就一定是不利的，所以，无权代理并非均为无效代理，如果经被代理人追认，无权代理可为有效代理，对被代理人发生有权代理的法律后果。依据《民法典》第 171 条第 1 款的规定，行为人没有代理权、超越代理权或者代理权终止后，仍然实施代理行为，未经被代理人追认，对被代理人不发生效力。可见，行为人没有代理权、超越代理权或者代理权终止后以被代理人名义订立的合同，经被代理人追认的，对被代理人发生效力。因此，无权代理合同属于效力未定合同。

无权代理合同成立后，被代理人有追认权，经其追认，合同对其发生效力；被代理人不追认的，对被代理人不发生效力。被代理人追认的意思表示应以明示方式向相对人作出。由于被代理人是否及时表示追认，对于相对人有着重大利害关系，因此，法律为保护善意第三人的利益，同样赋予相对人以催告权和撤销权。依据《民法典》第 171 条第 2 款的规定，相对人可以催告被代理人自收到通知之日 30 日内予以追认。被代理人未作表示的，视为拒绝追认。但是，被代理人已经开始履行合同义务或者接受相对人履行的，视为对合同的追认（《民法典》第 503 条）。合同被追认之前，善意相对人有撤销的权利，可以撤销该合同，撤销应当以通知的方式作出。但是，相对人为恶意的即知道行为人没有代理权、超越代理权或者代理权已终止还与行为人订立合同的，相对人不享有撤销权。在相对人为恶意的情况下，相对人和行为人应当按照各自的过错承担责任（《民法典》第 171 条第 4 款）。

无权代理合同未被追认的，善意相对人有权请求行为人履行债务或者就其受到的损害请求行为人赔偿，但是赔偿的范围不得超过被代理人追认时相对人所能获得的利益（《民法典》第 171 条第 3 款）。

例题 21

第六节　未生效合同

一、未生效合同的概念和特征

依据《民法典》第 502 条的规定，依法成立的合同，自成立时生效，但是法律另有约定或者当事人另有约定的除外。可见，未生效合同是指合同虽然成立，但是尚不具备生效条件的合同。

未生效合同具有如下特征。

第一，未生效合同是有效合同。未生效合同具备合同的有效条件，为有效合同，而非无效合同和可撤销合同，也不是效力未定合同。因此，未生效合同具有未来生效的可能性。

第二，未生效合同不具有履行效力。由于未生效合同还不具备生效条件，当事人还不能基于合同行使权利、承担义务。因此，未生效合同不具有履行效力。

第三，未生效合同是否生效取决于法律的规定或者当事人的约定。在一般情况下，合同自成立时即生效。合同之所以未生效，是因为法律另有规定或者当事人另有约定。因此，一旦满足了法律另有规定或者当事人另有约定的条件，未生效合同即生效。

二、未生效合同的种类

（一）依照当事人约定产生的未生效合同

依据《民法典》第158条的规定，附生效条件的合同，自条件成就时生效。可见，在附生效条件的合同中，合同能否生效取决于条件的成就与否。所谓条件成就，是指当事人约定的客观事实出现。相应地，当事人约定的客观事实未出现，则为条件不成就。在附生效条件的合同中，条件成就前，当事人间的权利、义务虽已经确定，但是处于停止状态，一直到条件成就时才发生效力；条件不成就，则该合同的效力消灭。

依据《民法典》第160条的规定，附生效期限的合同，自期限届至时生效。可见，在附生效期限的合同中，合同生效取决于期限的届至。在期限届至前，合同的效力处于停止状态；在期限届至后，合同发生效力。

（二）依照法律规定产生的未生效合同

依据《民法典》第502条第2款的规定，依照法律、行政法规的规定，合同应当办理批准等手续的，依照其规定。可见，如果法律、行政法规明确规定，合同生效需要办理批准等手续，未办理批准等手续的，则成立法律、行政法规规定的未生效合同。也就是说，在未办理批准等手续前，合同未生效。例如，《矿产资源法》第6条第1款第2项规定："已取得采矿权的矿山企业，因企业合并、分立，与他人合资、合作经营，或者因企业资产出售以及有其他变更企业资产产权的情形而需要变更采矿权主体的，经依法批准可以将采矿权转让他人采矿。"可见，采矿权的转让合同应当办理批准手续。

在法律规定的未生效合同中，虽然未办理批准等手续影响合同生效，但是不影响合同中履行报批等义务条款以及相关条款的效力。也就是说，履行报批义务等条款以及相关条款具有独立性，即使合同因未报批而未生效，但是报批义务已经生效，负有报批义务的人应当履行该义务。如果应当办理申请批准等手续的当事人未履行报批义务，对方可以请求其承担违反该义务的责任。

依据《民法典合同编通则解释》第12条的规定，合同依法成立后，负有报批义务的当事人不履行报批义务或者履行报批义务不符合合同的约定或者法律、行政法规的规定，对方请求其继续履行报批义务的，人民法院应予支持；对方主张解除合同并请求其承担违反报批义务的赔偿责任的，人民法院应予支持。人民法院判决当事人一方履行报批义务后，其仍不履行，对方主张解除合同并参照违反合同的违约责任请求其承担赔偿责任的，人民法院应予支持。合同获得批准前，当事人一方起诉请求对方履行合同约定的主要义务，经释明后拒绝变更诉讼请求的，人民法院应当判决驳回其诉讼请求，但是不影响其另行提起诉讼。负有报批义务的当事人已经办理申请批准等手续或者已经履行生效判决确定的报批义务，批准机关决定不予批准，对方请求其承担赔偿责任的，人民法院不予支持。但是，因迟延履行报批义务等可归责于当事人的原因导致合同未获批准，对方请求赔偿因此受到的损失的，人民法院应当依据《民法典》第157条的规定处理。

应当指出，合同存在无效或者可撤销的情形，当事人以该合同已在有关行政管理部门办理备案、已经批准机关批准或者已依据该合同办理财产权利的变更登记、移转登记等为由主张合同有效的，人民法院不予支持（《民法典合同编通则解释》第13条）。

第七节　合同无效、被撤销或者确定不发生效力的法律后果

依据《民法典》第157条的规定，合同无效、被撤销或者确定不发生效力的，将产生如下法律后果。

一、不具有履行效力

无效合同自始不能发生效力，被撤销的合同也自合同成立时起就不具有法律效力。因此，无效的合同或者被撤销的合同自始就不具有履行效力，合同未履行的，不得履行；合同已经履行的，应当回复到原来的状态，亦即返还财产或者折价补偿。在合同确定不发生效力的情况下，合同也不具有履行效力。

二、返还财产

返还财产是指依合同取得财产的一方将其取得的财产返还给对方。依合同履行的情况，返还财产有单方返还与双方返还之分。如果合同仅有一方履行，则发生单方返还；如果双方均履行了合同，则发生双方返还。返还财产，应以能够返还和有必要返还为前提。如果一方取得的财产已经不存在而不能返还，或者没有必要返还，则取得财产的一方不承担返还财产的责任，应向对方折价补偿。依据《民法典合同编通则解释》第24条第1款的规定，合同不成立、无效、被撤销或者确定不发生效力，当事人请求返还财产，经审查财产能够返还的，人民法院应当根据案件具体情况，单独或者合并适用返还占有的标的物、更正登记簿册记载等方式；经审查财产不能返还或者没有必要返还的，人民法院应当以认定合同不成立、无效、被撤销或者确定不发生效力之日该财产的市场价值或者以其他合理方式计算的价值为基准判决折价补偿。

依据《民法典合同编通则解释》第25条的规定，合同不成立、无效、被撤销或者确定不发生效力，有权请求返还价款或者报酬的当事人一方请求对方支付资金占用费的，人民法院应当在当事人请求的范围内按照中国人民银行授权全国银行间同业拆借中心公布的一年期贷款市场报价利率（LPR）计算。但是，占用资金的当事人对于合同不成立、无效、被撤销或者确定不发生效力没有过错的，应当以中国人民银行公布的同期同类存款基准利率计算。双方互负返还义务，当事人主张同时履行的，人民法院应予支持；占有标的物的一方对标的物存在使用或者依法可以使用的情形，对方请求将其应支付的资金占用费与应收取的标的物使用费相互抵销的，人民法院应予支持，但是法律另有规定的除外。

三、赔偿损失

合同无效、被撤销或者确定不发生效力的，有过错的一方应当赔偿对方因此所受到的损失；双方都有过错的，应当各自承担相应的责任。这里的有过错，是指在使合同无效、被撤销或者确定不发生效力上有过错。例如，在合同因重大误解被撤销时，重大误解的一方是有过错的。有过错的一方所承担的赔偿责任属于缔约过失责任，其应当赔偿对方因合同无效或者被撤销所受到的损失。依据《民法典合同编通则解释》第 5 条的规定，第三人实施欺诈、胁迫行为，使当事人在违背真实意思的情况下订立合同，受到损失的当事人请求第三人承担赔偿责任的，人民法院依法予以支持；当事人亦有违背诚信原则的行为的，人民法院应当根据各自的过错确定相应的责任。但是，法律、司法解释对当事人与第三人的民事责任另有规定的，依照其规定。

依据《民法典合同编通则解释》第 24 条第 2 款的规定，除请求返还财产外，当事人还请求赔偿损失的，人民法院应当结合财产返还或者折价补偿的情况，综合考虑财产增值收益和贬值损失、交易成本的支出等事实，按照双方当事人的过错程度及原因力大小，根据诚信原则和公平原则，合理确定损失赔偿额。

四、解决合同争议方法的条款有效

依据《民法典》第 507 条的规定，合同不生效、无效、被撤销或者终止的，不影响合同中有关解决争议方法的条款的效力。合同当事人不仅可以自行约定相互间的权利义务、责任，并且可以约定发生争议时的解决方法。合同中约定解决争议的方法的条款是独立存在的，不受其他条款效力的影响。所以，合同不生效、无效或者被撤销后，虽然合同不具有履行效力，当事人间不能依合同确定相互间的权利义务和责任，但是只要关于解决争议方法的条款不违法，则该条款仍然是有效的，对于当事人之间的争议仍应按合同中约定的方法解决。

五、其他法律后果

合同不成立、无效、被撤销或者确定不发生效力，当事人的行为涉嫌违法且未经处理，可能导致一方或者双方通过违法行为获得不当利益的，人民法院应当向有关行政管理部门提出司法建议。当事人的行为涉嫌犯罪的，应当将案件线索移送刑事侦查机关；属于刑事自诉案件的，应当告知当事人可以向有管辖权的人民法院另行提起诉讼（《民法典合同编通则解释》第 24 条第 3 款）。

重点思考题

1. 如何理解合同成立、合同有效与合同无效的关系？
2. 无效合同与可撤销合同有何区别？
3. 可撤销合同中撤销权如何行使？
4. 效力未定合同与无效合同、可撤销合同有何区别？

5. 合同无效、被撤销发生何种法律后果?

案例讨论

1. 李某花50万元从刘某处购买了一套80平方米的房屋，装修时邻居告之：两年前，就在这套房屋里，刘某20岁的儿子将一名到他家做客的10岁女孩奸杀，并将尸体藏在屋顶的水箱里，7天后尸体才被发现。得知这一消息后，李某便找到刘某商量退房事宜，但是刘某坚决不同意。于是，李某向人民法院提起诉讼，请求撤销其与刘某签订的房屋买卖合同。

请回答以下问题：

(1) 如何确定李某与刘某之间买卖合同的效力? 为什么?

(2) 人民法院能否支付李某的请求? 为什么?

2. 乙经常到外地出差，甲委托乙外出到某地时代买一台摄像机。乙到某地后发现当地所卖的摄像机并不便宜，而电视机较便宜。乙知道甲还未买电视机，于是就为甲购买了一台电视机。乙回来后说明了情况，甲未表示反对，将电视机收下，并与乙结算了货款。第二天，甲发现该电视机质量不太好，就找到乙，要求乙处理电视机，而乙不同意。

请回答以下问题：

(1) 乙的行为是否构成无权代理? 为什么?

(2) 对该电视机应当如何处理? 为什么?

第四章

合同的履行

第一节　合同履行概述

一、合同履行的概念

合同履行是指债务人按照合同的约定或者法律的规定，全面地、正确地履行自己所承担的义务。

对于合同履行，可以从如下四个方面理解。

第一，合同履行是合同的基本法律效力。合同依法成立后，在当事人之间即产生法律效力，合同履行就是其中的法律效力之一。在合同的法律效力中，合同履行是基本的法律效力，合同的其他法律效力都是围绕合同的履行而展开的。例如，合同设定权利义务的目的在于履行，合同的担保是为促使合同的履行设置的，合同的保全可以起到间接强制义务人履行合同的作用。因此，合同履行是其他一切合同效力的归缩和延伸。

第二，合同履行是债务人所为的特定行为。合同履行是债务人完成合同债务的行为，是债务人依照合同的约定或者法律的规定所为的特定行为。这种特定行为一般是特定的积极行为，即给付行为，如交付标的物、支付价款、提供劳务等。债务人的特定行为有时也可以是消极行为，如出租人应容许承租人修缮租赁物、竞业禁止协议等。可见，没有债务人的给付行为，就不可能实现合同目的。但是，仅有债务人的给付行为，也未必就能实现合同目的。只有债务人全面、正确地为给付行为，即全面、适当地履行合同义务（包括给付义务和附随义务），合同目的才能得到实现，债权人的利益才能得到满足。

第三，合同履行是给付行为与给付结果的统一。合同履行是债务人全面、适当地履行合同义务的行为，这种行为的目的在于使债权人的债权得到满足，债权人得到给付的结果。因此，合同履行是使债权人实现合同债权的给付行为和给付结果的统一，是完成合同义务的整个过程。

第四，合同履行是合同权利义务终止的一种原因。合同债务人全面、正确地履行了义务，合同债权即达到目的而得到满足，合同权利义务即归于终止。因此，合同履行是债消灭的一种原因，而且是一种正常的消灭原因。从合同权利义务终止原因上说，合同履行又称清偿。

二、合同履行的原则

合同履行的原则是当事人在履行合同的过程中所应遵循的基本规则。合同履行除应当遵循诚信原则、公平原则、平等原则等民法基本原则和合同自由原则、鼓励交易原则、合同严守原则、合同相对性原则等合同法基本原则外，还应当遵循全面履行原则、适当履行原则、协作履行原则、经济合理原则以及绿色原则。

（一）全面履行原则

全面履行是指当事人应当按照合同约定全面履行自己的义务（《民法典》第509条第1款）。按照全面履行原则，对于合同约定或者法律所规定的所有义务，当事人均应履行。例如，合同的标的是什么，当事人就应当履行什么，不能任意用其他标的代替；再如，在合同没有约定或者法律没有规定的情况下，合同只能由当事人亲自履行，而不能由他人代替履行。

（二）适当履行原则

适当履行原则是指当事人应当按照合同的约定或者法律的规定适当地履行合同。根据适当履行原则，当事人除按合同的标的履行外，还应按照合同标的物的数量和质量、履行期限、履行地点、履行方式等履行合同。适当履行原则要求当事人在履行合同时，履行合同的各种要素，如履行标的、履行主体、履行期限、履行地点等都应当是适当的。当事人是否适当履行了合同，是决定当事人是否承担违约责任的界限。

（三）协作履行原则

协作履行原则是指合同双方当事人不仅应履行自己的义务，而且应当协助对方履行义务。如前所述，合同履行虽然是债务人履行义务的行为，但因债权与债务是相互对应的，因此，债务人在履行义务时，就需要债权人予以协助。如果只有债务人履行债务，而没有债权人的接受履行，则合同的履行目的就难以达到。协作履行原则是合同履行的保障，是合同双方当事人的利益所要求的。例如，合同双方当事人都应当按照合同的约定，履行自己所应承担的义务；双方当事人之间要及时通报情况，发现问题及时解决，以便于合同的履行，如债务人因客观原因不能履行债务或者不能按时履行债务的，应当将有关情况及时通知对方，并采取适当的措施加以处理；债权人应当以适当的方法接受履行，并为债务人的履行创造必要的条件，如债权人的住所变更的，应当及时通知债务人，以便债务人履行债务。债权人分立、合并或者变更住所没有通知债务人，致使履行债务发生困难的，债务人可以中止履行或者将标的物提存（《民法典》第529条）。

（四）经济合理原则

经济合理原则是指在合同履行过程中，合同的双方当事人应讲求经济效益，维护对方的利益。经济合理原则要求合同的双方当事人在履行债务中，既要考虑自己一方的利益，同时也要考虑他人的利益和国家、社会的利益。一般地说，按照当事人约定所设立的合同之内容本身就已经充分地考虑到了各自的利益。因此，当事人按照约定履行了合同，也就体现了经济合理原则。但是，在有些情况下，由于客观情况的变化或者当事人约定的不详，合同的履行也会有不尽符合经济合理原则之处。在这种情况下，就要求合同当事人应遵循经济合理原则履行合同，最大限度地维护对方的利益。例如，合同没有约定履行方式的，当事人应当按照有利于实现合同目的的方式履行；承运人应当按照约定的或者通常的运输路线将旅客、货物运输到约定地点。“按照有利于实现合同目的的方式”履行、“按照通常的运输路线”运输，就是经济合理原则的体现。

（五）绿色原则

绿色原则是指当事人在履行合同过程中，应当避免浪费资源、污染环境和破坏生态（《民法典》第509条第3款）。绿色原则是民法的基本原则，要求民事主体从事民事活动，应当有利于节约资源、保护生态环境（《民法典》第9条），合同履行的绿色原则是民法绿色原则的具体体现。在合同履行的整个过程中，当事人都应当遵循绿色原则履行自己的义务。例如，在买卖合同中，对于标的物就应当采取有利于节约资源、保护生态环境的包装方式（《民法典》第619条）；依照法律、行政法规的规定或者按照当事人的约定，标的物在有效使用年限届满后应予回收的，出卖人负有自行或者委托第三人对标的物予以回收的义务（《民法典》第625条）。在货运合同中，托运人托运易燃、易爆、有毒、有腐蚀性、有放射性等危险物品的，应当按照国家有关危险物品运输的规定对危险物品妥善包装，做出危险物品标志和标签，并将有关危险物品的名称、性质和防范措施的书面材料提交承运人（《民法典》第828条第1款）。上述这些规定，均体现了合同履行的绿色原则。

第二节　合同履行的规则

一、合同履行主体

合同履行主体是指履行合同债务和接受债务履行的人。在一般情况下，合同是由当事人通过实施特定行为来履行的，也就是由债务人向债权人履行债务，由债权人接受债务人的履行。因此，债务人和债权人都是合同履行的主体。债务人作为合同履行主体时，为履行人；债权人作为履行主体时，为履行受领人。

（一）履行人

在合同履行中，履行人一般为债务人，包括单独债务人和共同债务人（连带债务人、按份债务人）。在某些情况下，合同也可以由第三人履行。第三人履行有如下两种情形。

1. 具有合法利益的第三人履行

债务人不履行债务，第三人对履行该债务具有合法利益的，第三人有权向债权人代为履行；但是，根据债务性质、按照当事人约定或者依照法律规定只能由债务人履行的除外（《民法典》第524条第1款）。第三人对履行债务具有合法利益，是指第三人对债务的履行具有利益关系。依据《民法典合同编通则解释》第30条的规定，下列民事主体，可以认定为对履行债务具有合法利益的第三人：（1）保证人或者提供物的担保的第三人；（2）担保财产的受让人、用益物权人、合法占有人；（3）担保财产上的后顺位担保权人；（4）对债务人的财产享有合法权益且该权益将因财产被强制执行而丧失的第三人；(5) 债务人为法人或者非法人组织的，其出资人或者设立人；(6) 债务人为自然人的，其近亲属；(7) 其他对履行债务具有合法利益的第三人。第三人在其已经代为履行的范围内取得对债务人的债权，但是不得损害债权人的利益。担保人代为履行债务取得债权后，向其他担保人主张担保权利的，依据《担保制度解释》第 13 条①、第 14 条②、第 18 条第 2 款③等规定处理。

虽然第三人对履行债务具有合法利益，但是如果具有下列三种情形，则不得代为履行：(1) 根据债务性质，债务只能由债务人履行的，第三人不能代为履行，如演艺合同中的表演债务应由债务人亲自履行；(2) 当事人约定债务只能由债务人履行的，第三人不能代为履行，如承揽合同约定承揽工作须由债务人全部完成；(3) 法律规定债务只能由债务人履行的，第三人也不能代为履行，如建设工程合同中的建设工程主体必须由承包人亲自完成（《民法典》第 791 条第 3 款）。

在债权人接受第三人履行后，其对债务人的债权转让给第三人，但是债务人和第三人另有约定的除外（《民法典》第 524 条第 2 款）。可见，对履行债务具有合法利益的第三人在代为履行后，发生债权法定转移的效力。

2. 一般第三人履行

依据《民法典》第 523 条的规定，当事人约定由第三人向债权人履行债务，第三人不履行债务或者履行债务不符合约定的，债务人应当向债权人承担违约责任。可见，在对债务履行没有合法利益的情况下，若当事人约定由第三人履行债务，第三人可以代为履行。当事人约定由第三人履行债务的，该第三人只是履行主体，而不是合同的当事人。因此，合同当事人应对第三人的履行后果负责。合同约定由第三人履行债务，而第三人不履行或者履行不符合约定的，应由债务人承担违约责任，第三人不承担违约责任。同时，在第三人履行时，第三人也不是代理人。若债务人的代理人代其履行，则不为第三人履行，因为这时的履行主体仍是债务人。应当指出，在当事人约定由第三人履行债务的情况下，《民法典》第 524 条第 1 款但书的规定亦有适用的空间。

例题 22

（二）*履行受领人*

合同履行的受领人是指有效接受债务履行的人。履行受领人原则上是债权人，包括单独债权人和共同债权人（连带债权人和按份债权人）。除债权人以外，债权人的代理

① 《担保制度解释》第 13 条规定："同一债务有两个以上第三人提供担保，担保人之间约定相互追偿及分担份额，承担了担保责任的担保人请求其他担保人按照约定分担份额的，人民法院应予支持；担保人之间约定承担连带共同担保，或者约定相互追偿但是未约定分担份额的，各担保人按照比例分担向债务人不能追偿的部分。""同一债务有两个以上第三人提供担保，担保人之间未对相互追偿作出约定且未约定承担连带共同担保，但是各担保人在同一份合同书上签字、盖章或者按指印，承担了担保责任的担保人请求其他担保人按照比例分担向债务人不能追偿部分的，人民法院应予支持。""除前两款规定的情形外，承担了担保责任的担保人请求其他担保人分担向债务人不能追偿部分的，人民法院不予支持。"

② 《担保制度解释》第 14 条规定："同一债务有两个以上第三人提供担保，担保人受让债权的，人民法院应当认定该行为系承担担保责任。受让债权的担保人作为债权人请求其他担保人承担担保责任的，人民法院不予支持；该担保人请求其他担保人分担相应份额的，依照本解释第十三条的规定处理。"

③ 《担保制度解释》第 18 条第 2 款规定："同一债权既有债务人自己提供的物的担保，又有第三人提供的担保，承担了担保责任或者赔偿责任的第三人，主张行使债权人对债务人享有的担保物权的，人民法院应予支持。"

人、债权人的破产管理人、债权质权的质权人、持有真正合法收据的人（表见受领人）、代位权人等都可作为履行受领人。但是，若债权行使存在受限制的情形，则债权人的受领权要受到限制。在下列情形下，债权人不得受领：（1）债权已出质。债权已作为质权的标的出质于他人时，债权人非经质权人同意，不得受领。（2）债权人已被宣告破产。债权人被宣告破产时，自不能为有效受领，其债权应由破产清算人受领。（3）人民法院按民事诉讼法的规定，对债权人的债权采取强制执行措施时，债权人不得自行受领。

依据《民法典》第 522 条第 1 款的规定，当事人约定由债务人向第三人履行债务，债务人未向第三人履行债务或者履行债务不符合约定的，应当向债权人承担违约责任。可见，在当事人有约定的情况下，第三人也可以成为履行受领人。应当指出，在法律规定或者当事人约定第三人可以直接请求债务人向其履行债务，第三人未在合理期限内明确拒绝的情况下，债务人未向第三人履行债务或者履行债务不符合约定的，第三人可以请求债务人承担违约责任（《民法典》第 522 条第 2 款）。这种情形属于利他合同的情形，第三人是合同权利人，当然有权受领债务人的履行。

例题 23

二、合同履行标的

（一）合同履行标的的规范要求

合同履行标的是指债务人应给付的内容，包括交付实物、支付货币、提供劳务等。

债务人以实物履行合同的，履行标的应符合当事人约定的质量要求。质量要求不明确的，当事人可以协议补充；不能达成补充协议的，按照合同相关条款或者交易习惯确定。按照合同相关条款或者交易习惯仍不能确定的，按照强制性国家标准履行；没有强制性国家标准的，按照推荐性国家标准履行；没有推荐性国家标准的，按照行业标准履行；没有国家标准、行业标准的，按照通常标准或者符合合同目的的特定标准履行（《民法典》第 510 条、第 511 条第 1 项）。

债务人原则上应全部履行，因此，债权人可以拒绝债务人部分履行债务，但是部分履行不损害债权人利益的除外。债务人部分履行债务给债权人增加的费用，由债务人负担（《民法典》第 531 条）。

债务人以货币履行合同债务的，当事人应当按照合同约定的支付方法支付价款或者报酬。价款或者报酬不明确的，可以协议补充；不能达成补充协议的，按照合同相关条款或者交易习惯确定。按照合同相关条款或者交易习惯仍不能确定的，按照订立时合同履行地的市场价格履行；依法执行政府定价或者政府指导价的，按照规定履行（《民法典》第 510 条、第 511 条第 2 项）。在执行政府定价或者政府指导价时，如果在合同约定的交付期限内政府价格调整时，则按照交付时的价格计价。逾期交付标的物的，遇价格上涨时，按照原价格执行；价格下降时，按照新价格执行。逾期提取标的物或者逾期付款的，遇价格上涨时，按照新价格执行；价格下降时，按照原价格执行（《民法典》第 513 条）。对于以支付金钱为内容的合同，除法律另有规定或者当事人另有约定外，债权人可以要求债务人以实际履行地的法定货币履行（《民法典》第 514 条）；对于选择之债，债务人应当按照选择的标的履行（《民法典》第 515 条）。

（二）合同履行中的以物抵债协议

在合同履行过程中，当事人达成以物抵债协议的，应当根据债务履行期是否届满分别确定以物抵债协议的效力。（1）债务履行期限届满后订立的以物抵债协议。依据《民法典合同编通则解释》第 27 条的规定，债务人或者第三人与债权人在债务履行期限届满后达成以物抵债协议，不存在影响合同效力情形的，人民法院应当认定该协议自当事人意思表示一致时生效。债务人或者第三人履行以物抵债协议后，人民法院应当认定相应的原债务同时消灭；债务人或者第三人未按照约定履行以物抵债协议，经催告后在合理期限内仍不履行，债权人选择请求履行原债务或者以物抵债协议的，人民法院应予支持，但是法律另有规定或者当事人另有约定的除外。债务履行期限届满后达成的以物抵债协议经人民法院确认或者人民法院根据当事人达成的以物抵债协议制作成调解书，债权人主张财产权利自确认书、调解书生效时发生变动或者具有对抗善意第三人效力的，人民法院不予支持。债务人或者第三人以自己不享有所有权或者处分权的财产权利订立以物抵债协议的，依据《民法典合同编通则解释》第 19 条的规定处理。（2）债务履行期届满前订立的以物抵债协议。依据《民法典合同编通则解释》第 28 条的规定，债务人或者第三人与债权人在债务履行期届满前达成以物抵债协议的，人民法院应当在审理债权债务关系的基础上认定该协议的效力。当事人约定债务人到期没有清偿债务，债权人可以对抵债财产拍卖、变卖、折价以实现债权的，人民法院应当认定该约定有效。当事人约定债务人到期没有清偿债务，抵债财产归债权人所有的，人民法院应当认定该约定无效，但是不影响其他部分的效力；债权人请求对抵债财产拍卖、变卖、折价以实现债权的，人民法院应予支持。当事人订立债务人到期没有清偿债务的以物抵债协议后，债务人或者第三人未将财产权利转移至债权人名下，债权人主张优先受偿的，人民法院不予支持；债务人或者第三人已将财产权利转移至债权人名下的，依据《担保制度解释》第 68 条[①]的规定处理。

三、合同履行地点

合同履行地点是债务人履行债务和债权人接受履行的地方。履行地点有明确规定的，当事人应当按照规定的地点履行。履行地点不明确的，当事人可以协议补充；不能达成补充协议的，按照合同相关条款或者交易习惯确定。按照合同相关条款或者交易习惯仍

① 《担保制度解释》第 68 条规定："债务人或者第三人与债权人约定将财产形式上转移至债权人名下，债务人不履行到期债务，债权人有权对财产折价或者以拍卖、变卖该财产所得价款偿还债务的，人民法院应当认定该约定有效。当事人已经完成财产权利变动的公示，债务人不履行到期债务，债权人请求参照民法典关于担保物权的有关规定就该财产优先受偿的，人民法院应予支持。""债务人或者第三人与债权人约定将财产形式上转移至债权人名下，债务人不履行到期债务，财产归债权人所有的，人民法院应当认定该约定无效，但是不影响当事人有关提供担保的意思表示的效力。当事人已经完成财产权利变动的公示，债务人不履行到期债务，债权人请求对该财产享有所有权的，人民法院不予支持；债权人请求参照民法典关于担保物权的规定对财产折价或者以拍卖、变卖该财产所得的价款优先受偿的，人民法院应予支持；债务人履行债务后请求返还财产，或者请求对财产折价或者以拍卖、变卖所得的价款清偿债务的，人民法院应予支持。""债务人与债权人约定将财产转移至债权人名下，在一定期间后再由债务人或者其指定的第三人以交易本金加上溢价款回购，债务人到期不履行回购义务，财产归债权人所有的，人民法院应当参照第二款规定处理。回购对象自始不存在的，人民法院应当依照民法典第一百四十六条第二款的规定，按照其实际构成的法律关系处理。"

不能确定的，则按下列标准确定履行地点：给付货币的，在接受货币一方所在地履行；交付不动产的，在不动产所在地履行；其他标的，在履行义务一方所在地履行（《民法典》第 510 条、第 511 条第 3 项）。

四、合同履行期限

合同履行期限是债务人履行债务和债权人接受履行的时间。合同履行期限应根据法律的规定或者合同的约定加以确定。履行期限明确的，当事人应按确定的期限履行；履行期限不明确的，当事人可以协议补充；不能达成补充协议的，按照合同相关条款或者交易习惯确定。按照合同相关条款或者交易习惯仍不能确定的，债务人可以随时履行，债权人也可以随时要求履行，但是应当给对方必要的准备时间（《民法典》第 510 条、第 511 条第 4 项）。

对于电子合同，应当依据《民法典》第 512 条的规定确定履行时间：（1）通过互联网等信息网络订立的电子合同的标的为交付商品并采用快递物流方式交付的，收货人的签收时间为交付时间。电子合同的标的为提供服务的，生成的电子凭证或者实物凭证中载明的时间为提供服务时间；前述凭证没有载明时间或者载明时间与实际提供服务时间不一致的，以实际提供服务的时间为准。（2）电子合同的标的物为采用在线传输方式交付的，合同标的物进入对方当事人指定的特定系统且能够检索识别的时间为交付时间。（3）电子合同当事人对交付商品或者提供服务的方式、时间另有约定的，按照其约定。

当事人按照履行期限履行合同，意味着债务人不得逾期履行，也不能提前履行。因此，债权人可以拒绝债务人提前履行债务，但是提前履行不损害债权人利益的除外。债务人提前履行债务给债权人增加的费用，应由债务人负担（《民法典》第 530 条）。一般地说，在如下三种情况下，债务人可以提前履行：一是债权人请求债务人提前履行，债务人同意；二是债务人要求提前履行，债权人同意；三是债务人提前履行不损害债权人利益。

例题 24

五、合同履行方式

合同履行方式是债务人履行义务的方法，例如，标的物的交付方法、工作成果的交付方法、运输方法、价款或者报酬的支付方法等。合同的履行方法由当事人约定，当事人要求一次性履行的，债务人不得分批履行；凡要求分期分批履行的，债务人也不得一次性履行。履行方式不明确的，当事人可以协议补充；不能达成补充协议的，按照合同相关条款或者交易习惯确定。按照合同相关条款或者交易习惯仍不能确定的，按照有利于实现合同目的的方式履行（《民法典》第 510 条、第 511 条第 5 项）。

六、合同履行费用

合同履行费用是指债务人履行合同所支出的费用。履行费用的负担由当事人在合同中约定，可以由债务人负担，也可以由债权人负担。履行费用的负担不明确的，当事人可以协议补充；不能达成补充协议的，按照合同相关条款或者交易习惯确定。按照合同相关条款或者交易习惯仍不能确定的，由履行义务一方负担；因债权人原因增加的履行费用，由债权人负担（《民法典》第510条、第511条第6项）。

第三节 双务合同履行中的抗辩权

一、同时履行抗辩权

（一）同时履行抗辩权的概念

同时履行抗辩权是指双务合同的一方当事人在他方未为对待给付以前，拒绝履行自己的合同义务的权利。

在双务合同中，当事人的权利义务具有牵连性，即当事人的权利与义务是相对应的，一方的权利即他方的义务，一方的义务即为他方的权利。如果一方的权利、义务不成立或无效，则另一方的权利、义务也就会发生同样的效果。正因为如此，双务合同的履行也具有牵连性，即一方的义务履行须以他方履行义务为前提。如果一方不履行义务，他方的权利就不能得到实现，其履行义务自然也就会受到影响。一方不履行自己的义务而要求对方履行义务，在法律上有违于公平观念。可见，法律设立同时履行抗辩权的目的，就在于维持双务合同当事人间在利益关系上的公平，以维护交易的安全。

（二）同时履行抗辩权的成立条件

依据《民法典》第525条的规定，当事人互负债务，没有先后履行顺序的，应当同时履行。一方在对方履行之前有权拒绝其履行要求；一方在对方履行债务不符合约定时，有权拒绝其相应的履行要求。据此，同时履行抗辩权的成立应具备下列条件。

1. 当事人须因同一双务合同而互负债务

首先，同时履行抗辩权只适用于双务合同，而不适用于单务合同。在买卖、互易、租赁、承揽、运输、仓储等双务合同中，都可以适用同时履行抗辩权。其次，在双务合同中，须双方当事人互负债务。所谓互负债务，是指当事人所负的债务存在对价关系。如果双务合同的当事人之间不存在对价关系，则无同时履行抗辩权的适用。这里的对价关系，只要求双方的债务之间存在互为条件、互为牵连的关系即可，而不要求双方履行的债务在经济上等价。

2. 当事人双方互负的债务没有先后履行顺序且均已届清偿期

首先，当事人的债务履行没有先后顺序。就是说，当事人在合同中没有约定履行顺序。在这种情况下，当事人应当同时履行。如果合同中约定了当事人的债务先后履行顺序，则负有先履行债务的当事人应先履行债务，不能适用同时履行抗辩权。其次，当事人双方互负的债务均届清偿期。同时履行抗辩权的适用，是双方对待给付的交换关系的反映，旨在使双方所负的债务同时履行，以同时实现双方享有的债权。因此，只有双方互负的债务均届清偿期，才能行使同时履行抗辩权。如果双方的债务没有同时到期，则债务已届清偿期的当事人不能行使同时履行抗辩权，否则，就等于要求未到期的债务人提前履行债务。如果当事人双方的债务都没有约定期限，但是按照合同的性质或者约定，一方负有先履行义务的，则负有先履行义务的一方没有主张同时履行抗辩的权利。

3. 对方未履行债务或者履行债务不符合约定

当事人一方请求对方履行债务时，如果请求方自己没有履行债务，则被请求方可以主张行使同时履行抗辩权，拒绝履行债务。如果请求方已履行了债务，则被请求方不享有同时履行抗辩权。当事人一方履行债务不符合约定的，对方也可以行使同时履行抗辩权。但是，这种同时履行抗辩权只限于“相应”的范围之内行使，即与当事人一方履行债务不符合约定的部分的相应部分。例如，当事人一方部分履行的，则就未履行部分，对方可以行使同时履行抗辩权。应当指出，一方以对方没有履行非主要债务为由拒绝履行自己的主要债务的，人民法院不予支持。但是，对方不履行非主要债务致使不能实现合同目的或者当事人另有约定的除外（《民法典合同编通则解释》第 31 条第 1 款）。

4. 对方的对待履行是可能的

法律设立同时履行抗辩权的目的，在于使双方当事人同时履行自己的债务。因此，只有在债务可以履行的情况下，同时履行抗辩权才具有意义。如果当事人一方所负的债务成为不能履行的债务，则不发生同时履行抗辩权问题，当事人一方只能通过其他途径请求补救。例如，当事人一方的债务是因不可抗力的原因使标的物灭失而不能履行的，如对方提出履行请求，则当事人一方可以主张解除合同以否定其请求权的存在，而不能主张同时履行抗辩权。

（三）同时履行抗辩权的效力

同时履行抗辩权属于延期的抗辩权，不具有消灭对方请求权的效力，而仅产生使对方请求权延期的效力，即：当事人一方要求对方履行债务的，自己必须同时履行债务；而在对方没有履行债务时，自己则可以暂时拒绝履行自己的债务。正因为如此，债务人如享有同时履行抗辩权，即使未援用，亦不负迟延履行的责任。

依据《民法典合同编通则解释》第 31 条第 2 款的规定，当事人一方起诉请求对方履行债务，被告主张双方同时履行的抗辩且抗辩成立，被告未提起反诉的，人民法院应当判决被告在原告履行债务的同时履行自己的债务，并在判项中明确原告申请强制执行的，人民法院应当在原告履行自己的债务后对被告采取执行行为；被告提起反诉的，人民法院应当判决双方同时履行自己的债务，并在判项中明确任何一方申请强制执行的，人民法院应当在该当事人履行自己的债务后对对方采取执行行为。

例题 25

二、先履行抗辩权

（一）先履行抗辩权的概念

先履行抗辩权又称后履行抗辩权或者先违约抗辩权，是指在双务合同中应当先履行债务的一方当事人没有履行债务的，后履行一方当事人拒绝履行自己的债务的权利。

先履行抗辩权不同于同时履行抗辩权和不安抗辩权。同时履行抗辩权是在双方当事人的债务没有先后履行顺序的情况下适用的，而先履行抗辩权则是在双方当事人的债务有先后履行顺序的情况下适用的；不安抗辩权与先履行抗辩权虽然都是在双方当事人的债务有先后履行顺序的情况下适用的，但是不安抗辩权是先履行一方所享有的权利，而先履行抗辩权是后履行一方所享有的权利。

（二）先履行抗辩权的成立条件

依据《民法典》第 526 条的规定，当事人互负债务，有先后履行顺序，先履行一方未履行的，后履行一方有权拒绝其履行要求；先履行一方履行债务不符合约定的，后履行一方有权拒绝其相应的履行要求。据此，先履行抗辩权的成立须具备下列条件。

1. 当事人因双务合同互负债务

先履行抗辩权与同时履行抗辩权一样，只在双务合同中存在，单务合同不发生先履行抗辩权问题。在双务合同中，当事人之间存在着对价关系，当事人一方履行债务，是为了换取对方的履行。所以，在先履行一方不履行自己的债务时，后履行一方为保护自己的履行利益，就可以不履行自己的债务。

2. 当事人一方须有先履行的义务

在双务合同中，当事人可以同时履行义务，也可以异时履行义务。如前所述，在同时履行的情况下，如果一方没有履行债务，对方可以援用同时履行抗辩权。在异时履行的情况下，负有先履行义务的一方应当先履行债务。当事人的履行顺序，应当按照法律规定、合同约定或者交易习惯确定。

3. 先履行一方到期未履行债务或者未适当履行债务

在合同异时履行的情况下，负有先履行义务的一方应当先履行债务。如果先履行一方的债务已届履行期而不履行债务，则属于违约，后履行一方有权拒绝先履行一方的履行要求。正是在这个意义上说，先履行抗辩权又称先违约抗辩权。如果先履行一方的履行不符合合同约定，则后履行一方有权拒绝先履行一方的相应的履行要求，即与先履行一方履行债务不符合约定的部分的相应部分。应当指出，一方以对方没有履行非主要债务为由拒绝履行自己的主要债务的，人民法院不予支持。但是，对方不履行非主要债务致使不能实现合同目的或者当事人另有约定的除外（《民法典合同编通则解释》第 31 条第 1 款）。

（三）先履行抗辩权的效力

先履行抗辩权也属于延期的抗辩权，不具有消灭对方请求权的效力，只是暂时阻止先履行一方请求权的行使。如果先履行一方完全履行了债务，则先履行抗辩权即归消灭，后履行一方应恢复履行。当事人行使先履行抗辩权致使合同迟延履行的，当事人不承担迟延责任。

依据《民法典合同编通则解释》第 31 条第 3 款的规定，当事人一方起诉请求对方履行债务，被告主张原告应先履行的抗辩且抗辩成立的，人民法院应当驳回原告的诉讼请求，但是不影响原告履行债务后另行提起诉讼。

例题 26

三、不安抗辩权

（一）不安抗辩权的概念

不安抗辩权是指在双务合同中，应当先履行债务的当事人有确切证据证明对方有丧失或者可能丧失履行能力的情形时，中止履行自己债务的权利。

在双务合同中，负有先履行债务的一方，不得援用同时履行抗辩权。但是，当对方有丧失或者可能丧失履行能力的情形而危及先履行债务一方的债权实现时，如仍要求应先履行一方先为履行，则会损害其利益。所以，法律为保护先履行债务的当事人的合法权益，贯彻公平原则，特设不安抗辩权制度。

（二）不安抗辩权的成立条件

依据《民法典》第527条的规定，不安抗辩权应当具备下列条件。

1. 当事人须因双务合同互负债务

不安抗辩权只在双务合同中存在，单务合同不发生不安抗辩权问题。在双务合同中，当事人之间存在着对价关系，当事人一方履行债务，是为了换取对方的履行。所以，一方的履行有可能不获实现的，他方为保护自己的履行利益，可以保留自己的履行。

2. 当事人一方须有先履行的义务且已届履行期

首先，当事人一方须有先履行的义务。如前所述，在双务合同中，当事人应同时履行的，如果一方没有履行债务，对方可以援用同时履行抗辩权。但是，当事人的履行有先后顺序时，先履行一方应当先履行债务，不能援用同时履行抗辩权。其次，先履行的债务须已届履行期。在债务已届履行期时，当事人应按合同约定履行债务。但是，在后履行债务的一方有难以对待履行的危险时，先履行的债务人为保护自己的利益，可以暂停自己的履行。不安抗辩权的意义就在于先履行的债务人必然要承担对待履行不能实现的风险，当这种风险具有现实性时，先履行的债务人为防止这种风险的发生，消除这种“不安”状态，就可以暂时保留自己的履行。

3. 后履行债务一方有丧失或者可能丧失履行债务能力的情形

当事人履行合同是以一定的财产为基础的。因此，如果在合同生效后，后履行的债务人有丧失或者可能丧失履行债务能力的情形，就极有可能无法履行合同。在这种情况下，先履行的债务人就可以行使不安抗辩权。依据《民法典》第527条的规定，后履行债务的一方丧失或者可能丧失履行债务的能力的情形，主要包括：(1) 经营状况严重恶化；(2) 转移财产、抽逃资金，以逃避债务；(3) 丧失商业信誉；(4) 有丧失或者丧失履行债务能力的其他情形。当然，上述情形必须有确切证据加以证明。当事人没有确切证据而行使不安抗辩权的，应当承担违约责任。

4. 后履行的债务人没有对待给付或者未提供担保

不安抗辩权是为保护先履行的债务人在获得对待履行上的“不安”状况而设置的，所以，如果后履行的债务人已经为对待给付，则不安抗辩权即不存在。同时，如果后履行的债务人提供了担保，先履行的债务人的履行利益已得到了保障，不安抗辩权也就没有存在意义了。后履行的债务人提供担保并非其义务，而是对不安抗辩权的再抗辩。所以，后履行的债务人拒绝提供担保的，也不构成迟延。后履行的债务人提供的担保，可以是物的担保，也可以是人的担保，但物的担保必须充足。

（三）不安抗辩权的效力

依据《民法典》第528条的规定，不安抗辩权的主要效力在于中止合同，抗辩权人不享有同时履行或者提供担保的请求权。先履行的债务人中止履行的，应当及时通知对方。对方提供适当担保的，应当恢复履行。中止履行后，对方在合理期限内未恢复履行能力且未提供适当担保的，视为以自己的行为表明不履行主要债务，中止履行的一方可以解除合同并可以请求对方承担违约责任。

《民法典》第 528 条实现了不安抗辩权与预期违约的有效衔接。在履行期限届满前，当事人明确表示或者以自己的行为表明不履行主要债务的，对方可以解除合同（《民法典》第 563 条第 1 款第 2 项）。同时，当事人一方明确表示或者以自己的行为表明不履行合同债务的，对方可以在履行届满前请求其承担违约责任（《民法典》第 578 条）。可见，在当事人预期违约的情况下，对方不仅可以解除合同，还可以请求其承担违约责任。在不安抗辩权中，抗辩权人在中止履行后，对方在合理期限内未恢复履行能力且未提供适当担保的，视为以自己的行为表明不履行主要债务，构成预期违约。因此，抗辩权人可以解除合同并可以请求对方承担违约责任。

例题 27

第四节　情势变更

一、情势变更的概念和理论基础

情势变更是指在合同成立后，合同的基础条件发生了当事人无法预见的重大变化，继续履行合同将对一方当事人产生显失公平的结果时，当事人可以再协商，或者请求人民法院或仲裁机构变更、解除合同的法律制度。关于情势变更，《民法典》第 533 条第 1 款规定，合同成立后，合同的基础条件发生了当事人在订立合同时无法预见的、不属于商业风险的重大变化，继续履行合同对于当事人一方明显不公平的，受不利影响的当事人可以与对方重新协商；在合理期限内协商不成的，当事人可以请求人民法院或者仲裁机构变更或者解除合同。该规定属于强制性规定，当事人不得排除其适用。当事人事先约定排除《民法典》第 533 条适用的，该约定无效（《民法典合同编通则解释》第 32 条第 4 款）。

通说认为，情势变更的理论基础是诚信原则。在当事人之间的利益关系上，当事人应当依诚信原则行使权利并履行义务，当发生了一些特殊情况导致当事人之间利益关系失衡时，应平衡当事人之间的关系。所以，根据诚信原则，在情势变更导致当事人利益失衡时，应当允许当事人重新协商，或者请求人民法院或者仲裁机构变更或者解除合同。可以说，情势变更是诚信原则在合同履行中的具体运用。

二、情势变更的适用条件

依据《民法典》第 533 条的规定，适用情势变更须具有如下条件。

（一）合同订立的基础条件须发生了重大变化

在情势变更中，情势是指合同成立的基础条件，如政治、经济和社会形势、物价、行政管理措施等。可见，情势只能是客观的，而非主观的。所谓重大变化，是指订立合同所依赖的基础条件发生了根本性变化，致使合同订立和存在的基础丧失。依据《民法典合同编通则解释》第32条第1款的规定，合同成立后，因政策调整或者市场供求关系异常变动等原因导致价格发生当事人在订立合同时无法预见的、不属于商业风险的涨跌，继续履行合同对于当事人一方明显不公平的，人民法院应当认定合同的基础条件发生了“重大变化”。但是，合同涉及市场属性活跃、长期以来价格波动较大的大宗商品以及股票、期货等风险投资型金融产品的除外。

（二）情势变更须发生在合同订立后、履行完毕前

从情势变更的发生上说，其只能限于合同订立后、履行完成前的时间段内。这是因为：如果情势变更在合同订立前已经发生，则当事人就会认识或者应当认识到这种发生的事实，此时的合同是以已经变更的事实为基础的，故不应允许当事人事后调整，只能使明知之当事人自担风险；而在合同履行完毕后，合同关系已经消灭，情势如何发生变化均与合同无关。

（三）情势变更的发生须不可归责于当事人且当事人不可预见

所谓不可归责于当事人，是指情势变更与当事人无关，即是由不可抗力及其他意外事故造成的，双方当事人均无过错。如果情势变更可归责于当事人，则应由当事人承担风险责任或者违约责任。例如，债务人因迟延履行构成违约，在迟延履行期间发生合同订立基础的重大变化使债务人遭受损害的，就应由债务人自己承担不利的后果，而不得主张适用情势变更。同时，情势变更还须当事人不可预见。所谓当事人不可预见，是指当事人对情势变更是否发生不能确定地预知。如果当事人在订立合同时能够预见到情势变更，则表明其承担了这种风险，不能适用情势变更。因此，商业风险不构成情势变更，因为当事人是可以预见商业风险的。

（四）情势变更导致履行合同将会显失公平

在合同订立后，如果发生了情势变更，并导致继续履行合同会造成当事人之间的利益失衡，即对当事人一方明确不公平（显失公平），就应当适用情势变更，对当事人的利益予以补救。至于继续履行合同是否造成对当事人一方明确不公平，应依理性人的观念加以判断，包括履行特别困难、债权人受领严重不足、履行对债权人无利益等。

三、情势变更适用的效力

情势变更适用的效力，主要体现为如下两个方面。

（一）重新协商

依据《民法典》第533条的规定，在情势变更发生后，受不利影响的当事人可以与对方重新协商。当事人重新协商，既是当事人的权利，也是当事人的义务即磋商义务。重新协商不仅符合意思自治原则，也符合鼓励交易原则。重新协商通常是变更合同的履行条件，消除显失公平的后果，使合同得以继续履行。当然，也不排除当事人重新协商而解除合同。

（二）变更或者解除合同

当事人在合理期限内协商不成的，可以请求人民法院或者仲裁机构变更或者解除合

同。当事人请求变更合同的，人民法院不得解除合同；当事人一方请求变更合同，对方请求解除合同的，或者当事人一方请求解除合同，对方请求变更合同的，人民法院应当结合案件的实际情况，根据公平原则判决变更或者解除合同（《民法典合同编通则解释》第32条第2款）。人民法院判决变更或者解除合同的，应当综合考虑合同基础条件发生重大变化的时间、当事人重新协商的情况以及因合同变更或者解除给当事人造成的损失等因素，在判项中明确合同变更或者解除的时间（《民法典合同编通则解释》第32条第3款）。

由于重新协商是当事人的一项义务，因此，只有在重新协商不成的情况下，当事人才能请求人民法院或者仲裁机构变更或者解除合同。人民法院或者仲裁机构变更合同可以是变更标的物，如标的物数量的增加或者减少、用其他标的物代替原标的物，也可以是变更履行期限、履行方式。如果变更合同仍不能消除显失公平的结果，人民法院或者仲裁机构可以解除合同。应当指出，人民法院或者仲裁机构因适用情势变更而变更或者解除合同的，不同于当事人重新协商中的变更合同，也不同于当事人依约定解除权和法定解除权而解除合同。

因适用情势变更而解除合同的，因情势变更不可归责于双方当事人，故不存在违约责任问题。但是，如果在合同订立的基础条件发生重大变化前，一方当事人已经存在违约行为，则这种违约责任不能因为情势变更的适用而消灭。

重点思考题

1. 合同履行应当遵循哪些原则？
2. 合同可否由第三人履行？
3. 在合同履行要素约定不明的情况下，合同应当如何履行？
4. 如何认定同时履行抗辩权、先履行抗辩权、不安抗辩权的成立条件与效力？
5. 如何认定情势变更的适用条件和效力？

案例讨论

1. 甲、乙之间签订了购买大米的合同，但是合同中只约定了大米的数量、价格、交货地点，而对大米的交付时间、费用负担、包装方式都没有约定。3天后，甲将大米运到乙处，乙则以事前没有通知而来不及清扫仓库，且包装大米的袋子质量不合格为由，拒绝接受这些大米。

请回答以下问题：

（1）乙是否有权拒绝接受这批大米？为什么？

（2）因双方对大米包装方式没有约定，乙能否以袋子质量不合格为由拒绝接受大米？为什么？

（3）甲运送大米的运费应由哪一方承担？为什么？

2. 甲公司转产致使一台价值1 000万元的精密机床闲置。2021年5月9日，甲公司的董事长与乙公司签订了一份精密机床转让合同。合同约定：精密机床作价950万元，甲公司于2021年10月31日前交货，乙公司在交货后10天内付清款项。除此之外，未作特别约定。乙公司在订立合同后想赚取差价，便另行寻找买家。2021 年 6 月 8 日，乙公司与丙公司订立了合同，将该台精密机床转让给了丙公司，价格为 980 万元，但未约定履行时间、顺序等事项。

甲公司在交货日前发现乙公司的经营状况严重恶化，过着朝不保夕的日子，于是便书面通知乙公司将拒绝交货，并要求乙公司提供担保，否则将解除合同，乙公司予以拒绝。2021 年 11 月 15 日，乙公司要求丙公司支付 980 万元，希望可借此周转资金，向甲公司作出支付，以便让甲公司交付精密机床，但是丙公司却拒绝支付款项。2021 年 12 月 21 日，甲公司因为知道乙公司的经营状况进一步恶化，所以书面通知乙公司解除合同。乙公司遂向人民法院起诉，要求判令甲公司继续履行合同。受理法院根据当事人所提供的证据查明：甲公司的公司章程规定，对精密机床的处置须经股东会同意，而在合同订立时，甲公司没有召开过股东会；没有证据证明乙公司知道甲公司的公司章程中存在上述规定；乙公司对外欠其他公司很多钱，经营状况极差。

请回答以下问题：

（1）甲公司与乙公司之间转让精密机床的合同是否有效？为什么？

（2）甲公司在债务履行期限届满后未交付机床，其行为是否合法？为什么？

（3）丙公司拒绝向乙公司支付 980 万元，其行为是否合法？为什么？

（4）甲公司能否解除合同？为什么？

第五章 合同的保全

第一节　合同保全概述

一、合同保全的概念和特征

合同保全是指债权人为防止债务人的财产不当减少而影响其债权实现，对合同关系之外的第三人所采取的保护债权的一种法律措施。

合同保全作为保护债权的一种措施，具有如下特征。

第一，合同保全是合同相对性的一种例外。按照合同相对性原理，合同只在当事人之间发生效力。但是，合同保全使合同对合同关系之外的第三人也发生了效力。一方面，债权人有权代债务人之位向第三人行使债务人的权利，这就是债权人代位权制度；另一方面，债权人有权撤销债务人与第三人之间订立的合同，这就是债权人撤销权制度。

第二，合同保全是债权的一种法定内容。作为合同保全措施的债权人代位权和撤销权，是债权人依法享有的权利，性质上属于债权的一种法定内容。因此，债权人代位权与撤销权无须当事人另行约定，合同债权人在享有债权的同时，即当然享有之。

第三，合同保全的目的在于维持债务人的责任财产。在合同保全中，无论是债权人代位权还是债权人撤销权，其行使的目的都在于防止债务人责任财产的不当减少，都属于合同的一般担保，并非以特定财产保障债权实现，因而合同保全虽然具有担保功能，但不同于担保物权等特别担保。

二、合同保全的作用

法律设立合同保全制度的原因在于，合同债权的实现需要债务的适当履行，而债务的适当履行又须以债务人的财产为物质保障。在合同关系中，债务人是以其全部财产为清偿债务的保证的，即债务人是以其全部财产担保债的履行的。债务人全部财产或者总财产构成了责任财产，债务人即以其责任财产对债权人的债权承担清偿责任。因此，合同关系成立后，债务人的责任财产减少会直接影响债权人的债权实现。为防止债务人的责任财产减少，保护债权人的债权实现，法律上设置了许多制度，如物的担保制度、人的担保制度、民事责任制度等，但是这些制度的适用不能完全防止债务人的责任财产减少。为此，法律上还设置了合同保全制度，以弥补债权保障的不足。其中，债权人代位权是为保持债务人的责任财产而设的，适用于债务人的财产应增加且能增加而因债务人的懈怠而未增加的情形；债权人撤销权是为恢复债务人的责任财产而设的，适用于债务人不应减少而减少财产的情形。可见，合同保全对于保障债权实现具有积极预防的作用。

第二节　债权人代位权

一、债权人代位权的概念和性质

债权人代位权是指当债务人怠于行使到期债权或者与该债权有关的从权利，从而影响到期债权实现时，债权人得以自己的名义通过诉讼方式代位行使债务人对于相对人（次债务人）权利之权利。

债权人代位权是债权人保全其债权的重要法律手段。一般地说，债务人是否行使对相对人的权利，应完全依债务人自己的意思决定，债权人无权加以干预。但是，债务人行使自己的权利与否，应当符合诚信原则的要求。如果债务人客观上能够行使对相对人的到期债权或者与该债权有关的从权利而怠于行使，使自己的财产本应增加而没有增加，从而使债务人的责任财产减少而影响债权人的债权实现，则债务人怠于行使权利就不符合诚信原则的要求，法律就不得不加以一定的约束。为此，法律赋予了债权人以代位行使债务人对相对人的权利之权利，即债权人代位权（《民法典》第535条）。

关于债权人代位权的性质，可以从以下几个方面理解。

第一，债权人代位权是一种法定权利。债权人代位权是由法律直接规定的权利，不需要当事人特别约定。就是说，只要合同成立生效，债权人就依法享有代位权。因此，债权人代位权是一种法定权利。

第二，债权人代位权是实体法上的权利。虽然债权人代位权只能通过诉讼方式行使，但是该权利并非诉讼法上的权利，其内容在于行使债务人的权利，以保持债务人的责任财产，而非扣押债务人的财产。因此，债权人代位权是实体法上的权利。

第三，债权人代位权是债权人自己的权利。债权人代位权以债权人行使债务人的权利为内容，而并不是债权人行使自己的权利。但是，债权人代位权是债权人以自己的名义行使债务人的权利，故属于债权人自己的权利，而不是债权人以债务人代理人的身份行使债务人的权利。所以，债权人代位权并不是代理权，不适用代理的规定。

第四，债权人代位权具有管理权的性质。债权人代位权是债权人以自己的名义行使债务人的权利，以行使债务人的权利为内容，因此，债权人代位权具有管理权的性质，属于广义的管理权。

二、债权人代位权的成立条件

依据《民法典》第535条的规定，债权人代位权的成立条件包括以下几项。

（一）债务人须对相对人享有债权或者与该债权有关的从权利

债务人对于相对人享有的债权或者与该债权有关的从权利，为债权人代位权的标的。债权人代位权属于涉及第三人的权利，如果债务人对于相对人没有债权或者与该债权有关的从权利，债权人自无代位权可言。由于债权人代位权的行使目的是增加债务人的责任财产，因而其标的必须是已经存在的债务人对相对人享有的债权或者与该债权有关的从权利。将来存在的权利或者非财产权均不能为代位权的标的，如对于第三人要约的承诺，债务人对于所有物怠于使用、收益等，债权人不得代位行使。同时，债权人代位权是债权人代位行使债务人的权利，因此，凡专属于债务人自身的权利，不能成为债权人代位权的标的。《民法典》第535条明确规定，专属于债务人自身的债权，债权人不得代位行使。一般地说，下列权利为专属于债务人自身的权利：（1）抚养费、赡养费或者扶养费请求权；（2）人身损害赔偿请求权；（3）劳动报酬请求权，但是超过债务人及其所扶养家属的生活必需费用的部分除外；（4）请求支付基本养老保险金、失业保险金、最低生活保障金等保障当事人基本生活的权利；（5）其他专属于债务人自身的权利（《民法典合同编通则解释》第34条）。

（二）债务人须怠于行使对相对人的到期债权或者与该债权有关的从权利

在债务人对相对人享有到期债权时，如果债务人积极行使其权利，则债权人代位权就不能成立。只有在债务人怠于行使对相对人的到期债权或者与该债权有关的从权利时，债权人代位权才能成立。与债权有关的从权利包括担保物权、保证债权、利息债权等，债务人怠于行使这类从权利，也会影响债权人的债权实现。债务人怠于行使权利，是指债务人应行使且能行使而不行使其权利。所谓债务人应行使权利，是指债务人如不行使权利，则权利将有消灭或者丧失的可能。依据《民法典合同编通则解释》第33条的规定，债务人不履行其对债权人的到期债务，又不以诉讼或者仲裁方式向相对人主张其享有的债权或者与该债权有关的从权利，致使债权人的到期债权未能实现的，可以认定为《民法典》第535条规定的“债务人怠于行使其债权或者与该债权有关的从权利，影响债权人的到期债权实现”。例如，受偿权将因不申报破产债权而丧失、请求权将因时效完成而消灭等。所谓债务人能行使权利，是指债务人客观上有能力对相对人行使权利。若债务人客观上不能行使权利，则债权人不得代位行使。例如，债务人已受破产宣告，其对相对人的权利由清算人行使，债权人不得代位行使。债务人怠于行使对相对人的到期债权，其原因如何，债务人是否有过错以及是否经债权人催告，均在所不问。

（三）债务人的债务履行构成迟延

债务人履行迟延是指债务人于履行债务的期限届满时而未履行债务。在债务人的债务履行尚未构成迟延的情况下，则债务人是否能够履行债务尚无法确定，债权人的债权是否有不受清偿的危险也难以预料。因此，在这种情况下，债权人自不能代位行使债务人的权利，否则，就属于对债务人的无理干预。但是，如果债务人的债务履行已构成迟延而其又无资力清偿债务，则债权人的债权就有不能实现的危险，此时债权人就有代位行使债务人的权利，以保全债权的必要。因此，债权人代位权的成立以债务人陷于债务履行迟延为必要条件。

债权人代位权原则上以债务人履行迟延为成立条件。但是，为防止债务人权利的变更或者消灭而专为保全债务人权利的行为，虽然债务人履行未构成迟延，但是债权人也得行使代位权。例如，时效的中断、保存登记、相对人破产时的债权申报等的目的都在于防止权利的变更或者消灭，对债务人并无不利，所以，债权人得于债务人履行迟延前行使代位权。依据《民法典》第536条的规定，债权人的债权到期前，债务人的债权或者与该债权有关的从权利存在诉讼时效期间即将届满或者未及时申报破产债权等情形，影响债权人的债权实现的，债权人可以代位向债务人的相对人请求其向债务人履行、向破产管理人申报或者作出其他必要的行为。应当指出，债权人的这种权利为代位保存权。在债权人代位保存权中，债权人不能要求债务人的相对人向自己履行债务，而只能请求向债务人履行，或者向破产管理人申报或者作出其他必要的行为。

（四）债权人须有保全债权的必要

债权人有保全债权的必要，是指因债务人怠于行使对相对人的权利，而使债权人的债权有不能实现的危险。债权人代位权是以保全债权为目的的，因此，如果没有保全债权的必要，债权人代位权也就无缘成立。通说认为，债权人有无保全债权的必要，应区分如下两种情形确定：对于不特定债权及金钱债权，应以债务人是否陷入无资力为判断标准；而对于特定债权或者其他与债务人资力无关的债权，则以有必要保全债权为已足，不论债务人是否陷于无资力。例如，若债务人怠于行使对相对人的权利，但是债务人有足够的财产清偿债务，则在债务人不为清偿时，债权人请求法院强制执行就可以保障其债权的实现，从而没有保全债权的必要，也就不成立债权人代位权。

三、债权人代位权的行使

债权人在行使代位权时，应当符合下列要求。

（一）债权人代位权的行使主体是债务人的全体债权人

代位权是债权人所享有的一项权利，只能由债权人行使。如果债务人的债权人有多个，则各个债权人都可以行使代位权。当然，如果一个债权人已就某项债权行使了代位权，则其他债权人就不得就该项权利再行使代位权。

（二）债权人应以自己的名义行使代位权

债权人在行使代位权时，应当以自己的名义为之，而不能以债务人的名义行使。由于债权人代位权具有管理权的性质，因此，债权人应以善良管理人的注意行使代位权，如不得擅自处分债务人的权利等。债权人违反注意义务给债务人造成损失的，应对债务人负赔偿责任。

（三）债权人应以诉讼的方式行使代位权

债权人行使代位权应当采取诉讼方式，而不能直接向债务人的相对人行使。债权人通过诉讼方式行使代位权，有助于保证债权人之间的公平，防止债权人滥用代位权和发生不必要的纠纷。

关于代位权诉讼，应当明确如下问题。

（1）债权人对债务人的相对人提起代位权诉讼的，由被告住所地人民法院管辖，但是依法应当适用专属管辖规定的除外。债务人或者相对人以双方之间的债权债务关系订有管辖协议为由提出异议的，人民法院不予支持（《民法典合同编通则解释》第 35 条）。

(2) 债权人提起代位权诉讼后，债务人或者相对人以双方之间的债权债务关系订有仲裁协议为由对法院主管提出异议的，人民法院不予支持。但是，债务人或者相对人在首次开庭前就债务人与相对人的债权债务关系申请仲裁的，人民法院可以依法中止代位权诉讼（《民法典合同编通则解释》第 36 条）。

(3) 债权人以债务人的相对人为被告向人民法院提起代位权诉讼，未将债务人列为第三人的，人民法院应当追加债务人为第三人。两个以上债权人以债务人的同一相对人为被告提起代位权诉讼的，人民法院可以合并审理。债务人对相对人享有的债权不足以清偿其对两个以上债权人负担的债务的，人民法院应当按照债权人享有的债权比例确定相对人的履行份额，但是法律另有规定的除外（《民法典合同编通则解释》第 37 条）。

(4) 债权人向人民法院起诉债务人后，又向同一人民法院对债务人的相对人提起代位权诉讼，属于该人民法院管辖的，可以合并审理。不属于该人民法院管辖的，应当告知其向有管辖权的人民法院另行起诉；在起诉债务人的诉讼终结前，代位权诉讼应当中止（《民法典合同编通则解释》第 38 条）。

(5) 在代位权诉讼中，债务人对超过债权人代位请求数额的债权部分起诉相对人，属于同一人民法院管辖的，可以合并审理。不属于同一人民法院管辖的，应当告知其向有管辖权的人民法院另行起诉；在代位权诉讼终结前，债务人对相对人的诉讼应当中止（《民法典合同编通则解释》第 39 条）。

(6) 在代位权诉讼中，人民法院经审理认为债权人的主张不符合代位权行使条件的，应当驳回诉讼请求，但是不影响债权人根据新的事实再次起诉。债务人的相对人仅以债权人提起代位权诉讼时债权人与债务人之间的债权债务关系未经生效法律文书确认为由，主张债权人提起的诉讼不符合代位权行使条件的，人民法院不予支持（《民法典合同编通则解释》第 40 条）。

(四) 债权人行使代位权以保全债权为必要限度

债权人行使代位权的范围，以债权人的到期债权为限（《民法典》第 535 条第 2 款）。在必要范围内，债权人可以同时或者依次代位行使债务人的数项权利。但是，债权人就某一项权利行使代位权已可满足清偿其债权的需要的，不得再对债务人的其他权利行使代位权。

例题 28

四、债权人代位权行使的效力

债权人行使代位权，对于债务人、债务人的相对人和债权人会产生不同的法律效力。

(一) 对债务人的效力

债权人行使代位权后，对债务人发生如下效力。

第一，诉讼时效中断。依据《诉讼时效规定》第 16 条的规定，债权人提起代位权诉讼的，应当认定对债权人的债权和债务人的债权均发生诉讼时效中断的效力。而且权利人对同一债权中的部分债权主张权利的，诉讼时效中断的效力及于剩余债权，但是权利人明确表示放弃剩余债权的情形除外（《诉讼时效规定》第 9 条）。

第二，债权人行使代位权后，对于被代位行使的权利，债务人的处分权能应受到限制，如债务人不得抛弃、免除或者让与其权利，否则代位权制度将失去其效用。当然，对于超过债权人代位请求数额的债权部分，债务人仍有处分权能。依据《民法典合同编通则解释》第 41 条的规定，债权人提起代位权诉讼后，债务人无正当理由减免相对人的债务或者延长相对人的履行期限，相对人以此向债权人抗辩的，人民法院不予支持。

第三，债务人负担行使代位权的必要费用。债权人在行使代位权时，如果支出了必要的费用，则该费用应由债务人承担（《民法典》第 535 条第 2 款第二句）。这是因为，债权人是代替债务人行使权利的，其直接受益者是债务人。债权人因行使代位权支付了相关费用的，可以请求债务人偿还。

（二）对债务人的相对人的效力

债权人代位行使的是债务人的权利，故债权人的地位不能超越债务人的地位，即无论是债务人行使权利还是由债权人代位行使权利，债务人的相对人的法律地位及利益都不应受到影响，不能因债权人行使代位权而使债务人的相对人处于较债务人行使权利时不利的地位。因此，在债权人行使代位权时，相对人对于债务人所有的抗辩，均可以向债权人主张（《民法典》第 535 条第 3 款）。例如，关于合同不成立、无效、可撤销、诉讼时效届满、债务人应为同时履行等，相对人都可以向债权人主张。

（三）对债权人的效力

债权人行使代位权是代债务人行使权利，故不得超出债务人权利的范围。债权人因行使代位权所得的财产属于债务人的责任财产范围，债务人的相对人可以向债权人履行。依据《民法典》第 537 条的规定，人民法院认定代位权成立的，由债务人的相对人向债权人履行义务，债权人接受履行后，债权人与债务人、债务人与相对人之间相应的权利义务终止。债务人对相对人的债权或者与该债权有关的从权利被采取保全、执行措施，或者债务人破产的，依照相关法律的规定处理。可见，由债务人的相对人向债权人履行的“直接受偿规则”有利于保障行使代位权的债权人的利益。但是，作为“直接受偿规则”的限制措施，债务人对相对人的债权或者与该债权有关的从权利被采取保全、执行措施，或者债务人破产的，债务人的相对人不能向债权人履行，而应当依照相关法律的规定处理。这是因为：在债权被采取保全、执行措施的情况下，依法只能按照保全、强制执行规则进行债务清偿；而在债务人破产的情况下，则应当按照破产清算规则进行债务清偿。

例题 29

第三节　债权人撤销权

一、债权人撤销权的概念和性质

债权人撤销权是指当债务人实施减少其财产的行为而影响债权人的债权实现时，债权人为保全自己的债权，可以请求法院予以撤销的权利。

债权人撤销权也是债权人保全债权的措施之一，其目的在于防止因债务人的责任财产减少而害及债权人的债权实现。债务人与第三人之间所建立的处分财产的法律关系，一般与债权人无涉，这是由合同相对性所决定的。但是，如果债务人与第三人之间建立合同关系，系出于损害债权人利益的目的，则就有违民法的诚信原则，属于权利的滥用。为此，法律确立了债权人撤销权制度，以保全债权人的债权。

关于债权人撤销权的性质，可以从以下几个方面理解。

第一，债权人撤销权是一种法定权利。债权人撤销权是由法律直接规定的权利，不需要当事人特别约定。就是说，只要合同成立生效，债权人就依法享有撤销权。因此，债权人撤销权是一种法定权利。

第二，债权人撤销权是实体法上的权利。债权人撤销权虽然须通过诉讼方式而行使，但其为实体法上的权利而非诉讼法上的权利。债权人撤销权的成立条件、行使效果以及行使期间等均由实体法加以规定，与诉讼法无关。只是因撤销权行使的结果与第三人利益有重大关系，不能由债权人自由为之，故债权人须通过诉讼方式而行使撤销权。

第三，债权人撤销权兼具请求权和形成权的性质。债权人撤销权行使，一方面使债务人与第三人之间的行为归于无效，此时，债权人撤销权具有形成权的性质，属于形成诉权；另一方面使债务人的责任财产回复至行为前的状态，此时，债权人撤销权具有请求权的性质。

第四，债权人撤销权与合同撤销权不同。债权人撤销权与合同撤销权都属于撤销权，二者有相似之处，但也存在明显的区别：其一，债权人撤销权系撤销他人之间的合同，涉及第三人；而合同撤销权系撤销权利人与他人之间的合同，与第三人无关。其二，债权人撤销权的目的在于保全权利人的债权，而合同撤销权的目的在于消灭已经存在的合同关系。其三，债权人撤销权因债务人实施了有害于债权的行为而成立；而合同撤销权因行为人的意思表示不真实而成立。其四，债权人撤销权不发生赔偿损失的效力，而合同的撤销权则可以发生赔偿损失的效力。

二、债权人撤销权的成立条件

债权人撤销权的成立条件可分为客观条件与主观条件，并且因债务人所为的行为是否有偿而有所不同。

（一）债权人撤销权成立的客观条件

债权人撤销权成立的客观条件为债务人实施了一定的行为，并影响债权人的债权实现。

首先，债务人在债权成立后实施了以财产为标的的行为。债务人的行为须是在债权人的债权成立后实施的，于债权成立前已经存在的行为，不得作为撤销权的标的。同时，债务人实施的行为须以财产为标的。所谓以财产为标的的行为，是指对现有财产产生直接影响的行为。由于债权人撤销权的目的在于防止债务人的责任财产减少而影响债权人的债权实现，因此，债权人行使撤销权的对象就应当是债务人以财产为标的而实施的行为。该行为既可以是无偿行为，也可以是有偿行为。对于非以财产为标的的行为，债权人不得行使撤销权。例如，结婚、离婚、收养子女、认领非婚生子女等非以财产为标的的行为，为他人加工定作物等以劳务为标的的行为以及财产上的拒绝行为等，均不能成为撤销权的标的。

依据《民法典》第538条的规定，无偿行为主要有四种：（1）放弃债权。放弃债权也就是债务人免除对其债务人的债务。无论债权是否到期，债务人放弃债权，都会导致责任财产的减少，从而可能影响债权人的债权实现。（2）放弃债权担保。债权担保有利于保障债权的实现，因此，债务人放弃债权担保可能会影响债权人的债权实现。（3）无偿转让财产。无偿转让财产会使债务人的现有财产减少，会影响到债权人的债权实现。（4）恶意延长到期债权的履行期限。这里的恶意，是指债务人知道延长到期债权的履行期限会影响到债权人的债权实现。

依据《民法典》第539条的规定，有偿行为主要包括如下三种：（1）以明显不合理的低价转让财产。以明显不合理的低价转让财产，虽然使债务人获得了一定的对价，但是实际上减少了债务人的责任财产，因而可能会影响债权人的债权实现。（2）以明显不合理的高价受让财产。以明显不合理的高价受让财产，同样会导致债务人的责任财产减少，从而可能影响债权人的债权实现。（3）为他人的债务提供担保。债务人为他人提供担保，有可能使其承担担保责任，从而减少债务人的责任财产，进而可能影响债权人的债权实现。债务人提供的担保既包括以自己的财产为他设立担保物权，也包括为他人的债务担任保证人。此外，债务人以明显不合理的价格，实施互易财产、以物抵债、出租或者承租财产、知识产权许可使用等行为，影响债权人的债权实现，债务人的相对人知道或者应当知道该情形的，债权人有权请求撤销债务人的行为（《民法典合同编通则解释》第43条）。依据《民法典合同编通则解释》第42条的规定，对于“明显不合理”的低价或者高价，人民法院应当按照交易当地一般经营者的判断，并参考交易时交易地的市场交易价或者物价部门指导价予以认定。转让价格未达到交易时交易地的市场交易价或者指导价70%的，一般可以认定为“明显不合理的低价”；受让价格高于交易时交易地的市场交易价或者指导价30%的，一般可以认定为“明显不合理的高价”。债务人与相对人存在亲属关系、关联关系的，不受前述的70%、30%的限制。

其次，债务人的行为须影响债权人的债权实现。债务人的行为影响债权人的债权实现，是指债务人的行为足以减少其责任财产而使债权不能完全受清偿，即债务人减少了清偿资力而使债权人的债权不能得到完全满足。一般地说，在债务人实施行为时，若债务人的其他资产不足以满足一般债权人的清偿要求，即为无资力。至于债务人有无资力，应以客观上是否存在不能支付的事实为标准，而不能以债权人的主观认识为标准。

（二）债权人撤销权成立的主观条件

关于债权人撤销权的主观条件，可以从两个方面考虑：一方面，从债务人来说，对于债务人实施的放弃债权、放弃债权担保、无偿转让财产等无偿处分财产权益的行为，以及以明显不合理的低价转让财产、以明显不合理的高价受让财产或者为他人的债务提供担保的，《民法典》对债务人的主观状态并无明确的要求。因此，只要债务人实施了上述行为并影响债权人的债权实现的，债权人即可以行使撤销权。但是，债务人恶意延长其到期债权的履行期限，显然是以债务人“恶意”为条件，即债务人延长到期债权的履行期限，只有在恶意的情况下，才有可能成为撤销权的对象；债务人并非恶意的，则不能成为撤销权的对象。另一方面，从债务人的相对人来说，在债务人实施放弃债权、放弃债权担保、无偿转让财产等无偿处分财产权益的行为时，《民法典》并没有要求其具有恶意。但是，在债务人以明显不合理的低价转让财产、以明显不合理的高价受让财产或者为他人的债务提供担保时，《民法典》第 539 条要求“债务人的相对人知道或者应当知道该情形”，即要求债务人的相对人具有恶意。债务人的相对人的这种恶意应以行为实施时的情况认定，且这种恶意以债务人的相对人知道或者应当知道其所为的行为会影响债权人的债权实现为已足，无须与债务人有损害债权人的串通。同时，这种恶意应当由行使撤销权的债权人举证证明。

例题 30

三、债权人撤销权的行使

关于债权人撤销权的行使，主要涉及以下问题。

（一）撤销权的行使主体为债权人

债权人撤销权的行使主体为因债务人的行为而使其债权实现受到影响的债权人。因此，只要是在债务人实施行为前有效成立的债权，债权人均可行使撤销权。如果债权人为多数，则多数债权人可以共同行使撤销权，也可以由每一个债权人独立行使撤销权。但是无论由谁行使撤销权，其结果都对全体债权人发生效力。

（二）撤销权的行使应以诉讼方式为之

由于撤销权的行使于第三人有重大利害关系，因此，债权人撤销权须由债权人以自己的名义依诉讼方式而行使，即请求人民法院撤销债务人的行为。债权人在提起撤销权诉讼时，应当以债务人和债务人的相对人为共同被告，由债务人或者相对人的住所地人民法院管辖，但是依法应当适用专属管辖规定的除外。两个以上债权人就债务人的同一行为提起撤销权诉讼的，人民法院可以合并审理（《民法典合同编通则解释》第 44 条）。

在撤销权诉讼中，债权人请求受理撤销权诉讼的人民法院一并审理其与债务人的债权债务关系，属于该人民法院管辖的，可以合并审理；不属于该人民法院管辖的，应当告知其向有管辖权的人民法院另行起诉（《民法典合同编通则解释》第 46 条第 2 款）。债权人依据其与债务人的诉讼、撤销权诉讼产生的生效法律文书申请强制执行的，人民法院可以就债务人对相对人享有的权利采取强制执行措施以实现债权人的债权。债权人在撤销权诉讼中，申请对相对人的财产采取保全措施的，人民法院依法予以准许（《民法典合同编通则解释》第 46 条第 3 款）。

（三）撤销权的行使范围以债权人的债权为限

依据《民法典》第 540 条的规定，撤销权的行使范围以债权人的债权为限。这里的“债权人的债权”应如何确定，理论上有不同的认识。[①] 基于《民法典》第 540 条的内容分析，这里的“债权人”应当是指提起撤销权诉讼的债权人，而不包括其他债权人。就

---

① 一种观点认为，债权人撤销权行使的目的在于保全所有的债权，因而其行使范围不以保全行使撤销权的一般债权人享有的债权额为限，而应以保全全体一般债权人的全部债权为限度（崔建远．合同法．4 版．北京：北京大学出版社，2021：204）；另一种观点认为，某一债权人行使撤销权，只能以自身的债权为基础，不能以未行使撤销权的全体债权人的债权为保全范围（王利明．合同法：上册．2 版．北京：中国人民大学出版社，2021：216）。

是说，撤销权的行使范围应当以行使撤销权的债权人的债权为限，不包括其他债权人的债权。一方面，若以债务人的全体债权人的债权为保全范围，则可能因行使撤销权的债权人并不知晓债务人是否还有其他债权人而无法确定保全的债权范围；另一方面，债权人在行使撤销权时，是以自己的名义提起诉讼的，既然如此，撤销权的行使范围也只能以行使撤销权的债权人的债权为限。依据《民法典合同编通则解释》第 45 条第 1 款的规定，在债权人撤销权诉讼中，被撤销行为的标的可分，当事人主张在受影响的债权范围内撤销债务人的行为的，人民法院应予支持；被撤销行为的标的不可分，债权人主张将债务人的行为全部撤销的，人民法院应予支持。

（四）撤销权应在规定期限内行使

依据《民法典》第 541 条的规定，撤销权自债权人知道或者应当知道撤销事由之日起 1 年内行使。自债务人的行为发生之日起 5 年内没有行使撤销权的，该撤销权消灭。这里的 1 年和 5 年期间属于除斥期间，不得中止、中断、延长。

例题 31

四、债权人撤销权行使的效力

债权人撤销权行使的效力，依法院的撤销判决而发生，并及于债务人、债务人的相对人及债权人。

（一）对债务人的效力

对于债务人而言，债务人影响债权人的债权实现的行为被撤销的，自始无法律约束力（《民法典》第 542 条）。

依据《民法典》第 540 条的规定，债权人行使撤销权的必要费用，由债务人负担。例如，债权人行使撤销权所支付的合理的律师代理费、差旅费等费用，都属于行使撤销权的必要费用（《民法典合同编通则解释》第 45 条第 2 款）。这是因为，债权人之所以行使撤销权，是因为债务人实施的行为影响了债权人的债权实现。为避免这种后果而支出的费用，属于管理事务的费用，当然应由实施该行为的人负担。

（二）对债务人的相对人的效力

对于债务人的相对人而言，相对人已受领债务人的财产的，应当予以返还；原物不能返还的，应当折价返还其利益。相对人向债务人支付对价的，得向债务人主张返还不当得利。

（三）对债权人的效力

对于债权人而言，行使撤销权的债权人得请求债务人的相对人将所得利益返还给债务人，也得请求直接返还给自己。但是，撤销权的行使效力及于全体债权人。由债务人的相对人返还的财产为债务人的所有债权的一般担保，因此，行使撤销权的债权人不得从受领的给付物中优先受偿。当行使撤销权的债权人依强制执行程序请求受偿时，全体债权人得申请参与按比例分配。依据《民法典合同编通则解释》第 46 条第 1 款的规定，债权人在撤销权诉讼中同时请求债务人的相对人向债务人承担返还财产、折价补偿、履行到期债务等法律

例题 32

后果的，人民法院依法予以支持。

重点思考题

1. 如何理解合同保全与合同相对性的关系？
2. 如何理解债权人代位权和债权人撤销权的性质？
3. 如何理解债权人代位权的成立条件和效力？
4. 如何理解债权人撤销权的成立条件和效力？

案例讨论

1. A 公司将新办公大楼工程发包给了 B 公司，双方约定：工程款为 2 000 万元，工期为 1 年，工程完工后结清全部工程款。合同签订后，B 公司雇请工人甲、乙等百余人开始施工。工程按期完工，B 公司将新大楼交给 A 公司使用，但 B 公司尚欠工人甲、乙等工资合计 56 万元。甲、乙等人多次向 B 公司催要未果，于是向人民法院起诉了 B 公司，要求给付所欠工资。法院判决 B 公司败诉。但是在判决执行过程中，B 公司的所有员工，包括其法定代表人均不见踪影。在查找 B 公司的财产过程中，甲、乙等人发现，A 公司尚欠 B 公司工程款 180 万元。A 公司称，之所以未付清工程款，是因为新大楼的工程质量存在问题。A 公司同时称，工程完工后双方只进行过一次结算，此后一年多，B 公司一直未向其主张过这笔工程款。甲、乙等人就 B 公司所欠的工程款向人民法院起诉了 A 公司。

请回答以下问题：

(1) 甲、乙等人起诉 A 公司所依据的是什么权利？

(2) 甲、乙等人提起诉讼时，应当以谁的名义？

(3) 甲、乙等人在诉讼中提出，要求 A 公司支付其欠 B 公司的 180 万元全部工程款。这种要求能否得到人民法院的支持？为什么？

2. 甲与乙、丙签订了合同，按照合同约定，乙、丙于 3 月 6 日之前，向甲交付 10 头耕牛，甲在 3 月 8 日之前支付 10 万元。同时合同还约定，乙、丙对甲的债权为按份债权，每人可受领 5 万元。不料甲在受领了 10 头耕牛之后，牛突发疾病，甲为治疗牛的疾病耗资甚大，最后 10 头耕牛全部死亡。后乙、丙不断催促甲支付款项，甲心灰意冷，感觉对生活失去了希望。因为与乙的关系比较好，甲便从自己所余不多的钱中拿出 5 万元偿付给了乙，并叮嘱乙不要告诉丙；然后将所有剩下的钱，共计 3 万元，赠给了他的弟弟。丙在知道这些情况之后，于 5 月 4 日找到乙，要求乙将所得的 5 万元平分，各得 2.5 万元，但是乙拒绝。被乙拒绝之后，丙提起诉讼，请求人民法院撤销甲与乙的清偿行为。随后，丙又提起诉讼，请求人民法院撤销甲对其弟的赠与行为，要求甲弟直接向自己作出支付。丙又得知，在此之前，甲被他的朋友丁打伤，经过诉讼，法院判令丁于 4 月 1 日之前，向甲赔偿 1 万元。但是在诉讼后甲却心生悔意，想同丁恢复原有的关系，不再要求丁支付赔偿金。丙再次提起诉讼，要求代位行使甲对丁的权利，请求丁向自己支付 1 万元。

请回答以下问题：

(1) 乙拒绝丙的要求是否合法？为什么？

(2) 丙请求人民法院撤销甲对乙的清偿行为是否应当得到支持？为什么？

(3) 丙请求法院撤销甲对其弟的赠与行为，要求甲弟直接向自己作出支付，是否应当得到人民法院的支持？为什么？

(4) 丙能否代位行使甲对丁的权利？为什么？

第六章 合同的变更和转让

第一节　合同的变更

一、合同变更的概念和类型

合同的变更有广义与狭义之分。广义的合同变更包括合同的主体、内容的变更。合同主体的变更是指合同关系保持同一性，由新的主体取代合同关系的主体，即合同债权人、债务人发生更改。狭义的合同变更仅指合同内容的变更，即合同当事人不变，而对合同的内容予以改变。从《民法典》合同编通则分编第六章“合同的变更和转让”的规定来看，合同主体的变更属于合同的转让，而合同的变更为合同内容的变更。

从《民法典》的规定看，合同的变更主要包括三种类型：(1) 协议变更，即当事人通过协商变更合同。依据《民法典》第 543 条的规定，当事人协商一致，可以变更合同。例如，在发生情势变更的情形下，当事人可以重新协商而变更合同。(2) 单方变更。依据《民法典》第 136 条第 2 款的规定，当事人非依法律规定或者未经对方同意，不得擅自变更合同。但是，在特定情形下，法律也允许当事人单方变更合同，只是需要承担相应的法律后果。例如，在承揽合同中，定作人可以中途变更承揽工作的要求，但是造成承揽人损失的，应当赔偿损失（《民法典》第 777 条）；在货运合同中，在承运人将货物交付收货人之前，托运人可以变更到达地点或者将货物交给其他收货人，但是应当赔偿承运人因此受到的损失（《民法典》第 829 条）。(3) 裁判变更，即由人民法院或者仲裁机构裁判变更合同。例如，在发生情势变更的情形下，人民法院或者仲裁机构可以根据公平原则变更合同（《民法典》第 533 条）。在上述三种合同变更中，单方变更和裁判变更属于特定情形下的合同变更；而协议变更则属于通常情形下的合同变更，是《民法典》合同编通则分编第六章所指的合同变更，本章所指的合同变更也是这种变更。

二、合同变更的条件

一般地说，协议变更合同的，应当具备如下条件。

(一) 当事人须已存在合同关系

合同的变更是改变合同的内容，因此，没有已经存在的合同关系，也就无所谓的合同的变更。在合同的变更中，已存在的合同关系应当是有效合同。对于无效合同，因其自始没有法律约束力，故不发生合同变更的问题。对于可撤销合同，若合同被撤销，合同自始没有法律约束力，亦不发生合同变更的问题。但是，在合同没有被撤销前，该合同为有效合同，当事人可以协议变更。对于效力未定合同，在没有得到追认之前，合同效力是否有效尚未确定，不存在合同的变更问题。

应当指出，当事人之间就同一交易订立的多份合同均系真实意思表示，且不存在其他影响合同效力情形的，人民法院应当在查明各合同成立先后顺序和实际履行情况的基础上，认定合同内容是否发生变更（《民法典合同编通则解释》第 14 条第 3 款前句）。

（二）合同的内容须发生变化

合同的变更是合同的内容发生改变，因此，没有合同内容的改变，就不会有合同的变更。当然，合同的内容应当是依法可以变更的。法律、行政法规禁止变更合同内容的，应当认定合同的相应变更无效（《民法典合同编通则解释》第 14 条第 3 款后句）。合同内容的改变主要包括：(1) 合同标的物的改变，如标的物的更新、数量增减、质量改变等；(2) 合同价款的改变，如价款的增减、利息的改变等；(3) 合同履行因素的改变，如履行期限、履行地点、履行方式以及履行费用的改变等；(4) 其他内容的改变，如合同担保、违约责任承担方式、争议解决方式等方面的改变等。

（三）当事人须协商一致

依据《民法典》第 543 条的规定，当事人协商一致，可以变更合同。按照这一规定，在一般情况下，合同变更仅需当事人双方协商一致即可。当事人变更合同的程序，适用合同订立的一般程序，即由一方提出变更合同的要约，另一方承诺。若双方就合同的某一事项的变更不能协商一致，则该项合同内容不能变更。另外，当事人关于合同变更的内容约定必须明确。如果当事人对合同变更的约定不明确，则推定该事项未变更（《民法典》第 544 条）。至于当事人变更合同的协议形式，可以为口头形式，也可以为书面形式，但是书面合同原则上仍应以书面形式变更之。

（四）依照规定办理批准等手续

依据《民法典》第 502 条第 3 款的规定，依照法律、行政法规的规定，合同的变更应当办理批准等手续的，应当依照其规定。因此，按照法律、行政法规的规定，合同的变更应当办理批准等手续的，当事人就合同的变更达成协议后，还应按照规定办理批准等手续，否则，不能发生变更的效力。当然，当事人未办理批准等手续影响合同变更生效的，不影响合同中履行报批等义务条款以及相关条款的效力。应当办理申请批准等手续的当事人未履行义务的，对方可以请求其承担违反该义务的责任（《民法典》第 502 条第 2 款）。

三、合同变更的效力

在合同变更后的内容不违反法律、行政法规的强制性规定，不违背公序良俗的情况下，发生合同变更的法律后果。

第一，合同变更生效后，变更后的合同内容即取代原合同中的相关内容，当事人应按照合同变更后的内容履行合同，而不能再按原来的合同内容履行，否则其行为即构成违约。

第二，合同变更原则上仅对合同未履行的部分发生效力，对于已经履行的部分没有溯及力。因此，对于已经履行的部分，任何一方都不能基于合同的变更而要求返还，但是法律另有规定或者当事人另有约定的除外。

第三，合同变更后，当事人对赔偿损失有约定的，应当依约定确定赔偿责任；若当事人没有约定，则不存在赔偿责任。

第四，合同变更对保证担保的效力。债权人和债务人未经保证人书面同意，协商变更主债权债务合同内容，减轻债务的，保证人仍对变更后的债务承担保证责任；加重债务的，保证人对加重的部分不承担保证责任。债权人和债务人变更主债权债务合同的履行期限，未经保证人书面同意的，保证期间不受影响（《民法典》第695条）。

第二节　合同的转让

一、合同转让的概念和特征

合同的转让是指在不改变合同内容的情形下，合同关系的一方当事人将合同的债权、债务全部或者部分地转让给第三人。

合同的转让具有如下特征。

第一，合同的转让属于合同主体的变更。广义上的合同变更包括合同的内容和主体的变更，狭义的合同变更仅指合同内容的变更。合同的转让就属于合同主体的变更，是合同当事人发生了改变。

第二，合同的转让既可以是转让合同债权，也可以是转让合同债务，还可以是将合同债权债务一并转让。合同债权转让给第三人的，为合同债权主体的变更；合同债务转让给第三人的，为合同债务主体的变更；合同债权债务一并转让给第三人的，为合同债权债务的概括转让。

第三，合同的转让并不导致合同关系的消灭。合同的转让是在保持合同内容不变的前提下，合同债权债务发生转移，合同关系仍然存在，并不发生消灭的后果。当然，从让与人来说，在转让合同债权或者债务后，其债权或者债务全部消灭或者部分消灭；而从受让人一方来说，其受让后取得合同债权或者债务。因此，从让与人来看，合同的转让为合同的相对消灭；而从受让人来看，合同的转让属于合同的继受取得。

二、合同债权的转让

（一）债权转让的概念和特征

债权可以依照法律规定进行转让即法定转让，也可以依照当事人的约定进行转让即约定转让。《民法典》合同编通则分编第六章中所指的债权转让为约定转让，是指债权人将自己在合同中享有的债权转让给第三人，由该第三人取得相让的债权。在债权转让中，转让债权的债权人为让与人或者转让人，受让债权的第三人为受让人。

概括地说，债权的转让具有如下特征。

第一，债权的转让发生于合同债权人与第三人之间。在债权的转让中，让与人是债权人，而受让人只能是合同当事人以外的第三人。若债权人将其债权让与债务人，则发生合同的混同，不发生债权转让的效力。

第二，债权的转让是债权的主体发生改变。在债权的转让中，受让人将成为债权人，直接享受债权。因此，债权的转让发生债权主体的改变。如果第三人仅是代债权人接受债务人的履行，则其仅为履行主体，不发生债权的转让。

第三，债权的转让可以是债权全部或者部分转让给第三人（《民法典》第 545 条第 1 款）。因此，债权的转让包括债权的全部转让和部分转让。在债权全部转让中，让与人即不再是合同债权人，而受让人成为合同债权人；在债权部分转让中，让与人并不退出合同关系，其仍为合同债权人，受让人与让与人一同成为共同债权人。

（二）债权转让的条件

1. 让与人须享有债权

债权转让的标的是债权，因此，只有债权存在，才有转让的可能。如果让与人并不享有债权而转让，则构成无权处分。例如，在合同已经解除的情况下，债权归于消灭，原债权人即不再享有债权。在无权处分他人债权的情况下，当事人或者真正权利人不能仅以让与人在订立合同时不享有债权或者没有处分权而主张合同无效。若认定转让合同有效，因让与人未取得真正权利人事后同意或者让与人事后未取得处分权导致不能履行的，受让人有权主张解除合同并请求让与人承担违反合同的赔偿责任（《民法典合同编通则解释》第 19 条第 1 款）。依据《民法典合同编通则解释》第 49 条第 2 款的规定，受让人基于债务人对债权真实存在的确认受让债权后，债务人又以该债权不存在为由拒绝向受让人履行的，人民法院不予支持。但是，受让人知道或者应当知道该债权不存在的除外。

2. 让与人须享有有效的债权

债权的转让以受让人取得债权为目的，只有债权有效，受让人才能有效受让取得。因此，让与人享有有效的债权是合同债权转让的基本前提。所谓有效的债权，是指具有法律效力的债权。这种法律效力，仅指具备债权产生的有效条件，而非指能够履行的效力。因此，合同无效、被撤销，债权即为无效，不发生债权的转让。一般地说，下列债权仍为有效债权，可以转让：（1）合同被撤销之前的债权；（2）诉讼时效届满的债权；（3）将来的债权，如将有的应收账款（《民法典》第 761 条）。

3. 债权须有可让与性

债权为财产权，原则上可以转让，但是债权也存在不可让与的情形。依据《民法典》第 545 条第 1 款的规定，下列债权不得转让。

（1）根据债权性质不得转让的债权。根据债权性质不得转让，即债权的性质不容许债权转让，若允许债权转让就无法维持合同的同一性或者无法达到债权的目的。这类债权主要包括如下几类：其一，因债权人的改变会引起给付内容变更的债权。债权给付内容的变更将导致合同的同一性丧失，故这类债权不允许转让，如要求律师提供法律服务的债权。其二，基于特定人的身份而产生的债权。如退休金债权只能由退休职工享有，不能转让。其三，基于特定当事人之间的信赖关系而产生的债权，如基于委托合同产生的债权、承租人所享有的债权等。债务人只愿意对该债权人承担给付义务，若债权人将债权转让，势必引起权利行使上的显著变化，故不允许转让。其四，不作为债权。不作为债权只为特定债权人的利益而存在，若允许其转让就相当于为债务人重新设立义务，于债务人明显不公平，故不允许转让。

（2）按照当事人约定不得转让的债权。按照合同自由原则，当事人在不违反法律、行政法规的强制性规定，不违背公序良俗的情况下，有权在合同中约定禁止债权人转让债权。于此情况下，债权不得转让。当事人关于债权不得转让的约定，可以在订立合同时作出，也可以在订立合同后作出；可以针对一切第三人，也可以针对特定的第三人；可以约定在债权的有效期限内不得转让，也可以约定在债权的一定期限内不得转让。

关于当事人约定债权不得转让的效力，《民法典》第 545 条第 2 款区分两种不同债权分别作了规定：其一，当事人约定非金钱债权不得转让的，该约定不得对抗善意第三人。因此，受让人为善意的，受让人可有效取得转让的债权。此时，让与人的行为构成违约，应向债务人承担违约责任。受让人为恶意的，则债务人有权拒绝向其履行。应当指出，在受让人为恶意的情况下，若债务人同意转让，则受让人仍可有效取得转让的债权。同时，受让人的恶意并不影响合同债权转让的有效，仅对于债务人无效。其二，当事人约定金钱债权不得转让的，不得对抗第三人。可见，在债权人和债务人约定金钱债权不得转让的情况下，无论受让人是否为善意，均可以有效取得转让的债权，债务人无权以受让人为恶意拒绝向受让人履行。

（3）依照法律规定不得转让的债权。法律规定债权不得转让的，该债权构成禁止流通物，自不得转让。债权人转让该类禁止转让债权的，转让合同无效。

4. 让与人与受让人应当就债权转让达成一致

让与人与受让人就债权转让达成一致，意味着让与人与受让人之间订立了债权转让合同。该合同须具备合同的一般有效条件，才能发生效力。

5. 依照规定办理批准等手续

依据《民法典》第 502 条第 3 款的规定，依照法律、行政法规的规定，债权的转让应当办理批准等手续的，应当依照其规定。因此，按照法律、行政法规的规定，债权的转让应当办理批准等手续的，当事人应当就债权的转让办理批准等手续。当然，当事人未办理批准等手续影响债权转让效力的，不影响合同中履行报批等义务条款以及相关条款的效力。应当办理申请批准等手续的当事人未履行义务的，对方可以请求其承担违反该义务的责任（《民法典》第 502 条第 2 款）。

（三）债权转让的效力

1. 债权转让的对内效力

债权转让的对内效力是对让与人与受让人的效力，主要有如下几种。

（1）债权由让与人转移于受让人。在债权转让生效后，让与人不再享有所转让的债权，而受让人即取得所受让的债权，直接成为债权人，得依约定向债务人主张债权。受让人取得转让的债权后，其法律地位因全部转让或者部分转让而有所不同。在债权全部转让的情况下，让与人完全退出债权债务关系，不再是债权人，受让人成为新的债权人；

在债权部分转让的情况下，让与人与受让人共同享有债权。至于让与人与受让人之间是形成连带债权还是按份债权，就应依双方之间转让债权的约定确定。双方之间没有约定或者约定不明确的，让与人与受让人之间享有连带债权。

(2) 债权人转让债权的，受让人取得与债权有关的从权利，但是该从权利专属于债权人自身的除外（《民法典》第 547 条第 1 款）。从权利是以主权利的存在为存在前提的，并随主权利的移转而移转。因此，在所转让的债权附有从权利时，从权利也随之移转于受让人。除担保物权、保证债权外，从权利还包括利息债权、违约金债权、损害赔偿债权等。但是，专属于债权人自身的从权利，在债权转让时，不随主债权转让，受让人不能取得。应当指出，受让人取得的从权利不因该从权利未办理转移登记手续或者未转移占有而受到影响（《民法典》第 547 条第 2 款）。例如，转让的债权设有不动产抵押权的，则受让人即使没有办理抵押权变更登记手续，亦可以取得该不动产抵押权；转让的债权设有动产质权的，则受让人即使没有占有质物，亦可以取得该动产质权。

(3) 让与人对转让的债权负瑕疵担保责任。转让的债权有瑕疵使受让人利益受损害的，让与人应向受让人负赔偿责任。应当指出，让与人仅对转让的债权负瑕疵担保责任，而对债务人的履行能力并无担保义务。因此，即使债务人丧失履行能力，让与人亦不承担责任。

(4) 让与人负有使受让人能够完全行使债权的从给付义务。因此，让与人有义务向受让人交付与主张债权有关的文件，如债务人出具的借据、票据、账簿、合同书等。同时，让与人应当通知与主张债权有关的事项，如履行期限、履行地点、履行方式、债务人住所、担保方式等。

(5) 让与人承担债权转让的费用。因债权转让增加的履行费用，应当由让与人负担（《民法典》第 550 条）。

2. 债权转让的对外效力

债权转让的对外效力是对债务人及第三人的效力，主要有如下几种。

(1) 债权人转让债权，应当通知债务人。债权人转让债权，未经通知债务人的，该转让对债务人不发生效力（《民法典》第 546 条第 1 款）。通知的主体可以是让与人，也可以是受让人；通知的形式可以是书面形式，也可以是口头形式；通知的相对人，可以是债务人，也可以是债务人的代理人或者继承人。债权转让的通知到达债务人时发生效力，债务人即不得向债权人履行债务。应当指出，债权转让通知到达债务人后，即不得撤销，但是受让人同意的除外（《民法典》第 546 条第 2 款）。依据《民法典合同编通则解释》第 48 条的规定，债务人在接到债权转让通知前已经向让与人履行，受让人请求债务人履行的，人民法院不予支持；债务人接到债权转让通知后仍然向让与人履行，受让人请求债务人履行的，人民法院应予支持。让与人未通知债务人，受让人直接起诉债务人请求履行债务，人民法院经审理确认债权转让事实的，应当认定债权转让自起诉状副本送达时对债务人发生效力。债务人主张因未通知而给其增加的费用或者造成的损失从认定的债权数额中扣除的，人民法院依法予以支持。债务人接到债权转让通知后，让与人以债权转让合同不成立、无效、被撤销或者确定不发生效力为由请求债务人向其履行的，人民法院不予支持。但是，该债权转让通知被依法撤销的除外（《民法典合同编通则解释》第 49 条第 1 款）。

（2）债务人应向受让人履行债务。债权的转让对债务人发生效力后，债务人不得向原债权人履行债务。债务人向原债权人履行债务的，除可构成向第三人履行者外，对于受让人不发生履行的后果，即债务人仍应向受让人履行，否则就构成债务不履行，债务人只能向受领其履行的原债权人主张返还不当得利。

（3）债务人接到债权转让通知后，债务人对让与人的抗辩，可以向受让人主张（《民法典》第 548 条）。这里所说的抗辩，是指债务人可用以对抗债权人行使请求权的事由。受让人受让债权的，其地位不能优于让与人原来的地位，其权利不能大于让与人原享有的权利。因此，凡债务人原可对抗让与人的抗辩，债务人自得向受让人主张。例如，债务人享有的同时履行抗辩权、不安抗辩权、先履行抗辩权、债权已消灭的抗辩等，在受让人向债务人主张债权时，债务人均可以主张。债权转让后，债务人向受让人主张其对让与人的抗辩的，人民法院可以追加让与人为第三人（《民法典合同编通则解释》第 47 条第 1 款）。

（4）债务人可以向受让人主张抵销。依据《民法典》第 549 条的规定，有下列情形之一的，债务人可以向受让人主张抵销：其一，债务人接到债权转让通知时，债务人对让与人享有债权，且债务人的债权先于转让的债权到期或者同时到期。在债务人对让与人也享有债权时，若具备抵销的条件，则两项债务可以抵销。在债权转让后，债务人相对于新债权人，其原有地位不应受到影响。因此，在债权转让对债务人发生效力后，如果债务人的债权先于转让的债权到期或者同时到期，就具备了抵销的一般条件，债务人可以向受让人主张抵销。这种抵销是让与人与债务人之间抵销的延续，并非在债务人与受让人之间产生的独立抵销。因债务人主张抵销而使受让人无法取得债权的，应由让与人承担相应的责任。其二，债务人的债权与转让的债权是基于同一合同产生。如果债务人的债权与转让的债权是基于同一合同产生的，则无论债权的履行期限如何，债务人都可以主张抵销。例如，在货物买卖合同中，甲将价款债权转让给丙，并通知了债务人乙。但是，因该货物质量不合格，故乙享有违约赔偿债权。此时，乙的违约赔偿债权与转让的价款债权都是基于同一货物买卖合同产生的，债务人乙就可以向受让人丙主张抵销。严格来说，这种抵销因不受履行期限的限制，也不要求抵销的当事人须是被抵销债权形成时的双方当事人，因此，并不符合法定抵销的一般规则，应属于抵销中的特殊规则，其目的在于保护债务人的权益。

（5）债权转让对第三人的效力主要体现在债权双重转让的效力。债权双重转让的，债权转让均为有效。依据《民法典合同编通则解释》第 50 条第 1 款的规定，让与人将同一债权转让给两个以上受让人，债务人以已经向最先通知的受让人履行为由主张其不再履行债务的，人民法院应予支持。债务人明知接受履行的受让人不是最先通知的受让人，最先通知的受让人请求债务人继续履行债务或者依据债权转让协议请求让与人承担违约责任的，人民法院应予支持；最先通知的受让人请求接受履行的受让人返还其接受的财产的，人民法院不予支持，但是接受履行的受让人明知该债权在其受让前已经转让给其他受让人的除外。这里所称最先通知的受让人，是指最先到达债务人的转让通知中载明的受让人。当事人之间对通知到达时间有争议的，人民法院应当结合通知的方式等因素综合判断，而不能仅根据债务人认可的通知时间或者通知记载的时间予以认定。当事人采用邮寄、通讯电子系统等方式发出通知的，人民法院应当以邮戳时间或者通讯电子系统记载的时间等作为认定通知到达时间的依据（《民法典合同编通则解释》第 50 条第 2 款）。

例题 33

三、合同债务的转移

（一）债务转移的概念和特征

债务可以依照法律规定进行转移即法定转移，也可以依照当事人的约定进行转移即约定转移。《民法典》合同编通则分编第六章中所规定的债务转移为约定转移，又称债务承担，是指在合同内容不变的情形下，债务人将其债务转移给第三人承担。在债务转移中，承担债务的第三人为承担人，为新债务人。

概括地说，债务的转移具有如下特征。

第一，债务的转移发生于债务人与第三人之间。在债务的转移中，承担人只能是合同当事人以外的第三人。若债务人将其债务转移给债权人，则发生合同的混同，不发生债务转移的效力。

第二，债务的转移是债务的主体发生变化。在债务的转移中，第三人成为新的债务人，直接承担债务。因此，债务的转移是债务主体的变更。如果第三人仅是代债务人履行债务，则其仅为履行主体，不发生债务的转移。

第三，债务的转移包括免责的债务承担和并存的债务承担。免责的债务承担是指债务人将债务的全部或者部分转移给第三人，从而债务人免除全部或者部分债务的债务转移；并存的债务承担是指原债务人的债务并没有消灭，仅是新债务人加入债务关系成为新的债务人，因此，并存的债务承担又称债务加入。

（二）免责的债务承担

1. 免责的债务承担的条件

（1）须债务有效存在。债务转移的标的是债务，因此，只有债务存在，才有转移的可能。例如，在合同已经解除的情况下，债务归于消灭，原债务人即不再承担债务，自不存在债务转移。同时，债务须为有效。转移无效债务的，不发生债务转移的法律后果。因此，合同无效、被撤销，债务即为无效，不发生债务的转移。应当指出，将来发生的债务、诉讼时效届满的债务也可以成为转移的标的。

（2）须债务具有可让与性。如同债权转让一样，债务只能在具有可让与性的前提下才能转移。因此，根据债务性质不得转移的债务、按照当事人约定不得转移的债务、依照法律规定不得转移的债务，均不具有可让与性，不能作为债务转移的标的。

（3）须订立债务承担合同。债务承担合同有三种情形：其一，由债务人与第三人订立债务承担合同。因该债务承担合同是由债务人与第三人订立的，故只有在经债权人同意的情况下，才能发生债务转移的后果。其二，债权人与第三人订立债务承担合同。债权人与第三人订立债务承担合同虽然没有债务人的参与，但是因债务人因该合同而直接受有利益，故仍可以有效。该合同成立生效后，第三人即成为新债务人，代替原债务人承担债务。其三，由债务人、债权人与第三人三方共同订立债务承担合同。

(4) 须经债权人同意。在债权债务关系中，债务承担直接涉及债权人的债权能否得到实现。所以，债务的转移应经债权人同意。债权人的同意可以是明示同意，也可以是默示同意，如债权人向承担人请求履行或者受领承担人的履行。债权人同意可以向债务人为之，也可以向承担人为之。在债权人同意之前，债务承担合同属于效力未定合同，因此，为防止债务承担合同的效力久拖不决，债务人或者承担人可以催告债权人在合理期限内予以同意，债权人未作表示的，视为不同意（《民法典》第551条第2款）。应当指出，债权人参与订立债务承担合同的，就表明其同意债务转移，无须另行再征得债权人同意。

(5) 依照法律、行政法规的规定，债务转移应当办理批准等手续的，应办理批准等手续。

2. 免责的债务承担的效力

(1) 债务全部转移的，原债务人退出债务关系，不再为债务人，承担人为新债务人；债务部分转移的，原债务人并不退出原债务关系，就未转移的部分仍承担债务，承担人就转移的部分承担债务。

(2) 债务人转移债务的，新债务人可以主张原债务人对债权人的抗辩（《民法典》第553条前一分句）。在债务转移后，新债务人承受了原债务人在合同关系中的债务主体的地位，而抗辩作为对抗债权人请求权的事由是与债务同存的，不因主体的变更而消灭，所以，原债务人享有的抗辩也当然地为新债务人所承受，新债务人可以向债权人主张原债务人所享有的各种抗辩。债务转移后，新债务人主张原债务人对债权人的抗辩的，人民法院可以追加原债务人为第三人（《民法典合同编通则解释》第47条第2款）。

(3) 原债务人对债权人享有债权的，新债务人不得向债权人主张抵销（《民法典》第553条后一分句）。这是因为，如果允许这种抵销，无异于承认新债务人可以处分债务人的权利，这已超出了债务承担的范畴。例如，甲对乙负有支付价款的债务，甲经乙同意将该债务转移给丙。同时，甲对乙享有返还借款的债权。此时，丙不得以其债务向债权人乙主张抵销。

(4) 债务人转移债务的，新债务人应当承担与主债务有关的从债务，但是该从债务专属于原债务人自身的除外（《民法典》第554条）。从债务是随主债务而存在的，原则上从债务应随主债务转移。因此，除从债务专属于原债务人自身外，新债务人应当承担与主债务有关的从债务。例如，利息债务即应由新债务人一并承担。

（三）并存的债务承担

并存的债务承担为债务加入，即第三人加入原债务关系之中。并存的债务承担的条件与免责的债务承担的条件基本相同，也需要存在有效的债务、债务具有可让与性、订立债务承担合同。但有所不同的是，并存的债务承担并不需要经债权人同意。这是因为，并存的债务承担是新债务人加入原债务关系之中，这对于债权人的债权实现是有利的。

依据《民法典》第552条的规定，第三人与债务人约定加入债务并通知债权人，或者第三人向债权人表示加入债务，债权人未在合理期限内明确拒绝的，债权人可以请求第三人在其愿意承担的债务范围内和债务人承担连带债务。应当指出，在并存的债务承担中，第三人与债务人订立并存债务承担合同的，应当通知债权人。第三人向债权人表示加入债务，债权人未在合理期限内明确拒绝的，应视为同意，第三人与债权人之间成立并存债务承担合同。

并存的债务承担成立后，新债务人与原债务人应就约定的承担债务范围承担连带责任。此外，免责的债务承担所产生的效力，对并存的债务承担亦适用之。依据《民法典合同编通则解释》第 51 条的规定，第三人加入债务并与债务人约定了追偿权，其履行债务后主张向债务人追偿的，人民法院应予支持；没有约定追偿权，第三人依照《民法典》关于不当得利等的规定，在其已经向债权人履行债务的范围内请求债务人向其履行的，人民法院应予支持，但是第三人知道或者应当知道加入债务会损害债务人利益的除外。债务人就其对债权人享有的抗辩向加入债务的第三人主张的，人民法院应予支持。

例题 34

四、合同权利义务的概括转让

（一）合同权利义务概括转让的概念

合同权利义务的概括转让是指合同当事人一方将其权利义务一并转让给第三人承受。因为只有在双务合同中当事人一方才既享有权利又负担义务，在单务合同中当事人一方只享有权利或者只负担义务，所以，合同权利义务的概括转让只能发生在双务合同之中。

因为合同权利义务的概括转让是当事人一方将其权利义务全部转让给第三人，所以合同权利义务概括转让后受让人即取代让与人的法律地位，成为合同的债权人和债务人，而让与人则退出合同关系，不再为合同的当事人。

（二）合同权利义务概括转让的种类

1. 合同权利义务的合意概括转让

合同权利义务的合意概括转让，应由让与人和受让人订立合同权利义务一并转让协议，依据《民法典》第 555 条的规定，当事人一方经对方同意，可以将自己在合同中的权利义务一并转让给第三人。可见，合同权利义务的概括转让协议只有经合同对方当事人同意才能发生效力。未经对方当事人同意，合同权利义务的概括转让不发生效力。

由于合同权利义务的概括转让是既转让债权，又转移债务，所以合同权利义务的概括转让自应适用法律关于债权转让、债务转移的规定（《民法典》第 556 条）。当事人一方将合同权利义务一并转让后，对方就合同权利义务向受让人主张抗辩或者受让人就合同权利义务向对方主张抗辩的，人民法院可以追加让与人为第三人（《民法典合同编通则解释》第 47 条第 3 款）。

2. 合同权利义务的法定概括转让

合同权利义务的法定概括转让，是指基于法律的直接规定，由第三人取得合同当事人一方的地位，享受合同权利并负担合同义务。例如，法人的合并与分立就是一种合同权利义务的法定概括转让。依据《民法典》第 67 条的规定，法人合并的，其权利和义务由合并后的法人享有和承担；法人分立的，其权利和义务由分立后的法人享有连带债权，承担连带债务，但是债权人和债务人另有约定的除外。

重点思考题

1. 如何认定合同的变更？
2. 合同债权转让应当具备哪些条件？
3. 如何理解合同债权转让的效力？
4. 如何理解并存的债务承担？

案例讨论

甲欠乙10万元的债务，乙催要时，甲提出：截至2022年1月底，丙尚欠甲货款15万元，甲拟将其中的10万元让与给乙。乙表示同意，双方在达成的协议上签字并加盖了公章。甲另行对丙出具了信函，并将此信函交给乙，由乙通知丙债权让与事宜。但是，乙向丙主张权利时，丙以甲未通知为由拒绝了乙的请求。甲在与乙签订协议后，继续与丙保持供货关系，并接收了丙所欠的15万元货款。乙向丙索债不成，即向甲索要欠款。甲提出：甲、乙之间的债权让与协议已经生效，自让与协议生效时，双方的债权债务已经消灭，乙应向丙主张权利。

请回答以下问题：

（1）甲、乙之间的债权让与协议是否有效？

（2）丙是否负有向乙清偿债务的义务？

（3）乙对甲、丙可以行使何种请求权？

第七章

合同权利义务的终止

第一节 合同权利义务终止概述

一、合同权利义务终止的概念和原因

合同权利义务终止又称合同消灭，是指合同当事人双方之间的权利义务于客观上不复存在。

合同关系是基于一定的法律事实而产生的，同时也基于一定的法律事实而终止。能够引起合同终止的法律事实，就是合同终止的原因。

综合起来看，合同终止的原因基本上可以分为以下几类。

（一）基于合同目的达到而终止

合同目的达到就是债权人的利益得到了满足。当事人订立合同的目的是取得某种利益，而其利益的取得须通过债权的实现才能达到。而债权得到实现，合同也就终止。可以说，合同的订立本身就是为了合同的终止。例如，清偿、提存、混同等都是使合同目的达到的原因。

（二）基于当事人的意思而终止

合同当事人之间的权利义务关系，可依当事人的意思而终止。当事人的意思可以是当事人一方的意思表示，如合同的法定解除、债务免除、抵销等都是基于当事人一方的意思表示而终止合同；也可以是当事人双方的意思表示，如合同的协议解除就是基于当事人双方的意思表示一致而终止合同。

（三）基于法律的直接规定而终止

虽然合同是当事人之间的权利义务关系，但是在法律直接规定合同终止情形时，合同也归于终止。例如，当事人死亡或者丧失民事行为能力、法人的终止等，都属于基于法律的直接规定而终止合同。

二、合同权利义务终止的效力

合同终止的效力表现为以下几个方面。

第一，当事人之间的债权债务消灭，债权人不再享有债权，债务人也不再负担债务。

第二，债权的从权利消灭。依据《民法典》第559条的规定，债权债务终止时，债权的从权利同时消灭，但是法律另有规定或者当事人另有约定的除外。例如，担保物权、保证债权、违约金债权、利息债权等，于合同终止时，当然归于消灭。

第三，合同终止后的附随义务。依据《民法典》第558条的规定，债权债务终止后，当事人应当遵循诚信原则，根据交易习惯履行通知、协助、保密、旧物回收等义务。这就是合同终止后的附随义务。

第四，合同的终止不影响合同中结算和清理条款的效力。合同的终止是当事人之间的实体性权利义务的终止，而合同中的结算和清理条款等程序性内容，独立于实体性权利义务，因此，《民法典》第567条规定，合同的权利义务关系终止，不影响合同中结算和清理条款的效力。

第五，负债字据的返还。有负债字据的合同全部消灭的，债务人得请求返还或者涂销负债的字据；合同关系部分消灭的，或者负债字据上载有债权人其他权利的，债务人得请求将合同消灭的事由记入负债字据。债权人主张不能返还或者不能记入的，债务人得请求债权人出具合同消灭的证书。

第二节　清　偿

一、清偿的概念

清偿是指债务人按照合同的约定向债权人履行义务、实现债权目的的行为。《民法典》没有使用清偿的概念，而是规定为“债务已经履行”。可以说，债务人全面、适当地履行了债务，即构成清偿，合同终止。

在合同法中，履行与清偿的含义基本相同，只是考察问题的角度不同。履行是从合同的动态角度观察的，而清偿则是从合同的静态角度观察的。履行是债务人为实现合同内容所为的行为及其结果，是行为与结果的统一，重在债务人的行为结果；而清偿是债务人实现合同内容所产生的效力，重在合同内容实现的法律后果。

二、清偿的基本要求

清偿的基本要求主要体现在清偿主体、清偿标的、清偿地点、清偿方式、清偿期限、清偿费用等应当符合法律规定或者当事人约定。关于上述清偿的基本要求，第四章“合同的履行”中已有阐述，这里仅就几种特殊情形作一说明。

（一）代物清偿

代物清偿是指债务人以他种给付代替原定给付，债权人受领该给付而使合同关系消灭。

代物清偿须具备以下要件：第一，须有债权债务存在。若没有债权债务的存在，则不会发生代物清偿问题。第二，须以他种给付代原定给付，如以提供财产代提供劳务。同为给付财产的，以给付电视机代给付冰箱，也为代物清偿。第三，代物清偿须经债权人同意。未经债权人同意的，不能成立代物清偿。因此，代物清偿是一种合同关系。第四，须债权人现实受领他种给付。若债权人未受领债务人的给付，自也不能发生代物清偿。

代物清偿一经成立，即发生合同关系终止的效力。由于代物清偿不要求原定给付与他种给付在价值上完全相同，所以当事人在达成代物清偿的合意时，得就其价值差额的处理作出约定。

例题 35

（二）清偿抵充

1. 清偿抵充的概念

清偿抵充是指债务人对同一债权人负担数宗种类相同的债务，清偿人所提出的给付不足以清偿全部债务时，决定其清偿抵充何宗债务的制度。

清偿抵充是债的清偿中的一个经常出现的问题，对债权人和债务人的利益有着直接的影响。例如，甲欠某银行数笔借款，其中有的设有保证担保，有的没有保证担保；有的利息高，有的利息低。现甲向该银行清偿债务，但是其所还款项并不能清偿其全部欠款，该次清偿系偿还哪笔借款，就属于清偿抵充问题。可见，债务人清偿的为何笔债务，直接影响到当事人双方的利益。

2. 清偿抵充的成立条件

清偿抵充的构成须具备以下三个要件。

（1）债务人须对同一债权人负担数宗债务。如果债务人对债权人仅负担一宗债务，即使其给付不能为全部清偿，也仅属于一部清偿，而不发生清偿抵充问题。债务人对同一债权人负担的数宗债务，不问是自始发生在债务人与债权人之间，还是嗣后由他人处承担而来，也不论此数宗债务是否均已届清偿期。

（2）债务人负担的数宗债务的种类相同。若数宗债务给付的种类不同，当然应以给付的种类来确定清偿的为何宗债务，不能发生清偿抵充。若就某项债务的给付，清偿人提出的给付超出规定的数额，当事人双方又同意以此多余的给付代他项债务清偿的，属于代物清偿，也不为清偿抵充。只有在债务人负担的数宗债务的种类相同的情况下，才能发生清偿抵充问题。

（3）债务人所提出的给付不足以清偿全部债权。虽然有数宗同种类给付的债务，但是清偿人提出的给付足以清偿全部债权的，如数笔借款共 20 万元，清偿人给付 20 万元，则不发生清偿抵充。只有在债务人所提出的给付不足以清偿全部债权时，如有数宗债务共 20 万元，清偿人仅给付 10 万元，才产生清偿抵充问题。

3. 清偿抵充的确定方法

依据《民法典》第 560 条的规定，清偿抵充方法有以下三种。

（1）约定抵充。约定抵充是指当事人之间事先约定债务人的清偿系抵充何宗债务。如果当事人之间就债务人的清偿系抵充何宗债务有约定，应从其约定。约定抵充可以在清偿之前为之，也可以在清偿之时为之。

（2）指定抵充。指定抵充是指由当事人一方以其意思指定清偿人的清偿应抵充的债务。指定抵充是在当事人没有约定的情况下所适用的一种清偿抵充方法。一般地说，指定抵充应符合两个条件：一是指定应于清偿时为之，并且一经指定不得撤回；二是指定抵充的指定权人为清偿人。

（3）法定抵充。法定抵充是指在当事人未约定，也未指定清偿抵充方法时，依法律规定决定清偿人的清偿应抵充的债务。具体而言，应当优先履行已经到期的债务；数宗债务均到期的，优先履行对债权人缺乏担保或者担保最少的债务；均无担保或者担保相等的，优先履行债务人负担较重的债务；负担相同的，按照债务到期的先后顺序履行；到期时间相同的，按照债务比例履行。

例题 36

（三）债务清偿顺序

依据《民法典》第 561 条的规定，债务人在履行主债务外还应当支付利息和实现债权的有关费用，其给付不足以清偿全部债务的，除当事人另有约定外，应当按照下列顺序履行：（1）实现债权的有关费用；（2）利息；（3）主债务。

第三节 合同的解除

一、合同解除的概念和特征

合同的解除有狭义与广义之分。狭义的合同解除是指在合同依法成立后而尚未全部履行前，当事人一方基于法律规定或者当事人约定行使解除权而使合同关系归于消灭的一种民事法律行为；广义的合同解除包括狭义的合同解除、协议解除和裁判解除。《民法典》对合同解除采取了广义的概念，包括协议解除、约定解除、法定解除和裁判解除。因此，合同的解除是指在合同依法成立后而尚未全部履行前，当事人基于协商，或者法律规定或者当事人约定，或者通过诉讼或者仲裁而使合同关系归于消灭的一种民事法律行为。

合同的解除具有如下特征。

第一，合同的解除以当事人之间存在有效合同为前提。当事人之间自始就不存在合同关系的，不存在合同的解除问题；当事人之间原存在合同关系，但是合同关系已经消灭的，也不发生合同的解除。同时，当事人之间的合同应当为有效合同，否则，也不存在合同的解除，即无效合同、可撤销合同、效力未定合同不发生合同的解除。

第二，合同的解除须具备一定的条件。合同依法成立后，即具有法律拘束力，任何一方不得擅自解除合同。但是，在具备了一定条件的情况下，法律也允许当事人解除合同，以满足自己的利益需要。合同解除的条件，既可以是法律规定的，也可以是当事人约定的。法定解除条件就是由法律规定的当事人享有解除权的各种条件，约定解除条件就是由当事人约定的当事人享有解除权的条件。当然，当事人也可以通过协商解除合同，或者通过诉讼或者仲裁解除合同。

第三，合同的解除是合同终止的原因。依据《民法典》第 557 条第 2 款的规定，合同解除的，该合同的权利义务终止。可见，合同解除是合同终止的原因。但是，在具备合同解除条件的情况下，当事人必须实施解除行为，才能解除合同。如果仅有合同解除的条件，而没有当事人的解除行为，合同不能自动地解除。

二、合同解除的种类

一般而言，合同解除有协议解除、约定解除和法定解除之分。此外，合同解除还存在裁判解除。

（一）协议解除

协议解除是指在合同依法成立后而尚未全部履行前，当事人通过协商而解除合同。根据合同自由原则，当事人有权通过协商解除合同（《民法典》第562条第1款）。协议解除的基本特征在于，它是通过订立一个新合同而解除原来的合同。也就是说，当事人协商的目的就是达成一个解除原合同的协议。

（二）约定解除

约定解除是指在合同依法成立后而尚未全部履行前，当事人基于双方约定的事由行使解除权而解除合同。约定解除的基本特征在于：当事人在合同中约定解除合同的条件，当事人约定的条件出现时，即可行使解除权而使合同解除。因此，约定解除属于单方解除。约定解除与协议解除都是当事人意志的反映，都是通过合同的形式实现的，但二者适用的条件是不同的：约定解除是事先确定解除合同的条件，协议解除则并不需要什么条件，只要当事人协商一致即可解除合同。

依据《民法典》第562条第2款的规定，当事人可以约定一方解除合同的事由。解除合同的条件成就时，解除权人可以解除合同。法律上规定约定解除方式是十分必要的。一方面，规定约定解除方式，充分体现了法律对当事人的合同自由的尊重，是贯彻合同自由原则的重要环节；另一方面，允许当事人通过行使约定的解除权而解除合同，可以使合同的解除简单化，有利于避免当事人之间发生纠纷，也有利于解决当事人之间的合同纠纷。

应当指出，合同的约定解除与合同中的附解除条件不同。前者约定有解除权，而后者并没有解除权。因此，在附解除条件的合同中，条件一旦成就，合同就自动失效，无须当事人行使解除权；而合同的约定解除则不同，在约定的事由出现后，一方享有解除权，只有行使解除权才能解除合同。

（三）法定解除

法定解除是指在合同依法成立后而尚未全部履行前，当事人基于法律规定的事由行使解除权而解除合同。法定解除是与约定解除并列的一种单方解除合同的方式，其基本特征在于：由法律直接规定解除合同的条件，在条件具备时，当事人可以行使解除权以解除合同。可见，法定解除既不同于约定解除，也不同于协议解除。

（四）裁判解除

裁判解除是指人民法院或者仲裁机构基于裁决而解除合同。例如，在情势变更的情况下，人民法院或者仲裁机构可以裁决解除合同。

三、合同解除的条件

合同解除的条件又称合同解除的原因，是指在何种情况下允许当事人解除合同。如前所述，合同解除有协议解除、约定解除、法定解除和裁判解除之分。当事人协商一致，可以解除合同，不受其他条件的限制；当事人在合同中约定的解除条件千差万别，无法列举；裁判解除的条件须由人民法院或者仲裁机构根据具体情况确定，亦无法列举。所以，这里只阐述法定解除的条件。

法定解除条件是法律规定的当事人解除合同的条件。法律规定的解除合同的条件有一般条件和特殊条件之分。解除合同的一般条件是适用于所有合同的解除条件，由法律作出一般性规定；而特殊条件是适用于具体合同的解除条件，规定于具体的合同之中。例如，在租赁合同中，承租人擅自将租赁财产转租的，出租人有权解除合同（《民法典》第716条第2款）；在承揽合同中，定作人未按合同约定履行协助义务的，承揽人有权解除合同（《民法典》第778条后句）。

《民法典》第563条第1款对合同法定解除的条件作了明确规定。依据该条的规定，解除合同的条件可分为两类：一是因客观原因而解除合同，如不可抗力；二是因违约行为而解除合同，如预期违约、迟延履行或者其他违约行为等。具体而言，解除合同的法定条件包括如下几项。

（一）因不可抗力不能实现合同目的

不可抗力是指不能预见、不能避免并不能克服的客观现象。不可抗力事件的发生，对合同履行的影响程度存在着差异。有的是影响合同的部分履行，有的是影响合同的全部履行，也有的只是暂时影响合同的履行。不可抗力影响合同履行的，只有达到不能实现合同目的的程度时，当事人才能解除合同。不可抗力导致合同全部不能履行的，合同目的自不能达到，当事人自可解除合同。不可抗力导致合同部分不能履行的，当事人能否解除合同，应依合同目的能否实现而定：如果合同部分履行不能，而其他部分的履行对相对人已无利益，则合同目的即不能实现，当事人可以解除合同，否则，当事人只能变更合同。在因不可抗力不能实现合同目的而解除的情况下，当事人双方都享有解除权。

（二）在履行期限届满之前，当事人一方明确表示或者以自己的行为表明不履行主要债务

在履行期限届满之前，当事人一方明确表示或者以自己的行为表明不履行主要债务的，构成预期违约。当事人在履行期限届满之前，明确表示不履行合同的，为明示预期违约；当事人在履行期限届满前，以自己的行为表明不履行合同的，为默示预期违约。在合同的履行期限届满之前，当事人还没有履行合同的义务，一般不产生违约问题。但是，在履行期限届满前，当事人一方明确表示或者以自己的行为表明不履行合同的，合同的目的将不能实现。在这种情况下，如果要求另一方当事人在履行期限届满后才能主张补救，则将会对另一方当事人造成损失，不利于保护当事人的合法权益。所以，在预期违约的情况下，应当允许当事人解除合同。

（三）当事人一方迟延履行主要债务，经催告后在合理期限内仍未履行

迟延履行是当事人在合同履行期限届满后没有履行合同。当事人一方迟延履行主要债务，经催告后在合理期限内仍未履行的，表明债务人根本就没有履行合同的诚意，或者根本不可能履行合同，所以，应当允许债权人解除合同。这一解除合同的条件必须符合两项要求：一是迟延履行主要债务。一般说来，影响合同目的实现的债务，为主要债

务。这里的主要债务通常是指主给付义务，原则上不包括从给付义务。二是经催告在合理期限内仍未履行。当事人迟延履行主要债务的，债权人应催告债务人在合理期限内履行。债权人催告的合理期限，应根据债务履行的具体情况而定，如债务的性质、种类、数额以及需要时间等。如果债务人在合理期限内仍未履行主要债务，则表明债务人没有履行合同的诚意，应当允许债权人解除合同。依据《商品房买卖合同解释》第 11 条的规定，出卖人迟延交付房屋或者买受人迟延支付购房款，经催告后在 3 个月的合理期限内仍未履行的，解除权人有权请求解除合同，但是当事人另有约定的除外。法律没有规定或者当事人没有约定，经对方当事人催告后，解除权行使的合理期限为 3 个月。对方当事人没有催告的，解除权人自知道或者应当知道解除事由之日起 1 年内行使。逾期不行使的，解除权消灭。

（四）当事人一方迟延履行债务或者有其他违约行为致使不能实现合同目的

当事人一方迟延履行合同致使不能实现目的的，另一方有权解除合同。在合同中，如果合同的履行期对当事人的权利义务至关重要，违反了规定的期限将会导致合同目的不能实现，则应当允许解除合同。例如，某商店为满足春节的鞭炮供应，与一家鞭炮生产厂签订了鞭炮买卖合同，规定供方最迟应在春节前 15 天供货。但是一直到春节过后，供方也没有供货。在这种情况下，如果供方再履行合同，对需方而言，已没有任何利益，即无法实现合同的目的。所以，需方就有权解除合同。

除迟延履行外，其他违约行为如拒绝履行、瑕疵履行、部分履行等，也有可能导致不能实现合同目的。这也构成解除合同的条件。如果其他违约行为对实现合同的权利义务有重大影响，导致合同目的不能实现，则债权人也可以解除合同。应当指出，如果债务人没有履行或者不适当履行从给付义务，致使不能实现目的，债权人也可以主张解除合同。例如，在买卖合同中，出卖人没有履行或者不当履行从给付义务，致使买受人不能实现合同目的的，买受人有权主张解除合同（《买卖合同解释》第 19 条）。

（五）法律规定的其他情形

除上述条件外，有法律规定的其他解除合同的情形时，当事人也可以解除合同。例如，在当事人一方行使不安抗辩权而中止履行的情况下，如果对方在合理期限内未恢复履行能力并且未提供适当的担保，则中止履行的一方可以解除合同。

例题 37

应当指出，以持续履行的债务为内容的不定期合同，当事人可以随时解除合同，但是应当在合理期限之前通知对方（《民法典》第 563 条第 2 款）。

四、合同解除的程序

合同解除有协议解除、约定解除、法定解除与裁判解除之分，各种解除的程序并不相同。裁判解除须按照诉讼程序或者仲裁程序进行，而协议解除采取订立合同的形式，约定解除与法定解除采取通知解除的程序。因裁判解除是程序法问题，故这里只介绍后两种合同解除的程序。

（一）协议解除合同的程序

协议解除合同是当事人通过订立一个新合同的办法，达到解除合同的目的。因此，协议解除合同的程序必须遵循合同订立的程序，即必须经过要约和承诺两个阶段。就是说，当事人双方必须对解除合同的各种事项达成意思表示一致，合同才能解除。应当指出，合同的解除并不是单纯地消灭合同关系，还包括对合同存续期间所发生的各种权利义务关系的处理。这些问题如不加以解决，就会在当事人之间产生纠纷。但是，这些问题是否解决并不影响合同的协议解除。依据《民法典合同编通则解释》第52条第1款的规定，当事人就解除合同协商一致时未对合同解除后的违约责任、结算和清理等问题作出处理，一方主张合同已经解除的，人民法院应予支持。但是，当事人另有约定的除外。有关违约责任、结算和清理等问题，人民法院应当依据《民法典》第566条、第567条和有关违约责任的规定处理（《民法典合同编通则解释》第52条第3款）。

（二）通知解除合同的程序

约定解除和法定解除都属于单方解除。在具备了当事人约定的或者法律规定的条件时，当事人一方或者双方就享有解除合同的权利，简称解除权。例如，在一方根本违约时，另一方即享有解除权；在因不可抗力造成合同不能履行时，双方当事人都享有解除权。合同解除权是一种形成权，解除权人在行使解除权时，只要将解除合同的意思表示通知对方（包括合同对方当事人及其代理人），即可产生解除的效力，无须对方作出答复，更无须对方同意。

当事人在行使解除权时，应当遵循下列规则。

第一，解除权应当在确定期间内或者合理期限内行使。在具备了解除合同的条件时，解除权人是否解除合同，对相对方有重要的影响。因此，解除权人应及时行使解除权。所谓及时行使解除权，就是要求解除权人在确定期间内或者合理期限内作出解除合同的意思表示，否则，解除权即消灭。依据《民法典》第564条的规定，法律规定或者当事人约定解除权行使期限，期限届满当事人不行使的，该权利消灭；法律没有规定或者当事人没有约定解除权行使期限，自解除权人知道或者应当知道解除事由之日起1年内不行使，或者经对方催告在合理期限内不行使的，该权利消灭。

第二，当事人一方依法主张解除合同的，应当通知对方。合同自通知到达对方时解除；通知载明债务人在一定期限内不履行债务则合同自动解除，债务人在该期限内未履行债务的，合同自通知载明的期限届满时解除。对方对解除合同有异议的，任何一方当事人均可以请求人民法院或者仲裁机构确认解除行为的效力。当事人一方未通知对方，而是直接以提起诉讼或者申请仲裁的方式依法主张解除合同，人民法院或者仲裁机构确认该主张的，合同自起诉状副本或者仲裁申请书副本送达对方时解除（《民法典》第565条）。当事人一方以通知方式解除合同，并以对方未在约定的异议期限或者其他合理期限内提出异议为由主张合同已经解除的，人民法院应当对其是否享有法律规定或者合同约定的解除权进行审查。经审查，享有解除权的，合同自通知到达对方时解除；不享有解除权的，不发生合同解除的效力（《民法典合同编通则解释》第53条）。当事人一方未通知对方，直接以提起诉讼的方式主张解除合同，撤诉后再次起诉主张解除合同，人民法院经审理支持该主张的，合同自再次起诉的起诉状副本送达对方时解除。但是，当事人一方撤诉后又通知对方解除合同且该通知已经到达对方的除外（《民法典合同编通则解释》第54条）。

第三，当事人一方主张行使法律规定或者合同约定的解除权，人民法院经审理认为不符合解除权行使条件但是对方同意解除，或者双方当事人均不符合解除权行使条件但是均主张解除合同的，人民法院可以认定合同解除（《民法典合同编通则解释》第 52 条第 2 款）。在此情况下，有关违约责任、结算和清理等问题，人民法院应当依据《民法典》第 566 条、第 567 条和有关违约责任的规定处理（《民法典合同编通则解释》第 52 条第 3 款）。

第四，解除权的行使，应当遵循不可分原则。所谓解除权的不可分原则，是指当事人一方或者双方有数人时，解除权的行使只能由全体当事人或者向其全体当事人进行，解除权对当事人一人消灭时，对其他当事人亦消灭。

例题 38

五、合同解除的效力

合同解除的效力就是合同解除后所产生的法律后果。依据《民法典》第 566 条的规定，合同解除的效力主要包括以下方面。

（一）合同解除的溯及力

合同解除的直接法律后果是使合同关系消灭，合同不再履行。合同解除后，对于解除以前的债权债务关系应当如何处理？这就涉及了合同是否具有溯及力问题。如果合同解除具有溯及力，则对合同解除前已履行的部分，就要发生恢复原状的法律后果，即恢复到合同订立前的状态；如果合同解除不具有溯及力，则合同解除前所为的履行仍然有效存在，当事人无须恢复原状。可见，合同解除是否具有溯及力，是合同解除制度中十分重要的一个问题。

《民法典》第 566 条第 1 款规定：合同解除后，尚未履行的，终止履行；已经履行的，根据履行情况和合同性质，当事人可以要求恢复原状。根据这一规定，合同解除是否具有溯及力，取决于两个方面：一是当事人是否请求。就是说，合同解除后，当事人可以要求恢复原状，也可以不要求恢复原状。是否恢复原状，完全取决于当事人的意志。二是合同的履行情况和合同性质。就是说，根据履行情况和合同性质能够恢复原状的，当事人可以要求恢复原状。根据合同的履行情况没有必要恢复原状的，当事人可以不要求恢复原状；如果根据合同的性质不可能恢复原状，则当事人不能要求恢复原状，只能采取其他补救措施。例如，以物的使用、收益为目的的租赁、借贷等合同，以提供劳务为目的的委托、中介、运输等合同，都无法恢复原状。

（二）合同解除的赔偿责任

在解除合同后，当事人有权要求赔偿损失。在合同解除时，是否产生赔偿责任，应视情况而定。在合同协议解除和约定解除的情况下，是否产生一方的赔偿责任，应依当事人的约定确定。在合同因违约行为而解除的情况下，违约的一方当事人应承担赔偿责任（《民法典》第 566 条第 2 款）。在合同系因不可抗力而解除的情况下，当事人双方都不承担赔偿责任。

（三）合同解除后的违约金责任

在合同约定有违约金条款时，该违约金条款不因合同解除而受影响。例如，买卖合同因违约而解除后，守约方有权主张继续适用违约金条款（《买卖合同解释》第 20 条）。

（四）合同解除后的担保责任

依据《民法典》第 566 条第 3 款的规定，主合同解除后，担保人对债务人应当承担的民事责任仍应当承担担保责任，但是担保合同另有约定的除外。

例题 39

第四节　抵　销

一、抵销的概念和特征

抵销是指当事人双方相互负有给付义务，将两项债务相互充抵，使其相互在对等额内消灭。在抵销中，主张抵销的债务人的债权为主动债权、动方债权，被抵销的权利即债权人的债权为被动债权、受方债权。

抵销具有如下特征。

第一，抵销具有担保功能。抵销虽然不是债的担保方式，但是可以起到担保的作用。例如，双方互负同类债务时，若其中一方的资力恶化，另一方向其履行，就有可能得不到相应的对待履行。若实行抵销，则一方即使不能履行债务，他方的利益也可得到保障。

第二，抵销是单方行为。在抵销中，享有抵销权的人单方作出抵销的意思表示即可发生效力，因此，抵销是一种单方行为。当然，法律也允许当事人通过协商而进行抵销，这种抵销为合意抵销，是一种双方行为。

第三，抵销不得附条件或者附期限（《民法典》第 568 条第 2 款）。这是因为，若抵销附条件或者附期限会使抵销的效力变得不确定，有违抵销的本意，也有害于他人的利益。当然，合意抵销允许附条件或者附期限。

二、法定抵销

（一）法定抵销的条件

法定抵销是指在具备法律所规定的条件时，依当事人一方的意思表示所为的抵销。依当事人一方的意思表示，使双方的债权按同等数额消灭的权利为抵销权。依据《民法典》第 568 条第 1 款的规定，当事人互负债务，该债务的标的物种类、质量相同的，任何一方可以将自己的债务与对方的到期债务抵销；但是，根据债务性质、按照当事人约定或者依照法律规定不得抵销的除外。可见，法定抵销须具备以下条件。

1. 须双方互负有债务，互享有债权

抵销是通过充抵当事人之间的债务，而使双方的债权在同等数额内消灭，因此，抵销必以当事人双方相互享有对立的债权、负有对立的债务为前提。若当事人一方对另一方仅有债权而不负债务，或者仅负债务而不享有债权，就不会发生抵销问题。

在抵销中，抵销人供抵销的债权应当是自己享有的有效的具有完全效力的债权。首先，不能有效存在的债权，不能抵销。例如，对赌债就不能主张抵销。其次，效力不完全的债权不能作为主动债权而抵销，如诉讼时效完成后的债权，债权人不得以之供抵销，但是作为被动债权，对方以其债权与之抵销的，应当允许。依据《民法典合同编通则解释》第 58 条的规定，当事人互负债务，一方以其诉讼时效期间已经届满的债权通知对方主张抵销，对方提出诉讼时效抗辩的，人民法院对该抗辩应予支持。一方的债权诉讼时效期间已经届满，对方主张抵销的，人民法院应予支持。最后，抵销人只能以自己的债权供抵销。对于他人的债权，即使他人同意，也不得以之供抵销。

2. 须双方债务的给付为同一种类

双方债务的给付为同一种类，也就是债务人用以履行债务的标的物种类、质量相同，例如，均以货币为给付标的的债务，或者均以同类物为给付标的的债务等。抵销的债务之所以以同一种类的给付为必要，是因为只有给付的种类相同时，当事人双方才有相同的经济目的，通过抵销才可满足当事人双方的利益需要。而如果两项债务为不同种类的给付，当事人进行抵销而不必为给付，则当事人的经济需要就难以得到满足。因此，抵销的债务一般为金钱债务和种类之债。抵销的两项债务只要求为同种类的给付，而不以其标的物的数额或者价值相等为必要。

3. 须主动债权已届清偿期

从《民法典》第 568 条中关于"任何一方可以将自己的债务与对方的到期债务抵销"的规定来看，抵销并不要求双方的债权均已届清偿期，只要求主动债权已届清偿期即可。这是因为，在主动债权已届清偿期的情况下，被动债权未届清偿期的，主动债权的债权人主张抵销，相当于其放弃了期限利益，法律自无不允之理。在主动债权未届清偿期的情况下，只要债权人给债务人以一定的宽限期，该宽限期届满即允许抵销。

4. 须双方的债务均为可抵销的债务

抵销是合同的终止原因，因此，只有允许抵销的债务，才能适用抵销。依据《民法典》第 568 条但书的规定，下列债务不可抵销。

（1）法律规定不得抵销的债务。法律为维护特定当事人的利益，往往规定了不得抵销的债务。例如，因侵害自然人人身权益，或者故意、重大过失侵害他人财产权益产生的损害赔偿债务，侵权人不得主张抵销（《民法典合同编通则解释》第 57 条）。

（2）性质上不能抵销的债务。债务依其性质，非经清偿不能达到合同目的的，当事人必须清偿，不得抵销，否则，就有违合同的设定目的。例如，提供劳务的债务、抚恤金债务等均不得抵销。

（3）当事人约定不得抵销的债务。合同当事人双方约定不得抵销的债务，也不得抵销。

例题 40

（二）法定抵销的方法

依据《民法典》第 568 条第 2 款的规定，当事人主张抵销的，应当通知对方。抵销的通知自到达时生效。可见，抵销应当采取通知的方法。至于通知的形式，法律没有规定，可以采取口头形式、书面形式或者其他形式。

（三）法定抵销的效力

抵销依当事人一方的意思表示即可发生效力，而无须对方的同意。因此，抵销权属于形成权。抵销的效力主要表现在以下方面。

1. 双方的债权债务于抵销数额内消灭

当事人双方的债务数额相等的，双方的债权债务全部消灭；双方的债务数额不等的，数额少的一方的债务全部消灭，另一方的债务在与对方债务相等的数额内消灭，其余额部分仍然存在，债务人就此余额部分仍负有清偿责任。部分连带债务人抵销债务，其他债务人对债权人的债务在相应范围内消灭，该债务人可以向其他债务人追偿（《民法典》第 520 条第 1 款）。在抵销后，如当事人对已抵销的债务再为清偿的，发生不当得利。

2. 抵销自抵销通知到达对方时发生效力

依据《民法典合同编通则解释》第 55 条的规定，当事人一方依据《民法典》第 568 条的规定主张抵销，人民法院经审理认为抵销权成立的，应当认定通知到达对方时双方互负的主债务、利息、违约金或者损害赔偿金等债务在同等数额内消灭。

3. 抵销的抵充

行使抵销权的一方负担的数项债务种类相同，但是享有的债权不足以抵销全部债务，当事人因抵销的顺序发生争议的，可以参照《民法典》第 560 条关于清偿抵充的规定处理。行使抵销权的一方享有的债权不足以抵销其负担的包括主债务、利息、实现债权的有关费用在内的全部债务，当事人因抵销的顺序发生争议的，可以参照《民法典》第 561 条有关债务清偿顺序的规定处理（《民法典合同编通则解释》第 56 条）。

例题 41

三、合意抵销

依据《民法典》第 569 条的规定，当事人互负到期债务，标的物种类、质量不相同的，经双方协商一致，也可以抵销。可见，合意抵销是指依当事人双方的合意所为的抵销。合意抵销是通过合同形式进行的，此合同为抵销合同。

合意抵销的效力体现在两个方面：一方面，合意抵销与法定抵销具有相同的效力，即消灭当事人之间同等数额的债权债务关系。在合意抵销中，如果双方的债务于抵销合同订立前，就处于得为抵销的状态，则抵销合同具有溯及力，自抵销适状时发生效力；在抵销合同订立前，双方的债务不符合抵销适状的，抵销合同不生溯及力，此时，当事人特别约定溯及于某时期发生效力的，始生溯及力。另一方面，合意抵销可以改变法定抵销的条件。在抵销合同中，当事人可以约定减轻或者加重法定抵销的条件。例如，当事人可以约定，双方债权虽具备法律规定的抵销条件，但非达到一定数额时不得抵销。

例题 42

尽管合意抵销与法定抵销效力相同，但它们之间存在很大的差别，主要表现在：

第一，抵销的根据不同。法定抵销的根据在于法律的规定，只要具备法律规定的条件，当事人任何一方都有权主张抵销；而合意抵销的根据在于当事人双方订立的抵销合同，只有基于抵销合同，当事人才能主张抵销。

第二，债务的性质要求不同。法定抵销要求当事人互负债务的种类、质量相同；而合意抵销则允许当事人互负债务的种类、质量不相同。

第三，债务的履行期限要求不同。法定抵销要求主动债权已届清偿期；而合意抵销则不受是否已届履行期的限制，只要双方当事人协商一致，即使主动债权没有届清偿期，也可以抵销。

第四，抵销的程序不同。法定抵销以通知的方式为之，抵销自通知到达对方时生效；而合意抵销采用合同的方式为之，当事人双方达成抵销协议时，抵销生效。

第五，法定抵销不得附条件或者附期限，抵销的意思表示亦不得附条件或者附期限，但抵销合同可以附条件或者附期限。

第五节　提　存

一、提存的概念和性质

提存是指债务人于债务已届履行期时，将无法给付的标的物提交给提存部门，以消灭合同债务的行为。

在合同的履行中，当事人应坚持协作履行原则，债权人应对债务人的履行予以协助。如果债权人不协助债务人的履行，对债务人的履行拒不接受，或者债务人无法向债权人履行，债务人就不能清偿债务。在这种情况下，尽管债权人可能要承担受领迟延责任，但是债务人将因债权人不受领给付而继续承担清偿责任，这对于债务人是不公平的。因此，为避免这种不公平的现象，法律设立了提存制度。通过提存，债务人就可以将其无法给付的标的物提交给提存部门保存，以代替向债权人的给付，从而免除自己的清偿责任。债务人提存后，债务人的债务即归消灭，因而，提存为合同终止的原因。

提存人与提存部门所设立的提存关系是为了债权人的利益，因而，这种关系具有为第三人利益合同的性质。在这种关系中，债权人享有请求提存部门交付提存物的权利，提存部门负有交付提存物的义务，提存部门只不过是代为保管而已。所以，债权人与提存部门之间的关系具有保管合同的性质。

二、提存的条件

依据《民法典》及《提存公证规则》的有关规定，提存须具备以下条件。

（一）提存主体合格

提存涉及三方当事人，即提存人、提存部门和提存受领人。在一般情况下，提存人即为债务人，但是不以债务人为限，凡债务的清偿人均可为提存人，如得为清偿的第三人、代理人等。由于提存是一种民事法律行为，所以提存人应具有民事行为能力，同时提存人的意思表示应真实，否则，提存不能发生效力。提存部门是法律规定的有权接受提存物并为保管的机关。依现行法的规定，拾得遗失物的，可以向公安机关提存；公证提存的，公证处为提存部门。此外，人民法院、银行也可以作为提存部门。提存受领人主要是提存之债的债权人。同时，得为受领清偿的第三人也可为提存受领人。

（二）提存的合同有效且已届履行期

提存是消灭合同的一种原因，因而，提存的发生是以合同已经存在为前提的。没有合同的存在，就不会有提存的发生。但是得为提存的合同，必须是有效合同。对于无效合同、可撤销合同、效力未定合同，都不能适用提存。

提存的合同有效只是债务人得以提存的前提。债务人只有在合同已届履行期时，才能向提存部门提存履行的标的物。在合同未届履行期的情况下，债务人不得提存。这是因为：一方面，合同未届履行期的，若债务人提存，则等于提前履行合同；另一方面，提存之后，标的物的风险以及提存的费用都应由债权人承担，这对债权人是不利的。

（三）提存原因合法

提存的目的在于消灭合同关系，产生与清偿同样的法律后果。但是，提存与清偿毕竟不同，不能由债务人任意为之，否则，会对债权人造成不利的后果。因此，提存必须存在合法的原因。这种原因就是债务人无法向债权人清偿债务。就是说，债务人只有在无法向债权人为清偿时，才可以利用提存的方法消灭合同。因此，凡是债权人的原因致使债务人无法清偿的事实，均为提存的合法原因。

依据《民法典》第570条第1款的规定，有下列情况之一，难以履行债务的，债务人可以依法办理提存。

1. 债权人无正当理由拒绝受领标的物

在合同的履行中，债权人对于债务人的履行，一般都能够及时受领。但是在有的情况下，债权人也有可能拒绝受领。债权人的拒绝受领有两种情况：一是基于正当理由的拒绝受领，二是无正当理由的拒绝受领。债权人的拒绝受领有无正当理由，应视债务人的履行情况而定。就是说，如果债务人的履行不适当，如履行标的、履行地点、履行时间、履行方式等不符合合同的约定，则债权人的拒绝受领为有正当理由。此时，债务人不得提存。如果债务人的履行完全符合合同的约定或者法律的规定，则债权人负有受领的义务，其拒绝受领为无正当理由。在这种情况下，债务人已无法向债权人清偿，构成提存的合法原因。

2. 债权人下落不明

在合同履行中，债权人下落不明，债务人就无法向其履行合同债务。因此，债权人下落不明，构成债务人提存的原因。债务人下落不明，包括债权人地址不清、失踪等。债权人地址不清是债权人的住所或者居所不详，债务人通过正常的途径无法得知债权人的下落。例如，债权人地址发生变化又没有通知债务人、债权人所留地址错误等，都会导致债权人的地址不清。债权人的失踪是债权人离开自己的最后住所不知去向，音讯不明。应当指出，在债权人失踪的情况下，如果债权人被人民法院宣告失踪而确定了财产代管人，则债务人应向财产代管人履行债务，而不能提存。债权人的下落不明，也应当包括债权人的代理人不落不明。因为如果债权人的代理人是清楚明确的，则债务人可以向债权人的代理人履行债务，而不能提存。

3. 债权人死亡未确定继承人、遗产管理人，或者丧失民事行为能力未确定监护人

在债权人死亡的情况下，债权人的财产应由其继承人继承，债务人应当向继承人、遗产管理人履行债务。但是，债权人死亡而未确定继承人、遗产管理人的，债务人就无法向债权人的继承人、遗产管理人履行。在债权人丧失民事行为能力的情况下，应由其监护人代为受领债务人的清偿。但是，如果监护人尚未确定，则债务人也无法履行。因此，在债权人死亡未确定继承人、遗产管理人，或者丧失民事行为能力未确定监护人的

情况下，债务人就可以将合同标的物提存，以消灭合同关系。

4. 法律规定的其他情形

除上述原因外，法律规定其他可以提存的情形的，债务人可以提存。例如，法律允许当事人在合同中约定以提存的方式给付。因此，如果当事人在合同有此约定，则当事人可以提存的方式给付。

（四）提存客体适当

提存的客体即提存标的物，是提存人交付提存部门保管的物。提存客体适当包括两层含义：一是提存标的物，原则上是债务人应给付的标的物，即提存标的物应与合同约定的标的物相符。提存的标的物与合同的标的物不符或者在提存时难以判明两者是否相符的，提存部门应告知提存人如提存受领人因此原因拒绝受领提存物则不能产生提存的效力。二是提存标的物应为适于提存的物。不动产不适于提存，不能为提存标的物。依据《提存公证规则》第 7 条的规定，下列标的物可以提存：（1）货币；（2）有价证券、票据、提单、权利证书；（3）贵重物品、担保物（金）或者其替代物；（4）其他适宜提存的标的物。动产中不适于提存的物，如有毁损灭失危险的物、易腐易烂的物、提存费用过巨的物，可以按法定程序变卖后将其所得价款提存。依据《民法典》第 570 条第 2 款的规定，标的物不适于提存或者提存费用过高的，债务人依法可以拍卖或者变卖标的物，提存所得的价款。

三、提存的效力

债务人将标的物或者将标的物依法拍卖、变卖所得价款交付提存部门时，提存成立（《民法典》第 571 条第 1 款）。提存成立后，就在债务人（提存人）、提存部门和债权人（提存受领人）三方之间发生效力。

（一）在债务人与债权人之间的效力

提存成立的，视为债务人在其提存范围内已经交付标的物（《民法典》第 571 条第 2 款）。因此，提存后，债务人与债权人之间的合同关系即归消灭，债务人不再负清偿责任。部分连带债务人提存标的物的，其他债务人对债权人的债务在相应范围内消灭，该债务人可以向其他债务人追偿（《民法典》第 520 条第 1 款）。在债务人将提存物交付给提存部门后，提存物为特定物的，该提存物的所有权由提存人直接转移于债权人；提存物为金钱或者其他消费物的，该提存物的所有权由提存部门取得。依据《民法典》第 573 条的规定，标的物提存后，毁损、灭失的风险由债权人承担；提存期间，标的物的孳息归债权人所有；提存费用由债权人负担。为了使债权人能及时得知提存的事实，提存人应将提存的事实及时通知债权人。当然，这种通知义务以有可能通知为限，提存人不可能为通知的，则不负通知义务。因此，标的物提存后，除债权人下落不明的以外，债务人应当及时通知债权人或者债权人的继承人、遗产管理人、监护人、财产代管人（《民法典》第 572 条）。

（二）在提存人与提存部门之间的效力

提存成立后，提存部门有保管提存物的义务。依据《提存公证规则》第 19 条的规定，提存部门应当采取适当的方法妥善保管提存物，以防毁损、变质。对不宜保存的、债权人到期不领取或者超过保管期限的提存物，提存部门可以拍卖，保存其价款。

依据《提存公证规则》第 26 条的规定，提存人可以凭人民法院的判决、裁定或者提存之债已经清偿的公证证明，取回提存物；提存受领人以书面形式向提存部门表示抛弃提存受领权的，提存人得取回提存物。提存人取回提存物的，视为未提存，因此产生的费用由提存人承担。

（三）在提存部门与债权人之间的效力

提存成立后，债权人不仅有受领提存物的权利，也有请求交付提存物的权利。依据《民法典》第 574 条第 1 款的规定，债权人可以随时领取提存物。但是，债权人对债务人负有到期债务的，在债权人未履行债务或者提供担保之前，提存部门根据债务人的要求应当拒绝其领取提存物。

债权人领取提存物的权利，自提存之日起 5 年内不行使而消灭，提存物扣除提存费用后归国家所有。但是，债权人未履行对债务人的到期债务，或者债权人向提存部门书面表示放弃领取提存物权利的，债务人负担提存费用后有权取回提存物（《民法典》第 574 条第 2 款）。

例题 43

第六节　债务免除和债权债务混同

一、债务免除

（一）债务免除的概念和特征

债务免除是指债权人免除债务人的债务而使债权债务部分或者全部终止的行为。债务免除成立后，债务人即不再负担被免除的债务，债权人的债权也就不再存在。因此，债务免除为合同终止的原因。

债务免除具有如下特征。

第一，债务免除为一种单方行为。依据《民法典》第 575 条的规定，债权人免除债务人部分或者全部债务的，债权债务部分或者全部终止，但是债务人在合理期限内拒绝的除外。从该规定可以看出，只要债权人向债务人作出债务免除的意思表示，债务即部分或者全部消灭，因此，债务免除是单方行为。应当指出，债务免除虽然是单方行为，但是也不得违背债务人的意志，否则不能发生效力。因此，债务人在合理期限内表示拒绝债务免除的，免除行为不能发生效力。应当指出，债务免除是单方行为，并不影响债权人与债务人之间达成债务免除的协议。如果债权人与债务人达成债务免除的协议，则债务免除为双方行为。

第二，债务免除是一种无偿行为。债务免除是债权人消灭债务人的债务负担的行为，并不以债权人取得相应对价为条件，因此，尽管免除的原因得为有偿或者无偿，但是免除本身为无偿行为。

第三，债务免除是一种不要式行为。免除的意思表示无须特定的方式，书面、口头及其他形式均可。因此，免除是一种不要式行为。

第四，债务免除是一种无因行为。债务免除依债权人免除债务的意思表示而发生效力，其原因如何，在所不问，属于一种无因行为。债务免除的原因可以是赠与，可以是对待给付，也可以是和解。这些原因均不是债务免除的成立条件，其无效或者不成立，债务免除并不当然无效或者不成立。当然，在此情况下，债权人得依不当得利的规定，请求返还。

（二）债务免除的成立条件

债务免除是一种民事法律行为，故债务免除的成立应具备民事法律行为成立的一般条件。此外，债务免除还应具备以下条件。

1. 债务免除的意思表示应向债务人为之

债务免除作为一种单方行为时，免除债务的意思表示应由债权人或者其代理人向债务人或者其代理人为之，该意思表示到达债务人或者其代理人时生效。债权人向第三人为免除债务的意思表示的，不产生债务免除的效力。而且一旦债权人作出了免除债务的意思表示，即不得撤回。债务免除虽然是一种单方行为，但是可以附生效条件或者生效期限。债务免除附生效条件或者生效期限的，自生效条件成就或者期限届满时，债务免除。例如，债权人表示如果债务人在其60岁生日前偿还借款本金，则免除利息债务；又如，债权人表示债务人的债务于6个月内免除。

2. 债权人须具有处分能力

债权人免除债务人的债务，也就是放弃自己的权利，因而，债务免除是债权人处分其债权的行为，债权人必须有处分能力。对于法律禁止抛弃的债权而免除债务的，债权人的免除无效。

3. 债务免除不得损害第三人的利益

债权人免除债务人的债务，虽然是债权人的权利，但是该权利的行使不得损害第三人的利益。例如，已就债权设定质权的债权人不得免除债务人的债务以对抗质权人。

（三）债务免除的效力

债务免除的效力是使债权债务终止。债务全部免除的，债权债务全部消灭；债务部分免除的，债权债务于免除的范围内部分消灭。债权人免除的债务范围不明确的，应当根据综合因素判断债权人的真实意思表示，原则上应当推定为全部免除。

主债务因免除而消灭的，从债务也随之消灭。但是从债务因免除而消灭的，并不影响主债务的存在，即主债务并不随之消灭。

部分连带债务人的债务被债权人免除的，在该连带债务人应当承担的份额范围内，其他债务人对债权人的债务消灭（《民法典》第520条第2款）。

二、债权债务混同

（一）债权债务混同的概念和特征

债权债务混同是指债权和债务同归于一人，而使债权债务终止的合同关系消灭的现象。

债权债务混同具有如下特征。

第一，债权债务混同是权利与义务的混同。在民法上，混同有权利与权利的混同、义务与义务的混同、权利与义务的混同。权利与权利的混同，如所有权与他物权的混同，他物权消灭；义务与义务的混同，如主债务与保证债务混同，保证债务消灭；权利与义务的混同，如债权与债务的混同，因债权与债务同归于一人而消灭。

第二，债权债务混同是一种事件。债权债务混同是债权债务终止的一种法律事实，这种法律事实并非行为，而是一种事件，与人的意志无关。

第三，债权债务混同作为债权债务终止的原因，系基于债权债务的存在必有两个主体的观念。当债权债务同归于一个人时，即一个人同时为债权人和债务人时，债权人不能对自己享有债权，债务人也不能对自己承担债务，故债权债务应归于终止。

（二）债权债务混同的原因

债权债务混同是因债权或者债务的承受而来，故其发生原因包括概括承受和特定承受。

概括承受是指合同关系的一方当事人概括承受他方的债权债务。例如，甲、乙两厂之间订有买卖合同关系，甲为债权人，乙为债务人。后甲、乙两厂合并，成立丙厂，债权人和债务人即成为一人，原有的债权和债务均由丙厂享有和承担，因此，甲、乙之间原有合同关系，因它们的合并即混同而消灭。再如，债务人继承被继承人对其享有的债权，或者债权人继承被继承人对其负担的债务，也都发生混同。

特定承受是指因债权转让或者债务承担而承受债权债务。例如，债务人自债权人处受让债权，或者债权人承担债务人的债务，也发生混同，债权债务归于消灭。

（三）债权债务混同的效力

债权债务混同的效力是导致债权债务的绝对消灭，并且主债消灭，从债也随之消灭，如保证债务因主债务人与债权人混同而消灭。部分连带债务人的债务与债权人的债权混同的，在扣除该债务人应当承担的份额后，债权人对其他债务人的债权继续存在（《民法典》第 520 条第 3 款）。

例题 44

债权债务混同虽然产生债权债务终止的效力，但是在例外情形下，即涉及第三人利益时，债权债务不终止。例如，在债权出质时，债权债务不因混同而终止；票据的债权人与债务人混同时，债权债务也不当然终止。

重点思考题

1. 合同终止具有哪些效力？
2. 如何认识清偿抵充的条件和方式？
3. 合同如何通过通知的方式进行解除？
4. 法定抵销的条件有哪些？
5. 提存后发生哪些效力？
6. 为什么说债务免除是单方行为？

案例讨论

1. 某出版社发行新版《金庸全集》，甲购得一套。乙在甲处看到此书，感觉不错，但若自己前去购买，又嫌麻烦，便与甲协商转让事宜。2021 年 4 月 1 日，甲乙签订合同，约定乙支付甲 600 元，而甲须于 2021 年 4 月 6 日前，交予乙一套《金庸全集》，除此之外无特别约定。当时乙便将 600 元交给了甲，甲便打算到时将其所购买的《金庸全集》交给乙即可。2021 年 4 月 2 日，甲家因遭雷击引发火灾，致使置于书架之上的《金庸全集》被火烧毁。

请回答以下问题：

(1)《金庸全集》被火烧毁之后，甲乙之间的合同效力如何？为什么？

(2)《金庸全集》被火烧毁之后，甲或乙能否单方解除合同？为什么？

(3) 如果甲与乙当初在合同中明确约定，甲应将其所购买的那一套《金庸全集》交付给乙，那么在该套《金庸全集》被火烧毁之后，甲或乙能否单方解除合同？为什么？

2. 甲将房屋出租给乙，每年租金为 2 万元。乙租赁房屋之后，开了一家商店，甲经常在乙处赊账。第一年过后，乙欠甲租金 2 万元，而甲欠乙货款 1 万元。双方均未清偿。

请回答以下问题：

(1) 甲能否向乙主张抵销？为什么？

(2) 甲见乙资金周转不灵，一时也不能支付租金，便向乙称："再过 60 天，如果你的商店还办得下去的话，咱们之间的债便抵销 1 万元。"甲的抵销行为是否合法？为什么？

(3) 如果甲出了车祸，之后神志不清，被宣告为限制民事行为能力人，那么其能否向乙主张抵销？为什么？

第八章 违约责任

第一节　违约责任概述

一、违约责任的概念和特征

依据《民法典》第 577 条的规定，违约责任是指当事人一方不履行合同义务或者履行合同义务不符合约定的，违约方所承担的继续履行、采取补救措施、赔偿损失或者支付违约金等民事责任。简言之，违约责任是指合同当事人因违反合同义务所应承担的民事责任。

违约责任具有如下特征。

第一，违约责任是以合同义务为基础的民事责任。民事责任是违反民事义务的法律后果，所以，违约责任也是因违反民事义务而产生的责任。违约责任与其他违反民事义务的民事责任相比，主要特点在于其是以合同义务为基础的，是合同当事人违反合同义务的法律责任。合同义务是当事人依法自行约定的，但是也是受法律拘束的，当事人必须履行，不履行就要承担相应的违约责任。所以，违约责任以有效合同的存在为前提。无效合同不能在当事人之间产生权利义务关系，也就不能发生违约责任。

第二，违约责任是一种财产责任。合同是当事人为实现一定的经济目的以明确相互权利义务的协议。合同中的权利义务一般是具有经济内容的，所以，违反合同损害的一般是债权人的经济利益，追究违约责任的目的也主要是补偿债权人的财产损失。违反合同的债务人要以一定的财产来矫正其违反合同的不良后果，使受损害的债权人的合法权益得到恢复或者补偿，以实现违约责任的目的。正是从这个意义上说，违约责任是一种财产责任。例如，赔偿损失、支付违约金、继续履行等都为财产责任形式。

第三，违约责任可以由当事人约定。合同当事人不仅可以约定合同义务，还可以约定违反合同义务的责任。合同当事人既可以约定承担违约责任的情况，也可以约定不承担违约责任的情况；既可以约定承担违约责任的范围，也可以约定承担违约责任的方式；既可以约定赔偿损失的金额，也可以约定损失金额的计算方法。这体现了违约责任具有任意性的特点。当然，当事人对违约责任的约定也不能违反法律的规定，否则无效。例如，《民法典》第 506 条明确规定，合同中的下列免责条款无效：(1) 造成对方人身伤害的；(2) 因故意或者重大过失造成对方财产损失的。

第四，违约责任具有相对性。基于合同的相对性，违约责任也具有相对性，是违反合同的当事人一方向对方当事人承担的民事责任。在实践中，尽管有时债务人是因第三人行为而违反合同，或者违反合同损害了第三人的利益，但是，只能由违反合同的债务人向债权人承担违约责任，而不是由第三人向债权人或者债务人向第三人承担违约责任。第三人向债权人承担的责任或者债务人向第三人承担的责任，均不属于违约责任。因此，《民法典》第 593 条规定，当事人一方因第三人的原因造成违约的，应当向对方承担违约责任。当事人一方和第三人之间的纠纷，依照法律规定或者按照约定解决。

二、违约责任与侵权责任的竞合

违约责任与侵权责任的竞合是指行为人实施的某一违法行为，同时具有违约行为和侵权行为的双重特征，从而在法律上导致了违约责任和侵权责任并存的现象。违约责任与侵权责任是两个相互区别的独立责任，但是因违法行为的多样性和复杂性，违约责任与侵权责任的竞合现象是不可避免的。这也反映了合同法与侵权责任法既相互独立、又相互渗透的状况。违约责任与侵权责任的竞合主要有以下几种情况：(1) 违约行为同时违反了法律规定的强制性义务，包括保护、照顾、通知、忠实等附随义务或者其他法定的不作为义务；(2) 侵权行为是直接构成违约的原因，如保管人依保管合同占有对方的财产并非法使用，造成财产毁损、灭失；(3) 违约行为造成侵权的后果，如供电人违约中止供电而造成用电人的财产损失或者人身损害；(4) 加害人与受害人之间事先存在一定的合同关系，加害人侵犯了受害人的权利并造成损害。

关于违约责任与侵权责任的竞合，理论上存在着法条竞合说、请求权竞合说、请求权规范竞合说[①]，我国现行法采纳了请求权竞合说。依据《民法典》第 186 条的规定，因当事人一方的违约行为，侵害对方人身、财产权益的，受损害方有权请求其承担违约责任或者侵权责任。当然，如果法律明确规定行为人应当承担某种责任，则应遵从法律的规定。例如，医院在诊疗过程中造成患者人身损害的，既属于违反医疗合同的违约行为，也属于损害人身权益的侵权行为，但是，依照《民法典》的规定，对该损害行为应当按照侵权责任处理。

例题 45

应当指出，因当事人一方的违约行为，损害对方人格权并造成严重精神损害，受害方选择请求其承担违约责任的，不影响受害方请求精神损害

① 法条竞合说认为，侵权行为违反的是权利不可侵犯的一般义务，而违约行为违反的是基于合同而产生的特别义务。因此，当同一事实同时具备侵权责任与违约责任的构成要件时，按照特别法优先于一般法的规则，受害人只能主张违约责任，不能主张侵权责任。请求权竞合说认为，同一事实同时具备侵权责任与违约责任的构成要件时，产生两个请求权。其又有请求权自由竞合说与请求权相互影响说：前者认为，两个请求权各自独立存在，权利人可以择一行使，其中一个请求权因已达目的而消灭时，另一请求权随之消灭；但若其中一个请求权因已达目的以外的原因而无法行使时，则另一请求权继续存在。后者认为，两个请求权虽然可以独立存在，但又是相互影响和相互作用的，合同法上的规定可以适用于基于侵权行为而产生的请求权，反之亦然。请求权规范竞合说认为，同一事实同时具备侵权责任与违约责任的构成要件时，只能产生一个请求权，但该请求权的基础有两个，即合同关系和侵权关系。

赔偿（《民法典》第 996 条）。

第二节　违约责任的归责原则

一、违约责任归责原则的概念和作用

违约责任的归责原则是确定违约方的违约责任的根据或者准则。也就是说，在违约行为发生后，应当以何种根据使违约方承担违约责任。

确定违约责任的根据无外乎有两个：一是违约方的过错，二是违约方的违约结果。以不同的根据确定违约方的责任，所得出的归责原则会有所不同：以违约方的过错作为确定责任的根据，即形成过错责任原则；以违约方的违约结果作为确定责任的根据，即形成无过错责任或者严格责任原则。

不同的归责原则对违约责任的内容会产生不同的作用，主要表现在以下两个方面：一方面，归责原则决定着违约责任的构成要件。在违约责任中，归责原则不同，违约责任的构成要件也有不同：根据过错责任原则，过错是违约责任的核心要件，无过错就没有违约责任；而根据无过错责任原则，过错并不是违约责任的构成要件，违约责任以违约的结果为构成要件。另一方面，归责原则决定着举证责任的内容。在不同的归责原则下，违约方的举证责任是不同的：在过错责任原则下，存在举证责任倒置的情形，即由违约方承担自己没有过错的举证责任，只有违约方举证证明自己没有过错，才能被免除违约责任。例如，《民法典》第 897 条规定，保管期间，无偿保管人造成保管毁损、灭失的，只有在证明自己没有故意或者重大过失时，才不承担赔偿责任。在无过错责任原则下，违约方不能以证明自己没有过错而免除违约责任。违约方只有在举证证明存在法定的免责事由时，才能被免除违约责任。

二、《民法典》确定的违约责任归责原则

归责原则是确定责任的根据，而这种根据应来源于法律的规定。因此，归责原则应具有法定性。就是说，违约责任的归责原则应通过立法加以确定，或者通过立法精神展现出来。《民法典》第 577 条规定：“当事人一方不履行合同义务或者履行合同义务不符合约定的，应当承担继续履行、采取补救措施或者赔偿损失等违约责任。”从这一规定可以看出，《民法典》在违约责任归责原则上采取了无过错责任原则或者严格责任原则，即无论违约方是否存在过错，都应对违约行为承担违约责任，除非存在法定的免责事由。当然，虽然《民法典》采取无过错责任原则，但是《民法典》也并没有完全否定过错责任在违约责任中的适用。在《民法典》中，有许多情况都与当事人的过错有关。例如：(1) 因赠与人故意或者重大过失致使赠与的财产毁损、灭失的，赠与人应当承担赔偿责任（第 660 条第 2 款）；(2) 承租人应当妥善保管租赁物，因保管不善造成租赁物毁损、灭失的，应当承担赔偿责任（第 714 条）；(3) 承揽人应当妥善保管定作人提供的材料以及完成的工作成果，因保管不善造成毁损、灭失的，应当承担赔偿责任（第 784 条）；

(4) 在运输过程中旅客自带物品毁损、灭失的，承运人有过错的，应当承担赔偿责任（第 824 条第 1 款）；(5) 保管期间，因保管人保管不善造成保管物毁损、灭失的，保管人应当承担赔偿责任，但是无偿保管人证明自己没有故意或者重大过失的，不承担赔偿责任（第 897 条）；(6) 储存期内，因保管不善造成仓储物毁损、灭失的，保管人应当承担赔偿责任（第 917 条）；(7) 有偿委托合同中的受托人因其过错给委托人造成损失的，或者无偿委托合同中的受托人因其故意或者重大过失给委托人造成损失的，委托人可以要求赔偿损失（第 929 条第 1 款）。可见，《民法典》在违约责任归责原则上，采取了双轨制体系，即以无过错责任原则主，兼采过错责任原则。

第三节　违约责任的构成条件

一、违约责任构成条件概述

（一）违约责任构成条件的概念和特征

违约责任的构成条件是指当事人承担违约责任须具备的条件，也就是指在何种情形下，合同当事人才能承担违约责任。

违约责任的构成条件具有如下特征。

第一，违约责任的构成以有效合同的存在为前提。违约责任是合同当事人违反合同义务的法律后果，因此，违约责任的构成须以合同义务的存在为前提。当事人不存在合同义务，也就不会有违反合同义务的行为，当然也就不会承担违约责任。而合同义务只能是合同当事人在有效合同中约定的义务。当事人之间的合同如是无效的，他们也就不负担合同义务。可见，当事人之间存在有效合同，是违约责任构成的基本前提条件。

第二，不同的违约责任形式有不同的构成条件。违约责任有各种不同的形式，不同的违约责任形式所要求的构成条件是不同的。例如，支付违约金和赔偿损失是最常见的两种违约责任方式。承担支付违约金的责任的基本条件是有当事人一方的违约行为和有关于支付违约金的约定或者规定。只有在合同中有关于违约金的约定或者法律有关于违约金的规定时，才能承担支付违约金的违约责任。至于违约行为是否给债权人一方造成损失，则并不是支付违约金责任的必要条件。但是，债权人一方因债务人一方违约而遭受损失的存在是赔偿损失这种违约责任的必要条件。没有另一方的损失，不发生赔偿损失的违约责任。所以，在确定当事人的违约责任时，要根据当事人具体承担的责任形式来分析责任构成条件。

第三，具体合同的违约责任的构成有具体的特殊条件。合同的形态是多种多样的，因而，违反合同的违约责任的构成要件也就不可能完全是一样的。例如，买卖合同中出卖人的瑕疵担保责任与赠与合同中赠与人的瑕疵担保责任的构成条件就存在不同。因此，在法律对某些合同的违约责任规定了特殊条件时，对违反该合同的违约责任当然也就要适用法律的特殊规定。

（二）违约责任构成条件的类型

首先，违约责任的构成条件可以区分为一般构成条件和特殊构成条件。由于具体的违约责任形式和具体合同的违约责任各不相同，所以，我们只探讨违约责任的一般构成条件，即违约责任作为一种责任类型的构成条件，而不涉及具体责任形式的构成问题。

其次，由于违约责任的归责原则不同，违约责任的构成条件也会有所不同。例如，在无过错责任原则下，违约损害赔偿责任不以过错为构成条件，只需要有违约行为即可成立；而在过错责任原则下，要求违约方须有过错，违约损害赔偿责任具备违约行为和违约方的过错才能成立。依据《民法典》的规定，无过错责任的违约责任为常态，而过错责任的违约责任为特殊情况。因此，在通常情况下，在具备了违约行为这一条件时，违约责任即可成立。没有违约行为，就不可能发生违约责任。

二、违约行为

（一）违约行为的概念和特征

违约行为又称违反合同的行为，是指合同当事人没有按照合同约定履行合同义务的法律现象。

违约行为具有如下特征。

第一，违约行为的主体为债务人。在合同关系中，债务人负有按照约定履行合同的义务，若债务人不履行该义务，即构成违约行为。因此，违约行为的主体是债务人。应当指出，在债权人受领迟延的情况下，表面上看违约行为的主体是债权人，但是实际上违约行为的主体仍是债务人。因为在债权人受领迟延的情况下，实际上是债权人违反了受领义务，仍属于债务人违反义务。

第二，违约行为所违反的义务具有多样性。在违约行为中，债务人所违反的义务既包括当事人在合同中约定的义务，也包括合同没有约定但是按照法律规定当事人应当履行的义务；既包括给付义务，也包括附随义务。无论债务人违反的是何种义务，其侵害的都是合同债权。

第三，违约行为是一种单纯的客观现象。违约行为是债务人不履行合同义务或者履行合同义务不符合约定的行为，并不涉及债务人的主观因素，因此，违约行为中并不包括当事人及第三人的过错在内。在实行过错责任原则的违约责任中，行为人的主观过错应与违约行为分别考察。

（二）违约行为的分类

1. 预期违约与实际违约

根据违约行为发生的时间，违约行为可以分为预期违约与实际违约。

预期违约是指在合同履行期限届满之前，合同当事人一方明确表示或者以自己的行为表明不履行合同义务的违约行为。法律规定预期违约的目的，主要是保护债权人的利益，使债权人可以提前行使救济请求权。预期违约包括明示预期违约和默示预期违约。明示预期违约是指在合同履行期限届满之前，合同一方当事人无正当理由而明确肯定地向另一方表示将不履行合同义务。例如，当事人一方向另一方发出通知，明确告之将不再履行合同。默示预期违约是指在合同履行期限届满之前，合同一方当事人以自己的行为表明不履行合同义务。例如，出卖人订立买卖合同将某特定物出卖于甲后，又与乙订立买卖合同将同一标的物出卖于乙并交付于乙。出卖人的这种行为就已经表明其不履行与甲订立的买卖合同。

实际违约是指在合同履行期限届满之后，当事人不履行合同义务或者履行合同义务不符合约定的违约行为。在现实生活中，实际违约是多数情况，也是违约责任制度中所规范的重点内容。

预期违约与实际违约的不同之处在于，预期违约是在履行期限届满之前违反合同，而实际违约是在履行期限届满后违反合同。因而，预期违约与实际违约的救济不完全相同。依据《民法典》第 578 条的规定，当事人一方预期违约的，对方可以在履行期限届满前要求其承担违约责任。这里的违约责任与实际违约的违约责任并无不同，但是，守约方对预期违约行为不要求违约方承担违约责任的，也可以等待合同履行期限届满而违约方不履行合同时，按实际违约进行救济。同时，依据《民法典》第 563 条第 1 款第 2 项的规定，在履行期限届满前，当事人一方明确表示或者以自己的行为表明不履行主要债务的，另一方有权解除合同。

例题 46

2. 单方违约与双方违约

根据违约行为的主体情况，违约行为可以分为单方违约与双方违约。

单方违约是指合同当事人一方违反合同义务的违约，而双方违约是指合同当事人双方都违反合同义务。在单方违约的情况下，应当由违约方向对方承担违约责任；在双方违约的情况下，违约的双方应当各自承担相应的责任（《民法典》第 592 条第 1 款）。双方违约只在双务合同中存在，单务合同因不存在对待义务，故不存在双方违约的问题。应当指出，在一方违约的情况下，另一方因行使抗辩权而不履行合同义务的，不构成双方违约。

3. 当事人原因导致的违约与第三人原因导致的违约

根据违约行为的产生原因，违约行为可以分为当事人原因导致的违约与第三人原因导致的违约。

当事人原因导致的违约是指合同当事人违反合同义务。无论是单方违约还是双方违约，都是当事人原因导致的违约。第三人原因导致的违约是指当事人一方因第三人的原因违反合同义务。依据《民法典》第 593 条的规定，当事人一方因第三人的原因造成违约的，应当依法向对方承担违约责任。当事人一方和第三人之间的纠纷，按照法律规定或者按照约定处理。可见，在第三人原因导致违约的情况下，债务人应当向债权人承担违约责任，而不是由第三人承担违约责任。这是合同相对性的具体体现。在第三人原因导致违约中，第三人既包括履行辅助人，也包括履行辅助人之外的人。履行辅助人是辅助债务人履行债务的人，是根据法律规定或者当事人约定，事实上从事债务履行的人，包括使用人和代理人。第三人原因导致违约的，债务人承担违约责任后，应当按照法律规定或者按照约定处理其与第三人之间的关系。例如，在承揽合同中，承揽人将其承揽的辅助工作交由第三人完成的，应当就该第三人完成的工作成果向定作人负责（《民法典》第 773 条）。承揽人承担违约责任后，可以依照双方的约定要求该第三人赔偿损失。再如，第三人将出卖人出卖给买受人的某特定物毁损，导致出卖人不能履行买卖合同，出卖

例题 47

人应当向买受人承担违约责任。出卖人承担违约责任后，可以依照法律的规定要求该第三人赔偿损失，这里的赔偿损失既包括物毁损的损失，也包括出卖人因承担违约责任而受到的损失。

（三）实际违约的具体形态

依据《民法典》第577条的规定，实际违约的具体形态包括不履行合同义务与履行合同义务不符合约定。

1. 不履行合同义务

不履行合同义务是指合同当事人根本就没有实施履行合同义务的行为。例如，当事人应交付货物而根本就没有交付，应支付价款而根本就未支付，应提供劳务而根本就没有提供等。不履行合同义务又可分为拒绝履行和不可能履行。

（1）拒绝履行。拒绝履行是指合同债务人在合同履行期限届满后，没有正当理由而表示不履行合同。拒绝履行与预期违约不同：前者是在合同履行期限届满后表示不履行合同，而后者是在合同期限届满前表示不履行合同。构成拒绝履行的违约行为，须具备以下四个条件：第一，须债务人有不履行合同的意思表示。如债务人没有不履行合同的意思表示，则可能会构成迟延履行，而不构成拒绝履行。债务人不履行的意思表示可以是明示的，也可以是默示的。例如，债务人向债权人明确表示不履行合同的，表示不承认双方之间存在债权债务关系的，都为明示的不履行合同的意思表示。债务人在履行期限届满后对债权人要求履行的请求不予理睬的，则为默示的不履行合同的意思表示。第二，须合同有履行的可能。也就是说，只有在债务人有履行能力，有条件履行合同义务而又不履行时，才构成拒绝履行合同。如果债务人已无能力或者无条件履行合同义务，则构成合同的履行不能，而不属于拒绝履行。例如，以特定物为标的物的买卖合同，标的物损毁、灭失的，则不发生拒绝履行，而发生履行不能的违约行为。第三，须债务人无法定理由不履行。也就是说，只有在债务人不履行合同义务不符合法律要求的情形下，债务人的不履行合同义务才可构成拒绝履行行为。如果债务人有正当理由不履行合同义务，则其不履行合同义务并不能构成拒绝履行的违约行为。例如，双务合同的当事人双方在法律无另外规定或者当事人没有另外约定时，应当同时履行自己的义务，任何一方在他方未履行时都有权拒绝对方要求履行的请求。双务合同当事人于一方未履行合同前拒绝对方履行请求的，就不属于拒绝履行的违约行为。第四，须在合同履行期届满后不履行。当事人一方在合同履行期限届满前表示不履行合同义务的，为预期违约，而不为拒绝履行。因此，拒绝履行只能发生在合同履行期限届满之后。

（2）不可能履行。合同的不可能履行又称履行不能，是指合同债务人已经不可能再履行合同义务。也就是说，债务人在客观上已失去履行合同义务的条件或者能力。例如，合同标的物为特定物的，该标的物毁损、灭失；以种类物为标的物的合同，种类物全部毁损、灭失，都属于履行不能的情形。合同的履行不能与拒绝履行在表现形式方面，都是债务人不履行合同义务的行为，二者的根本区别在于：拒绝履行是债务人没有履行的意愿，而履行不能是债务人没有履行的能力。

2. 履行合同义务不符合约定

履行合同义务不符合约定又称不适当履行合同义务，是指合同债务人虽有履行合同义务的行为，但是该履行行为不符合合同的约定。不适当履行合同义务主要包括以下几种情况。

（1）数量上的不适当履行。数量上的不适当履行包括给付的标的物数量不足和超过约定的数量两种情况，即少交货物或者多交货物都为不适当履行。在一般情况下，数量上的不适当履行表现为数量不足。例如，只付部分货款、未按约定的数量交足货物等。这种数量不足的不适当履行又称不完全履行。但是，在某些情况下，如债务人为了推销滞销或者积压的商品，用以履行合同的标的物也可能超过约定的数量，此也为数量上的不适当履行。

（2）质量上的不适当履行。质量上的不适当履行包括两种情况：其一，瑕疵履行。瑕疵履行是指当事人交付的标的物或者提供的服务不符合约定的或者规定的质量标准，包括质量、品种、规格、型号、花色等不符合合同约定或者法律规定的标准。当事人交付的标的物存在瑕疵的，应当承担瑕疵担保责任。其二，加害履行。加害履行又称加害给付，是指合同债务人交付的标的物有缺陷而造成债权人的人身损害或者财产损失。加害履行同时构成违约行为和侵权行为，因此，对于加害履行，应当按照违约责任与侵权责任的竞合加以处理。

（3）履行地点的不适当履行。履行地点的不适当履行也就是债务人履行债务的地点不正确。履行地点不仅关系到双方对履行费用的负担，而且与履行期限也有关。债务人应在规定的地点履行其义务，如果在其他地点履行，则构成履行地点的不适当履行。例如，当事人约定在某火车站交货的，债务人将货错发至另一车站，债务人的履行就为履行地点的不适当履行。

（4）履行方法、方式的不适当履行。履行方法、方式的不适当履行是债务人实行给付的手段或者方式不符合法定的或者约定的条件。例如，本应一次履行的却分期履行，本来约定分期履行的却一次履行，不按约定的运送工具或者运送路线交运等，都属于履行方式、方法上的不适当履行。

（5）履行期限的不适当履行。履行期限的不适当履行即迟延履行，有广义与狭义之分。广义的迟延履行包括给付迟延和受领迟延，狭义的迟延履行仅指给付迟延。

给付迟延是指债务人在合同履行期限届满时能够履行合同而没有按期履行，所以又称债务人迟延。给付迟延应具备下列条件：第一，债务人违反了履行期限的规定。给付迟延不以债权人的催告为要件，只要履行期限届满，债务人未履行合同的，就可构成给付迟延。第二，债务人须能够继续履行合同。给付迟延只是在履行期限上不符合合同的规定，因此，债务人须能够继续履行合同。如果在履行期限届满后，债务人已不能履行合同义务，则构成不履行合同行为，而非给付迟延。第三，债务人须没有正当理由。如果债务人在履行期限届满后没有履行合同具有正当理由，则不构成给付迟延。第四，债务人须没有表示不履行合同义务。债务人在履行期限届满后表示不履行合同义务的，属于拒绝履行，而非给付迟延。只有债务人并未表示不履行合同义务，只是在履行期限届满时尚未履行的，才能构成给付迟延。

受领迟延是指债权人在债务人作出履行时，没有正当理由而未及时接受债务人的履行，所以又称债权人迟延。债权人受领迟延是一种违约行为，债权人应当承担违约责任。

债权人受领迟延应具备下列条件：第一，债务人已作出了履行。只有在债务人作出了履行的情况下，才能发生受领迟延问题。没有债务人的履行，也就无所谓的债权人受领迟延。第二，债权人没有按期接受履行。对于债务人作出的履行，债权人应及时受领，否则将构成受领迟延。第三，债权人须无正当理由。如果债权人没有按期接受债务人的履行具有正当理由，则不构成受领迟延。例如，债务人没有按照履行期限作出履行，或者债务人的履行不适当，债权人都有权拒绝接受债务人的履行，而不构成受领迟延。债权人受领迟延的，债务人可以请求债权人赔偿增加的费用。在债权人受领迟延期间，债务人无须支付利息（《民法典》第 589 条）。

第四节　违约责任的免责事由

一、违约责任免责事由的概念和分类

违约责任的免责事由又称免责条件，是指法律规定或者当事人约定的免除部分或者全部违约责任的条件。在存在免责事由时，违约方得以自己有免责事由而对抗另一方当事人的请求，所以，免责事由也是债务人得以对抗债权人的违约责任请求权的抗辩事由。

违约责任的免责事由根据其产生的原因，可以分为法定免责事由与约定免责事由。

（一）法定免责事由

法定免责事由是指法律规定的免除部分或者全部违约责任的条件，即法定免责条件。法定免责事由是法律规定的免责条件，非由当事人约定。因此，只要当事人没有相反的约定，因有法定免责事由而发生违反合同时，违约方就可不承担违约责任。法定免责事由有一般法定免责事由和特别法定免责事由之分：前者是指具有普遍适用性的免责事由，如不可抗力；后者是指在特定情况下适用的免责事由，如货物的合理损耗等。应当指出，由于违约责任适用无过错责任原则，兼采过错责任原则，因此，在适用不同归责原则时，违约责任的免责事由有所不同：在适用无过错责任原则时，不可抗力、债权人的过错及法律的特别规定，都为免责事由。而在过错责任原则下，除上述免责事由外，意外事故也为免责事由。因为在因意外事故而造成违约时，债务人并没有过错。

（二）约定免责事由

约定免责事由是指当事人在合同中约定的免除部分或者全部违约责任的条件。合同中约定的免责事由，通常又称免责条款。虽然免责事由可以由当事人在合同中约定，但是这种约定不得违反法律、行政法规的规定，不得违背公序良俗。例如，依据《民法典》第 506 条的规定，合同中的下列免责条款无效：（1）造成对方人身伤害的免责条款；（2）因故意或者重大过失造成对方财产损失的免责条款。

例题 48

二、违约责任免责事由的具体情形

在违约责任免责事由中，因约定免责事由是由合同具体约定的，故无法进行列举。

因此，这里所说的违约责任免责事由的具体情形仅就法定免责事由展开。

从《民法典》的相关规定看，违约责任免责事由主要包括如下情形。

（一）不可抗力

不可抗力是指不能预见、不能避免并不能克服的客观现象（《民法典》第180条第2款）。依据《民法典》第180条第1款的规定，因不可抗力不能履行民事义务的，不承担民事责任。法律另有规定的，依照其规定。可见，不可抗力是民事责任的一般法定免责事由，既适用于违约责任，也适用于侵权责任。在违约责任中，因不可抗力不能履行合同的，根据不可抗力的影响，部分或者全部免除责任，但是法律另有规定的除外（《民法典》第590条）。应当指出，为便于当事人明确不可抗力的内容和种类，法律允许当事人在合同中约定不可抗力条款。当然，当事人在约定不可抗力条款时，应当符合法律规定的要求，不得违反法律、行政法规的强制性规定。具体而言，当事人约定的不可抗力范围不得小于法定的不可抗力范围，但是得大于法定的不可抗力范围。同时，当事人也不得约定排除不可抗力作为免责事由。

不可抗力是一种客观现象，独立于当事人的行为之外。这种客观现象既包括自然现象，如地震、火山爆发、洪水、台风等，也包括社会现象，如战争、罢工等。何种客观现象可以构成不可抗力，须依如下三个要素进行判断：（1）不能预见。所谓不能预见，是指当事人无法知道事件发生的时间、地点及后果。应当指出，不能预见是一般人的不能预见，而不是个别人的不能预见。因此，判断能否预见，应以一般人的预见能力为标准。例如，对于地震等自然灾害，有关预报部门可能会预见到，但是社会一般人是不能预见的，因而地震等自然灾害仍属于不可抗力。（2）不能避免。所谓不能避免，是指当事人无论采取什么措施都无法防止事件的发生。也就是说，当事人即使尽了最大的努力，仍然不能防止事件的发生。（3）不能克服。所谓不能克服，是指当事人根据自身的条件和能力无法战胜事件所致后果。

依据《民法典》第590条的规定，不可抗力作为违约责任的法定免责事由，发生如下两个方面的效力：

其一，免除部分或者全部违约责任。当事人因不可抗力不能履行合同的，应当根据不可抗力的影响，免除违约方的部分或者全部违约责任。就是说，不可抗力导致合同部分不能履行的，就免除违约方的部分违约责任；不可抗力导致合同全部不能履行的，就免除违约方的全部违约责任。但是，如果法律规定因不可抗力不能履行合同不能免责，则不可抗力不能作为免责事由。同时，当事人迟延履行后发生不可抗力的，不能免除其违约责任。

其二，通知义务和提供证明义务。当事人一方因不可抗力不能履行合同的，应当及时通知对方，以减轻可能给对方造成的损失，并应当在合理期限内提供证明。

（二）债权人的过错

债权人的过错致使债务人违约的，债务人不承担违约责任。债权人的过错包括故意和过失两种形式。债权人的故意致使合同不履行或者不适当履行的，债务人当然地不承担违约责任，而应由债权人自行承担合同不履行或者不适当履行的法律后果，因为任何人都应对自己的故意行为负责。例如，债权人无正当理由拒不接受债务人的履行的，债务人即可将给付标的物提存而不承担违约责任，债权人自己应当承担因此而发生的一切后果。按照法律规定，债权人虽无故意而有过失的，债务人也可不承担违约责任。债权人的过错作为免责事由主要有以下两种情形。

第一，债权人过错造成合同不履行。债权人的过错造成合同不履行的，债权人应当自己承担不利的法律后果。例如，在运输合同中，旅客的伤亡是因旅客故意、重大过失而造成的，承运人不承担赔偿责任（《民法典》第 823 条第 1 款）；因托运人或者收货人的过错造成货物毁损、灭失的，承运人不承担赔偿责任（《民法典》第 832 条）。在保管合同中，寄存人交付的保管物有瑕疵或者根据保管物的性质需要采取特殊保管措施，但是寄存人没有告知上述情况，致使保管物受损失的，保管人不承担赔偿责任（《民法典》第 893 条）。寄存人不告知有关情况属于寄存人有过错，是保管人不承担违约责任的免责条件。

第二，债权人的过错造成违约损失后果扩大或者债权人对损失的发生有过错。当事人一方违约后，对方应当采取适当措施防止损失的扩大；没有采取适当措施致使损失扩大的，不得就扩大的损失要求赔偿（《民法典》第 591 条第 1 款）。债务人违约后，债权人能够采取适当措施防止损失扩大而没有采取适当措施防止损失扩大的，说明债权人在损失扩大上存在过错，债务人对债权人过错造成的损失扩大部分就不承担违约责任。此外，当事人一方违约造成对方损失，对方对损失的发生也有过错的，可以减少相应的损失赔偿额（《民法典》第 592 条第 2 款）。减少违约方的损失赔偿额，也就是部分免除违约方的违约责任。

（三）法律规定的其他免责事由

法律规定的其他免责事由，主要是对具体合同的违约责任所作出的特别规定。例如，在运输合同中，承运人证明货物的毁损、灭失是因货物本身的自然性质或者合理损耗而造成的，承运人不承担赔偿责任（《民法典》第 832 条）。在仓储合同中，因仓储物本身的自然性质、包装不符合约定或者超过有效储存期造成仓储物变质、损坏的，保管人不承担赔偿责任（《民法典》第 917 条）。

第五节　违约责任的形式

一、继续履行

（一）继续履行的概念和特征

继续履行又称强制履行或者实际履行，是指合同当事人一方不履行合同义务或者履行合同义务不符合约定时，应当承担的按合同约定履行合同的违约责任形式。

作为违约责任形式的继续履行，具有如下特征。

第一，继续履行是按照合同约定的内容作出履行。继续履行是在合同当事人一方违反合同的情况下所适用的一种违约责任形式，是对原合同债务的履行，而非履行一种新的债务。因此，继续履行与当事人按照合同约定履行合同是不同的，后者是当事人适当履行的一种表现，而前者是一种违约责任形式。

第二，继续履行以债权人的请求为前提。在违约方不履行合同时，对方可以要求解除合同并赔偿损失，也可以要求债务人承担继续履行的责任。是否继续履行对债权人具有直接利益关系，因此，违约方承担继续履行责任以债权人的请求为前提。债权人没有提出继续履行请求权的，人民法院不得强制违约方承担继续履行责任。

第三，继续履行与其他违约责任形式可以并用。继续履行并不排斥赔偿损失、支付违约金、定金责任的适用。在违约方承担继续履行责任后，对方还有其他损失的，违约方应当赔偿损失（《民法典》第583条）。同时，在违约方不履行合同时，合同中约定有违约金、定金的，违约方承担继续履行责任后，不影响违约金责任、定金责任的适用。但是，因继续履行的前提是合同应当存在，故继续履行与解除合同不能并用。

（二）金钱债务的继续履行

金钱债务是指以金钱为给付内容的债务，即金钱之债。金钱债务的履行方式为债务人向债权人支付一定的货币，而货币是特殊的种类物，具有可替代性，因此，金钱债务不存在履行不能的情形，即只要是金钱债务，债权人都可以要求继续履行，债务人不得以其他理由拒绝。依据《民法典》第579条的规定，当事人一方未支付价款、报酬、租金、利息，或者不履行其他金钱债务的，对方可以请求其支付。这里的请求支付，即为继续履行金钱债务。金钱债务的继续履行主要适用于如下情形。

第一，当事人一方未支付价款。支付价款的债务主要发生于买卖合同中，买受人应当按照约定的时间和数额支付价款。买受人未支付价款的，出卖人有权请求支付。此外，供用电（水、气、热力）合同、技术转让合同等转移标的物所有权的合同中，也会发生支付价款的债务。

第二，当事人一方未支付报酬。报酬是当事人一方提供劳务的对价，因此，支付报酬的债务主要发生于提供劳务的合同中，如承揽合同中的报酬、运输合同中的运费、保管合同中的保管费、仓储合同中的仓储费、委托合同中的报酬、物业服务合同中的物业费等。当事人一方未支付报酬的，对方有权请求支付。

第三，当事人一方未支付租金。支付租金的债务发生于租赁合同、融资租赁合同中，承租人应当按照约定的时间和数额支付租金。承租人未支付租金的，出租人有权请求支付。

第四，当事人一方未支付利息。支付利息的债务主要发生于借款合同，借款人应当按照约定的时间和数额支付利息。借款人未支付利息的，贷款人有权请求支付。

第五，当事人一方未支付其他金钱债务。除上述金钱债务外，当事人还负有其他金钱债务的，在违约时，亦应当承担继续履行的责任。例如，在借款合同中，借款人没有按照约定返还借款的，贷款人有权请求返还借款。

（三）非金钱债务的继续履行

非金钱债务不同于金钱债务，其以金钱以外的其他标的为给付内容，因此，若标的物灭失或者债务人丧失服务能力等，可能发生合同的履行不能，从而债权人不能请求继续履行。可见，不同于金钱债务，非金钱债务的继续履行须具备相应的条件。《民法典》第580条第1款规定，当事人一方不履行非金钱债务或者履行非金钱债务不符合约定的，对方可以请求履行，但是有下列情形之一的除外：（1）法律上或者事实上不能履行；

(2) 债务的性质不适用于强制履行或者履行费用过高；(3) 债权人在合理期限内没有请求履行。据此，非金钱债务的继续履行的适用除有违约行为外，还应具备以下条件。

1. 债权人在合理期限内请求继续履行

债务人一方违反合同后，债权人一方有权要求债务人继续履行，也可以不要求债务人继续履行。因此，是否要求债务人承担继续履行责任是债权人的一项权利，他人不能强迫。如果债权人不要求违约的债务人继续履行合同，则人民法院不能强制违约方继续履行。在此情况下，违约方不承担继续履行的责任，而只能以其他方式承担违约责任。另外，债权人要求违约方继续履行应当在合理期限内提出，否则债权人丧失请求违约方继续履行的权利。如此要求主要是为了促使债权人及时行使请求继续履行的权利，以稳定当事人之间的关系，保护违约方的利益。

2. 继续履行须有可能

继续履行是按合同约定的标的履行。因此，只有在合同有继续履行的可能时，违约方才能够承担继续履行的责任。如果合同已经履行不能，则不能适用继续履行的责任方式。合同履行不能，是指合同当事人已经根本没有继续按合同约定的标的履行的可能性。合同的履行不能可以是法律上的不能履行，也可以事实上的不能履行。前者如以特定物为标的的买卖合同，出卖人将该特定物转让于买受人之外的第三人。因第三人取得该标的物的所有权，故出卖人就无法再履行前一个买卖合同，这就属于法律上的履行不能。后者如以特定物为标的物的买卖合同，出卖人因标的物的灭失而不能履行，这就属于事实上的履行不能。在当事人一方不能履行合同时，因违约方已经没有履行合同的能力，故人民法院也就不能强制违约方继续履行。在这种情形下，不能让违约方承担继续履行的责任，只能采取其他补救措施。

3. 继续履行须有必要

继续履行是否必要，主要是从经济合理性上考虑的。由于继续履行只是违约的一种补救措施，而不是惩罚性措施，所以，债权人是否要求违约方继续履行以及违约方应否继续履行都应考虑其经济合理性。一般地说，继续履行是否必要是以履行费用为标准判断的。就是说，如果继续履行的费用过高，即属于继续履行没有必要，就不应适用继续履行责任。在继续履行没有必要的情况下，债权人可以采取其他补救措施。

4. 债务的标的须适于强制履行

债务人承担继续履行的违约责任，人民法院得强制违约方履行。因此，只有在合同约定的标的适于强制履行时，才能追究违约方继续履行的责任。如果当事人约定的合同标的不适于强制履行，则在债务人违反合同时，虽债权人请求债务人继续履行，但人民法院也不能强制债务人继续履行，而应责令债务人以其他方式承担违约责任。例如，在委托合同、技术开发合同、演出合同等合同中，主给付义务通常具有人身专属性，这类债务的性质就决定了不适于强制履行。应当指出，虽然根据债务的性质不适于强制履行，但是可以由第三人替代履行。第三人替代履行的费用，应由违约方承担（《民法典》第581条）。例如，在买卖合同中，买受人在检验期限、质量保证期、合理期限内提出质量异议，出卖人未按照要求予以修理或者因情况紧急的，买受人可以自行或者通过第三人修理标的物，由此支付的合理费用应由出卖人承担（《买卖合同解释》第16条）。在租赁合同中，出租人不履行租赁物的维修义务，而根据维修义务的性质，该义务不适于强制履行。在这种情形下，承租人就可以与第三人订立合同，由第三人负责维修租赁物，由此支付的费用则由出租人承担（《民法典》第 713 条第 1 款）。可见，在替代履行的情况下，实际上是将无法强制履行的非金钱债务的继续履行责任转化为赔偿责任。

（四）合同的司法终止

依据《民法典》第 580 条第 2 款的规定，在当事人一方不履行非金钱债务或者履行非金钱债务不符合约定时，具备不能继续履行的情形，致使不能实现目的的，人民法院或者仲裁机构可以根据当事人的请求终止合同权利义务关系，但是不影响违约责任的承担。在当事人一方违约的情况下，如果合同不能继续履行，且已经不能实现合同目的，则这类合同的存在就失去了原有意义；若债权人不解除合同，则合同就会处于僵局状态。为了破解这种僵局状态，当事人就可以请求人民法院或者仲裁机构终止合同权利义务关系。可见，该规定的规范目的在于，为合同履行过程中出现的所有“合同僵局”提供破解之道。

合同不得请求继续履行场合的司法终止须具备如下条件：第一，非金钱债务不得请求继续履行。对于金钱债务，违约方负有继续履行的责任，不存在不得请求继续履行的情形；而对于非金钱债务，在如下三种情形下，当事人不能请求继续履行：法律上或者事实上不能履行、债务的标的不适于强制履行或者履行费用过高、债权人在合理期限内未请求履行。第二，不能实现合同目的。在债权人不能请求继续履行时，如果导致不能实现合同目的，则当事人订立合同的目的就无法达到，合同也就丧失了存在的意义，应当允许通过司法途径终止。如果存在债权人不能请求继续履行的情形，但是并没有导致不能实现合同目的，则当事人不享有司法终止的请求权。例如，虽然根据债务的性质不得强制履行，但是可以由第三人替代履行的，则合同目的仍可以实现，此时，就不适用司法终止。第三，当事人向人民法院或者仲裁机构提出终止的请求。没有当事人的请求，人民法院或者仲裁机构不得主动终止双方的合同。关于司法终止的请求主体，《民法典》第 580 条第 2 款并没有明确。本书认为，合同双方当事人均可以提出司法终止的请求。但是，由于在不能实现合同目的的情况下，守约方往往享有《民法典》第 563 条第 1 款规定的法定解除权，通过行使法定解除权就可以解除合同，没有必要通过司法终止的方式终止合同关系，因此，司法终止对违约方更有意义。当然，在特殊情形下，守约方也有必要通过司法终止的方式终止合同。例如，守约方不享有法定解除权或者丧失法定解除权时，为了摆脱合同的约束，也可以采取司法终止的方式终止合同。

对于合同不得请求继续履行场合的司法终止，应当注意三个问题：第一，这种司法终止不同于合同解除。法律规定合同不得请求继续履行场合的司法终止，并不是赋予违约方以合同解除权，而仅是为了使当事人摆脱已经无法实现合同目的的合同的约束，不能适用合同解除的原理，属于《民法典》第 557 条第 1 款第 6 项所规定的法律规定的合同终止的其他情形。第二，司法终止不影响违约责任的承担。对于合同不得请求继续履行场合的司法终止发生于违约且不能适用继续履行的情形。因违约行为已经发生，故合同虽然可以终止，但是已经产生的违约责任并不受影响，违约方仍须承担相应的违约责任。这里的违约责任是除继续履行以外的其他违约责任，如支付违约金、赔偿损失等。第三，合同的终止时间应当根据具体情况确定。依据《民法典合同编通则解释》第 59 条的规定，当事人一方依据《民法典》第 580 条第 2 款的规定请求终止合同权利义务关系的，人民法院一般应当以起诉状副本送达对方的时间作为合同权利义务关系终止的时间。根据案件的具体情况，以其他时间作为合同权利义务关系终止的时间更加符合公平原则和诚信原则的，人民法院可以以该时间作为合同权利义务关系终止的时间，但是应当在裁判文书中充分说明理由。

二、赔偿损失

（一）赔偿损失的概念和特征

赔偿损失是指违约方赔偿因其违约而给对方造成的损失。在当事人一方违反合同给对方造成损失时，对方当事人有权要求赔偿损失，违约方应当承担赔偿损失的违约责任。

赔偿损失具有如下特点。

第一，赔偿损失具有普遍适用性。赔偿损失是《民法典》第 179 条规定的一种民事责任形式，既适用于侵权行为，也适用于违约行为和其他不履行债的行为。在违约责任中，当事人违反合同时，对于因债务人违约所造成的损害，在不能适用其他违约责任形式达到违约责任的目的时，都可以适用赔偿损失这一责任形式。因此，赔偿损失是最常见的违约责任形式，具有普遍适用性。

第二，赔偿损失具有并用性。在违约责任中，赔偿损失责任不仅可以单独适用，也可以与其他责任形式同时适用。因此，赔偿损失具有并用性。依据《民法典》第 583 条的规定，当事人一方不履行合同义务或者履行合同义务不符合约定的，在履行义务或者采取补救措施后，对方还有其他损失的，应当赔偿损失。可见，在违约责任中，赔偿损失可以与继续履行、支付违约定金、采取其他补救措施同时适用。

第三，赔偿损失具有补偿性。在违约责任中，赔偿损失是对受害的合同当事人因债务人违约所受到的损失的补偿。因此，赔偿的范围以违约所造成的损失为限。依据《民法典》第 584 条的规定，当事人一方不履行合同义务或者履行合同义务不符合约定，造成对方损失的，损失赔偿额应当相当于因违约所造成的损失，包括合同履行后可以获得的利益；但是，不得超过违反合同一方订立合同时预见到或者应当预见到的因违反合同可能造成的损失。

（二）赔偿损失的适用条件

赔偿损失作为违约责任的一种，当然须具备违约责任的一般构成要件才能成立。除此之外，违反合同的赔偿损失的成立，还须具备以下条件。

1. 受害人一方受到损害

损害的客观存在是确定赔偿损失责任的必要条件。没有损害，也就谈不上赔偿损失。只有在合同一方因对方违反合同遭受到损害的情况下，违约方才承担赔偿损失的违约责任。

2. 受害人的损害与违约行为之间有因果关系

在赔偿损失成立上，因果关系是指受害人的损失事实与违约行为事实之间有因果关系，即受害人的损失是因合同当事人一方违反合同所造成的。在合同中，债权人的权利须依靠债务人义务的履行才能实现。债务人违反合同，债权人的利益就不能实现或者不能完全实现，债权人所追求的经济目的不能达到，也就会造成损失。只有在债权人因债务人违反合同的行为而遭受损失，即债务人的违约行为是债权人损失的原因时，违约方才应承担赔偿损失的违约责任。

（三）赔偿损失的范围

在违约责任中，适用赔偿损失的责任形式的，应当赔偿全部损失，包括实际损失和可得利益损失。实际损失是指债权人因违约行为而遭受的现有财产的损失，例如，标的物的毁损或者灭失、为准备履行合同而支付的费用、停工损失、为减少违约损失而支付的费用等。可得利益损失是指当事人一方违反合同所造成的债权人本来可以得到的利益而未能得到所受的损失。可得利益主要是在合同适当履行后可以实现和取得的财产利益，因此，可得利益损失具有如下特征：一是未来性，即可得利益损失是一种未来利益的损失，而非现有利益的损失；二是确定性，即可得利益损失是未来确定可以获得而没有获得的利益的损失；三是可预见性，即可得利益损失是当事人在订立合同时可以预见的或者应当预见的损失。

关于可得利益损失的计算，应当区分不同情形分别确定。

第一，在确定合同履行后可以获得的利益时，可以在扣除非违约方为订立、履行合同支出的费用等合理成本后，按照非违约方能够获得的生产利润、经营利润或者转售利润等计算。非违约方依法行使合同解除权并实施了替代交易的，有权主张按照替代交易价格与合同价格的差额确定合同履行后可以获得的利益；替代交易价格明显偏离替代交易发生时当地的市场价格，违约方有权主张按照市场价格与合同价格的差额确定合同履行后可以获得的利益。非违约方依法行使合同解除权但是未实施替代交易，有权主张按照违约行为发生后合理期间内合同履行地的市场价格与合同价格的差额确定合同履行后可以获得的利益（《民法典合同编通则解释》第 60 条）。

第二，在以持续履行的债务为内容的定期合同中，一方不履行支付价款、租金等金钱债务，对方请求解除合同，人民法院经审理认为合同应当依法解除的，可以根据当事人的主张，参考合同主体、交易类型、市场价格变化、剩余履行期限等因素确定非违约方寻找替代交易的合理期限，并按照该期限对应的价款、租金等扣除非违约方应当支付的相应履约成本确定合同履行后可以获得的利益。非违约方主张按照合同解除后剩余履行期限相应的价款、租金等扣除履约成本确定合同履行后可以获得的利益的，人民法院不予支持。但是，剩余履行期限少于寻找替代交易的合理期限的除外（《民法典合同编通则解释》第 61 条）。

第三，依据上述规则难以确定非违约方在合同履行后可以获得的利益的，可以综合考虑违约方因违约获得的利益、违约方的过错程度、其他违约情节等因素，遵循公平原则和诚信原则确定（《民法典合同编通则解释》第 62 条）。

（四）赔偿损失的限制

赔偿损失应当坚持完全赔偿规则，但是完全赔偿也不是绝对的，其适用也有一定的限制。例如，在法律规定了赔偿限额时，完全赔偿规则只能在法律规定的赔偿限额内适用。同时，完全赔偿规则还应受合理预见等规则的限制。

1. 合理预见规则

合理预见规则又称应当预见规则、可能预见规则，是指违反合同当事人承担的赔偿责任的范围，应以订立合同时违约方应当预见到的损失为限度。《民法典》第 584 条“但书”明确规定，违约方的损失赔偿额“不得超过违约一方订立合同时预见到或者应当预见到的因违约可能造成的损失”。在认定“违约一方订立合同时预见到或者应当预见到的因违约可能造成的损失”时，应当根据当事人订立合同的目的，综合考虑合同主体、合同内容、交易类型、交易习惯、磋商过程等因素，按照与违约方处于相同或者类似情况的民事主体在订立合同时预见到或者应当预见到的损失予以确定。除合同履行后可以获得的利益外，非违约方主张还有其向第三人承担违约责任应当支出的额外费用等其他因违约所造成的损失，并请求违约方赔偿，经审理认为该损失系违约一方订立合同时预见到或者应当预见到的，人民法院应予支持（《民法典合同编通则解释》第 63 条第 1、2 款）。

例题 49

2. 减轻损失规则

依据《民法典》第 591 条的规定，当事人一方违约后，对方应当采取适当措施防止损失的扩大；没有采取适当措施致使损失扩大的，不得就扩大的损失要求赔偿。当事人因防止损失扩大而支出的合理费用，由违约方承担。可见，减轻损失规则是指对因债权人一方的原因而扩大的损失，违约方不承担赔偿责任。

适用减轻损失规则，须具备以下条件。

第一，须债务人一方已违反合同。债务人一方已违反合同，是指违反合同是因债务人一方的原因，债权人的行为并不是促成违反合同发生的原因。若债权人的行为也为造成违反合同的原因，则应适用过失相抵规则，而不适用减轻损失规则。

第二，须债权人一方应及时采取措施。债权人一方应及时采取措施，是指债权人一方有及时采取措施的义务，如无采取措施的义务则不必采取措施。债权人有无采取措施的义务应视法律规定、交易观念和社会公德的要求而定。例如，债务人交付不合格的货物，债权人以货物不合格为由拒收的，应对拒收的货物妥善保管。而若债务人与债权人处于一地，债权人于债务人交付时即以不合格为由拒收，债务人将货物弃之而离去，则不能谓债权人应采取保管措施。

第三，须债权人能够及时采取措施。债权人须能够及时采取措施而没有采取，即债权人在未及时采取措施上是有过错的。若债权人虽应当及时采取措施但在客观上不能及时采取措施，则债权人在未及时采取措施上是无过错的。在这种情况下，不能适用减轻损失规则。

第四，须扩大的损失与债权人未及时采取措施之间有因果关系。若“扩大的损失”不是因债权人未及时采取措施而造成的，则不能视为扩大的损失，不能适用减轻损失规则。因此，非违约方未采取适当措施导致的扩大损失，违约方有权主张在违约损失赔偿额中扣除（《民法典合同编通则解释》第 63 条第 3 款）。

3. 损益相抵规则

损益相抵规则又称损益同销规则，是指债权人基于与损失发生的同一赔偿原因而受有利益时，其所能请求赔偿的数额应为从损失额中扣减其所受利益的差额。也就是说，依照损益相抵规则，违反合同的债务人一方仅就债权人因此所受的损失与所受利益之间的差额承担赔偿责任。《民法典》没有规定损益相抵规则，但是《民法典合同编通则解释》第 63 条第 3 款规定了损益相抵规则：在确定违约损失赔偿额时，违约方有权主张扣除非违约方因违约获得的额外利益或者减少的必要支出。

适用损益相抵规则必须确定应从损失中扣销的利益。该应扣销的利益须具备以下条件。

第一，该利益须与违反合同的行为有因果关系。可以从损失中扣除的债权人所得的利益，既包括因违约方的违约行为而使债权人所获得的利益（如供货商延期交货，零售商后来因该延期交付的商品涨价而获益），也包括违约行为使债权人节省的费用（如出卖人逾期交付出卖的奶牛，买受人因此而节省的饲料等费用）。适用赔偿损失责任时，债权人的损失须与违约行为有因果关系。因此，可以从损失中扣销的债权人所得的利益，也必须与违约行为有因果关系。对于债权人所获得或者减少的与违约方的违约行为无关的利益，不得从损失中扣销。

第二，该利益须为异种利益。可以从损失中扣销的利益，必须与债权人所损失的利益不是同一种类的。例如，承租人将出租人的房屋全部毁损的，出租人对房屋的所有权消灭，但是对残存的房屋的材料享有所有权，因残存的房料所得的利益得以从房屋总价值损失中扣销。如果房屋部分毁损，则不能从房屋全部毁损的总价值损失中扣除未损部分房屋的价值，此时不能适用损益相抵规则。因为在此情形下，不发生债权人所得的利益，而是产生房屋价格的减少。

例题 50

4. 过失相抵规则

过失相抵规则又称与有过失规则、混合过错规则，是指受害方对违约损失的发生亦有过失时，可以减轻或者免除违约方的赔偿责任。依据《民法典》第 592 条第 2 款的规定，当事人一方违约造成对方损失，对方对损失的发生有过错的，可以减少相应的损失赔偿额，即在确定违约损失赔偿额时，违约方有权主张扣除非违约方也有过错造成的相应损失（《民法典合同编通则解释》第 63 条第 3 款）。

过失相抵规则的适用，须具备两个条件。

第一，债权人须有过错。债权人的过错包括故意和过失两种形态，并不限于债权人的故意。债权人的过错既包括债权人自身的过错，也包括债权人的使用人、代理人和由其指定的履行合同的第三人的过错。例如，债权人住所变更而未及时通知债务人，为债权人自身有过错；债权人指定的接受债务人履行的第三人因疏忽而未及时验收债务人交付的标的物的，该第三人有过错。在这种情形下，也视为债权人有过错。

第二，债权人的过错行为须促成损失的发生。只有在债权人的过错行为与债务人的违约行为共同为违约所造成的损失的原因时，才能适用过失相抵规则。如果债权人的过错行为与债务人的违约行为各自造成不同的损失，则不适用过失相抵规则。至于债权人的过错行为与债务人的违约行为是同时发生的，还是先后发生的，则不影响过失相抵规则的适用。债权人的过错行为虽不是损失发生的直接原因，但促成债务人一方违反合同而造成损失的，同样应适用过失相抵规则。例如，债权人于债务履行期限到来前变更住所未通知债务人，债务人也未作调查，致使债务人陷入履行迟延。于此情形下，债权人的行为虽不是债务人履行迟延所造成损失的直接原因，但也应适用过失相抵规则。

（五）损失赔偿额的计算

在违约责任中，如果合同中约定了因违约产生的损失赔偿额的计算方法，则当事人应当按照约定的计算方法计算赔偿额（《民法典》第 585 条第 1 款）。在合同中没有约定损失赔偿额的情况下，损失赔偿额一般采取具体计算方法和抽象计算方法两种。具体计算方法又称主观计算方法，是根据受害方具体遭受的损失、支出的费用来确定赔偿额；抽象计算方法又称客观计算方法，是按照交易的一般情况确定赔偿额。上述两种计算方法的主要区别在于，是否将受害方的主观因素加以考虑。具体计算方法旨在恢复权利人实际遭受的全部损失，着眼于具体的实际情况，也就是以未违约情况下非违约方所应得到的全部利益为损失额，即替代交易的价格与合同价格之间的差额；而抽象计算方法并不注重非违约方的特殊情况，而是仅根据交易的一般情况确定赔偿额，即市场价格和合同价格之间的差额。关于损失赔偿额的计算方法，《民法典》并未作出明文规定，但是《民法典合同编通则解释》第 60 条在可得利益损失计算上有所体现。该条第 2 款规定，非违约方依法行使合同解除权并实施了替代交易的，可以主张按照替代交易价格与合同价格的差额确定合同履行后可以获得的利益。这种计算方法就是具体计算方法，即按照实施替代交易的实际花费与合同价格之间的差额计算损失额。该条第 3 款规定，非违约方依法行使合同解除权但是未实施替代交易的，可以主张按照违约行为发生后合理期间内合同履行地的市场价格与合同价格的差额确定合同履行后可以获得的利益。这种计算方法就是抽象计算方法，即损失额直接通过市场价格与合同价格的差额计算。依据上述规定，在非违约方实施了替代交易时，具体计算方法优先于抽象计算方法适用；在未发生替代交易时，抽象计算方法才能适用。

由于从损害发生时起到受害方最终得到赔偿止，可能要经历很长时间，而在此时间内，由于社会经济状况、物价水平、货币价值等都可能会发生变化。因此，计算受害方的赔偿额必须有一个时间界点。这一界点，就是赔偿损失算定的标准时。对于赔偿损失算定的标准时，首先，应以当事人的约定或者法律的规定为准。就是说，当事人约定了或者法律规定了对赔偿损失额的计算时间的，应以当事人约定或者法律规定的时间为计算标准。例如，依据《民法典》第 833 条的规定，在货物运输过程中，货物的毁损、灭失的赔偿额，当事人有约定的，按照其约定；没有约定或者约定不明确，当事人又达不成协议，按照合同有关条款或者交易习惯也不能确定的，按照交付或者应当交付时货物到达地的市场价格计算。其次，在法律没有规定的情况下，赔偿损失算定的标准时，应根据具体情况确定。如果非违约方实施了替代交易，则赔偿损失算定的标准时为实施替代交易时；如果非违约方未实施替代交易，则赔偿损失算定的标准时为违约行为发生后的合理期间。这个合理期间也要根据交易情况来确定，但是最迟到提起诉讼时为止。

三、支付违约金

（一）违约金的概念和特征

违约金是指当事人依照合同约定或者法律规定，在一方违反合同时向对方支付的一定数额的金钱。

支付违约金是一种民事责任形式，具有如下特征。

第一，违约金的客体通常为金钱。以金钱作为违约金最为常见，但是也不排除以金钱以外的其他给付为违约金的情形。例如，有体物、权利等都可以充当违约金。

第二，违约金主要基于当事人的约定而产生。当事人在订立合同时，可以在合同中约定违约金，即违约金条款。违约金条款也可以看成是违约金合同，在性质上属于从合同。这种合同不以违约金的实际交付为要件，属于诺成合同。当然，对于某些特殊的合同，法律也会规定违约金，即违约金也可以基于法律的规定而产生。

第三，违约金于违约时发生支付的效力。约定或规定的违约金，在合同成立时并不发生履行的效力，只有在发生违约行为后，才具有履行的效力。从这个意义上说，违约金以合同债务的违反为生效条件。

（二）违约金的分类

违约金根据不同的标准可以有不同的分类，主要有以下几种。

1. 约定违约金与法定违约金

根据违约金设立的依据，违约金可分为约定违约金与法定违约金。

约定违约金是指由当事人双方自行约定的违约金。依据《民法典》第 585 条第 1 款的规定，当事人可以约定一方违约时应当根据违约情况向对方支付一定数额的违约金。这种违约金即为约定违约金。只有在当事人有约定的情形下，当事人才能要求支付约定违约金。

法定违约金是指由法律、行政法规直接规定的违约金。对于法定违约金，即使当事人在合同中没有约定，只要当事人一方发生有关法律、法规中规定的违约情况，违约方就应按照法律、行政法规的规定向对方支付违约金。法定违约金有两种表现形式：一是法律、行政法规规定了违约金的固定比率，如《电信条例》第 31 条规定，由于电信业务经营者的原因逾期未能装机开通的，应当每日按照收取的安装费、移装费或者其他费用数额 1%的比例，向电信用户支付违约金；第 34 条第 1 款规定，电信用户逾期不交纳电信费用的，电信业务经营者有权要求补交电信费用，并可以按照所欠费用每日加收 3‰的违约金。二是法律、行政法规规定了违约金的浮动比例，如《电力供应与使用条例》第 39 条规定，用电人逾期未交付电费的，供电企业可以从逾期之日起，每日按照电费总额的 1‰至 3‰加收违约金。在法律、行政法规规定违约金浮动比例的情况下，违约金的具体数额应当由当事人在合同中约定，或者由守约方根据具体情况酌定。可见，这种形式的法定违约金也具有约定违约金的性质，属于混合性违约金。

2. 赔偿性违约金与惩罚性违约金

根据违约金的性质，违约金可分为赔偿性违约金与惩罚性违约金。

赔偿性违约金是具有预定赔偿性质的违约金。这种违约金实际上是当事人双方预先估计的损害赔偿总额，所以又称损害赔偿额的预定。《民法典》第 585 条第 2 款所规定的违约金，即属于赔偿性违约金。基于赔偿性违约金的性质，在当事人违约时，债权人不能同时请求违约方支付违约金和赔偿损失。

惩罚性违约金是具有惩罚性质的违约金，又称违约罚金。关于惩罚性违约金，《民法典》中并没有明确的规定。《民法典》第 585 条第 3 款规定："当事人就迟延履行约定违约金的，违约方支付违约金后，还应当履行债务。"该款所规定的违约金究竟是赔偿性违约金还是惩罚性违约金，理论上有不同的看法。[①] 如果按照德国民法关于与实际履行并用的违约金为惩罚性违约金的标准，可以认为《民法典》第585条第3款所规定的违约金为惩罚性违约金。但是，这种惩罚性违约金只能适用于迟延履行，不能适用于其他违约行为。当然，如果当事人在合同中明确约定违约金为惩罚性违约金，只要该约定不违反法律、行政法规的强制性规定，应当承认之。

（三）支付违约金的条件

支付违约金是违反合同的当事人一方承担的违约责任。适用这种责任形式，除须具备违约行为外，还须具备以下两个条件。

1. 合同中须有关于违约金的约定或者法律中有关于违约金的规定

违约金的支付，以有违约金的约定或者规定为条件。如果当事人在合同中没有预先约定违约金，法律中也没有规定违约金，则违约方不能承担支付违约金的违约责任。对于当事人约定的违约金，只有在当事人关于违约金的约定有效时，才能适用支付违约金的责任形式。应当指出，关于违约金约定的效力决定于主合同的效力。主合同无效，关于违约金的协议条款也就当然无效；主合同义务被免除的，支付违约金的责任也就被免除。但是，主合同解除的，不能免除债务人支付违约金的责任。相反，当事人关于违约金的约定不能影响主合同的效力。当事人没有约定违约金或者关于违约金的约定无效时，并不影响主合同的效力，主合同仍然有效，不过违反合同的当事人不承担支付违约金的责任，而应以其他方式承担违约责任。

2. 违约方的违约行为属于应支付违约金的情形

只有在违约方的违约行为属于应支付违约金的情况时，才能适用支付违约金。如违约方的违约行为不属于双方约定的或者法律规定的应当支付违约金的情况，则违约方不承担支付违约金的责任。例如，双方约定，如迟延交付商品一天，应支付违约金若干。债务人未迟延交付但是有其他不适当履行合同的违约行为，此时则不能让违约方承担支付违约金的责任。

（四）违约金数额的调整

依据《民法典》第585条第2款对于违约金数额的调整作了规定，即：约定的违约金低于造成的损失的，人民法院或者仲裁机构可以根据当事人的请求予以增加；约定的违约金过分高于造成的损失的，人民法院或者仲裁机构可以根据当事人的请求予以适用减少。

关于违约金数额的调整，应当注意如下几个问题：

第一，只有约定违约金才能被调整，法定违约金不能被调整。

第二，违约金的调整以当事人的请求为前提，当事人没有请求的，人民法院或者仲

---

① 第一种观点认为，《民法典》第585条第3款所规定的违约金虽然可以与“履行债务”并用，但是仍属于赔偿性违约金，其不过是对迟延履行赔偿额的预定（韩世远．合同法学．2版．北京：高等教育出版社，2022：298）。第二种观点认为，《民法典》第585条第3款所规定的违约金属于惩罚性违约金，因为违约金与实际履行债务可以并用，具有惩罚性质（梁慧星．合同通则讲义．北京：人民法院出版社，2021：392）。第三种观点认为，《民法典》第585条第3款所规定的违约金，若为迟延履行赔偿额的预定，则属于赔偿性违约金；若为替代赔偿额的预定，则属于惩罚性违约金（崔建远．合同法．4版．北京：北京大学出版社，2021：413）。

裁机构不能依职权主动进行调整。当事人除直接请求外，也可以通过反诉或者抗辩的方式请求调整违约金（《民法典合同编通则解释》第 64 条第 1 款）。

第三，违约方主张约定的违约金过分高于违约造成的损失，请求予以适当减少的，应当承担举证责任。非违约方主张约定的违约金合理的，也应当提供相应的证据。当事人仅以合同约定不得对违约金进行调整为由主张不予调整违约金的，不影响违约金数额的调整（《民法典合同编通则解释》第 64 条第 2、3 款）。

第四，当事人主张约定的违约金过分高于造成的损失，请求予以适当减少的，人民法院应当以《民法典》第 584 条规定的损失为基础，兼顾合同主体、交易类型、合同的履行情况、当事人的过错程度、履约背景等因素，遵循公平原则和诚信原则进行衡量，并作出裁判。约定的违约金超过造成损失的 30%的，一般可以认定为过分高于造成的损失。违约金数额的减少，不适用于恶意违约的当事人（《民法典合同编通则解释》第 65 条）。

第五，当事人一方请求对方支付违约金，对方以合同不成立、无效、被撤销、确定不发生效力、不构成违约或者非违约方不存在损失等为由抗辩，未主张调整过高的违约金的，人民法院应当就若不支持该抗辩，当事人是否请求调整违约金进行释明。第一审人民法院认为抗辩成立且未予释明，第二审人民法院认为应当判决支付违约金的，可以直接释明，并根据当事人的请求，在当事人就是否应当调整违约金充分举证、质证、辩论后，依法判决适当减少违约金。被告因客观原因在第一审程序中未到庭参加诉讼，但是在第二审程序中到庭参加诉讼并请求减少违约金的，第二审人民法院可以在当事人就是否应当调整违约金充分举证、质证、辩论后，依法判决适当减少违约金（《民法典合同编通则解释》第 66 条）。

例题 51

四、定金责任

（一）定金的概念和特征

定金是指为担保合同的订立、成立生效或者履行，依当事人双方的约定，一方预先向另一方交付的一定数额的金钱。

定金具有如下特征。

第一，定金是合同债权的一种担保。依据《民法典》第 586 条第 1 款的规定，当事人可以约定一方向对方给付定金作为债权的担保。可见，定金是一种合同债权的担保。同时，违约定金也是一种违约责任的形式。

第二，定金的客体是金钱。依据《民法典》第 587 条的规定可知，定金可以抵作价款。因此，定金的客体为金钱。当然，当事人也可以约定用可代替物作为定金。

第三，定金具有从属性。一般地说，定金与其所担保的合同之间形成主从关系。受担保的合同债权为主权利，定金权利为从权利，因而，定金具有从属性。定金的从属性主要表现在存在上的从属性和消灭上的从属性，即定金以主合同的有效存在为存在前提，随主合同的存在而存在，随主合同的消灭而消灭。

第四，定金的成立具有要物性。依据《民法典》第 586 条第 1 款的规定，定金合同从实际交付之日起生效。可见，定金的成立具有要物性，只有交付了定金，定金才能成立。

第五，定金具有预先支付性。定金是由一方当事人向对方交付的，而且是预先支付的。这是因为，定金是为担保合同而设定的，只有在合同成立生效或者履行之前，一方向另一方交付定金的，才能起到担保的作用。

（二）定金的种类

定金有订约定金、成约定金、解约定金和违约定金之分，《民法典》第 586 条规定的定金属于违约定金。

1. 订约定金

订约定金又称立约定金，是指为保证正式订立合同而交付的定金。立约定金的效力体现在：给付定金一方拒绝订立合同的，无权要求返还定金；收受定金的一方拒绝订立合同的，应当双倍返还定金。可见，立约定金既不是合同的成立条件，也不是合同履行的担保，而只是为了保证当事人能够正式订立合同。依据《民法典合同编通则解释》第 67 条第 2 款的规定，当事人约定以交付定金作为订立合同的担保，一方拒绝订立合同或者在磋商订立合同时违背诚信原则导致未能订立合同，对方有权主张适用《民法典》第 587 条规定的定金罚则。例如，出卖人通过认购、订购、预订等方式向买受人收受定金作为订立商品房买卖合同担保的，如果因当事人一方原因未能订立商品房买卖合同，应当按照法律关于定金的规定处理；因不可归责于当事人双方的事由，导致商品房买卖合同未能订立的，出卖人应当将定金返还买受人（《商品房买卖合同解释》第 4 条）。

2. 成约定金

成约定金是指以定金的交付作为合同成立或者生效条件的定金。当事人约定以交付定金作为合同成立或者生效条件，应当交付定金的一方未交付定金，但是合同主要义务已经履行完毕并为对方所接受的，应当认定合同在对方接受履行时已经成立或者生效（《民法典合同编通则解释》第 67 条第 3 款）。可见，成约定金不是担保订立合同，也不是担保合同的履行，而只是主合同成立或者生效的条件。就是说，只有交付了成约定金，主合同才能成立或者生效；若无成约定金的交付，则主合同不能成立或者生效。

3. 解约定金

解约定金是指当事人为保留合同解除权而交付的定金。解约定金的效力体现在：交付定金的一方有权主张以丧失定金为代价解除合同，收受定金的一方有权主张以双倍返还定金为代价解除合同（《民法典合同编通则解释》第 67 条第 4 款）。可见，解约定金的功能在于通过赋予当事人以解除合同的权利，避免因客观情况的变化而导致的履约不利益，并确保履约利益的实现。

4. 违约定金

违约定金是指以违约损害赔偿为目的而设定的定金。从《民法典》第 587 条的规定看，定金应为违约定金，这是定金的基本类型。当事人交付留置金、担保金、保证金、订约金、押金或者订金等，但是没有约定定金性质，不能适用《民法典》第 587 条规定的定金罚则；当事人约定了定金性质，但是未约定定金类型或者约定不明，一方主张为违约定金的，应当认定为违约定金（《民法典合同编通则解释》第 67 条第 1 款）。

例题 52

（三）定金的数额

定金的数额由当事人自由约定，但是，为防止当事人之间的利益失衡，定金的数额不得违反法律规定的限额。依据《民法典》第 586 条第 2 款的规定，定金的数额不得超过主合同标的额的 20%。当事人约定的定金数额超过主合同标的额 20%的，其超过部分为无效。这里所谓的无效，是指该部分不能发生定金的效力。当事人实际交付的定金数额多于或者少于约定数额的，视为变更约定的定金数额。

例题 53

（四）违约定金罚则的适用条件

违约定金罚则的适用，须具备以下条件。

第一，债务人不履行债务或者履行债务不符合约定。无论是给付定金的一方，还是收受定金的一方，都只有在不履行债务或者履行债务不符合约定时，才能适用违约定金罚则。

第二，债务人的违约行为须致使合同目的无法实现。债务人不履行债务或者履行债务不符合约定是违约定金罚则适用的必要条件，但是仅有此条件还不够，还必须有违约行为导致不能实现合同目的。一般地说，只有违反合同的主给付义务才能导致合同目的不能实现。当事人违反从给付义务或者附随义务的，一般不会导致合同目的不能实现，故违反从给付义务或者附随义务通常不适用违约定金罚则。

第三，债务人的违约行为须不存在免责事由。例如，因不可抗力致使合同不能履行的，不适用定金罚则（《民法典合同编通则解释》第 68 条第 3 款）。

（五）违约定金的效力

依据《民法典》第 587 条的规定，违约定金的效力主要体现为两个方面。

1. 预付效力

在债务人履行债务的情况下，定金应当抵作价款或者被收回。可见，在债务人履行债务的情况下，违约定金具有预付的效力。应当指出，定金与预付款是不同的。所谓预付款，是指付款义务人依照合同约定预先向债权人支付的一部分价款。预付款是债务人应付价款的一部分，不具有担保作用，也不构成独立的合同关系。

2. 定金罚则

在当事人不履行债务或者履行债务不符合约定，致使不能实现合同目的的情况下，违约定金产生罚则的效力，即给付定金的一方无权请求返还定金，收受定金的一方应当双倍返还定金。依据《民法典合同编通则解释》第 68 条第 1 款的规定，双方当事人均具有致使不能实现合同目的的违约行为的，任何一方都无权请求适用定金罚则。当事人一方仅有轻微违约，对方具有致使不能实现合同目的的违约行为，轻微违约方主张适用定金罚则，对方以轻微违约方也构成违约为由抗辩的，人民法院对该抗辩不予支持。

当事人一方已经部分履行合同，对方接受并主张按照未履行部分所占比例适用定金罚则的，人民法院应予支持。对方主张按照合同整体适用定金罚则的，人民法院不予支持，但是部分未履行致使不能实现合同目的的除外（《民法典合同编通则解释》第 68 条第 2 款）。

（六）违约定金与违约金、赔偿损失的关系

1. 违约定金与违约金的关系

在合同的一方当事人不履行约定的债务时，如果适用了违约定金罚则，那么，违约方是否还应承担违约金责任呢？就是说，违约定金与违约金能否并用呢？依据《民法典》第588条第1款的规定，当事人既约定违约金，又约定定金的，一方违约时，对方可以选择适用违约金或者定金条款。可见，违约定金与违约金不能并用，当事人只能选择其中的一种方式。这是因为，违约定金和违约金均是对违约行为的救济，如果两者并用，可能会造成赔偿数额远远高于因违约所造成的损失，从而不符合完全赔偿规则。应当指出，《民法典》第588条关于违约定金与违约金禁止并用的规定，应属于任意性规定而非禁止性规定。因此，当事人可以约定排除这一规定的适用。如果当事人在合同中约定，在一方违约时，同时并用违约定金与违约金，则违约定金与违约金可以并用。

2. 违约定金与赔偿损失的关系

依据《民法典》第588条第2款的规定，定金不足以弥补一方违约造成的损失的，对方可以请求赔偿超过定金数额的损失。可见，违约定金与赔偿损失在特定条件下可以并用。就违约定金来看，其并不以实际损失的多少为适用条件，而且法律对定金的数额又有最高额的限制，因此，违约定金不可能是最低的损害赔偿额，也不可能是损害赔偿总额。既然如此，适用违约定金就有可能不足以弥补当事人的损失。此时，如果不允许受害人要求损害赔偿，是不公平的。而根据违约损害的完全赔偿规则，违约方应当赔偿对方的全部损失。因此，当适用违约定金不足以弥补全部损失时，对未获补偿的这部分损失还应予以赔偿。

五、采取补救措施

补救措施有广义与狭义之分。从广义上讲，补救措施是违反合同的债务人所承担违约责任的具体方式；从狭义上讲，补救措施是与继续履行、赔偿损失等并列的一种违约责任形式。《民法典》第577条将继续履行、采取补救措施、赔偿损失并列规定，表明补救措施是一种单独的违约责任形式。因此，所谓补救措施，是指矫正合同不适当履行的责任形式。

依据《民法典》第582条的规定，债务人履行债务不符合约定的，应当按照当事人的约定承担违约责任。对违约责任没有约定或者约定不明确，依照《民法典》第510条的规定，当事人可以协议补充；不能达成补充协议的，按照合同相关条款或者交易习惯确定；仍不能确定的，受损害方根据标的的性质以及损失的大小，可以合理选择要求对方承担修理、更换、重作、退货、减少价款或者报酬等违约责任。可见，在债务不适当履行的情况下，当事人可以采取的补救措施，具体包括修理、更换、重作、退货、减少价款或者报酬等。例如，买卖合同的标的物不符合约定，买受人有权要求减少价款；价款已经支付的，买受人有权主张返还减价后多出部分的价款（《买卖合同解释》第17条）。

应当指出，作为违约责任的补救措施并不限于此。在数量、地点、方式等不适当履行时，也存在补救措施问题。例如，在履行数量不足的情况下，债权人可以要求债务人补足数量；履行地点不正确的，债权人可以要求按照正确的地点履行等。这里的补足数量、改变履行地点等，也都是补救措施。

重点思考题

1. 如何确定违约责任的归责原则?
2. 如何理解违约责任与侵权责任的竞合?
3. 如何理解预期违约与不安抗辩权的关系?
4. 如何理解合同的司法终止?
5. 损益相抵规则应当如何适用?
6. 如何处理违约定金与违约金、赔偿损失的关系?

案例讨论

1. 甲公司与乙公司签订了一份手机买卖合同,约定:甲公司供给乙公司某型号手机1 000部,每部1 000元;乙公司支付定金30万元,任何一方违约应向对方支付合同总价款30%的违约金。合同签订后,乙公司向甲公司支付了30万元定金,并将该批手机转售给丙公司,每部1 100元,指明由甲公司直接交付给丙公司。但是,甲公司未按约定期间交货。

请回答以下问题:

(1) 甲公司应当如何承担定金责任和支付违约金责任?为什么?

(2) 乙要求甲公司承担继续履行责任后,还能否要求其支付违约金和承担定金责任?为什么?

(3) 甲、乙、丙公司之间的违约责任应当如何承担?为什么?

2. 2021年2月,甲公司与乙公司订立了一份买卖20吨某型号钢锭的合同。合同约定:钢锭每吨1万元,合同总价款为20万元,乙公司应当在2021年9月1日之前向甲公司提供钢锭。合同订立后,甲公司向乙公司交付10万元预付款和5万元定金,其余价款货到付清。如有违约,则违约方需要向对方支付合同总价款5%的违约金。合同订立后,甲公司交付了10万元预付款与5万元定金。因钢材市场价格不断攀升,乙公司便与甲公司协商加价,但是甲公司不同意。于是乙公司便不想履行与甲公司的合同了。履行期限届满后,乙公司未向甲公司交付钢锭。急于使用钢锭的甲公司不断派人催促乙公司履行合同,因而支出2 000元费用。后甲公司威胁乙公司,如果不履行合同,便将此事公之于众。乙公司考虑到自己的商业信用,便同意继续履行合同。经过协商,双方同意于2021年11月1日之前将合同履行完毕。2021年10月6日,乙公司交付了10吨钢锭。2021年11月1日,钢锭价格已经上升至1.2万元/吨,乙公司便通知甲公司,拒绝交付剩下的钢锭。甲公司几次催促,但是乙公司仍不履行,甲公司只好从丙公司购进了10吨钢锭,价格为1.2万元/吨。

请回答以下问题:

(1) 甲公司能否请求乙公司交付剩下的10吨钢锭?为什么?

(2) 甲公司是否有权请求乙公司返还定金?为什么?

(3) 甲公司能否解除合同?为什么?

（4）甲公司有权要求乙公司赔偿多少损失？为什么？

（5）若乙公司向甲公司双倍返还了定金，甲公司能否再要求乙公司支付违约金？为什么？

（6）若不考虑定金的问题，甲公司有权请求乙公司支付的违约金的数额是多少？为什么？

下编

合同法分论

第九章

买卖合同

第一节　买卖合同概述

一、买卖合同的概念和特征

买卖合同是指出卖人转移标的物的所有权于买受人，买受人支付价款的合同（《民法典》第 595 条）。在买卖合同中，交付标的物并转移所有权的一方为出卖人，支付价款并接受标的物所有权的一方为买受人。

买卖合同具有以下特征。

第一，买卖合同是出卖人交付标的物并转移所有权的合同。在买卖合同中，买受人订立合同的目的在于取得标的物的所有权，因此，只有出卖人交付标的物并转移标的物的所有权，才能实现买受人的这一目的。买卖合同的这一特征，使其区别于仅转移标的物使用权的租赁合同、融资租赁合同等，也区别于仅转移占有权的保管合同、仓储合同等。

第二，买卖合同是买受人支付价款的合同。在买卖合同中，出卖人订立合同的目的在于通过转移标的物的所有权而取得价款，因此，买受人须向出卖人支付价款，支付价款是转移所有权的对待给付。买卖合同的这一特征，使其区别于其他转移标的物的所有权的合同如赠与合同、互易合同。

第三，买卖合同是有偿合同。在买卖合同中，买受人以支付价款为取得财产所有权的代价，而出卖人以转移标的物所有权为取得价款的代价，双方存在互为对价关系，因此，买卖合同是有偿合同。在有偿合同中，买卖合同是典型的合同形态，因此，法律对其他有偿合同有规定的，依照其规定；没有规定的，参照买卖合同的有关规定（《民法典》第 646 条）。例如，法律或者行政法规对债权转让、股权转让等权利转让合同有规定的，依照其规定；没有规定的，参照适用买卖合同的有关规定（《买卖合同解释》第 32 条）。

第四，买卖合同是双务合同、诺成合同、不要式合同。在买卖合同中，出卖人负有转移标的物所有权的义务，而买受人负有支付价款的义务，即双方负有对待给付的义务，因此，买卖合同属于双务合同。买卖合同自出卖人与买受人就关于标的物、价款等有关事项意思表示一致时即可成立，不以标的物的实际交付为成立要件，一般也无须采取特定的方式，因而买卖合同是诺成合同、不要式合同。

二、买卖合同的分类

在买卖合同中，基于标的物、买卖方式等方面的差异，买卖合同可以有如下主要分类。

（一）一般买卖合同与特种买卖合同

根据法律对买卖合同有无特别规定，买卖合同可分为一般买卖合同与特种买卖合同。一般买卖合同又称普通买卖合同，是指法律没有特别规定、适用法律一般规定的买卖合同。在法律适用上，一般买卖合同通常以《民法典》第595条至第633条为法律依据。特种买卖合同又称特别买卖合同，是指法律对其有特别规定的买卖合同。特种买卖合同在成立、方式、内容、效力等方面存在不同于一般买卖合同的特别规定，如《民法典》第634条至第645条所规定的分期付款买卖、凭样品买卖、试用买卖、保留所有权买卖、招标投标买卖、拍卖等。在法律适用上，特种买卖合同首先应适用法律特别规定，在没有法律特别规定的情况下适用法律一般规定。

（二）不动产买卖合同与动产买卖合同

根据买卖合同的标的物为不动产或者动产，买卖合同可分为不动产买卖合同与动产买卖合同。以不动产为标的物的买卖合同为不动产买卖合同，如房屋买卖合同等；以动产为标的物的买卖合同为动产买卖合同，包括一般动产买卖合同与特殊动产（船舶、航空器、机动车）买卖合同。这两种买卖合同除标的物不同外，在所有权转移、形式要件等方面也存在差别。例如，不动产买卖合同通常以登记作为所有权转移的要件（《民法典》第209条），而动产买卖合同通常以交付作为所有权转移的要件（《民法典》第224条）。另外，不动产买卖合同可以是要式合同（如商品房买卖合同），而动产买卖合同通常没有形式要件的要求。

（三）实时买卖合同与非实时买卖合同

根据买卖合同的义务是否实时清结，买卖合同可分为实时买卖合同与非实时买卖合同。实时买卖合同是指在合同成立的同时，当事人双方就履行了全部义务，实时清结、钱货两清的买卖合同。因于实时买卖合同而言在合同成立时出卖人就须交付标的物，故该类合同只适用于现货买卖。非实时买卖合同是指在合同成立时买卖双方或者一方并非于合同成立的同时就履行义务，而是于日后履行义务的买卖合同。非实时买卖合同的种类很多，如期货买卖合同、赊欠买卖合同、分期付款买卖合同等。

（四）非竞价买卖合同与竞价买卖合同

根据买卖合同是否以竞争方式进行，买卖合同可分为非竞价买卖合同与竞价买卖合同。非竞价买卖合同又称自由买卖合同，是指由当事人双方自由协商，按照合同订立的一般程序订立的买卖合同。竞价买卖合同又称竞争买卖合同，是指用竞争方式订立的买卖合同。《民法典》第644条所规定的招标投标买卖合同、第645条所规定的拍卖合同，就属于竞价买卖合同。

（五）特定物买卖合同与种类物买卖合同

根据买卖的标的物是特定物还是种类物，买卖合同可分为特定物买卖合同与种类物买卖合同。特定物买卖合同是指以特定物为标的物的买卖合同，种类物买卖合同是指以种类物为标的物的买卖合同。这两种买卖合同的差别在于：特定物买卖合同的标的物灭失时发生合同的履行不能，当事人可以解除合同；而种类物买卖合同的标的物发生灭失时原则上不发生履行不能（除非种类物全部灭失），当事人不能解除合同。

三、买卖合同的标的物与内容

（一）买卖合同的标的物

依据《民法典》第595条的规定，买卖合同的标的物应为实物。可见，《民法典》所规定的买卖合同属于狭义买卖合同，不包括其他财产的转让合同。买卖合同中的实物可以是动产，也可以是不动产；可以是现存的物，也可以是将来产生的物。关于买卖合同的标的物，《民法典》规定了两项特殊规则。

其一，因出卖人未取得处分权致使标的物所有权不能转移的，买受人可以解除合同并请求出卖人承担违约责任（《民法典》第597条第1款）。可见，出卖人是否享有对标的物的处分权并不影响买卖合同的效力。该规则与《民法典》第215条关于“当事人之间订立有关设立、变更、转让和消灭不动产物权的合同，除法律另有规定或者当事人另有约定外，自合同成立时生效；未办理物权登记的，不影响合同效力”的规定是相一致的。也正是如此，出卖人就同一标的物订立数个买卖合同的，该数个买卖合同都可以有效。在民法上，对标的物享有处分权的人不限于所有权人，还包括抵押权人、质权人、留置权人、法定优先权人、行纪人等。依据《民法典合同编通则解释》第19条的规定，以转让或者设定财产权利为目的订立的合同，当事人或者真正权利人仅以让与人在订立合同时对标的物没有所有权或者处分权为由主张合同无效的，人民法院不予支持；因未取得真正权利人事后同意或者让与人事后未取得处分权导致合同不能履行，受让人主张解除合同并请求让与人承担违反合同的赔偿责任的，人民法院依法予以支持。合同被认定有效，且让与人已将财产交付或者移转登记至受让人，真正权利人请求认定财产权利未发生变动或者请求返还财产的，人民法院应予支持，但是受让人依据《民法典》第311条等规定善意取得财产权利的除外。

其二，法律、行政法规禁止或者限制转让标的物的，应当依照其规定（《民法典》第597条第2款）。因此，禁止流通物如土地、毒品等，不能作为买卖合同的标的物；而限制流通物如枪支、麻醉品等，只能在限制流通的范围内作为买卖合同的标的物。

（二）买卖合同的内容

依据《民法典》第596条的规定，买卖合同的内容一般包括如下条款。

（1）标的物的名称。买卖合同不规定标的物，就会失去目的，因此，标的物是买卖合同的必要条款，合同须清楚地写明标的物的名称。

（2）标的物的数量和质量。标的物的数量和质量是确定买卖合同标的物的具体条件。标的物的数量要确切，既可以选择双方共同接受的计量单位，也可以采用行业或者交易习惯认可的计量单位；标的物的质量主要是指标的物的内在质量，即标的物应达到其应有的功效。在买卖合同中，标的物的数量是买卖合同成立应当具备的必要条款，而标的物的质量属于普通条款。

（3）价款。价款是买受人取得标的物所应支付的代价，买卖合同应当对价款的数额作出明确的约定，但是合同中未明确价款的，不影响买卖合同的成立。

（4）履行期限、地点和方式。履行期限直接关系到买卖合同义务完成的时间，涉及当事人的期限利益，应在合同中写明；履行地点是确定验收地点的依据，是确定运输费用由谁负担、风险由谁承受的依据，有时也是确定标的物所有权是否转移、何时转移的依据，合同中应当写明；履行方式如是一次交付还是分批交付，是交付实物还是交付提取标的物的单证等，同样事关当事人的利益，应在合同中写明。在买卖合同中，没有约定履行期限、地点、方式的，并不影响合同的成立。

（5）包装方式。包装对标的物起保护和装饰作用，在某些情况下，包装还能反映标的物的质量。因此，买卖合同中应明确约定包装的方式，包括包装材料、包装物的交付、包装费用承担等内容，但是合同未约定包装条款的，不影响合同的成立。

（6）检验标准、检验期限和方法。买卖合同应对检验标准、检验期限、凭封单检验还是凭现状检验以及对标的物质量和数量提出异议和答复的期限作出明确约定。

（7）结算方式。结算方式是指出卖人向买受人交付标的物后，买受人向出卖人支付标的物价款、运输费和其他费用的方式。为便于结算，合同中应注明双方当事人的开户银行、账户名称、账号和结算单位。

（8）合同使用的文字及其效力。合同使用的文字及其效力，是涉外买卖合同的重要条款。在涉外买卖合同中，双方当事人应就合同所使用的文字作出明确约定，当事人应当使用约定的文字订立合同。

第二节　买卖合同的效力

一、出卖人的主要义务

在买卖合同中，出卖人应当履行向买受人交付标的物或者交付提取标的物的单证，并转移标的物所有权的义务（《民法典》第598条）。同时，出卖人应当对交付的标的物承担物的瑕疵担保责任和权利瑕疵担保责任。

（一）交付标的物或者交付提取标的物的单证

因买受人的目的是取得标的物的所有权，故不论所有权的取得是否以占有为要件，也不论标的物是不动产还是动产，出卖人均应按照合同约定或者法律规定交付标的物给买受人。标的物的交付可以是现实交付，也可以是拟制交付。现实交付是指出卖人将标的物的事实管领力转移于买受人，即将标的物直接交给买受人占有；拟制交付是交付提取标的物的单证，以代替标的物的现实交付，如交付仓单、提单以及可转让的多式联运单据等。此外，动产交付还可以是观念交付，包括简易交付、指示交付、占有改定（《民法典》第226～228条）。

当事人交付标的物，应当符合以下要求。

（1）出卖人应当按照约定的时间交付标的物。合同中约定交付期限的，出卖人可以在该交付期限内的任何时间交付（《民法典》第 601 条）。出卖人迟于约定时间交付标的物的，为迟延履行；出卖人早于约定时间交付标的物的，为提前履行。出卖人提前履行不得损害买受人的利益，并应当承担买受人因此而增加的费用（《民法典》第 530 条）。如果当事人没有约定交付期限或者约定不明确的，依据《民法典》第 510 条、第 511 条的规定，当事人可以协议补充；不能达成补充协议的，按照合同有关条款或者交易习惯确定；仍不能确定的，出卖人可以随时交付，买受人也可以随时向出卖人交付，但是应当给对方必要的准备时间（《民法典》第 602 条）。

（2）出卖人应当按照约定的地点交付标的物。当事人没有约定交付地点或者约定不明确的，依据《民法典》第 510 条的规定，当事人可以协议补充；不能达成补充协议的，按照合同有关条款或者交易习惯确定；仍不能确定的，根据标的物是否需要运输分别适用下列规定：标的物需要运输的，出卖人应当将标的物交付给第一承运人以运交给买受人。标的物不需要运输，出卖人和买受人订立合同时知道标的物在某一地点的，出卖人应当在该地点交付标的物；不知道标的物在某一地点的，应当在出卖人订立合同时的营业地交付标的物（《民法典》第 603 条）。所谓“标的物需要运输”，是指标的物由出卖人负责办理托运，承运人系独立于买卖合同当事人之外的运输业者的情形（《买卖合同解释》第 8 条）。

（3）出卖人应当按照约定的质量交付标的物。出卖人提供有关标的物质量说明的，交付的标的物应当符合该说明的质量要求（《民法典》第 615 条）。依据《民法典》第 616 条的规定，当事人对标的物的质量没有约定或者约定不明确的，依据《民法典》第 510 条、第 511 条第 1 项的规定，当事人可以协议补充；不能达成补充协议的，按照合同有关条款或者交易习惯确定；仍不能确定的，按照强制性国家标准交付；没有强制性国家标准的，按照推荐性国家标准交付；没有推荐性国家标准的，按照行业标准交付；没有国家标准、行业标准的，按照通常标准或者符合合同目的的特定标准交付。

（4）出卖人应当按照合同约定的数量交付标的物。出卖人交付的标的物少于约定数量的，应当补足。出卖人交付的标的物多于约定数量的，买受人可以接受多交的部分并按照约定的价格支付价款；买受人也可以拒收多交的部分，但是应当及时通知出卖人（《民法典》第 629 条）。

（5）出卖人应当按照约定的包装方式交付标的物。当事人对包装方式没有约定或者约定不明确的，依据《民法典》第 510 条的规定，当事人可以协议补充；不能达成补充协议的，按照合同有关条款或者交易习惯确定；仍不能确定的，应当按照通用的方式包装；没有通用方式的，应当采取足以保护标的物且有利于节约资源、保护生态环境的包装方式（《民法典》第 619 条）。

（6）出卖人交付标的物时，若标的物有从物的，在当事人没有另外约定的情况下，应当随同交付从物（《民法典》第 320 条）。

（7）出卖人交付的标的物是无须以有形载体交付的电子信息产品，当事人对交付方式没有约定或者约定不明确的，依据《民法典》第 510 条的规定，当事人可以协议补充；不能达成补充协议的，按照合同有关条款或者交易习惯确定；仍不能确定的，买受人收到约定的电子信息产品或者权利凭证即为交付（《买卖合同解释》第 2 条）。

（8）出卖人在交付标的物时，应当按照约定或者交易习惯向买受人交付提取标的物单证以外的有关单证和资料（《民法典》第599条），如保险单、保修单、普通发票、增值税专用发票、产品合格证、质量保证书、质量鉴定书、品质检验证书、产品进出口检疫书、原产地证明书、使用说明书、装箱单等（《买卖合同解释》第4条）。该项义务属于从合同义务，不同于交付提取标的物的单证的义务，后者为主合同义务。应当指出，出卖人仅以增值税专用发票及税款抵扣资料证明其已履行交付标的物义务，而买受人不认可的，出卖人应当提供其他证据证明交付标的物的事实（《买卖合同解释》第5条第1款）。

（二）转移标的物的所有权

买卖合同以转移标的物的所有权为目的，因此，出卖人负有转移标的物所有权归买受人的义务。出卖人转移标的物所有权的义务，因不动产或者动产而有所不同。

就不动产标的物所有权转移而言，除法律另有规定外，不动产所有权自依法登记时发生转移（《民法典》第209条）。因此，不动产标的物的所有权只有办理完成转移登记手续时才能发生转移。为保证不动产标的物所有权的转移，出卖人应当协助买受人办理登记手续，并将有关的所有权证明文件交付给买受人。

就动产标的物所有权转移而言，除法律另有规定外，动产所有权自交付时发生转移（《民法典》第224条）。在动产买卖合同中，当事人可以约定所有权保留，即标的物虽然交付了，但所有权并不发生转移（《民法典》第641条）。在实践中，动产买卖合同会发生“一物多卖”的情形。对此，应区别普通动产和特殊动产分别明确所有权的转移。就普遍动产而言，在买卖合同均有效的情况下，买受人均要求实际履行合同的，应当按照以下情形分别处理：（1）先行受领交付的买受人有权请求确认所有权已经转移；（2）均未受领交付，先行支付价款的买受人有权请求出卖人履行交付标的物等合同义务；（3）均未受领交付，也未支付价款，依法成立在先合同的买受人有权请求出卖人履行交付标的物等合同义务（《买卖合同解释》第6条）。就船舶、航空器、机动车等特殊动产而言，在买卖合同均有效的情况下，买受人均要求实际履行合同的，应当按照以下情形分别处理：（1）先行受领交付的买受人有权请求出卖人履行办理所有权转移登记手续等合同义务；（2）均未受领交付，先行办理所有权转移登记手续的买受人有权请求出卖人履行交付标的物等合同义务；（3）均未受领交付，也未办理所有权转移登记手续，依法成立在先合同的买受人有权请求出卖人履行交付标的物和办理所有权转移登记手续等合同义务；（4）出卖人将标的物交付给买受人之一，又为其他买受人办理所有权转移登记，已受领交付的买受人有权请求将标的物所有权登记在自己名下（《买卖合同解释》第7条）。

应当指出的是，出卖的标的物是具有知识产权的标的物的，除法律另有规定或者当事人另有约定的以外，该标的物的知识产权不属于买受人（《民法典》第600条）。之所以知识产权不能当然随同所有权发生转移，是因为标的物上的知识产权与所有权是各自独立的权利，知识产权的客体并非知识产权载体，而是一种智力成果。

（三）物的瑕疵担保责任

物的瑕疵担保责任是指出卖人应保证标的物的质量符合约定或者法律规定的要求。在买卖合同中，无论标的物是不动产还是动产，也无论标的物是特定物还是种类物，出卖人均须保证出卖的标的物符合质量要求，此即为物的瑕疵担保义务。出卖人违反这一义务的，应当承担相应的法律后果，即为物的瑕疵担保责任。

物的瑕疵担保责任属于无过错责任，其成立须具备以下条件：（1）标的物须存在瑕疵。标的物存在瑕疵，即标的物的质量不合格，既包括不符合约定的质量要求，包括不符合依照法律规定确定的质量标准。（2）标的物瑕疵须于交付时存在。标的物瑕疵可以是在买卖合同成立时就存在的，也可以是在买卖合同成立后才存在的。但是无论如何，标的物瑕疵须于交付时业已存在。于标的物交付时瑕疵已消除的，则不发生物的瑕疵担保责任。（3）买受人须于买卖合同订立时不知标的物有瑕疵。若买受人于买卖合同订立时已经知道标的物存在瑕疵，则表明买受人自愿承担标的物瑕疵的风险，故不成立物的瑕疵担保责任。但是，若出卖人于出卖时保证标的物无瑕疵，或者出卖人故意隐瞒标的物瑕疵，则虽买受人于订立买卖合同时不知标的物有瑕疵有重大过失，但出卖人仍应负物的瑕疵担保责任。同时，虽然当事人约定减轻或者免除出卖人物的瑕疵担保责任，但是因出卖人故意或者重大过失不告知买受人标的物瑕疵的，出卖人无权主张减轻或者免除责任（《民法典》第618条）。（4）买受人须于规定的期间内就标的物瑕疵通知出卖人。买受人怠于通知的，视为标的物质量合格，不产生物的瑕疵担保责任（《民法典》第621条第1款）。

在我国民法上，物的瑕疵担保责任是一种违约责任。依据《民法典》第617条的规定，出卖人交付的标的物不符合质量要求的，买受人可以依据第582条至第584条的规定请求承担违约责任，具体为：当事人有约定的，按照约定承担物的瑕疵担保责任；当事人没有约定或者约定不明确的，当事人可以协议补充；不能达成补充协议的，按照合同相关条款或者交易习惯确定；仍不能确定的，买受人根据标的物的性质以及损失大小，可以合理选择要求出卖人修理、更换、退货、减少价款（《民法典》第582条）。采取上述措施后，买受人还有其他损失的，有权要求赔偿损失（《民法典》第583条）。

在标的物质量不符合质量要求时，买受人有权解除合同，具体情形包括：（1）标的物不符合质量要求，致使不能实现合同目的的，买受人有权拒绝接受标的物或者解除合同（《民法典》第610条）。（2）买受人因标的物的主物不符合约定而解除合同的，解除合同的效力及于从物；但因从物不符合约定的，买受人只能就从物部分解除合同，解除的效力不能及于主物（《民法典》第631条）。（3）标的物为数物，其中一物不符合约定的，买受人可以就该物解除合同，而不能就数物全部解除；但该物与他物分离使标的物的价值显受损害的，当事人可以就数物解除合同（《民法典》第632条）。（4）出卖人分批交付标的物的，出卖人对某一批标的物不交付或者交付不符合约定，致使该标的物不能实现合同目的的，买受人可以就该批标的物解除；出卖人不交付某一批标的物或者交付不符合约定，致使之后其他各批标的物的交付不能实现合同目的的，买受人可以就该批及之后其他各批标的物解除；买受人如果就其中一批标的物解除，该批标的物与其他各批标的物是相互依存的，可以就已经交付和未交付的各批标的物解除（《民法典》第633条）。

（四）权利瑕疵担保责任

权利瑕疵担保责任是指出卖人应当保证标的物的所有权转移于买受人，第三人不能对标的物主张任何权利（《民法典》第612条）。出卖人违反这一义务的，应承担相应的法律后果，此即为权利瑕疵担保责任。

权利瑕疵担保责任属于无过错责任，其构成须具备以下条件：(1) 出卖人转移的所有权须存在瑕疵。所谓权利瑕疵，是指第三人对标的物有合法的权利主张。这种瑕疵既包括第三人对标的物享有所有权，也包括第三人对标的物享有他物权（如抵押权）或者使用权（如租赁权），还包括标的物本身侵犯了他人的知识产权等。(2) 权利瑕疵须于买卖合同成立时存在。只有在买卖合同成立时权利即存在瑕疵的，出卖人才负有权利瑕疵担保责任。如果在买卖合同成立时权利不存在瑕疵，而是买卖合同成立后才产生权利瑕疵，则不成立权利瑕疵担保责任，但是会发生侵权责任或者违约责任。至于权利瑕疵的发生是否因出卖人的原因所致，对权利瑕疵担保责任的成立并无影响。(3) 买受人须不知有权利瑕疵的存在。买受人订立合同时知道或者应当知道第三人对买卖的标的物享有权利的，应视为买受人自愿承担这种风险，出卖人不负权利瑕疵担保责任（《民法典》第613条）。(4) 买卖合同成立后权利瑕疵未能消除。买卖合同成立时虽然存在权利瑕疵，但其后权利瑕疵消除的，不会影响买受人取得标的物的完全所有权，权利瑕疵担保责任也就不能成立。例如，标的物的所有权在买卖合同成立时由第三人享有，但是后来因买卖、继承等原因，出卖人取得了所有权，权利瑕疵即告消除。再如，第三人对标的物享有抵押权，后因债务人清偿了债务使抵押权消灭，权利瑕疵也不复存在。

权利瑕疵担保责任成立后，买受人有权要求减少价款或者解除合同。在买受人未支付价款时，其有确切证据证明第三人可能就标的物主张权利的，买受人有权中止支付相应的价款，除非出卖人提供适当的担保（《民法典》第614条）。

（五）按照法律规定或者合同约定回收标的物

为贯彻绿色原则，依照法律、行政法规的规定或者按照当事人的约定，标的物在有效使用年限届满后应予回收的，出卖人负有自行或者委托第三人对标的物予以回收的义务（《民法典》第625条）。例如，《固体废物污染环境防治法》第65条第1款规定，产生秸秆、废弃农用薄膜、农药包装废弃物等农业固体废物的单位和其他生产经营者，应当采取回收利用和其他防止污染环境的措施；《循环经济促进法》第15条第1款规定，生产列入强制回收名录的产品或者包装物的企业，必须对废弃的产品或者包装物负责回收。

二、买受人的主要义务

（一）支付价款

价款是标的物所有权转移的代价，因此，支付价款是买受人的主要义务。买受人支付价款应当符合下列要求。

(1) 买受人应当按照约定的数额和方式支付价款。对价款的数额和支付方式没有约定或者约定不明确的，依据《民法典》第510条、第511条第2项和第5项的规定，当事人可以协议补充；不能达成补充协议的，按照合同相关条款或者交易习惯确定；仍不能确定价款的数额和支付方式的，价款数额按照订立合同时履行地的市场价格支付，价款支付方式按照有利于合同目的的方式确定。依法应当执行政府定价或者政府指导价的，依照规定支付价款（《民法典》第626条）。应当指出，合同约定或者当事人之间习惯以普通发票作为付款凭证，买受人以普通发票证明已经履行付款义务的，应当予以承认，但是有相反证据足以推翻的除外（《买卖合同解释》第 5 条第 2 款）。

（2）买受人应当按照约定的地点支付价款。对价款的支付地点没有约定或者约定不明确的，依据《民法典》第 510 条的规定，当事人可以协议补充；不能达成补充协议的，按照合同相关条款或者交易习惯确定；仍不能确定的，买受人应当在出卖人的营业地支付价款；但是，约定支付价款以交付标的物或者提取标的物单证为条件的，在交付标的物或者提取标的物单证的所在地支付价款（《民法典》第 627 条）。

（3）买受人应当按照约定的时间支付价款。对价款的支付时间没有约定或者约定不明确的，依据《民法典》第 510 条的规定，当事人可以协议补充；不能达成补充协议的，按照合同相关条款或者交易习惯确定；仍不能确定的，买受人应在收到标的物或者提取标的物的单证的同时支付（《民法典》第 628 条）。

（二）及时受领标的物

出卖人负有交付标的物的义务，而这种交付只有买受人配合才能实现。因此，买受人对于出卖人按照约定条件交付的标的物负有受领的义务。买受人拒绝受领出卖人交付的标的物的，应负受领迟延的违约责任（《民法典》第 589 条）。

（三）及时检验标的物并通知出卖人

为确定出卖人交付的标的物的数量或者质量是否符合约定，买受人在收到标的物时，应当在约定的检验期限内检验；没有约定检验期限的，应当及时检验（《民法典》第 620 条）。

买受人及时检验标的物，应当遵守如下规定：（1）当事人约定检验期限的，买受人应当在检验期限内将标的物的数量或者质量不符合约定的情形通知出卖人；买受人怠于通知的，视为标的物的数量或者质量符合约定（《民法典》第 621 条第 1 款）。（2）当事人没有约定检验期限的，买受人应当在发现标的物数量或者质量不符合约定的合理期限内通知出卖人。买受人在合理期限内未通知或者自标的物收到之日起 2 年内未通知出卖人的，视为标的物的数量或者质量符合约定；但是，对标的物有质量保证期的，应当适用质量保证期，不适用 2 年期限的规定（《民法典》第 621 条第 2 款）。这里的“合理期限”，应当综合当事人之间的交易性质、交易目的、交易方式、交易习惯、标的物的种类、数量、性质、安装和使用情况、瑕疵情况、买受人应尽的合理注意义务、检验方法和难易程度、买受人或者检验人所处的具体环境、自身技能以及其他合理因素，依据诚信原则进行判断；这里的“2 年期限”是最长的合理期限，为不变期间，不适用诉讼时效中止、中断或者延长的规定（《买卖合同解释》第 12 条）。买受人在合理期限内提出异议的，出卖人无权以买受人已经支付价款、确认欠款数额、使用标的物等为由，主张买受人已放弃异议，但是当事人另有约定的除外（《买卖合同解释》第 13 条）。（3）出卖人知道或者应当知道提供的标的物不符合约定的，买受人既不受 2 年期限的限制，也不受质量保证期的限制。当事人约定的检验期限过短，根据标的物的性质和交易习惯，买受人在检验期限内难以完成全面检验的，该期限仅视为买受人对标的物的外观瑕疵提出异议的期限；当事人约定的检验期限或者质量保证期短于法律、行政法规规定期限的，应当以法律、行政法规规定的期限为准（《民法典》第 622 条）。当事人对检验期限未作约定，买受人签收的送货单、确认单等载明标的物数量、型号、规格的，推定买受人已经对数量和规格瑕疵进行了检验，但是有相关证据足以推翻的除外（《民法典》第623条）。在出卖人依照买受人的指示向第三人交付标的物时，出卖人和买受人约定的检验标准与买受人和第三人约定的检验标准不一致的，应当以出卖人和买受人约定的检验标准为准（《民法典》第624条）。应当指出，在上述检验期限、合理期限、2年期限经过后，买受人主张标的物的数量和质量不符合约定的，不应予以支持；而出卖人自愿承担违约责任后，又以上述期限经过为由翻悔的，也不应予以支持（《买卖合同解释》第14条）。

例题 54

（四）代为保管

买受人的保管义务发生于出卖人不按约定交付标的物而买受人拒绝接受的场合。例如，在出卖人提前履行而损害买受人利益时，买受人有权拒绝接受；在出卖人多交付标的物时，买受人可以拒绝接受多交的部分；在标的物质量不合格时，买受人可以拒绝接受标的物。在买受人拒绝接受标的物时，除及时通知出卖人外，还应当履行代为保管的义务。在买受人代为保管的情况下，可视为成立有偿保管合同。因此，买受人有权要求出卖人负担代为保管期间的合理费用，也有权要求出卖人承担代为保管期间非因买受人故意或者重大过失所造成的损失（《买卖合同解释》第3条）。

三、标的物意外毁损、灭失的风险负担和利益承受

（一）风险负担

买卖标的物的风险负担是指在合同订立后标的物因不可归责于任何一方的事由而毁损、灭失时，价金风险（对待给付风险）由何方负担。若出卖人承担风险，意味着出卖人无法请求买受人支付价金；若买受人承担风险，意味着买受人须支付价金。关于买卖标的物的风险负担问题，《民法典》第604条贯彻交付主义，即除法律另有规定或者当事人另有约定外，标的物毁损、灭失的风险，在交付之前由出卖人承担，交付之后由买受人承担。可见，标的物的风险负担转移仅以是否交付为判断标准，而与所有权是否转移无关。因此，无论是动产还是不动产，均以标的物交付作为标的物风险转移的时间点。例如，房屋毁损、灭失的风险，在交付使用前由出卖人承担，交付使用后由买受人承担（《商品房买卖合同解释》第8条）。

基于标的物风险负担转移的交付主义，风险负担问题应当遵循如下特殊规则。

（1）因买受人的原因致使标的物不能按照约定的期限交付的，买受人应当自违反约定时起承担标的物毁损、灭失风险（《民法典》第605条）。

（2）出卖人出卖交由承运人运输的在途标的物，除当事人另有约定外，毁损、灭失的风险自合同成立时起由买受人承担（《民法典》第606条）。出卖人出卖交由承运人运输的在途标的物，在合同成立时知道或者应当知道标的物已经毁损、灭失却未告知买受人，买受人有权主张出卖人负担标的物毁损、灭失的风险（《买卖合同解释》第10条）。

（3）出卖人按照约定将标的物运送至买受人指定地点并交付给承运人后，标的物毁损、灭失的风险由买受人承担；没有约定交付地点或者约定不明确，依据《民法典》第603条第1项的规定标的物需要运输的，出卖人将标的物交付给第一承运人后，标的物毁损、灭失的风险由买受人承担（《民法典》第607条）。

（4）出卖人按照约定或者依据《民法典》第 603 条第 2 款第 2 项的规定将标的物置于交付地点，买受人违反约定没有收取的，标的物毁损、灭失的风险自违反约定时起由买受人承担（《民法典》第 608 条）。

（5）出卖人按照约定未交付有关标的物的单证和资料的，不影响标的物毁损、灭失风险的转移（《民法典》第 609 条）。出卖人负有交付有关标的物的单证和资料的义务，以转移标的物的所有权，但是，在出卖人未交付有关标的物的单证和资料而交付了标的物时，标的物毁损、灭失的风险应由买受人承担。

（6）因标的物不符合质量要求致使不能实现合同目的，买受人拒绝接受标的物或者解除合同的，标的物毁损、灭失的风险由出卖人承担（《民法典》第 610 条）。

（7）当事人对风险负担没有约定，标的物为种类物，出卖人未以装运单据、加盖标记、通知买受人等可识别的方式清楚地将标的物特定于买卖合同，买受人有权主张不负担标的物毁损、灭失的风险（《买卖合同解释》第 11 条）。

应当指出，标的物的风险转移给买受人承担，并不意味着出卖人的给付符合法律的规定或者合同的约定。若出卖人履行债务不符合约定，买受人虽然承担标的物的风险，但是仍有权请求出卖人承担违约责任（《民法典》第 611 条）。

例题 55

（二）利益承受

利益承受是指于合同订立后标的物所生的孳息的归属。这里所谓的利益也就是标的物的孳息，包括天然孳息和法定孳息。利益承受一般与风险负担相一致，并且利益的产生往往与物的占有相关，因此，标的物的利益承受也应随交付而转移，即：除当事人另有约定外，标的物在交付之前产生的孳息，归出卖人所有；交付之后产生的孳息，归买受人所有（《民法典》第 630 条）。

第三节　特种买卖合同

一、分期付款买卖合同

（一）分期付款买卖合同的概念和特征

分期付款买卖合同是指买受人将标的物的总价款在一定期限分不同期数向出卖人支付的买卖合同。

分期付款买卖合同属于一种特种买卖合同，其特殊性主要表现在买受人不是一次性而是分不同期数向出卖人支付价款。这里的“分期付款”，是指买受人将应付的总价款在一定期限内至少分三次向出卖人支付（《买卖合同解释》第 27 条第 1 款）。

（二）分期付款买卖合同的特殊效力

在分期付款买卖合同中，买受人于受领标的物后分数次向出卖人付款，出卖人为避免收不到价款的风险，必会在合同中约定特别有利于自己的条款；而买受人一般属于经济上的弱者，因此为保护买受人的利益，法律对于分期付款的约款予以一定限制，从而体现出分期付款买卖合同的特殊效力。

1. 支付全部价款和解除合同的特殊效力

在分期付款买卖合同中，出卖人已经将标的物交付给买受人，为避免不能收到全部价款的风险，最重要的保障措施就是在买受人不按期支付价款时，要求买受人支付全部价款或者解除合同。依据《民法典》第 634 条第 1 款的规定，分期付款的买受人未支付到期价款的金额达到全部价款的 1/5，经催告在合理期限内仍未支付到期价款的，出卖人可以请求买受人支付全部价款或者解除合同。这一规定是出卖人要求支付全部价款或者解除合同的最基本条件，属于强制性规定。分期付款买卖合同的约定违反这种强制性规定，损害买受人的利益，买受人有权主张该约定无效（《买卖合同解释》第 27 条第 2 款）。应当指出，法律设置这种强制性规定的目的，在于保护买受人的利益。因此，如果当事人的约定较强制性规定更有利于买受人，则该约定应被认定有效。

2. 解除合同赔偿损害金额的特殊效力

当事人解除分期付款买卖合同时，双方应将其从对方取得的财产返还给对方，有过错的一方并应赔偿对方的损失。在因买受人违反付款义务而出卖人解除合同时，出卖人有权要求买受人赔偿损失。这里的损失包括两部分：一是买受人在占有标的物期间取得的利益，这种利益即体现为出卖人的损失。对于这种损失，应以买受人对标的物的使用费进行计算。因此，出卖人解除合同的，可以向买受人要求支付该标的物的使用费（《民法典》第 634 条第 2 款）。当事人对标的物的使用费没有约定的，可以参照当地同类标的物的租金标准确定（《买卖合同解释》第 28 条第 2 款）。二是标的物本身受到的损失。在买受人占有标的物期间，因其过错造成标的物损失的，出卖人有权要求买受人赔偿。在分期付款买卖合同中，约定有出卖人在解除合同时可以扣留已受领价金的条款，而出卖人扣留的金额超过标的物使用费以及标的物受赔偿额的，买受人有权请求返还超过的部分（《买卖合同解释》第 28 条第 1 款）。

3. 所有权保留的特殊效力

分期付款买卖合同既适用于动产，也适用于不动产，但是所有权保留仅适用于动产买卖合同。在动产的分期付款买卖合同中，虽然标的物已经被交付给买受人，但是当事人可以约定标的物的所有权不转移，即仍由出卖人享有所有权，此即为所有权保留的特殊效力。应当指出，所有权保留并非分期付款买卖合同的特有效力。在分期付款买卖合同中可以约定出卖人保留所有权，在没有约定的情况下，标的物交付即发生所有权的转移。

例题 56

二、凭样品买卖合同

（一）凭样品买卖合同的概念和特征

凭样品买卖合同简称样品买卖合同，是指当事人约定一定的样品并以该样品决定标的物质量的买卖合同。

样品买卖合同作为一种特种买卖合同，其特殊性主要在于当事人双方以确定的样品质量来决定买卖标的物的质量。因此，当事人须于合同中订明“以样品确定标的物的质量”或者“按样品买卖”。

（二）凭样品买卖合同的特殊效力

基于样品买卖合同的特殊性，其特殊效力主要体现为如下方面。

1. 样品的封存和说明义务

在买卖合同中，出卖人应当按照约定的质量要求交付标的物。对于样品买卖合同而言，当事人约定的质量要求就是样品的质量。所谓样品，是指由当事人选定的用以决定标的物质量的货物。该样品在合同成立时须已经存在，并得到当事人双方的认可。至于样品是由出卖人提供还是由买受人提供，对样品买卖合同的成立并没有影响。在双方认可样品的基础上，当事人应当封存样品，并可以对样品质量予以说明（《民法典》第 635 条前句）。该说明可以根据样品的具体情况确定，一般包括外观、型号、技术要求等。样品有国家强制性质量规定的，当事人须遵守该规定。

2. 出卖人交付的标的物应当与样品及其说明的质量相同

样品买卖合同的标的物质量标准，是当事人双方封存的样品及其质量说明，因此，出卖人交付的标的物应当与样品及其说明的质量相同（《民法典》第 635 条后句）。一般地说，买受人以标的物的质量与样品及其说明的质量不符为由而拒绝受领的，出卖人应举证证明标的物的质量与样品的质量相符；买受人受领标的物后主张质量不符合样品及其说明的质量的，应举证证明标的物的质量与样品的质量不同。合同约定的样品质量与文字说明不一致且发生纠纷时，当事人不能达成合意的，就区分如下情况处理：（1）样品封存后外观和内在质量没有发生变化的，应当以样品为准；（2）外观和内在质量发生变化，或者当事人对是否发生变化有争议而无法查明的，应当以文字说明为准（《买卖合同解释》第 29 条）。

3. 出卖人的特殊瑕疵担保责任

在买卖合同中，出卖人对标的物负物的瑕疵担保责任，样品买卖合同的出卖人亦负该责任。由于样品买卖合同以样品来决定标的物的质量是否符合要求，所以，出卖人交付的标的物与样品相同的，通常也就不发生物的瑕疵担保责任。但是，因为买受人往往只能看清样品表面有无瑕疵，而对隐蔽瑕疵难以了解，所以为了保护买受人的利益，出卖人应负特殊的瑕疵担保责任，即凭样品买卖的买受人不知道样品有隐蔽瑕疵的，即使交付的标的物与样品相同，出卖人交付的标的物仍然应当符合同种物的通常标准（《民法典》第 636 条）。如果标的物不符合同种物的通常标准，出卖人应当承担物的瑕疵担保责任。

例题 57

三、试用买卖合同

（一）试用买卖合同的概念和特征

试用买卖合同又称试验买卖合同，是指当事人双方约定在合同成立时出卖人将标的物交付于买受人试用，并以买受人在约定期限内认可标的物为生效条件的买卖合同。

试用买卖合同作为一种特种买卖合同，其特殊性主要在于两个方面：一方面，试用买卖合同约定由买受人试用标的物。在试用买卖合同中，当事人应约定标的物试用条款，若无该条款，则不成立试用买卖合同。另一方面，以买受人对标的物经试用后的认可为合同的生效条件。试用买卖合同虽经当事人双方意思表示一致即可成立，合同成立后出卖人也应将标的物交付买受人试用，但是在买受人认可标的物前，并不生效，只有经买受人试用并认可标的物后才发生效力；若买受人经试用不认可，则合同并不生效。因此，下列情形不成立试用买卖合同：（1）约定标的物经过试用或者检验符合一定要求时，买受人应当购买标的物；（2）约定第三人经试验对标的物认可时，买受人应当购买标的物；（3）约定买受人在一定期限内可以调换标的物；（4）约定买受人在一定期限内可以退还标的物（《买卖合同解释》第 30 条）。

（二）试用买卖合同的特殊效力

1. 对出卖人的效力

（1）试用买卖合同成立后，出卖人应当将标的物交给买受人试用。出卖人不交付标的物的，买受人有权请求出卖人交付。同时，在试用期内，出卖人不得取回标的物，也不得干涉买受人以正当合理的方式试用标的物。应当指出，虽然出卖人将标的物交付给买受人，但是标的物的所有权并没有发生转移。

（2）试用买卖合同约定买受人应当支付标的物使用费的，出卖人有权请求买受人支付。但是，试用买卖合同对标的物使用费没有约定或者约定不明确的，出卖人无权请求买受人支付（《民法典》第 639 条）。

2. 对买受人的效力

（1）买受人有权在试用期内试用标的物。试用买卖合同的核心在于买受人在试用期限内对标的物进行试用，以决定是否购买。所谓试用期限，是指买受人试用标的物以决定是否购买标的物所需要的期间。对于试用期限，当事人有约定的，依当事人的约定确定。当事人对试用期限没有约定或者约定不明确，依据《民法典》第 510 条的规定，当事人可以协议补充；不能达成补充协议的，按照合同相关条款或者交易习惯确定；仍不能确定的，由出卖人确定试用期限（《民法典》第 637 条）。

（2）买受人享有在试用期内决定是否购买标的物的权利。在试用买卖合同中，买受人对是否购买标的物有决定权。在试用期限内，买受人认可标的物的，可以决定购买标的物；不认可标的物，可以拒绝购买。在试用期限届满后，买受人对是否购买标的物未作表示的，视为购买（《民法典》第 638 条第 1 款）。买受人对标的物的认可或者不认可的意思表示，应向出卖人作出，可以采取书面形式，也可以采取口头形式。但是，买受人拒绝购买的意思表示须采取明示方式。买受人购买标的物的，试用买卖合同生效，当事人双方按照买卖合同的规定履行相应的义务。

依据《民法典》第 638 条第 2 款的规定，买受人在试用期内已经支付部分价款或者对标的物实施出卖、出租、设立担保物权等行为的，视为同意购买。买受人实施的上述行为意味着已认可标的物，是同意购买的默示方式。

（3）买受人不购买标的物时的返还义务。在试用期限内，若买受人拒绝购买标的物，则试用买卖合同不生效，买受人因此应负标的物的返还义务。因可归责于买受人的事由造成标的物毁损、灭失的，买受人应承担赔偿责任。

3. 标的物的风险负担

按照买卖合同标的物风险负担的一般规则，自标的物交付时起，风险负担转移于买受人。但是，试用买卖合同则不同，标的物在试用期限内毁损、灭失的风险由出卖人承担（《民法典》第 640 条）。之所以试用买卖合同的标的物风险负担不遵循交付主义，其原因在于，出卖人在交付标的物时，试用买卖合同还没有生效，这种交付并非履行合同义务的行为。

例题 58

四、所有权保留买卖合同

（一）所有权保留买卖合同的概念和特征

所有权保留买卖合同是指当事人在合同中约定，买受人未履行支付价款或者其他义务，标的物的所有权属于出卖人的买卖合同（《民法典》第 641 条第 1 款）。

所有权保留买卖合同作为一种特种买卖合同，其特殊性主要体现在如下方面：第一，所有权保留买卖合同仅适用于动产，对不动产不适用所有权保留买卖合同（《买卖合同解释》第 25 条），因为不动产所有权的转移需要办理登记。第二，在所有权保留买卖合同中，出卖人即使交付了标的物，其所有权也不发生转移。这属于动产物权变动一般规则的例外，系"法律另有规定"的特殊情形（《民法典》第 224 条）。第三，所有权保留买卖合同属于具有担保功能的合同（《民法典》第 388 条），出卖人保留的所有权是对其价款的一种担保，属于非典型担保。但是，出卖人对标的物保留的所有权，未经登记，不得对抗善意第三人（《民法典》第 641 条第 2 款）。

（二）所有权保留买卖合同的特殊效力

在所有权保留买卖合同中，因出卖人保留了对标的物的所有权，故产生如下特殊效力。

1. 标的物的取回

当事人约定出卖人保留合同标的物的所有权，在标的物所有权转移前，买受人有下列情形之一，造成出卖人损害的，除当事人另有约定外，出卖人有权取回标的物：（1）未按照约定支付价款，经催告后在合理期限内仍未支付；（2）未按照约定完成特定条件；（3）将标的物出卖、出质或者作出其他不当处分。出卖人可以与买受人协商取回标的物；协商不成的，可以参照适用担保物权的实现程序（《民法典》第 642 条），这体现了所有权保留买卖合同的担保功能。但是，在下列两种情形下，出卖人无权取回标的物：（1）买受人已经支付标的物总价款的 75%以上；（2）在买受人出卖、出质或者作出其他不当处分时，第三人依据《民法典》第 311 条的规定已经善意取得标的物的所有权或者其他物权（《买卖合同解释》第 26 条）。

2. 标的物的赎回与再出卖

出卖人取回标的物后，买受人在双方约定或者出卖人指定的合理回赎期限内，消除出卖人取回标的物的事由的，可以请求回赎标的物；买受人在回赎期限内没有回赎标的物，出卖人可以以合理价格将标的物出卖给第三人，出卖所得价款扣除买受人未支付的价款以及必要费用后仍有剩余的，

例题 59

应当返还买受人；不足部分由买受人清偿（《民法典》第643条）。

五、招标投标买卖合同

（一）招标投标买卖合同的概念和特征

招标投标买卖合同是指以招标投标的方式所订立的买卖合同。招标投标买卖合同的特殊性在于，当事人通过竞争方式订立合同，并且各投标人报出的条件相互是保密的，每人都只有一次报价的机会。由于招标投标买卖是一种特殊程序的买卖，所以《民法典》第644条规定："招标投标买卖的当事人的权利义务以及招标投标程序等，依照有关法律、行政法规的规定。"

（二）招标投标买卖合同的订立

以招标投标方式订立买卖合同，要经过招标、投标、开标、验标、定标等阶段。

招标包括公开招标和邀请招标。前者是指招标人以招标公告的方式邀请不特定的人投标，后者是指招标人以投标邀请书的方式邀请特定人的投标（《招标投标法》第10条）。依据《民法典》第473条的规定，招标公告为要约邀请。

投标是指投标人按照招标文件的要求，在规定期限内向招标人报价的行为。从法律性质上说，投标属于要约，须有招标人的承诺，合同才能成立。

开标是指在指定地点公开标书内容的行为，验标是验证标书的行为。

定标是指招标人在开标、评标后从各投标人中选出条件最佳者，由中标人与招标人订立买卖合同。

六、拍卖合同

（一）拍卖合同的概念和特征

拍卖合同是指以公开竞价的方式，将标的物出卖给最高应价者的买卖合同（《拍卖法》第3条）。拍卖合同亦是通过竞争方式订立的合同，但其不同于招标投标买卖合同的特殊性在于，拍卖是公开进行的，每个竞买人的报价都是公开的，并且每一次报价在他人有更高的应价时，即失去效力。拍卖合同作为一种特种买卖合同，当事人的权利义务以及拍卖程序等，依照有关法律、行政法规的规定（《民法典》第645条）。

（二）拍卖合同的订立

拍卖合同的订立通常要经过拍卖表示、应买表示、拍定表示告示阶段。

拍卖表示是指拍卖人发出的对标的物进行拍卖的公告。依据《民法典》第473条的规定，拍卖公告为要约邀请。

应买表示是竞买人作出表示买受的意思表示。在一般情况下，竞买人应买表示属于要约。

拍定表示是指拍卖人以特定的方式表示拍卖成交的意思表示。从法律性质上说，拍卖人的拍定表示属于承诺。拍卖成交后，买受人与拍卖人应签署成交确认书。

第四节　互易合同

一、互易合同的概念和种类

互易合同又称以物换物合同、易货贸易或者易货交易合同，是当事人双方约定以货币以外的财物进行交换的合同。除当事人双方均以从对方处取得标的物的所有权为目的，即一方以交付和转移自己的财物的所有权为取得另一方的财物的所有权的代价外，互易合同具备买卖合同的各种特征。因此，《民法典》第647条规定："当事人约定易货交易，转移标的物的所有权的，参照适用买卖合同的有关规定。"

互易可分为单纯互易与价值互易。单纯互易是指当事人双方并不考虑给付对方的标的物的价值，如甲以一台电视机换乙的一辆自行车，双方并不计算各个财物的价值。价值互易是指当事人双方以标的物的价值为标准互换标的物。在价值互易中，双方互换的标的物的价值应当相当，如价值不等，则一方应向另一方支付差价。

二、互易合同的成立与效力

互易合同为诺成合同，自当事人双方意思表示一致时起即可成立。互易合同一经成立生效，其效力准用买卖合同效力的规定。因此，互易合同当事人主要有以下义务。

第一，按照合同的约定向对方交付标的物并转移标的物的所有权。当事人未在约定期限内履行交付义务的，应承担违约责任。在标的物因不可归责于当事人的事由意外灭失时，当事人双方免除相互给付的义务；一方已交付的，另一方应将其受领的标的物返还。

第二，当事人相互对其应交付的标的物负瑕疵担保责任。互易合同的各方均应担保其交付的标的物符合约定的质量，并能将其所有权完全移转给对方。在标的物存在质量瑕疵或者权利瑕疵时，当事人应负瑕疵担保责任。

第三，当事人间的互易为价值互易的，负补足价款义务的一方应按照约定的时间和地点补足应交的价款。当事人不履行其补足价款义务的，应承担违约责任。

第四，互易合同的标的物风险负担及利益承受，适用买卖合同的规定。

重点思考题

1. 如何理解出卖人的瑕疵担保责任？
2. 如何确定买卖标的物的风险负担规则？
3. 如何认识各种特殊种买卖合同的特殊性？
4. 如何理解所有权保留买卖合同的担保功能？

案例讨论

1. 甲与乙订立了一份卖牛合同，合同约定甲向乙交付 5 头牛，分别为牛 1、牛 2、牛 3、牛 4、牛 5，总价款为 1 万元，乙向甲交付定金 3 000 元，余下款项由乙在半年内付清。双方还约定，在乙向甲付清牛款之前，甲保留该 5 头牛的所有权。甲向乙交付了该 5 头牛。

请回答以下问题：

(1) 假设在牛款付清之前，牛 1 被雷电击死，该损失由谁承担？为什么？

(2) 假设在牛款付清之前，牛 2 生下一头小牛，该小牛由谁享有所有权？为什么？

(3) 假设在牛款付清之前，牛 3 踢伤丙，丙的医药费和误工损失共计 1 000 元，该损失应由谁承担？为什么？

(4) 假设在牛款付清之前，乙与丁达成一项转让牛 4 的合同，在向丁交付牛 4 之前，该合同的效力如何？为什么？

(5) 假设在牛款付清之前，丁不知甲保留了此牛的所有权，乙与丁达成一项转让牛 4 的合同，作价 2 000 元且将牛 4 交付丁。丁能否据此取得该牛的所有权？为什么？

(6) 假设在牛款付清之前，乙将牛 5 租与戊，租期 3 个月，租金为 200 元。该租赁协议是否有效？

(7) 合同中的定金条款效力如何？为什么？

2. 甲公司委派业务员张某去乙公司采购大蒜，张某持盖章空白合同书以及采购大蒜授权委托书前往。

甲、乙公司于 2021 年 3 月 1 日签订大蒜买卖合同，约定：由乙公司代办托运，货交承运人丙公司后即视为完成交付。大蒜总价款为 100 万元，货交丙公司后甲公司付 50 万元货款，货到甲公司后再付清余款 50 万元。双方还约定，甲公司向乙公司交付的 50 万元货款中包含定金 20 万元，如任何一方违约，需向守约方赔付违约金 30 万元。

张某发现乙公司尚有部分绿豆要出售，认为时值绿豆销售旺季，遂于 2021 年 3 月 1 日擅自决定与乙公司再签订一份绿豆买卖合同，总价款为 100 万元，仍由乙公司代办托运，货交丙公司后即视为完成交付。其他条款与大蒜买卖合同的条款相同。

2021 年 4 月 1 日，乙公司按照约定将大蒜和绿豆交给丙公司，甲公司将 50 万元大蒜货款和 50 万元绿豆货款汇付给乙公司。按照托运合同，丙公司应在 10 天内将大蒜和绿豆运至甲公司。

2021 年 4 月 5 日，甲、丁公司签订以 120 万元价格转卖大蒜的合同。4 月 7 日，因大蒜价格大涨，甲公司又以 150 万元价格将大蒜卖给戊公司，并指示丙公司将大蒜运交戊公司。4 月 8 日，丙公司运送大蒜过程中，因突发山洪大蒜全部毁损。戊公司因未收到货物而拒不付款，甲公司因未收到戊公司货款而拒绝支付乙公司大蒜尾款 50 万元。

后绿豆行情暴涨，丙公司以自己名义按 130 万元价格将绿豆转卖给不知情的己公司，并迅即交付，但尚未收取货款。甲公司得知后，拒绝追认丙公司行为，要求己公司返还绿豆。

请回答以下问题：

（1）大蒜运至丙公司时，所有权归谁？为什么？

（2）甲公司与丁、戊公司签订的转卖大蒜的合同的效力如何？为什么？

（3）大蒜在运往戊公司途中毁损的风险由谁承担？为什么？

（4）甲公司能否以未收到戊公司的大蒜货款为由，拒绝向乙公司支付尾款？为什么？

（5）乙公司未收到甲公司的大蒜尾款，可否同时要求甲公司承担定金责任和违约金责任？为什么？

（6）甲公司与乙公司签订的绿豆买卖合同效力如何？为什么？

（7）丙公司将绿豆转卖给己公司的行为之法律效力如何？为什么？

（8）甲公司是否有权要求己公司返还绿豆？为什么？

第十章
供用电、水、气、热力合同

第一节　供用电、水、气、热力合同概述

一、供用水、电、气、热力合同的概念和特征

供用电、水、气、热力合同，是指供方向用方供电、水、气、热力，用方为此支付价款的合同。供用电、水、气、热力合同具体包括供用电合同、供用水合同、供用气合同、供用热力合同，具有以下特征。

第一，合同主体一方具有特殊性。供用电、水、气、热力合同的供方即供电方、供水方、供气方、供热力方，只能是依法取得供电、水、气、热力营业资格的企业；而用方既可以是自然人，也可以是法人或者非法人组织，并没有限制。

第二，合同标的物具有特定性。供用电、水、气、热力合同的标的物为电、水、气、热力，是生产和生活的必需品。因此，为保障人们生产和生活的需要，法律对其予以特别规制。

第三，合同内容具有公用性。在供用电、水、气、热力合同中，供方所提供的电、水、气、热力的消费对象是社会一般公众，其以满足社会一般公众的生活和生产需求为目的。因此，这类合同具有强制缔约性，供方不得拒绝用方的合理订立合同要求（《民法典》第 648 条第 2 款）。

第四，合同形式具有格式性。供电、水、气、热力是具有社会公益性的公用事业，合同标的物是特殊的商品，供方具有垄断地位，用方是广泛的生产者和消费者。因此，这类合同一般采用由供方单方拟定的格式条款，用方一般只能决定是否同意订立合同，而不能改变合同的相关内容。

第五，合同履行具有连续性。由于电、水、气、热力的供应与使用是连续的，因此，这类合同的履行具有连续性，供方须连续地供电、水、气、热力，用方须按期地支付相应的价款，属于继续性合同。

第六，合同具有诺成性、双务性、有偿性。供电、水、气、热力合同自当事人双方达成一致的协议时起就成立生效，不以供方的实际供电、水、气、热力为生效条件。合同成立后，当事人双方均负有一定义务，享有一定权利，双方的权利义务具有对应性。

任何一方从对方处取得利益，均须向对方支付相应的财产代价。因此，供用电、水、气、热力合同为诺成合同、双务合同、有偿合同。

二、供用水、供用气、供用热力合同的法律适用

供用电合同、供用水合同、供用气合同、供用热力合同虽然标的物有所不同，但是合同的性质、目的、内容基本相同。《民法典》虽然用专章规定了“供用电、水、气、热力合同”，但是仅就供用电合同作了具体规定。因此，《民法典》第656条规定，供用水、供用气、供用热力合同，参照适用供用电合同的有关规定。

第二节　供用电合同

一、供用电合同的概念和内容

供用电合同是供电人向用电人供电，用电人支付电费的合同（《民法典》第648条第1款)。在供用电合同中，提供电力的一方为供电人，使用电力的一方为用电人。

依据《民法典》第649条的规定，供用电合同的内容一般包括如下条款。

(1）供电的方式、质量、时间。供电方式是指供电人以何种方式向用电人供电，包括主供电源、备用电源、保安电源的供电方式以及委托转供电等内容；供电质量是指供电频率、电压和供电可靠性三项指标；供电时间是指用电人有权使用电力的起止时间。

(2）用电容量、地址、性质、计量方式。用电容量是指供电人认定的用电人受电设备的总容量；用电地址是指用电人使用电力的地址；用电性质是指用电人属于何种行业用电和何类用电；计量方式是指供电人如何计算用电人使用的电量。

(3）电价、电费的结算方式。电价是指供电人向用电人供应电力的价格，应执行政府的统一定价；电费是用电人交付的用电的代价。当事人应在合同中约定电费的结算方式，如由银行代缴、预付等。

(4）供用电设施的维护责任。对供用电设施的维护责任主要应确定供电设施运行管理责任的分界点。分界点的电源一侧的供电设施属于供电人，由供电人负责运行维护管理；分界点的负荷一侧的供电设施属于用电人，由用电人负责运行维护管理。

二、供用电合同的效力

（一）供电人的主要义务

1. 及时、安全、合格供电

供用电合同订立后，供电人应当按照合同约定的时间及时供电，供电质量应当符合国家规定的供电标准和约定的供电标准，保证安全、合格供电。供电人未按照国家规定的供电标准和约定安全供电，造成用电人损失的，应当承担损害赔偿责任（《民法典》第651条)。依据《民法典》第650条的规定，供用电合同的履行地点，按照当事人约定；

当事人没有约定或者约定不明确的，供电设施的产权分界处为履行地点。

2. 因故中断供电时应通知用电人

供用电合同的履行是连续性的，供电人开始供电后应按规定持续不断地供电。如因故需要中断供电的，供电人应提前通知用电人，以使其做好准备。因此，供电人因供电设施计划检修、临时检修、依法限电或者用电人违法用电等原因，需要中断供电时，应当按照国家有关规定事先通知用电人。供电人未事先通知用电人中断供电，造成用电人损失的，应当承担损害赔偿责任（《民法典》第 652 条）。

3. 因自然灾害等原因断电时应及时抢修

自然灾害属于不可抗力，因自然灾害等原因致使供电人不能供电的，免除供电人的不履行合同的责任。但是，在发生自然灾害后，当事人应当采取积极措施，以最大限度地减少因自然灾害所造成的损失。因此，因自然灾害等原因断电，供电人应当按照国家有关规定及时抢修。未及时抢修，造成用电人损失的，应当承担损害赔偿责任（《民法典》第 653 条）。

（二）用电人的主要义务

1. 按时交付电费

用电人应当按照国家有关规定和当事人的约定及时交付电费。用电人逾期不交付电费的，应当按照约定支付违约金。经催告用电人在合理期限内仍不交付电费和违约金的，供电人可以按照国家规定的程序中止供电（《民法典》第 654 条）。

2. 按照规定安全、节约和计划用电

用电人应当按照国家有关规定和当事人的约定安全、节约和计划用电。用电人未按照国家有关规定和当事人的约定用电，造成供电人损失的，应当承担损害赔偿责任（《民法典》第 655 条）。

3. 保持用电设施的安全

为保证用电安全，用电人负有保持用电设施安全的义务，这是用电安全的基本前提。用电人违反保持用电设施安全的义务，造成供电人损失的，应当承担赔偿责任。

重点思考题

1. 如何理解供用电合同的特殊性？
2. 供用电合同的效力有哪些？

案例讨论

甲与供电公司签订了供用电合同。因供电公司线路检修而经常出现电压不稳的现象，但供电公司在检修线路前并未通知甲。某日，在甲看电视的时候，电视机突然被电流击损。甲在知道供电公司检修线路导致电压不稳的情况之后，便找到供电公司，要求其赔偿损失，但供电公司并不理会甲的要求。于是，甲便不再交纳电费。供电公司几经催促，甲书面通知供电公司，称供电公司不赔偿电视机的损失，便行使同时履行抗辩权，拒绝交纳电费。之后，供电公司开始给甲家断电。甲从供电公司设在甲家楼旁边的供电设备上私接了一条线，给家中通电。

请回答以下问题：

（1）甲的电视机损失是否应当由供电公司赔偿？为什么？

（2）甲是否可以行使同时履行抗辩权？为什么？

（3）供电公司给甲家断电是否合法？为什么？

（4）对甲私接电线的行为如何定性？为什么？

第十一章
赠与合同

第一节　赠与合同概述

一、赠与合同的概念和特征

赠与合同是指赠与人将自己的财产无偿给予受赠人，受赠人表示接受赠与的合同（《民法典》第657条）。在赠与合同中，将自己的财产给予他人的一方为赠与人，接受赠与财产的一方为受赠人。

赠与合同具有以下特征。

第一，赠与合同为转移财产权利的合同。赠与合同以赠与人将其财产给予受赠人，受赠人接受赠与的财产为内容。因此，赠与合同的履行发生赠与物的所有权转移的结果，赠与合同为转移财产所有权的合同。

第二，赠与合同为单务合同、无偿合同。在赠与合同中，赠与人负担将财产转移给受赠人的义务，而受赠人并不负担对待给付义务。相对于赠与人转移财产权利来说，受赠人一方仅享有权利。赠与人将财产给予受赠人，受赠人取得赠与物无须偿付任何代价，因此，赠与合同为单务合同、无偿合同。

第三，赠与合同为诺成合同、不要式合同。赠与合同自当事人意思表示一致时成立，不以赠与财产的交付为成立条件，因此，赠与合同为诺成合同。就赠与合同的形式而言，法律并未要求采取特定的形式，因此，赠与合同为不要式合同。

例题 60

二、赠与合同的分类

（一）一般赠与合同与特种赠与合同

根据合同的成立、效力有无特别情形，赠与合同可分为一般赠与合同和特种赠与合同。一般赠与合同又称单纯赠与合同，是指无特别情形的赠与合同。特种赠与合同是指在赠与合同的成立、效力等方面有特别情形的赠与合同。例如，附义务赠与、附条件赠与、附期限赠与、死因赠与、混合赠与（如受赠人须为一定对待给付的赠与）等合同，都为特种赠与合同。

区分一般赠与合同与特种赠与合同的意义主要在于：(1) 在一般赠与合同中，对受赠人没有民事行为能力的要求，无民事行为能力、限制民事行为能力人都可以作为受赠人；而在特种赠与合同，如附义务赠与、附条件赠与、混合赠与等合同中，受赠人往往要承担一定的义务，故受赠人须具有相应的民事行为能力。(2) 在一般赠与合同中，赠与人一般不负担赠与财产的瑕疵担保责任；而在有的特种赠与合同，如附义务赠与合同中，赠与人在附义务的限度内承担物的瑕疵担保责任。

(二) 现实赠与合同与非现实赠与合同

根据合同的成立和履行的关系，赠与合同可分为现实赠与合同与非现实赠与合同。现实赠与合同又称实时赠与合同，是指于赠与合同成立之时赠与人即将赠与物交付与受赠人的赠与合同。在现实赠与合同成立的同时，赠与人就履行了赠与的义务。非现实赠与合同是指于合同成立后赠与人才按照合同的约定将赠与财产交付受赠人的赠与合同，非现实赠与合同的成立与履行并非同时进行、同时完成的。

区分现实赠与合同与非现实赠与合同的意义主要在于：(1) 现实赠与合同的赠与人在合同成立时即履行了赠与义务，合同的成立和履行同时完成；而非现实赠与合同的赠与人在合同成立后，按照合同约定履行赠与义务。(2) 现实赠与合同的标的物只能是现存的财产，而非现实赠与合同的标的物可为赠与人将来取得的财产。

(三) 具有公益、道德义务性质的赠与合同与不具有公益、道德义务性质的赠与合同

根据合同的目的是否具有公益、道德义务性质，赠与合同可分为具有公益、道德义务性质的赠与合同和不具有公益、道德义务性质的赠与合同。前者是指赠与人赠与财产的目的是履行公益、道德性质的义务，而后者是指赠与人的赠与目的并不具有公益、道德义务性质。

区分具有公益、道德义务性质的赠与合同与不具有公益、道德义务性质的赠与合同的意义主要在于：前者的约束力较强，赠与人不享有任意撤销权；而后者的约束力较弱，赠与人享有任意撤销权。

第二节　赠与合同的效力

赠与合同为单务合同，因此，赠与合同的效力主要表现为赠与人的义务和受赠人的权利，并且赠与人的义务即受赠人的权利。赠与人的义务主要是依照合同的约定交付并转移赠与财产的所有权给受赠人。

一、交付赠与财产并转移所有权

赠与合同生效后，赠与人应当按照合同的约定将赠与财产交付给受赠人，并将赠与财产的所有权转移于受赠人。在赠与财产的所有权转移时，需要办理登记或者其他手续的，应当办理有关手续（《民法典》第 659 条）。

赠与人不交付赠与财产的，是否承担违约责任，依不同的赠与合同而有所不同。对于一般赠与合同，因为赠与人在赠与财产的权利转移之前可以任意撤销，所以如果赠与

人不交付财产，可看作是赠与人撤销赠与，则受赠人不能要求赠与人交付财产，赠与人不交付财产的，也就不负违约责任。而对于具有救灾、扶贫、助残等公益、道德义务性质的赠与合同或者经过公证的赠与合同，赠与人不得任意撤销（《民法典》第658条），赠与人不交付赠与财产的，受赠人可以要求交付（《民法典》第660条第1款）。因此，赠与人不按照合同约定交付赠与财产的，其行为即构成违约，应负违约责任。

赠与人履行交付义务，以有交付的可能为前提。若标的物已毁损、灭失，则发生履行不能，赠与人交付赠与物的义务免除。但是，因赠与人的故意或者重大过失致使赠与的财产毁损、灭失的，赠与人应当承担赔偿责任（《民法典》第660条第2款）。

二、赠与人的瑕疵担保责任

由于赠与是单务合同、无偿合同，受赠人不负对待给付义务，而赠与人一般又是以财产的现状为赠与，因此，在一般情形下，赠与人对赠与财产的瑕疵不负担保责任。但是，依据《民法典》第662条的规定，在下列两种情形下，赠与人应当承担赠与财产的瑕疵担保责任：其一，在附义务的赠与合同中，赠与的财产有瑕疵的，赠与人在附义务的限度内承担与出卖人相同的瑕疵担保责任。在附义务的赠与合同中，受赠人虽然受有利益，但是也要履行约定的义务，如赠与财产有瑕疵，受赠人所受利益必会有所减损，因此，在附义务的限度内，赠与人应对赠与财产承担瑕疵担保责任。其二，赠与人故意不告知赠与财产瑕疵或者保证无瑕疵，造成受赠人损失的，应当就受赠人因该赠与财产的瑕疵所受损害负赔偿责任。赠与人故意不告知赠与财产的瑕疵，主观上有恶意，自应对赠与财产的瑕疵致受赠人的损害负赔偿责任；赠与人保证赠与财产无瑕疵的，受赠人会因相信赠与人的许诺而放松警惕，基于诚信原则，赠与人对受赠人因此遭受的损害也应负赔偿责任。

例题 61

第三节　赠与合同的撤销与不再履行

一、赠与合同的撤销

（一）赠与合同的任意撤销

赠与合同的任意撤销是指在赠与财产的权利转移之前，赠与人得基于自己的意思而撤销赠与。

由于赠与合同为无偿合同，赠与人并不能从受赠人处取得任何财产代价，在赠与合同成立后，若不许赠与人撤销赠与，则即使赠与人因一时冲动考虑不周而为赠与的表示，也须履行赠与的义务，这对赠与人要求未免过苛，有失公允，所以，法律许可赠与人在赠与财产的权利转移之前撤销赠与（《民法典》第658条第1款）。但是，若对赠与人撤销赠与不加任何限制，则等于赠与合同无任何约束力，这既不符合诚信原则的要求，对受赠人也有失公平。因此，法律上须对赠与人的任意撤销权加以一定限制。依据《民法典》第658条的规定，赠与合同的任意撤销须受以下限制。

第一，赠与财产的权利已经转移的，赠与人不得撤销赠与。赠与人撤销赠与，只能于赠与财产的权利转移之前，实际上是拒绝履行赠与合同的义务。若赠与财产的权利已由赠与人转移于受赠人，则不论赠与财产是否已交付，赠与人均不得撤销赠与。当然，如果赠与人只是交付了部分赠与财产，对于未交付的部分仍可撤销赠与。

第二，对于经过公证的赠与合同，赠与人不得撤销。这是因为，赠与合同于合同成立后经公证机关公证，充分表明当事人作出赠与的意思表示是相当慎重的，当事人自应信守其诺言而不得任意撤销。

第三，对于具有救灾、扶贫、助残等公益、道德义务性质的赠与合同，不得任意撤销。具有救灾、扶贫、助残等性质的赠与合同是为了社会公益事业，而具有道德义务性质的赠与合同往往出于当事人间的特殊情感，对于这些赠与合同若许可赠与人任意撤销，则与赠与的目的相悖，与社会道义不符，所以，赠与人不得任意撤销。

（二）赠与合同的法定撤销

赠与合同的法定撤销是指在具备法定事由时，有撤销权的人撤销赠与。赠与合同的法定撤销与任意撤销的区别在于：法定撤销须有法定事由，只要具备法定事由，不论何种赠与合同，也不论赠与财产的权利是否转移，撤销权人均可撤销；而任意撤销不需要有法定事由，但须受法律的限制。

依法律规定，赠与合同生效后，在发生法定事由时，赠与人或者赠与人的继承人或者法定代理人有权撤销赠与。

1. 赠与人撤销赠与的法定事由

依据《民法典》第 663 条第 1 款的规定，受赠人有下列情形之一的，赠与人可以撤销赠与。

（1）严重侵害赠与人或者赠与人近亲属的合法权益。严重侵害赠与人或者赠与人近亲属的合法权益是一种忘恩负义行为，违背了赠与人的赠与初衷，故赠与人享有法定撤销权。受赠人的侵害是否严重，可以从行为的情节和后果等各方面分析。只要受赠人的侵害构成严重侵害，无论受赠人的主观状态如何，赠与人均享有法定撤销权。受侵害的对象是赠与人本人或者赠与人的近亲属，包括配偶、父母、子女、兄弟姐妹、祖父母、外祖父母、孙子女、外孙子。这里的合法权益既包括人身权益，也包括财产权益。

（2）对赠与人有扶养义务而不履行。受赠人对赠与人有扶养义务的，应当履行该义务。对这里的扶养义务应当作广义理解，也包括抚养义务与赡养义务。在受赠人对赠与人有扶养义务而不履行的情况下，赠与人享有法定撤销权。如果受赠人虽有扶养义务而无扶养能力不能履行扶养义务，则赠与人无权撤销赠与。

（3）不履行赠与合同约定的义务。赠与附义务的，受赠人应当履行该义务。若受赠人不履行赠与合同约定的义务，则赠与人享有法定撤销权。当然，赠与人也可以不撤销赠与，而请求受赠人履行。

2. 赠与人的继承人或者法定代理人撤销赠与的法定事由

基于合同的相对性，赠与合同的撤销权本应属于赠与人，但是在受赠人的违法行为致使赠与人死亡或者丧失民事行为能力的情况下，赠与人的法定撤销权事实上已经无法行使。此时，只有赋予赠与人的继承人或者法定代理人撤销赠与的权利，才能实现赠与人撤销赠与的意愿。因此，因受赠人的违法行为致使赠与人死亡或者丧失民事行为能力的，赠与人的继承人或者法定代理人可以撤销赠与（《民法典》第664条）。

3. 赠与合同撤销权的行使与效力

在赠与合同的法定撤销中，撤销权人行使撤销权应向受赠人为撤销的意思通知，自撤销的意思通知到达受赠人时生效。因撤销权为形成权，故应在规定期限内行使。赠与人的撤销权，应当自知道或者应当知道撤销事由之日起1年内行使（《民法典》第663条第2款）；赠与人的继承人或者法定代理人的撤销权，应当自知道或者应当知道撤销事由之日起6个月内行使（《民法典》第664条第2款）。在上述期限内，撤销权人没有行使撤销权的，撤销权消灭。

撤销权人撤销赠与的，可以向受赠人要求返还赠与的财产（《民法典》第665条）。应当指出，赠与人尚未交付赠与财产的，在具备法定撤销的事由时，法定撤销权当然可以行使，赠与人也可以行使任意撤销权。

例题 62

二、赠与合同的不再履行

依据《民法典》第666条的规定，赠与合同生效后赠与人的经济状况显著恶化，严重影响其生产经营或者家庭生活时，赠与人可以不再履行赠与义务。赠与人不再履行赠与义务，学说上又称“穷困抗辩权”。

关于赠与合同的不再履行，须明确如下几点：(1) 赠与人不再履行，并不意味着赠与合同的解除。因此，待赠与人的经济状况好转后，受赠人仍可请求赠与人履行。(2) 赠与人不再履行，对于已经履行的部分不具有溯及力，赠与人不能要求返还。(3) 赠与人不再履行主要适用于经过公证的赠与合同以及具有救灾、扶贫、助残等公益、道德义务性质的赠与合同。因为一般赠与合同生效后，若出现赠与人的经济状况显著恶化，严重影响其生产经营或者家庭生活的情况，则赠与人完全可以行使任意撤销权，使赠与合同消灭。当然，赠与人若并不想消灭赠与合同关系，也可以行使“穷困抗辩权”，不再履行赠与义务。

第四节　附义务赠与合同

一、附义务赠与合同的概念和特征

附义务赠与合同又称附负担赠与合同，是指使受赠人负担一定义务的赠与合同。《民法典》第661条第1款规定，“赠与可以附义务”。这是对附义务赠与合同的法律确认。

附义务赠与合同为一种特种赠与合同，具有与一般赠与合同不同的特征，表现在受赠人负有一定的义务。在一般赠与合同中，受赠人是不负担任何给付义务的，而在附义务赠与合同中，受赠人负有向赠与人或者第三人为一定给付的义务，该义务亦即附加于受赠人的负担。

附义务赠与合同中受赠人的义务是附加于赠与合同的，是赠与合同内容的一部分，而非独立于赠与合同的合同内容。因此，若受赠人的义务违反法律规定或者违背公序良俗，则赠与合同无效。

附义务赠与合同中受赠人的义务虽为为一定给付的义务，但不是赠与合同的对价，赠与人不能以受赠人不履行义务而为不履行赠与义务的抗辩。原则上，除当事人有另外的特别约定外，只有在赠与人履行给付义务后，受赠人才为义务的履行。因此，附义务赠与合同仍为赠与，仍属于单务合同、无偿合同。

附义务赠与合同中所附的义务虽以受赠人负担一定的给付义务为内容，但是受赠人的给付不以作为为限，也可以是不作为。例如，甲将已租赁给丙的某财产赠与乙，约定乙不得解除与丙的租赁合同，此赠与合同中受赠人负担的给付义务就为不作为。附义务赠与合同的受赠人履行给付义务的相对人可以是赠与人，也可以是第三人；可以是特定的人，也可以是不特定的人。

二、附义务赠与合同的特殊效力

附义务赠与合同的效力与一般赠与合同的效力相比，主要有以下两点不同。

（一）受赠人应按照合同的约定履行义务

依据《民法典》第 661 条第 2 款的规定，赠与附义务的，受赠人应当按照约定履行义务。赠与人向赠与人给付赠与财产后，受赠人即应履行其所负义务。若受赠人不履行其负担的义务，则赠与人有权要求其履行，或者撤销赠与合同。因受赠人不履行其义务，赠与人撤销赠与的，受赠人应将赠与财产返还给赠与人。赠与合同中约定的受益人为第三人的，在受赠人不履行负担时，该第三人也可以请求受赠人履行义务。赠与合同所附的义务非因受赠人的事由不能履行或者没有必要履行的，赠与人不得撤销赠与。

受赠人履行其义务，仅限于赠与财产的价值范围内。由于赠与合同本为无偿合同，应使受赠人取得财产利益，若受赠人的义务超过赠与财产的价值，则受赠人就无任何利益可言，也与赠与合同的本旨不符，因此，受赠人履行义务应当在赠与财产的价值限度内。赠与合同所附的义务超过赠与财产价值的，受赠人仅在赠与财产价值限度内履行义务；所附义务是不可分的，不能为一部履行的，受赠人可以拒绝履行。

例题 63

（二）赠与人应负一定的瑕疵担保责任

在一般赠与合同中，赠与人原则上不负瑕疵担保责任。但是，在附义务赠与合同中，受赠人应当履行所附义务，即受赠人受有利益，也须履行义务。就受赠人履行义务来说，受赠人有如同买受人一样的地位，所以，赠与人也应在此限度内负瑕疵担保责任。依据《民法典》第 662 条第 1 款的规定，附义务的赠与，赠与的财产有瑕疵的，赠与人在附义务的限度内承担与出卖人相同的责任。应当指出，赠与人于此情形下承担的瑕疵担保责任，不以其故意不告知瑕疵或者保证无瑕疵为条件。

重点思考题

1. 如何理解赠与合同的诺成性与任意撤销？

2. 赠与人的瑕疵担保责任与出卖人的瑕疵担保责任有何不同?

3. 附义务赠与合同有何特殊效力?

案例讨论

崔某为个体户，长期在外经商。2021 年 5 月月初，崔某返回家乡时发现街道幼儿园的房屋年久失修，且拥挤不堪，便主动提出捐款 100 万元为街道幼儿园盖一栋小楼，但街道幼儿园同时也必须为此投入一笔配套资金。街道幼儿园当即表示同意。同年 5 月 25 日，崔某又与街道幼儿园协商确定资金到位时间与开工时间，崔某提出其捐款将在 9 月底到位，在此之前请街道幼儿园做好开工准备，包括准备必要的配套资金。同年 7 月初，街道幼儿园开始将其原有的 5 间平房拆除，并于 7 月底找到一家信用社贷款 50 万元，期限为 1 年。同年 9 月初，街道幼儿园找到崔某催要捐款，崔某提出因其生意亏本暂时无力捐款。街道幼儿园提出可减少捐款，但崔某表示仅能捐出数万元。双方不能达成协议，街道幼儿园遂向人民法院提起诉讼，要求崔某履行义务。崔某辩称双方并没有签订书面合同，他没有义务捐款。

请回答以下问题：

(1) 崔某与街道幼儿园之间的合同属于何类型的合同? 为什么?

(2) 崔某称双方没有签订书面合同，其没有义务捐款，是否合法? 为什么?

(3) 崔某是否可以不履行给付 100 万元的义务? 为什么?

第十二章
借款合同

第一节　借款合同概述

一、借款合同的概念和特征

借款合同是指借款人向贷款人借款，到期返还借款并支付利息的合同（《民法典》第667条）。在借款合同中，依合同借款的一方被称为借款人，出借钱款的一方被称为贷款人。

借款合同包括金融机构借款合同和自然人之间借款合同。尽管这两种借款合同存在一定的差别，但总的说来，借款合同有以下特征。

第一，借款合同的贷款人包括金融机构和自然人。借款合同的当事人包括贷款人和借款人。其中，贷款人可以是金融机构，也可以是自然人。除金融机构和自然人外，其他的民事主体，如法人或者非法人组织也都能成为贷款人。

第二，借款合同是以货币为标的物的合同。借款合同是以货币为标的物的合同，而不包括其他消耗物。这是借款合同区别于传统的借贷合同的一个重要特点。传统的借贷合同是指当事人双方约定一方将金钱或者物品移转于他方，他方在约定的期限内将同等种类、数量、质量的物返还的合同。根据借贷合同的客体不同，借贷合同一般分为使用借贷合同和消费借贷合同。使用借贷合同（借用合同）是指出借人将一定的物无偿贷于借用人使用，借用人在使用后，依照约定返还该物的合同；消费借贷合同是指出借人将金钱或者其他物品移转于借用人，借用人在约定的期限内将同等种类、数量、质量的物返还给出借人的合同。可见，《民法典》中规定的借款合同，实际上是以货币为标的物的借贷合同，属于以借贷货币为内容的消费借贷合同。

第三，借款合同是以转移货币所有权为目的的合同。货币是典型的代替物、消耗物，货币交付即发生所有权的转移。因此，借款合同的目的就是由借款人取得所借货币的所有权。在借款合同中，借款人不仅有权占有、使用所借货币，而且有权处分所借货币。即使合同约定借款人不得随意处分所借货币，而只能用于特定目的，也不影响借款人对所借货币享有所有权，只是这种所有权的行使受到一定的限制而已。

二、借款合同的内容

依据《民法典》第668条第2款的规定，借款合同的内容一般包括如下条款。

（1）借款种类。借款种类是指根据贷款性质、贷款项目、贷款期限等所确定的借款类型，如工业借款、农业借款、基本建设借款；短期借款、长期借款。在借款合同，特别是金融机构借款合同中，贷款人对于不同的借款实行不同的政策，各种借款的利率、偿还方式等有所不同，因此，在金融机构借款合同中应当明确规定借款的种类。

（2）币种。币种是指借款人所借货币的种类。借款合同应明确借款是人民币还是某种外币。借款为人民币的，应以人民币偿还；借款为外币的，应偿还同种外币。

（3）借款用途。借款用途是指借款使用的目的。根据我国现行的金融政策，金融机构贷款实行专款专用原则，为监督借款人对借款的使用，保障借款的及时收回，以维护金融机构的利益，合同中应当明确约定借款用途。

（4）借款金额。借款金额是指借款的数量。对于分批支付借款的，当事人不仅应于合同中明确借款的总金额，而且应当明确每次提供借款的金额和时间。

（5）借款利率。借款利率是指贷款人应收的利息数额与所借本金的比率。贷款人为金融机构的，贷款人与借款人约定的借款利率应当符合中国人民银行规定的贷款利率标准；自然人之间借款合同的利率可以适当高于银行的利率，但是不得违反国家有关限制借款利率的规定。

（6）还款期限。还款期限是指借款人使用借款的期限。借款期限由当事人根据借款的用途、借款人的还款能力和贷款人提供借款的能力等约定。借款人可以在还款期限届满之前向贷款人申请展期。贷款人同意的，可以展期（《民法典》第678条）。

（7）还款方式。还款方式是指借款人偿还借款的结算方式。

第二节　金融机构借款合同

一、金融机构借款合同的概念与特征

金融机构借款合同是指以金融机构为贷款人的借款合同。金融机构借款合同除具有借款合同的一般特征外，还具有如下特征。

第一，金融机构借款合同为诺成合同。《民法典》第671条第1款规定："贷款人未按照约定的日期、数额提供借款，造成借款人损失的，应当赔偿损失。"这一规定表明，在贷款人提供借款之前，双方当事人已经就借款的日期、数额等内容达成了合意，即合同已经成立，因此，借款人对贷款人未按照约定的日期、数额提供借款的，有权要求赔偿损失。可见，金融机构借款合同的成立并不以贷款人提供借款为条件，故金融机构贷款合同为诺成合同。

第二，金融机构借款合同一般为有偿合同。在金融机构借款合同中，贷款人为金融机构。金融机构是以发放贷款为营业的，而其发放贷款是要收取利息的。因此，金融机构借款合同为有偿合同。但是，借款合同没有约定利息的，视为没有利息（《民法典》第680条第2款），而没有利息的借款合同则为无偿合同。

第三，金融机构借款合同为双务合同。金融机构借款合同成立生效后，贷款人负有

按合同的约定交付借款的义务，借款人负有按期偿还借款和支付利息的义务。因此，金融机构借款合同为双务合同。

第四，金融机构借款合同为要式合同。《民法典》第 668 条第 1 款规定："借款合同应当采用书面形式，但是自然人之间借款另有约定的除外。"可见，金融机构借款合同应当采取书面形式，属于要式合同。这是因为，金融机构以贷款为营业，其发放贷款的数额较大、周期较长，采用书面形式有利于明确金融机构与借款人之间的权利义务，有利于保障借款人的用款计划和金融机构的信贷资金的安全。

二、金融机构借款合同的订立

金融机构借款合同由贷款人和借款人双方在自愿原则的基础上订立，任何单位和个人不能强迫贷款人出借款项，也不能强迫他人必须借款。根据我国有关法律规定，金融机构借款合同的订立一般是先由借款人提出贷款申请，经贷款人审查后批准予以贷款时，双方才签订书面借款合同。在借款合同的订立中，除遵循合同订立的一般要求外，还应遵循以下特别要求。

第一，金融机构不得向关系人发放信用贷款，向关系人发放担保贷款应受法律限制，即发放担保贷款的条件不得优于其他借款人同类贷款的条件（《商业银行法》第 40 条）。这里的关系人是指商业银行的董事、监事、管理人员、信贷业务人员及其近亲属，以及上述人员投资或者担任高级管理职务的公司、企业和其他经济组织。

第二，贷款人应当对借款人的借款用途、偿还能力、还款方式等情况进行严格审查，实行审贷分离、分级审批制度（《商业银行法》第 35 条）。

第三，借款人应当按照贷款人的要求提供与借款有关的业务活动和财务状况的真实情况（《民法典》第 669 条）。可见，在订立金融机构借款合同时，借款人负有如实陈述的义务。这种义务应属于先合同义务而非合同义务。借款人违反如实陈述义务造成贷款人损失的，应当承担缔约过失责任。在金融机构借款合同中，借款人之所以负有如实陈述的义务，是因为借款人有关的业务活动的情况和财产状况如何，直接涉及借款人的还贷能力，反映着借款人的信用，为保障借款能够收回，保障贷款的安全，贷款人一般要对借款人的信用进行调查、了解。同时，应贷款人的要求，借款人应如实陈述与借款有关的情况。当然，若贷款人不要求借款人提供有关情况，则借款人无陈述的义务。

第四，在订立借款合同时，为确保借款人能够按时返还借款，贷款人可以要求借款人提供相应的担保。贷款人应当对保证人的偿还能力，抵押物、质物的权属和价值以及实现抵押权、质权的可行性进行严格审查（《商业银行法》第 36 条）。

三、金融机构借款合同的效力

（一）贷款人的主要义务

贷款人的主要义务是按照合同的约定按时向借款人提供借款。因为金融机构借款合同订立后，借款人就要按照借款合同中约定的借款数额和时间来安排其用款计划。如果贷款人不能按照约定的时间和数额提供借款，就会打乱借款人的用款计划，会影响借款人的生产经营活动，甚至会影响整个资金的良性周转。因此，贷款人未按照约定的日期、数额提供借款，造成借款人损失的，应当赔偿损失（《民法典》第 671 条第 1 款）。

贷款人提供给借款人的借款金额应当符合合同中约定的数额，而不得从中预先扣除借款利息。利息预先在本金中扣除的，借款数额按照实际借款数额计算（《民法典》第 670 条）。

（二）借款人的主要义务

1. 按照合同约定的时间和数额收取借款

金融机构借款合同是诺成合同，因此，借款合同成立后，借款人应当按照合同中约定的时间和数额收取借款。借款人未按照约定的日期、数额收取借款的，应当按照约定的日期、数额支付利息（《民法典》第 671 条第 2 款）。可见，借款人不论是否按照约定的日期和数额收取借款，都须按照合同中约定的日期和数额支付利息。

2. 接受贷款人的检查监督并向贷款人提供必要的资料

为保证贷款人能够按时收回借款，借款合同可以约定贷款人有权对借款的使用情况进行监督，要求借款人向贷款人提供财务会计报表等资料。因此，《民法典》第 672 条规定："贷款人按照约定可以检查、监督借款的使用情况。借款人应当按照约定向贷款人定期提供有关财务会计报表或者其他资料。"当然，由于这项义务是基于合同约定产生的，因此，若借款合同没有约定，则借款人有权拒绝贷款人对借款使用情况进行检查、监督。

3. 按照合同约定的借款用途使用借款

借款用途是借款合同中的一项重要内容，直接影响着借款能否按期偿还。因为贷款人是根据借款用途来确定借款人的偿还能力而同意贷款的，如果借款人擅自改变借款用途，可能会导致贷款人到期不能收回借款。因此，借款人应当按照合同约定的借款用途使用借款。借款人未按照约定的借款用途使用借款的，贷款人可以停止发放借款、提前收回借款或者解除合同（《民法典》第 673 条）。

4. 按合同约定的还款期限和方式及时偿还借款

依据《民法典》第 675 条的规定，借款人应当按照约定的期限返还借款。对借款期限没有约定或者约定不明确的，依据《民法典》第 510 条的规定，当事人可以协议补充；不能达成补充协议的，按照合同相关条款或者交易习惯确定；仍不能确定的，借款人可以随时返还；贷款人可以催告借款人在合理期限内返还。应当指出，贷款人要求借款人还款的，应先向借款人发出还款的催告，给予借款人合理的期限。所谓合理的期限，应依借款的用途、借款的数额等具体情况而定，以使借款人在该期限内确能筹足应偿还的款项。

借款人未按照约定的期限返还借款的，应当按照约定或者国家有关规定支付逾期利息（《民法典》第 676 条）；借款人提前偿还借款的，除当事人另有约定外，应当按照实际借款的期间计算利息（《民法典》第 677 条）。

5. 按期支付利息

金融机构借款合同原则上是有偿合同，因此，借款人的主要义务是向贷款人支付利息。借款人不仅应按照约定的数额支付利息，而且应在约定的期限内支付利息。对支付利息的期限没有约定或者约定不明确的，依据《民法典》第 510 条的规定，当事人可以协议补充；不能达成补充协议的，按照合同相关条款或者交易习惯确定；仍不能确定，借款期间不满一年的，应当在返还借款时一并支付，借款期间一年以上的，应当在每届满一年时支付，剩余期间不满一年的，应当在返还借款时支付（《民法典》第 674 条）。借款人未按规定期限支付利息的，应负违约责任。

例题 64

第三节 自然人之间借款合同

一、自然人之间借款合同的概念与特征

自然人之间借款合同是指合同双方都是自然人的借款合同。

自然人之间借款合同与金融机构借款合同相比，具有如下特征。

第一，自然人之间借款合同的主体为自然人，不包括法人、非法人组织。应当指出，自然人之间借款合同不同于民间借贷合同。所谓民间借贷合同，是指自然人、法人和非法人组织之间进行资金融通的合同（《民间借贷规定》第 1 条第 1 款）。可见，自然人之间借款合同只是民间借贷合同的一种。

第二，自然人之间借款合同为实践合同。金融机构借款合同为诺成合同，自双方当事人意思表示一致时成立。但是，自然人之间借款合同则不同，仅有双方当事人意思表示一致，合同并不能成立。《民法典》第 679 条规定："自然人之间的借款合同，自贷款人提供借款时成立。"可见，自然人间的借款合同只有在贷款人提供借款时，合同才能成立。因此，自然人之间借款合同为实践合同。在实践中，自然人之间借款合同具有下列情形之一的，可以视为合同成立：(1) 以现金支付的，自借款人收到借款时；(2) 以银行转账、网上电子汇款等形式支付的，自资金到达借款人账户时；(3) 以票据交付的，自借款人依法取得票据权利时；(4) 出借人将特定资金账户支配权授权给借款人的，自借款人取得对该账户实际支配权时；(5) 出借人以与借款人约定的其他方式提供借款并实际履行完成时（《民间借贷规定》第 9 条）。

第三，自然人之间借款合同可以是有偿合同，也可以是无偿合同。金融机构借款合同一般为有偿合同，而自然人之间借款合同可以是有偿合同，也可以是无偿合同。依据《民法典》第 680 条的规定，自然人之间借款合同对支付利息约定不明确，视为没有利息。可见，自然人之间借款合同是否有偿，取决于双方当事人的约定。自然人之间没有明确约定利息或者约定不明确的借款合同，应为无偿合同。如果自然人之间借款合同为有偿合同，则构成双务合同，出借人出借款项与借款人支付利息形成对价关系；如果自然人借款合同为无偿合同，则构成单务合同。

第四，自然人间借款合同为不要式合同。金融机构借款合同为要式合同，须采取书面形式。《民法典》第 668 条第 1 款规定："借款合同应当采用书面形式，但是自然人之间借款另有约定的除外。"可见，自然人之间借款合同可以采取口头形式，也可以采取书面形式。因此，自然人之间借款合同为不要式合同。

二、自然人之间借款合同的效力

自然人之间借款合同的效力可以参照金融机构借款合同的规定处理。例如，利息的支付、预扣利息的禁止、借款的返还等都可以参照金融机构借款合同的规定处理。同时，因自然人之间借款合同属于民间借贷合同的一种，故《民间借贷规定》对于民间贷款合同的如下规定亦适用于自然人之间借款合同。

第一，当事人以订立买卖合同作为民间借贷合同的担保，借款到期后借款人不能还款，出借人请求履行买卖合同的，应当按照民间借贷法律关系处理。借款人不履行民间借贷法律关系生效判决确定的金钱债务，出借人可以申请拍卖买卖合同标的物，以偿还债务。就拍卖所得的价款与应偿还借款本息之间的差额，借款人或者出借人有权主张返还或者补偿（《民间借贷规定》第 23 条）。

第二，借贷双方没有约定利息，出借人无权主张支付利息。自然人之间借贷对利息约定不明，出借人无权主张支付利息。除自然人之间借贷的外，借贷双方对借贷利息约定不明，出借人主张利息的，应当结合民间借贷合同的内容，并根据当地或者当事人的交易方式、交易习惯、市场报价利率等因素确定利息（《民间借贷规定》第 24 条）。

第三，依据《民法典》第 680 条第 1 款的规定，禁止高利贷，借款的利率不得违反国家有关规定。这种利率的限制为：当事人约定的利率不得超过合同成立时一年期贷款市场报价利率的 4 倍（《民间借贷规定》第 25 条）。

第四，借贷双方对前期借款本息结算后将利息计入后期借款本金并重新出具债权凭证，如果前期利率没有超过合同成立时一年期贷款市场报价利率 4 倍，重新出具的债权凭证载明的金额可认定为后期借款本金，但是超过部分的利息，不应认定为后期借款本金。按照上述计算，借款人在借款期间届满后应当支付的本息之和，超过以最初借款本金与以最初借款本金为基数、以合同成立时一年期贷款市场报价利率 4 倍计算的整个借款期间的利息之和的，不受法律保护（《民间借贷规定》第 27 条）。

第五，借贷双方对逾期利率有约定的，从其约定，但是以不超过合同成立时一年期贷款市场报价利率 4 倍为限。未约定逾期利率或者约定不明的，可以区分不同情况处理：（1）既未约定借期内利率，也未约定逾期利率，出借人有权主张借款人自逾期还款之日起参照当时一年期贷款市场报价利率标准计算的利息承担逾期还款违约责任；（2）约定了借期内利率但是未约定逾期利率，出借人有权主张借款人自逾期还款之日起按照借期内利率支付资金占用期间的利息（《民间借贷规定》第 28 条）。出借人与借款人既约定了逾期利率，又约定了违约金或者其他费用，出借人可以选择主张逾期利息、违约金或者其他费用，也可以一并主张，但是总计超过合同成立时一年期贷款市场报价利率 4 倍的部分，不受法律保护（《民间借贷规定》第 29 条）。

重点思考题

1 金融机构借款合同与自然人之间借款合同有何区别？

2. 如何正确处理借款合同中的利息问题？

案例讨论

小张要盖房子，但是资金不足，便向老刘提出借款。2021年10月6日，双方达成口头协议，老刘借给小张4万元，借款期限为5年，年利率为4%。10月12日，双方签订了书面合同，约定老刘借给小张4万元，借款期限为5年，借款用途为盖房子，但没有约定利息。10月18日，老刘将4万元交给了小张。

请回答以下问题：

（1）小张与老刘间的合同何时生效？为什么？

（2）如果老刘没有将4万元交给小张，小张是否有权要求老刘交付？为什么？

（3）老刘是否可以要求小张支付利息？为什么？

（4）若小张将所借的4万元用于购车，老刘享有什么权利？为什么？

第十三章 保证合同

第一节　保证合同概述

一、保证合同的概念和特征

保证合同是为保障债权的实现，保证人和债权人约定，当债务人不履行到期债务或者发生当事人约定的情形时，保证人履行债务或者承担责任的合同（《民法典》第 681 条）。

保证合同属于担保合同，所以，保证合同具有以下特征。

第一，保证合同具有从属性。保证合同的从属性主要表现在以下方面：（1）保证合同是主债权债务合同的从合同。保证合同是为担保主债权债务合同而订立的，只有主债权债务合同存在，保证合同才有意义。在保证合同中，如果当事人约定保证合同的效力独立于主合同，或者约定保证人对主合同无效的法律后果承担保证责任，则该有关保证独立性的约定无效。主合同有效的，有关保证独立性的约定无效不影响保证合同的效力；主合同无效的，保证合同无效，但是法律另有规定的除外（《担保制度解释》第 2 条）。保证合同被确认无效后，债务人、保证人、债权人各自有过错的，应当根据其过错各自承担相应的民事责任（《民法典》第 682 条）。依据《担保制度解释》第 17 条的规定，主合同有效而第三人提供的保证合同无效，应当区分不同情形确定保证人的赔偿责任：其一，债权人与保证人均有过错的，保证人承担的赔偿责任不应超过债务人不能清偿部分的 1/2；其二，保证人有过错而债权人无过错的，保证人对债务人不能清偿的部分承担赔偿责任；其三，债权人有过错而保证人无过错的，保证人不承担赔偿责任。主合同无效导致保证合同无效，保证人无过错的，不承担赔偿责任；保证人有过错的，其承担的赔偿责任不应超过债务人不能清偿部分的 1/3。（2）保证的范围与强度从属于主债务的范围与强度，不得大于或者强于主债务的范围与强度。（3）保证债权随主债权的转移而转移，保证人原则上在原担保的范围内承担保证责任。（4）保证人的保证债务随主债务人债务的存在而于保证期限内存在。因此，主债务人转移主债务的，除保证人明确表示对债务转移承担保证责任外，保证人的保证债务消灭。（5）保证债务随主债务的消灭而消灭。主债务因清偿等原因消灭的，保证债务当然也就消灭；主债务因合同解除而消灭的，保证债务也应当消灭。

第二，保证合同具有相对独立性。保证合同的相对独立性主要表现在以下方面：(1) 保证合同约定的债务的范围可以与主债务的范围不同，但是不能大于主债务的范围。(2) 保证人享有独立的抗辩权，如一般保证中的先诉抗辩权。(3) 主债务人与债权人之间的诉讼判决的效力不当然及于保证人。(4) 保证合同无效，不影响主合同的效力。保证合同被确认无效后，债务人、保证人、债权人有过错的，应当根据其过错各自承担相应的民事责任（《民法典》第 682 条第 2 款）。

第三，保证合同具有无偿性、单务性、要式性。保证人的保证债务不以从债权人处取得一定财产权利为条件，债权人也无须支付任何代价而对保证人享有保证债权。在保证合同当事人双方之间，只有保证人一方负担义务而不享有权利，而债权人一方只享有权利而不负担任何义务。因此，保证合同具有无偿性、单务性。此外，保证合同需要以书面形式订立，具有要式性。

二、保证合同的成立

（一）保证合同应当采取书面形式

依据《民法典》第 685 条的规定，保证合同可以是单独订立的书面合同，也可以是主债权债务合同中的保证条款。第三人单方以书面形式向债权人作出保证的，债权人接受且未提出异议的，保证合同成立。保证合同的内容一般包括被保证的主债权的种类、数额，债务人履行债务的期限，保证的方式、范围和期间等条款（《民法典》第 684 条）。

（二）保证人应当具备保证能力

保证能力是民事主体充当保证人的能力，这是保证的主体资格要件。具有代为清偿债务能力的法人、非法人组织或者自然人，可以作为保证人。保证能力包括两个方面的要求。

一方面，保证人应当具有民事行为能力。保证人为自然人的，应当具有完全民事行为能力，无民事行为能力人、限制民事行为能力人不具有保证能力。保证人为法人或者非法人组织的，应当依法取得相应的民事行为能力。依据《民法典》第 683 条的规定，机关法人不得为保证人，但是经国务院批准为使用外国政府或者国际经济组织贷款进行转贷的除外；以公益为目的的非营利法人、非法人组织不得为保证人。因上述主体不具备保证能力，故其订立的保证合同应当被认定为无效。居民委员会、村民委员会订立的保证合同，应当被认定为无效，但是依法代行村集体经济组织职能的村民委员会，依照《村民委员会组织法》规定的讨论决定程序对外提供担保的除外（《担保制度解释》第 5 条）。以公益为目的的非营利性学校、幼儿园、医疗机构、养老机构等订立的保证合同应当被认定为无效，但是登记为营利法人的学校、幼儿园、医疗机构、养老机构等订立的保证合同除外（《担保制度解释》第 6 条）。

另一方面，保证人应当具有代偿能力。由于保证是以自己的财产代债务人清偿债务，因而，保证人应当具有代偿能力。此外，法律对保证人的资格有特殊要求的，保证人只有具备了这种资格，才能具有保证能力。例如，依据《公司法》第 15 条的规定，公司为他人提供担保，依照公司章程的规定，由董事会或者股东会决议；公司为公司股东或者实际控制人提供担保的，应当经股东会决议。

（三）保证人应当具有明确、真实的承担保证责任的意思表示

保证人应当明确表示承担保证责任。如果第三人仅向债权人提供债务人能够履行债务的信息，或者向债权人表示债务人能够履行债务，而没有明确表示自己愿意承担保证责任，则该第三人不为保证人，保证合同不能成立。如果第三人在主合同上以保证人的名义签名或者盖章而又无其他的约定，则推定该第三人有担任保证人的意思表示，保证合同成立。应当指出，第三人向债权人提供差额补足、流动性支持等类似承诺文件作为增信措施，具有提供担保的意思表示的，可以认定成立保证合同。第三人向债权人提供的承诺文件，具有加入债务或者与债务人共同承担债务等意思表示的，应当认定为债务加入。第三人提供的承诺文件难以确定是保证还是债务加入的，应当将其认定为保证（《担保制度解释》第 36 条）。

保证人关于保证的意思表示除应当明确外，还必须真实，否则，保证人不承担保证责任。例如，依据《民法典》第 149 条的规定，第三人实施欺诈行为，使一方在违背真实意思的情况下实施的民事法律行为，对方知道或者应当知道该欺诈行为的，受欺诈方有权请求人民法院或者仲裁机构予以撤销。债权人与债务人串通骗取保证人提供保证，或者债权人采取欺诈手段使保证人在违背真实意思的情况下提供保证，或者债务人采取欺诈手段使保证人在违背真实意思的情况下提供保证而债权人知道或者应当知道欺诈事实的，保证人均不承担责任。

例题 65

三、保证的方式

保证方式分为一般保证与连带责任保证两种。依据《民法典》第 686 条的规定，当事人在保证合同中对保证方式没有约定或者约定不明确的，按照一般保证承担保证责任。

（一）一般保证

一般保证是指当事人在保证合同中约定，只有在债务人不能履行债务时，保证人才承担保证责任的保证。依据《民法典》第 687 条的规定，当事人在保证合同中约定，债务人不能履行债务时，由保证人承担保证责任的，为一般保证。在保证合同中，当事人约定了保证人在债务人不能履行债务或者无力偿还债务时才承担保证责任等类似内容，具有债务人应当先承担责任的意思表示的，应当将其认定为一般保证（《担保制度解释》第 25 条第 1 款）。在一般保证中，保证人享有先诉抗辩权，即保证人在主合同纠纷未经审判或者仲裁，并就主债务人的财产依法强制执行仍不能履行债务前，有权拒绝承担保证责任（《民法典》第 687 条第 2 款）。

（二）连带责任保证

连带责任保证是指债务人在债务履行期限届满而不履行债务时，债权人可以请求债务人履行债务，也可以请求保证人承担保证责任的保证。依据《民法典》第 688 条的规定，当事人在保证合同中约定保证人和债务人对债务承担连带责任的，为连带责任保证。在保证合同中，当事人约定了保证人在债务人不履行债务或者未偿还债务时即承担保证责任、无条件承担保证责任等类似内容，不具有债务人应当先承担责任的意思表示的，

应当将其认定为连带责任保证（《担保制度解释》第 25 条第 2 款）。在连带责任保证中，保证人不享有先诉抗辩权。因此，连带责任保证的债务人不履行到期债务或者发生当事人约定的情形时，债权人可以请求债务人履行债务，也可以请求保证人在其保证范围内承担保证责任（《民法典》第 688 条第 2 款）。

第二节 保证合同的效力

一、保证的范围

保证的范围是保证担保的债权范围。依据《民法典》第 691 条的规定，保证的范围可以由当事人在保证合同中约定。根据保证人承担保证责任范围的不同，保证可以分为有限保证和无限保证；当事人未作约定的，为无限保证。

有限保证是指保证人仅在约定的限度内承担保证责任的保证。在有限保证中，保证人仅于当事人约定的范围内承担保证责任；对于超过约定范围的债务，保证人不负保证责任。当然，基于保证的从属性，当事人约定的保证范围只能较主债务为轻，而不能重于主债务。

无限保证是指当事人对全部债务承担保证责任的保证。无限保证包括两种情形：一是当事人在保证合同中约定对全部债务承担保证责任；二是当事人对保证的范围没有明确约定或者约定不明确，从而对全部债务承担保证责任。在无限保证中，保证的范围包括主债权及利息、违约金、损害赔偿金、实现债权的费用。

二、保证人与债权人之间的关系

（一）债权人的权利

保证合同为单务合同，债权人对保证人仅享有权利而不负给付义务。在主债务人不履行债务时，债权人有权请求保证人承担保证责任。当然，债权人请求权的行使因保证方式的不同而不同：在一般保证中，保证人享有先诉抗辩权，因此，债权人仅在强制执行债务人的财产仍不足以清偿债权时，始可行使该请求权；在连带责任保证中，只要债务人届期不履行债务，债权人即可行使该请求权。

（二）保证人的权利

保证合同为单务合同，保证人对债权人不享有请求给付的权利，只享有防御性的权利，主要包括以下几项。

1. 主债务人享有的抗辩权

一般保证人和连带责任保证人均可主张债务人对债权人的抗辩。债务人放弃抗辩的，保证人仍有权向债权人主张抗辩（《民法典》第 701 条）。此外，主债务诉讼时效期间届满的，保证人享有主债务人的诉讼时效抗辩权。

2. 基于一般债务人的地位而享有的权利

在保证合同中，保证人为债务人，因而，一般债务人应享有的权利，保证人也应享有。例如，对于保证债务不成立、保证债务无效或者可撤销、保证债务履行期未到、保证债务已消灭等抗辩权，保证人均可行使。

3. 保证人专属的抗辩权

保证人专属的抗辩权是一般保证的保证人所享有的先诉抗辩权，连带责任保证的保证人不享有这种权利。先诉抗辩权又称检索抗辩权，是指保证人于债权人未就债务人的财产强制执行而无效果前，对债权人得拒绝承担保证责任的权利。虽然保证人享有先诉抗辩权，但是在法律规定的情况下，保证人不得行使之。依据《民法典》第 687 条第 2 款的规定，有下列情形之一的，保证人不得行使先诉抗辩权：（1）债务人下落不明，且无财产可供执行。在这种情况下，无法对债务人的财产先予执行，因此，保证人不得行使先诉抗辩权。（2）人民法院已经受理债务人破产案件。人民法院受理破产案件后，对债务人财产的执行程序应当中止，这意味着债权人无法就债务人的财产请求强制执行，从而保证人行使先诉抗辩权的前提就不存在了，保证人也就不得再行使先诉抗辩权。（3）债权人有证据证明债务人的财产不足以履行全部债务或者丧失履行债务能力。在这种情况下，即使对债务人的财产进行强制执行，也不足以清偿债务，保证人也就应承担保证责任，从而不得再行使先诉抗辩权。（4）保证人书面放弃先诉抗辩权。先诉抗辩权是保证人的一项实体权利，当然有权放弃。保证人放弃先诉抗辩权的，其法律地位等同于连带责任保证人，不得再行使先诉抗辩权。应当指出，保证人放弃先诉抗辩权只能采取书面形式，以口头形式放弃先诉抗辩权不发生放弃的后果。

4. 保证人拒绝承担保证责任的权利

依据《民法典》第 702 条的规定，债务人对债权人享有抵销权或者撤销权的，保证人可以在相应范围内拒绝承担保证责任。在主债务人对债权人享有抵销权的情况下，若主债务人行使抵销权，则主债务消灭，故在主债务人未行使抵销权时，保证人得依主债务人的抵销权在相应范围内拒绝承担保证责任。在主债务人对债权人享有撤销权的情况下，若主债务人行使了撤销权，则主债权债务即为自始无效，保证合同亦无效。若主债务人未行使撤销权，保证人即可依主债务人的撤销权在相应范围内拒绝承担保证责任。应当指出，在上述情况下，保证人并非直接行使主债务人的抵销权或者撤销权，而仅是取得拒绝承担保证责任的抗辩权。

三、保证人与债务人之间的关系

依据《民法典》第 700 条的规定，保证人享有追偿权。保证人承担保证责任后，除当事人另有约定外，有权在其承担保证责任的范围内向债务人追偿，享有债权人对债务人的权利，但是不得损害债权人的利益。

（一）保证人追偿权的成立条件

第一，保证人履行了保证债务。不论是一般保证还是连带责任保证，不论保证债务的内容是代为履行还是赔偿责任，也不论保证人履行了全部债务还是部分债务，只要保证人按照保证合同履行了保证债务，保证人均享有追偿权。

第二，因保证人履行保证债务而使主债务人免责，主债务人不再向债权人履行债务。这里的免责，可以是全部免责，也可以是部分免责。

第三，保证人履行保证债务无过错。保证人在履行保证债务上有过错的，保证人丧失追偿权。例如，保证人应行使抗辩权却因其过错未行使，而向债权人履行了保证债务的，保证人即丧失向主债务人追偿的权利。保证人知道或者应当知道主债权诉讼时效期间届满仍然提供保证或者承担保证责任的，可以认定保证合同成立，保证人不得以诉讼时效期间届满为由拒绝承担保证责任或者请求返还财产。而且，保证人承担保证责任后也无权向债务人追偿，但是债务人放弃诉讼时效抗辩的除外（《担保制度解释》第35条）。

（二）保证人追偿权的范围

保证人的追偿权成立后，保证人追偿权的范围以其履行保证债务的范围为限，一般应当包括两部分：一是保证人为主债务人向债权人清偿的债务额，但是以主债务人因其清偿受免责的数额为限；二是保证人履行保证债务所支出的必要费用，但是因保证人的过错而多付出的费用不在此列。

例题 66

第三节　保证责任的免除和消灭

一、保证期间届满

保证期间是确定保证人承担保证责任的期间。保证期间属于除斥期间，不因任何事由发生中断、中止、延长的法律后果。依据《民法典》第692条的规定，保证期间可以由保证人与债权人约定，但是约定的保证期间早于主债务履行期限或者与主债务履行期限同时届满的，视为没有约定；没有约定或者约定不明确的，保证期间为主债务履行期限届满之日起6个月。债权人与债务人对主债务履行期限没有约定或者约定不明确的，保证期间自债权人请求债务人履行债务的宽限期届满之日起计算。保证合同约定保证人承担保证责任直至主债务本息还清时为止等类似内容的，视为约定不明，保证期间为主债务履行期限届满之日起6个月（《担保制度解释》第32条）。

保证期间是保证责任的存续期间，因此，在保证期间内，债权人未请求保证人履行保证债务的，保证人免除保证责任。在一般保证中，保证人享有先诉抗辩权，债权人应当先对主债务人提起诉讼或者申请仲裁并对债务人的财产申请强制执行，才能请求保证人承担保证责任。因此，一般保证的债权人未在保证期间内对债务人提起诉讼或者申请仲裁的，保证人不再承担保证责任。在连带责任保证中，保证人无先诉抗辩权，债权人得不经请求债务人履行债务而直接请求保证人承担保证责任。因此，连带责任保证的债权人未在保证期间请求保证人承担保证责任的，保证人不再承担保证责任（《民法典》第693条）。依据《担保制度解释》第31条的规定，一般保证的债权人在保证期间内对债务人提起诉讼或者申请仲裁后，又撤回起诉或者仲裁申请，债权人在保证期间届满前未再行提起诉讼或者申请仲裁的，保证人有权主张不再承担保证责任；连带责任保证的债权人在保证期间内对保证人提起诉讼或者申请仲裁后，又撤回起诉或者仲裁申请，起诉状副本或者仲裁申请书副本已经送达保证人的，应当认定债权人已经在保证期间内向保证人行使了权利。

依据《民法典》第 694 条的规定，一般保证的债权人在保证期间届满前对债务人提起诉讼或者申请仲裁的，从保证人拒绝承担保证责任的权利消灭之日起，开始计算保证债务的诉讼时效期间。连带责任保证的债权人在保证期间届满前请求保证人承担保证责任的，从债权人请求保证人承担保证责任之日起，开始计算保证债务的诉讼时效期间。依据《担保制度解释》第 28 条的规定，在一般保证中，债权人依据生效法律文书对债务人的财产依法申请强制执行，保证债务诉讼时效的起算时间按照下列规则确定：(1) 人民法院作出终结本次执行程序裁定，或者依照《民事诉讼法》第 268 条第 3 项、第 5 项的规定作出终结执行裁定的，自裁定送达债权人之日起开始计算；(2) 人民法院自收到申请执行书之日起 1 年内未作出前项裁定的，自人民法院收到申请执行书满 1 年之日起开始计算，但是保证人有证据证明债务人仍有财产可供执行的除外。一般保证的债权人在保证期间届满前对债务人提起诉讼或者申请仲裁，债权人举证证明存在《民法典》第 687 条第 2 款但书规定情形的，保证债务的诉讼时效自债权人知道或者应当知道该情形之日起开始计算。

应当指出，在保证责任因保证期间届满而消灭后，债权人书面通知保证人要求承担保证责任，保证人在通知书上签字、盖章或者按指印的，除债权人有证据证明成立了新的保证合同外，保证人不承担保证责任（《担保制度解释》第 34 条第 2 款）。

二、未经保证人书面同意而加重主债务的债的变更

基于保证合同的从属性，债权人和债务人未经保证人书面同意，协商变更主债权债务合同内容，减轻债务的，保证人仍对变更后的债务承担保证责任；加重债务的，保证人对加重的部分不承担保证责任。债权人和债务人变更主债权债务合同的履行期限，未经保证人书面同意的，保证期间不受影响（《民法典》第 695 条）。

例题 67

三、债权人违反债权禁止转让的约定而转让债权

债权人转让全部或者部分债权，未通知保证人的，该转让对保证人不发生效力。保证人与债权人约定禁止债权转让，债权人未经保证人书面同意转让债权的，保证人对受让人不再承担保证责任（《民法典》第 696 条）。在保证中，债权转让涉及债权人的变化，对主债务人的履约能力不发生影响，一般不会增加保证人的负担。因此，保证权利随同主债权一并转移。但是，因保证是对主债权的担保，故若主债权转让而未通知保证人，则该转让无法对保证人发生效力。同时，如果保证人与债权人约定禁止债权转让，则属于专属保证，即保证人仅对特定的债权人承担保证责任。因此，债权人未经保证人书面同意转让债权的，保证人对新的债权人不再承担保证责任。应当指出，保证人与债权人禁止债权转让的约定仅对保证人发生不承担保证责任的效力，对债权人转让债权的效力并不发生影响。

例题 68

四、债务人未经保证人书面同意而转移主债务

债权人未经保证人书面同意，允许债务人转移全部或者部分债务的，保证人对未经其书面同意转移的债务不再承担保证责任，但是债权人和保证人另有约定的除外。不过，第三人加入债务的，保证人的保证责任不受影响（《民法典》第697条）。主债务的转移涉及履行主债务人的变化，而新的债务人的履约能力如何，将直接影响保证人应否承担保证责任。因此，主债务的转移事关保证人的利益，未经保证人同意的，保证人在转移的主债务范围内不再承担保证责任。当然，在第三人加入债务的情况下，因债务人的整体偿债能力只会提高而不会减弱，对保证人的利益不会产生不利影响，故无须征得保证人的书面同意。

五、债权人放弃或者怠于行使权利致使主债务人的财产不能被执行

一般保证的保证人在主债务履行期限届满后，向债权人提供债务人可供执行财产的真实情况，债权人放弃或者怠于行使权利致使该财产不能被执行的，保证人在其提供可供执行财产的价值范围内不再承担保证责任（《民法典》第698条）。在一般保证中，债权人应当先就主债务人的财产依法申请强制执行以使其债权受偿，保证人仅就债权人未受偿部分承担保证责任。在主债务履行期限届满后，如果保证人向债权人提供债务人可供执行财产的真实情况，而债权人放弃或者怠于行使权利致使该财产不能被执行，则势必加重保证人的责任。因此，在上述情况下，保证人在其提供可供执行财产的价值范围内不再承担保证责任。

第四节　特殊保证合同

一、最高额保证合同

最高额保证合同是指保证人与债权人约定，就债权人与主债务人之间在一定期间内连续发生的债权预定最高限额，由保证人承担保证责任的合同。依据《民法典》第690条的规定，保证人与债权人可以协商订立最高额保证的合同，约定在最高债权额限度内就一定期间连续发生的债权提供保证。最高额保证合同除适用保证合同的规定外，可以参照适用《民法典》物权编最高额抵押权的有关规定。

在最高额保证合同中，最高额保证合同对保证期间的计算方式、起算时间等有约定的，按照其约定。最高额保证合同对保证期间的计算方式、起算时间等没有约定或者约定不明，被担保债权的履行期限均已届满的，保证期间自债权确定之日起开始计算；被担保债权的履行期限尚未届满的，保证期间自最后到期债权的履行期限届满之日起开始计算（《担保制度解释》第30条）。

保证债务为从债务，须以主债务的存在为其前提。因此，主债务应于保证成立前发生，但并不以现实发生为必要，只要已有发生基础且将来可能发生即为已足；将来债务

的数额也无须具体确定，只要明定最高限额即可。只是最高额保证所从属者，并非一个确定的主债务，而是债权人与主债务人之间在一定期间内连续发生的债务，且该连续发生的债务还受约定的最高额的限制。

最高额保证所担保的债权是一定期间内连续发生的债权，即债权是在最高额保证合同所担保的主合同约定的一定期间内连续发生的。该期间又称债权发生期，该期间届满之日又称决算期。

二、共同保证合同

保证合同有单独保证合同与共同保证合同之分。在单独保证合同中，保证人仅为一人；在共同保证合同中，保证人为二人以上。无论是何种形式的共同保证，都可以为一般保证，也可以为连带责任保证。依据《民法典》第699条的规定，同一债务有两个以上保证人的，保证人应当按照保证合同约定的保证份额，承担保证责任；没有约定保证份额的，债权人可以请求任何一个保证人在其保证范围内承担保证责任。

在共同保证合同中，共同保证人所担保的对象须为同一债务人的同一债务。如果两个以上的保证人对同一债务人的不同债务提供保证，则不能产生共同保证合同。共同保证合同有按份共同保证合同与连带共同保证合同之分。按份共同保证合同是保证人与债权人约定按照份额对主债务承担保证责任的共同保证合同；连带共同保证合同是各保证人约定均对全部主债务承担连带保证责任或者保证人与债权人之间没有约定所承担保证份额的共同保证合同。共同保证人承担按份责任只限于保证人对保证份额有明确约定的情形。同一债务有两个以上保证人，没有约定保证份额的，债权人可以请求任何一个保证人在其保证范围内承担保证责任。依据《担保制度解释》第29条第2款的规定，同一债务有两个以上保证人，保证人之间相互有追偿权，债权人未在保证期间内依法向部分保证人行使权利，导致其他保证人在承担保证责任后丧失追偿权，其他保证人有权主张在其不能追偿的范围内免除保证责任。

重点思考题

1. 如何确定保证的方式和范围？
2. 如何理解保证人的先诉抗辩权和追偿权？
3. 合同债权与债务转让对保证责任有何影响？
4. 共同保证人之间应当如何承担保证责任？

案例讨论

2021年5月1日，甲公司与乙公司签订借款合同，出借款项100万元，年利率为10%，还款期截止于2022年5月1日，但是要求乙公司提供担保。乙公司找到丙公司，丙公司欠乙公司50万元，乙公司说若丙公司代偿，则进行相应的抵销。丙公司于2021年6月1日向甲公司出具承诺函：“若乙公司到期不能还款，则由本公司代还。”同日，甲公司向乙公司支付了90万元，而将10万元利息预先扣除。7月1日，乙公司发现甲公司不放心，便主动提出愿意再多支付2万元利息，甲公司表示认可，并提出将还款期延后2个月，乙公司也表示认可。

但是，甲公司发现乙公司经营情况不是很好，便于2021年8月1日将该债权转让给丁公司，并于2021年8月4日将此情况告知了乙公司、丙公司，但乙公司、丙公司表示坚决反对，不同意转让。乙公司为表明还款诚意，找到戊公司。2021年8月5日甲公司收到了戊公司出具的承诺函："我公司愿意加入甲乙两公司的债务，在20万元的范围内承担责任。"甲公司收到后，对丁公司说，将对戊公司的权利也一并转让给丁公司。2022年，因市场急剧变化，乙公司陷入困顿，在还款期届满后无力偿还借款。

请回答以下问题：

(1) 丙公司的承诺函是否成立保证合同？为什么？

(2) 若丙公司的保证合同成立，则其应承担何种保证责任？为什么？

(3) 甲公司将债权转让给丁公司是否有效？这种债权转让对保证责任有何影响？为什么？

(4) 戊公司加入债务后，是否应当承担保证责任？为什么？

第十四章
租赁合同

第一节　租赁合同概述

一、租赁合同的概念和特征

租赁合同是指出租人将租赁物交付承租人使用、收益，承租人支付租金的合同（《民法典》第 703 条）。在租赁合同中，交付标的物供对方使用、收益的一方为出租人，使用标的物的一方为承租人，出租人应交付承租人使用的标的物为租赁物。

租赁合同具有以下特征。

第一，租赁合同是转移财产使用权的合同。租赁合同是以承租人取得对租赁物的使用、收益权为目的的，因此，承租人所取得的仅是租赁物的使用、收益的权利，而不是租赁物的所有权。申言之，由于租赁合同转移的仅是对标的物的使用、收益权，因此，承租人对租赁物并无处分权。在一般情况下，承租人注重的是物的使用，即不改变物的形体和性质而对物加以利用。但是，在某些情况下，承租人不仅重视物的使用，而且重视取得收益，亦即使用的目的在于有收益。因此，在当事人无特别约定时，承租人承租权的内容包括使用和收益；当事人有特别约定时，如约定承租人仅得使用而不得收益，则应依其约定。依据《民法典》第 720 条的规定，在租赁期限因占有、使用租赁物获得的收益，归承租人所有，但是当事人另有约定的除外。

第二，租赁合同为诺成合同、双务合同、有偿合同。租赁合同自当事人双方意思表示一致时起就成立，而不以租赁物的实际交付为合同的成立要件，故租赁合同为诺成合同。租赁合同成立生效后，当事人双方都既负有一定义务，也享有一定权利，双方的权利义务具有对应性、对价性，一方的义务正是对方的权利，故租赁合同为双务合同。租赁合同当事人的任何一方从对方处取得利益，均须支付一定的代价，故租赁合同为有偿合同。

第三，租赁合同是临时性合同。在租赁合同中，出租人只是将其财产的使用、收益权临时而非永久地转让给承租人，因此，租赁合同具有临时性的特征，不适用于财产的永久性使用。对此，《民法典》第 705 条第 1 款规定：“租赁期限不得超过二十年。超过二十年的，超过部分无效。”当事人约定的租赁期限超过最长期限的，应缩短为法定的最长期限。

第四，租赁合同是继续性合同。在租赁合同中，承租人要实现对物的使用、收益的目的，有赖于出租人在租赁期限内持续不断地履行合同义务。因此，租赁合同为继续性合同。

第五，租赁合同终止后承租人须返还原物。租赁合同是转移财产使用权的合同，且具有临时性，因此，在租赁合同终止后，承租人须将原物返还给出租人，而不能以其他物代替原物返还。也正是基于此，租赁物一般只能是特定的非消耗物。如以消耗物为租赁物的，则必须不能用于消费使用。

二、租赁合同的分类

（一）动产租赁合同与不动产租赁合同

根据租赁物的种类，租赁合同可分为动产租赁合同与不动产租赁合同。以动产为标的物的租赁合同为动产租赁合同，以不动产为标的物的租赁合同为不动产租赁合同。动产租赁合同主要包括一般动产的租赁合同、动物租赁合同、船舶租赁合同、汽车租赁合同等，而不动产租赁合同主要是房屋租赁合同。建设用地使用权租赁合同、土地经营权租赁合同等也属于不动产租赁合同的范畴。

区分动产租赁合同与不动产租赁合同的主要意义在于：对于不动产租赁合同，法律有特别的要求，如要求进行登记备案；而对于动产租赁合同，法律一般并无特别的程序上的要求。当然，对于一些适用不动产制度的动产的租赁，如船舶租赁、航空器租赁等，法律也有特别的要求，应依法律的特别要求办理。

（二）定期租赁合同与不定期租赁合同

根据租赁合同是否约定有租赁期限，租赁合同可分定期租赁合同与不定期租赁合同。定期租赁合同是指当事人双方约定有租期的租赁合同；当事人双方未约定租期的，则为不定期租赁合同。此外，在下列两种情况下，租赁合同也为不定期租赁合同：一是当事人在租赁合同中约定的租期为 6 个月以上而又未采取书面形式的，视为不定期租赁合同（《民法典》第 707 条）；二是租期届满后，承租人继续使用租赁物，出租人没有提出异议的，原租赁合同继续有效，但租赁期限为不定期（《民法典》第 734 条第 1 款）。

区分定期租赁合同与不定期租赁合同的主要意义在于，在不定期租赁合同中，除法律另有规定外，当事人的任何一方可随时终止合同，但是应当在合理期限之前通知对方（《民法典》第 730 条）。

（三）一般租赁合同与特殊租赁合同

根据法律对租赁合同有无特别规定，租赁合同可分为一般租赁合同与特殊租赁合同。一般租赁合同是指法律没有特别规定的租赁合同；特殊租赁合同是指法律有特别规定的租赁合同。法律的特别规定既包括《民法典》中的特别规定，也包括特别法中的规定。例如，房屋租赁合同在《民法典》和《城市房地产管理法》中都有特别规定，船舶租赁合同在《海商法》中有特别规定，航空器租赁合同在《民用航空法》上有特别规定。

区分一般租赁合同与特殊租赁合同的主要意义在于，对于特殊租赁合同应首先适用法律的特别规定；法律没有特别规定的，才可适用有关租赁合同的一般规定。

三、租赁合同的形式和内容

（一）租赁合同的形式

依据《民法典》第707条的规定，租赁期限6个月以上的，应当采用书面形式。当事人未采用书面形式的，视为不定期租赁。可见，租赁合同为不要式合同。因此，租赁合同采用何种形式，可由当事人自由选择，并不能影响合同的成立生效。

关于租赁合同的形式，须明确以下两个问题：(1) 租赁期限6个月以上的租赁合同应当采用书面形式，当事人未订立书面租赁合同的，该租赁合同为不定期租赁合同。可见，定期租赁合同不能以口头形式订立，当事人不能以书面形式以外的其他方式证明租赁合同的期限。(2) 对于特殊租赁合同，法律规定应采用书面形式、依法办理其他手续的，应依法律的规定处理。例如，依据《城市房地产管理法》第54条的规定，房屋租赁合同应签订书面租赁合同，并向房产管理部门登记备案。当然，当事人未依照法律、行政法规规定办理租赁合同登记备案手续的，并不影响合同的效力（《民法典》第706条）。

（二）租赁合同的内容

依据《民法典》第704条的规定，租赁合同的内容一般包括如下条款。

(1) 租赁物的名称、数量、用途。租赁物是出租人于合同生效后应交付给承租人使用、收益的物。由于租赁合同是以转移标的物的使用、收益权为目的的，没有租赁物，合同目的就不能实现，所以租赁物条款是租赁合同的主要条款。没有租赁物条款，租赁合同不能成立。在租赁物条款中，当事人应明确租赁物的名称、数量、用途。

(2) 租赁期限。租赁期限是承租人可以使用租赁物的期限。租赁期限直接关系到租赁物的使用和返还时间、租金的收取期间，因此，租赁期限是租赁合同的重要条款。当事人在租赁合同中应明确约定租赁期限。当事人在租赁合同中明确约定了租赁期限的，为定期租赁合同；当事人在租赁合同中未约定租赁期限或者约定不明确的，该租赁合同为不定期租赁合同。依据《民法典》第705条的规定，租赁期限不得超过20年。超过20年的，超过部分为无效。在租赁期限届满时，当事人可以续订租赁合同，但是约定的租赁期限自续订之日起不得超过20年。续订租赁合同又称租赁期限更新，是指在原租赁合同其他内容不变的情形下，延长合同的期限。当事人续订租赁合同有两种方式：一是约定更新（明示更新），即当事人在租赁合同期限届满后续订租赁合同，约定延长租赁期限。当事人续订租赁合同的，约定的租赁期限自续订之日起不得超过20年。二是法定更新（默示更新），即在租赁期限届满后，当事人的行为表明其继续租赁关系。例如，租赁期限届满后，承租人仍对租赁物为使用、收益，而出租人并不反对；承租人继续交付租金，而出租人接受之。

(3) 租金及其支付方式。租金是承租人使用租赁物的对价，是承租人有偿使用租赁物的法律形式。由于收取租金是出租人订立租赁合同的目的，因此，租金条款是租赁合同的必要条款。当事人对于租金的约定应明确具体，不仅应约定租金的数额和支付期限，还应约定租金的支付方式。

(4) 租赁物维修。租赁物的维修是使租赁物保持正常状态以使其能为承租人使用、收益的必要措施。为避免发生争议，明确当事人双方的责任，当事人可以在合同中约定租赁物的维修义务及有关事项。但是，租赁物维修条款并非租赁合同的主要条款，即使租赁合同中没有约定租赁物维修条款，或者当事人就租赁物维修不能达成一致意见，也不影响租赁合同的效力。

例题 69

第二节　租赁合同的效力

一、出租人的主要义务

（一）交付租赁物并在租赁期限内保持租赁物符合约定的用途

在租赁合同中，承租人的目的在于取得对租赁物的使用、收益的权利，因此，出租人应当按照约定将租赁物交付承租人，并于租赁关系存续期间保持租赁物合于约定的用途（《民法典》第 708 条）。这是出租人的主要义务，具体包括以下两个方面的内容。

1. 出租人应依合同约定交付租赁物

所谓交付租赁物，是指转移标的物的占有归承租人。出租人应当按照合同的约定将租赁物交付给承租人，并应使交付的标的物合于约定的使用、收益状态。如果依合同约定的使用性质，不以标的物的交付为必要，则出租人应将租赁物作成适于承租人使用的状态。例如，出租房屋的墙壁张贴广告的，出租人虽不必交付房屋由承租人占有，但是应当将墙壁作成承租人适于张贴广告的状态。租赁物有从物的，出租人于交付租赁物的同时应交付从物。在房屋租赁合同中，出租人就同一房屋订立数份租赁合同，在合同均有效的情况下，承租人均主张履行合同的，应当按照下列顺序确定履行合同的承租人：（1）已经合法占有租赁房屋的；（2）已经办理登记备案手续的；（3）合同成立在先的（《城镇房屋租赁合同解释》第 5 条）。

2. 出租人应当保持租赁物符合约定的用途

出租人不仅应在交付租赁物时保持其合于合同约定的使用、收益状态，而且应当在租赁期限保持租赁物合于约定的使用、收益状态。因此，出租人不仅不得妨害承租人的使用、收益，而且应当除去第三人的妨害。在标的物受到自然侵害而不合于约定的使用、收益状态时，出租人应当予以恢复。

（二）瑕疵担保责任

租赁合同为有偿合同，出租人应当承担瑕疵担保责任。一般认为，出租人的瑕疵担保责任准用买卖合同的规定。出租人的瑕疵担保责任是出租人在租赁期限保持租赁物符合用途的义务的具体内容，包括物的瑕疵担保责任与权利瑕疵担保责任。

所谓物的瑕疵担保责任，是指出租人应当担保所交付的租赁物符合约定的用途，能够为承租人依约正常使用、收益。如租赁物有不能使承租人为正常使用、收益的瑕疵，出租人应承担物的瑕疵担保责任，承租人有权解除合同或者请求减少租金。

所谓权利瑕疵担保责任，是指出租人应当担保不能因第三人对承租人主张权利而使承租人不能依约为使用、收益。因第三人主张权利，致使承

例题 70

租人不能对租赁物使用、收益的，承租人可以要求减少租金或者不支付租金；第三人主张权利的，承租人应当及时通知出租人（《民法典》第723条）。

（三）维修租赁物

依据《民法典》第712条的规定，除当事人另有约定外，出租人应当履行租赁物的维修义务。出租人维修租赁物是保持租赁物合于使用、收益状态的一种具体方式，既是出租人的一项义务，也是出租人的一项权利。所谓维修，是指于租赁物不符合约定的使用、收益状态时，对租赁物进行修理和维护，以使承租人得以按照约定对租赁物为正常使用、收益。一般地说，出租人对租赁物的维修义务须具备以下成立条件：第一，租赁物有维修的必要。所谓租赁物有维修的必要，是指租赁物出现影响正常使用、收益的情况，如不对其进行维修则不能满足承租人依约定对租赁物为使用、收益，不能发挥租赁物应有的效用。第二，租赁物有维修的可能。所谓租赁物有维修的可能，是指损坏的租赁物在事实上经过维修能够恢复并达到损坏前的状态，并且在经济上是合理的。若租赁物在事实上已不能修理好，或者虽能修理好，但是花费极高，则为无维修的可能。例如，房屋漏雨或者一面墙壁倒塌，为有维修的可能；但若房屋完全倒塌则为不可能维修，只能重建。在租赁物没有维修的可能时，出租人不负维修的义务。第三，在租赁期限承租人已为维修的通知。在租赁关系存续期间，租赁物发生损坏需要维修的，承租人应通知出租人。在租赁物交付承租人占有后，承租人对租赁物的情况最为清楚，而出租人并不能及时了解租赁物的状态，因此，如果租赁物有维修的必要，承租人应当通知出租人。如果出租人不知道租赁物有维修的必要，自不能维修。况且因租赁物为承租人占有，出租人对租赁物进行维修也需承租人协助。因此，租赁物由承租人使用期间，如有修理的必要，除出租人已知者外，承租人应当及时通知出租人。承租人应为通知而未为通知的，出租人不产生维修租赁物的义务。

依据《民法典》第713条的规定，承租人在租赁物需要维修时可以要求出租人在合理期限内维修。出租人未履行维修义务的，承租人可以自行维修，维修费用由出租人负担。因维修租赁物影响承租人使用的，应当相应减少租金或者延长租期。因承租人的过错致使租赁物需要维修的，出租人不承担租赁物的维修义务。出租人在产生维修义务后，应当及时履行维修义务。经承租人催告，出租人未在合理期限内履行维修义务的，承租人可以自行维修而由出租人承担维修的费用；出租人经催告无正当理由而在合理期限内不履行维修义务的，承租人也可解除合同并要求出租人赔偿损失。

（四）负担税负及返还费用

当租赁物有税负等负担时，由于这些负担是由租赁物而发生的，而租赁物的所有权属于出租人，因此，出租人应当承担租赁物的税负负担。当然，当事人约定由承租人承担租赁物税负的，该税负自应由承租人承担。出租人除应负担租赁物的税负外，对于承租人为租赁物支出的有益费用和必要费用也有偿还的义务。

所谓有益费用，是指承租人支出的使租赁物价值增加的费用。出租人偿还有益费用须具备以下条件：(1)须该费用是在租赁期限所支出的费用；(2)该费用须为对租赁物进行改善或者在租赁物上增设他物而支出的费用；(3)须因该费用的支出而使租赁物的价值增加；(4)须承租人所为的改善或者增设行为已经出租人同意。对于承租人支出的有益费用，出租人可以依不当得利的规定偿还。这是因为，在租赁合同终止后，租赁物被返还给出租人，出租人就享有了因承租人的改善行为或者增设行为而增加的租赁物价值的利益，承租人因此费用的支出而受有损失，而出租人取得该利益又没有法律上的根据，所以，出租人应将其所得的利益返还给受损失的承租人。出租人返还的有益费用的范围仅限于租赁合同终止时租赁物增加的价值额，而不能以承租人支出的数额为准。当然，承租人所增设的物能够拆除的，承租人可以拆除，而不要求出租人偿还有益费用，但是承租人拆除时应恢复租赁物的原状。

所谓必要费用，是指为维护租赁物所不可缺少的费用，例如，租赁物的保管费、机器的养护费用、动物的饲养费用等。必要费用一般包括两部分：一是维持租赁物的性能为承租人使用、收益所支出的必要费用，如动物的饲养费用、汽车加油的费用、机器设备上润滑油的费用等。该费用一般应由承租人承担。二是为维持租赁物的使用、收益状态所支出的费用，如房屋的维修费用、汽车修补轮胎的费用、机器设备更换零件的费用等。该费用应由出租人负担。如此项费用已为承租人所支出，出租人则有偿还的义务。

（五）在合同终止时接受租赁物、返还押金或者担保物

在租赁合同终止，承租人返还租赁物时，出租人应当及时接受租赁物。出租人收有押金或者其他担保物的，应当返还押金或者担保物。

二、承租人的主要义务

（一）按照约定的方式和范围对租赁物为使用、收益

承租人在依租赁合同取得对租赁物的使用、收益的权利的同时，负有按照约定的方法对租赁物为使用、收益的义务。依据《民法典》第 709 条的规定，承租人应当按照约定的方法使用租赁物。对租赁物的使用方法没有约定或者约定不明确的，依照《民法典》第 510 条的规定，当事人可以协议补充；不能达成补充协议的，按照合同相关条款或者交易习惯确定；仍不能确定的，应当按照租赁物的性质使用。

承租人是否依约定的方法使用租赁物，是确定租赁物的损耗是否为正常损耗的标准，而租赁物的损耗是否为正常损耗又直接关系着承租人的责任。承租人按照约定的方法或者根据租赁物的性质使用租赁物，致使租赁物受到损耗的，不承担损害赔偿责任（《民法典》第 710 条）；承租人未按照约定的方法或者未根据租赁物的性质使用租赁物，致使租赁物受到损失的，出租人可以解除合同并要求赔偿损失（《民法典》第 711 条）。

（二）妥善保管租赁物

承租人作为租赁物的占有人，应当妥善保管租赁物，因保管不善造成租赁物毁损、灭失的，应当承担损害赔偿责任（《民法典》第 714 条）。所谓妥善保管，是指承租人应尽善良管理人的注意，亦即承租人应如同保管自己的财物一样保管租赁物。关于承租人保管租赁物，合同中约定有保管方法的，应依约定的方法保管；没有约定保管方法的，应依租赁物的性质所要求的方法保管。承租人对租赁物的保管既包括对租赁物的保存，也包括对租赁物的正常维护和维持。例如，租赁物需要日常维护的，要予以正常的维护；租赁物有生产能力的，要维持其生产能力。

（三）不得擅自改善或者增设他物

在租赁期限内，承租人使用租赁物，应当尽量保持租赁物的原状，不得擅自对租赁物进行改善或者增设他物。当然，承租人经出租人同意，可以对租赁物进行改善或者增设他物。承租人未经出租人同意，对租赁物进行改善或者增设他物的，出租人可以要求承租人恢复原状或者赔偿损失（《民法典》第715条）。

在房屋租赁合同中，承租人对租赁物进行改善或者增设他物的，依据《城镇房屋租赁合同解释》的规定，应当区别不同情况作如下处理。

（1）承租人擅自变动房屋建筑主体和承重结构或者扩建，在出租人要求的合理期限内仍不恢复原状的，出租人有权请求解除合同并要求赔偿损失（第6条）。

（2）承租人经出租人同意装饰装修，租赁合同无效时，未形成附合的装饰装修物，出租人同意利用的，可折价归出租人所有；不同意利用的，可由承租人拆除。因拆除造成房屋毁损的，承租人应当恢复原状。已形成附合的装饰装修物，出租人同意利用的，可折价归出租人所有；不同意利用的，由双方各自按照导致合同无效的过错分担现值损失（第7条）。

（3）承租人经出租人同意装饰装修，租赁期限届满或者合同解除时，除当事人另有约定外，未形成附合的装饰装修物，可由承租人拆除。因拆除造成房屋毁损的，承租人应当恢复原状（第8条）。

（4）承租人经出租人同意装饰装修，合同解除时，双方对已形成附合的装饰装修物的处理没有约定的，按照下列情形分别处理：1）因出租人违约导致合同解除，承租人有权请求出租人赔偿剩余租赁期内装饰装修残值损失；2）因承租人违约导致合同解除，承租人无权请求出租人赔偿剩余租赁期内装饰装修残值损失，但是出租人同意利用的，应在利用价值范围内予以适当补偿；3）因双方违约导致合同解除，剩余租赁期内的装饰装修残值损失，由双方根据各自的过错承担相应的责任；4）因不可归责于双方的事由导致合同解除的，剩余租赁期内的装饰装修残值损失，由双方按照公平原则分担（第9条）。

（5）承租人经出租人同意装饰装修，租赁期限届满时，承租人无权请求出租人补偿附合装饰装修费用，但是当事人另有约定的除外（第10条）。

（6）承租人未经出租人同意装饰装修或者扩建发生的费用，由承租人负担，出租人有权请求承租人恢复原状或者赔偿损失（第11条）。

（7）承租人经出租人同意扩建，但是双方对扩建费用的处理没有约定的，可以按照下列情形分别处理：1）办理合法建设手续的，扩建造价费用由出租人负担；2）未办理合法建设手续的，扩建造价费用由双方按照过错分担（第12条）。

例题 71

（四）支付租金

租金为承租人使用租赁物的代价。因此，支付租金是承租人的主要义务。依据《民法典》第721条的规定，承租人应当按照约定的期限支付租金。对支付期限没有约定或者约定不明确的，依据《民法典》第510条的规定，当事人可以协议补充；不能达成补充协议的，按照合同相关条款或者交易习惯确定；仍不能确定的，租赁期限不满一年的，应当在租赁期限届满时支付；租赁期限一年以上的，应当在每届满一年时支付，剩余期间不满一年的，应当在租赁期限届满时支付。

依据《民法典》第729条的规定，在租赁物因不可归责于承租人的原因而部分或者全部毁损、灭失时，承租人可以请求减少租金或者不支付租金。承租人无正当理由未支付或者迟延支付租金的，出租人可以要求承租人在合理期限内支付（《民法典》第722条）。

（五）不得随意转租

转租是指承租人不退出租赁关系，而将租赁物出租给次承租人使用、收益。在租赁合同中，承租人只有经出租人同意，才有权将租赁物转租；未经出租人同意的，承租人不得将租赁物转租第三人。可见，转租可分为合法转租与不合法转租两种情况。

所谓合法转租，是指经出租人同意的转租。在合法转租中，承租人与出租人之间的租赁合同继续有效；第三人对租赁物造成损失的，承租人应当赔偿损失（《民法典》第716条第1款）。出租人知道或者应当知道承租人转租，但是在6个月内未提出异议的，视为出租人同意转租（《民法典》第718条）。承租人合法转租的，转租期限超过承租人剩余租赁期限的，超过部分的约定对出租人不具有法律约束力，但是出租人和承租人另有约定的除外（《民法典》第717条）。在转租合同对出租人发生法律效力的情况下，承租人拖欠租金的，次承租人可以代承租人支付其欠付的租金和违约金。次承租人代为支付的租金和违约金可以充抵次承租人应当向承租人支付的租金；超过其应付的租金数额的，可以向承租人追偿（《民法典》第719条）。

所谓不合法转租，是指未经出租人同意的转租。不合法转租因未经出租人同意，故对出租人不具有法律约束力。依据《民法典》第716条第2款的规定，承租人未经出租人同意转租的，出租人可以解除合同。在不合法转租中，承租人与次承租人之间的租赁合同有效，因承租人不能使次承租人取得使用、收益的权利，故次承租人得向承租人请求损害赔偿。此外，承租人擅自转租为严重的违约行为，出租人有权解除合同。出租人解除合同的，并得请求损害赔偿。

例题72

（六）返还租赁物

由于租赁合同是转移财产使用权的合同，因此，在租赁合同终止时，承租人应当将租赁物返还给出租人，且返还的租赁物应当符合按照约定或者租赁物的性质使用后的状态（《民法典》第733条）。可见，承租人返还租赁物的义务包括两个方面的内容：一方面，承租人应当返还租赁物。在租赁关系终止时，只要租赁物存在，承租人就应返还租赁物。只有在租赁物已不存在时，承租人才不负返还义务。另一方面，承租人返还的租赁物应当符合依约定方法或者根据租赁物的性质所确定的方法为使用、收益致租赁物发生变更或者损耗后的状态。承租人对租赁物为使用必会使租赁物有一定的损耗或者变化，但是只要承租人返还的租赁物符合合同约定的状态，或者符合承租人正常使用、收益后合理损耗的状态，其返还义务的履行就是适当的。

承租人不及时返还租赁物的，应当负违约责任。出租人既可基于租赁关系要求承租人返还，也可基于所有权要求承租人返还。承租人不仅应当交付逾期返还租赁物的租金、偿付违约金或者赔偿损失，而且应承担租赁物于其逾期返还期间意外灭失的风险。

三、租赁合同的特殊效力

（一）租赁物所有权变动后合同的效力

在租赁合同中，出租人将租赁物交付承租人使用，并没有丧失对租赁物的所有权。因此，在租赁期限内，出租人仍有权处分租赁物，将租赁物的所有权转移于第三人。那么，在租赁物所有权发生变动后，租赁合同是否受到影响呢？对此，《民法典》第725条规定："租赁物在承租人按照租赁合同占有期限内发生所有权变动的，不影响租赁合同的效力。"这就是说，租赁物所有权在租赁期限内发生转移的，不影响承租人的权利，原租赁合同对租赁物的新的所有人仍然有效，租赁物的新的所有人不得解除租赁合同。这就是所谓的"买卖不破租赁"规则，又称"租赁权的物权化"。这一规则突破了合同相对性原理，使租赁权具有了对抗第三人的效力。但是，租赁房屋具有下列情形或者当事人另有约定的，"买卖不破租赁"规则不破适用：(1) 房屋在出租前已设立抵押权，因抵押权人实现抵押权发生所有权变动的；(2) 房屋在出租前已被人民法院依法查封的（《城镇房屋租赁合同解释》第14条）。

（二）承租人的优先购买权

承租人的优先购买权是指在租赁合同存续期间，于出租人出卖租赁物时，承租人在同等条件下所享有的优先购买租赁物的权利。依据《民法典》第726条第1款的规定，出租人出卖租赁房屋的，应当在出卖之前的合理期限内通知承租人，承租人在同等条件下享有优先购买的权利。

承租人优先购买权属于形成权，只需有承租人购买租赁物的意思表示，即可形成与出租人之间的买卖关系，而无须有出租人同意出卖给承租人的意思表示。因此，承租人行使优先购买权，须具备如下条件：(1) 须出租人在租赁期限内出卖租赁物。出租人不出卖出租房屋的，承租人无所谓的优先购买权；承租人只能在租赁合同存续期间主张优先购买权。若租赁合同已经终止，则承租人不再享有优先购买权。(2) 须在同等条件下行使。所谓"同等条件"，是指承租人与其他购买人在购买租赁物的价格、付款期限和方式等方面的条件相同。(3) 须在合理期限内行使。承租人的优先购买权只能在合理期限内行使，超合理期限，则承租人的优先购买权消灭。关于承租人的优先购买权行使的合理期限，《民法典》第726条第2款规定，出租人履行通知义务后，承租人在15日内未明确表示购买的，视为承租人放弃优先购买权。出租人委托拍卖人拍卖租赁房屋的，应当在拍卖5日前通知承租人。承租人未参加拍卖的，视为放弃优先购买权（《民法典》第727条）。应当指出，承租人的优先购买权不仅适用于通常的租赁房屋买卖，也适用于出租人与抵押权人协议折价、变卖租赁房屋偿还债务的情形（《城镇房屋租赁合同解释》第15条）。

出租人未通知承租人或者有其他妨害承租人行使优先购买权情形的，承租人可以请求出租人承担赔偿责任。但是，出租人与第三人订立的房屋买卖合同的效力并不受影响（《民法典》第728条）。可见，承租人的优先购买权仅具有债权效力，而不具有物权效力。

应当指出，虽然承租人享有优先购买权，但是房屋按份共有人行使优先购买权或者出租人将房屋出卖给近亲属的，承租人不得行使优先购买权（《民法典》第726条第1款后一分句）。这里所规定的房屋按份共有优先权并非《民法典》第305条所规定的优先购买权，这两种按份共有人的优先购买权的产生前提不同：一为出卖租赁房屋，一为出卖共有份额。

例题73

（三）房屋承租人的共同居住人的继续租赁权

在租赁合同中，与承租人共同居住的人享有在租赁房屋中居住的权利。租赁权是与承租人人身有关的专属性权利，是不能继承的。但是，承租人在房屋租赁期限死亡的，与其生前共同居住的人或者共同经营人可以按照原租赁合同租赁该房屋（《民法典》第732条）。与承租人生前共同居住的人按照原租赁合同租赁房屋的，应当与出租人办理续租手续，变更承租人。

（四）承租人的优先承租权

依据《民法典》第734条第2款的规定，租赁期限届满，房屋承租人享有以同等条件优先承租的权利。在租赁期限届满时，当事人可以续期（《民法典》第734条第1款），但是续期是在不改变原租赁合同内容的前提下进行的。若租赁期满后，出租人改变租赁条件继续出租，则原承租人就无法续租。为保护房屋承租人的居住需求，房屋承租人在同等条件下可以优先承租。

第三节　租赁合同的终止

一、租赁合同终止的原因

租赁合同除因期限届满、租赁物灭失而终止外，还可以基于当事人的解除而终止。在租赁合同期限届满之前，任何一方当事人都不得擅自解除租赁合同。但是，当出现法定解除合同的事由时，当事人可以解除租赁合同，租赁合同因此而终止。在租赁合同中，法定解除的情形主要包括：

第一，承租人未按照约定的方法或者未根据租赁物的性质使用租赁物，致使租赁物受到损失的，出租人有权解除合同（《民法典》第711条）。

第二，承租人未经出租人同意转租的，出租人可以解除合同（《民法典》第716条第2款）。

第三，承租人无正当理由未支付或者迟延支付租金，在出租人给予的合理期限内仍不支付的，出租人可以解除合同（《民法典》第722条）。

第四，非因承租人原因致使租赁物无使用的，承租可以解除合同：（1）租赁物被司法机关或者行政机关依法查封、扣押；（2）租赁物权属有争议；（3）租赁物具有违反法律、行政法规关于使用条件的强制性规定情形（《民法典》第724条）。

第五，因不可归责于承租人的事由而使租赁物部分或者全部毁损、灭失，致使不能实现租赁合同目的的，承租人可以解除合同（《民法典》第729条）。

第六，在不定期租赁合同中，当事人可以随时解除合同，但是应当在合理期限之前通知对方（《民法典》第730条）。

第七，租赁物危及承租人的安全或者健康的，即使承租人订立合同时明知该租赁物质量不合格，承租人仍然可以随时解除合同（《民法典》第731条）。

二、租赁合同终止的效力

在租赁合同中，承租人是以支付租金为代价而对租赁物为使用、收益的。出租人的义务并非一次性的给付即可完成，而是在一定期间内持续地存在，因此，租赁合同是一种继续性合同。基于继续性合同的特殊性，在租赁合同终止后，虽然租金有返还的可能性，但是承租人对租赁物的使用、收益不可能返还。因此，租赁合同的终止只能向将来发生效力，不具有溯及既往的效力。

重点思考题

1. 如何认识转租的效力？
2. 如何理解“买卖不破租赁”规则？
3. 承租人的优先购买权应当如何行使？

案例讨论

2018年3月1日，甲与乙就房屋出租订立了书面合同。甲将其房屋租给乙使用，租期3年，每年租金为7 000元。三年之后，乙仍然居住在房屋之中，而甲也没有表示反对。2021年8月1日，经过甲许可，乙与丙达成口头协议，将房屋转租给了丙，租期以后再说，每年租金为9 000元。丙与妻子搬进了房屋。2022年2月1日，雷雨交加，房屋的一面墙壁被大水冲垮。甲、乙、丙三人均不愿自己拿钱修理房屋，争吵不休。最终，丙只得自己雇人将房屋修好，丙为此支付了1 000元。经过此事，甲感到十分伤心，向乙、丙表示将把房屋卖出去，乙与丙则表示随甲的便。2022年5月1日，甲与丁签订买卖合同，将房屋卖给了丁，同日办理了过户登记手续。

请回答以下问题：

(1) 乙与丙的租赁期限如何确定？为什么？

(2) 甲、乙、丙是否享有法定合同解除权？为什么？

(3) 丙应当向甲还是乙支付租金？为什么？

(4) 房屋修理费用最终应由谁承担？为什么？

(5) 如果丙与妻子搬进房屋不久后，丙去世，丙妻可否继续居住？为什么？

(6) 甲将房屋卖给丁，甲与乙、乙与丙之间的租赁合同效力如何？为什么？

(7) 丁是否可以通过某种方式，要求丙搬出房屋？为什么？

第十五章 融资租赁合同

第一节　融资租赁合同概述

一、融资租赁合同的概念和特征

融资租赁合同是指出租人根据承租人对出卖人、租赁物的选择，向出卖人购买租赁物，提供给承租人使用，承租人支付租金的合同（《民法典》第735条）。

融资租赁合同具有如下特征。

第一，出租人依照承租人的要求购买租赁物。融资租赁合同与租赁合同都是由出租人向承租人提供租赁物，但是两者在租赁物的购买上有所不同。在租赁合同中，租赁物并不是出于承租人的需要和依承租人的要求购买的，而是依出租人自己的需要和要求购买的，出租人购置租赁物与租赁合同无关；而在融资租赁合同中，出租人必须按照承租人的要求购买租赁物，出租人的购置租赁物的行为与出租租赁物的行为是联系在一起的，共同构成融资租赁关系的内容。虽然融资租赁合同的出租人是依承租人的要求购买租赁物的，但是其又不同于一般的买卖合同。在买卖合同中，买受人按自己的意愿购买物品，目的在于取得物的所有权，以满足自己生产经营或者生活需要；而在融资租赁合同中，出租人虽须购买租赁物，但是其购买的直接目的是满足承租人对租赁物的需求。在出卖人不履行义务时，承租人可以直接向出卖人索赔。在融资租赁合同中，承租人通过由出租人购买所需的标的物，以解决自己一次性购买标的物所需资金的不足，从而达到融资的目的。从这一点上说，承租人等于向出租人借贷。但是，承租人并不是从出租人处取得租赁物或者金钱的所有权，而是通过租赁的形式取得标的物的使用权，以租金的形式偿还出租人为购买租赁物所付出的代价等费用。所以，融资租赁合同与一般的借款合同也是不同的。

第二，出租人对租赁物无瑕疵担保责任。在租赁合同中，出租人与买卖合同中的出卖人一样地负有瑕疵担保责任，须使租赁物符合合同中约定的使用、收益的状态和保证第三人不能对租赁物主张权利。而在融资租赁合同中，由于出租人仅是依承租人的指示和要求去筹措资金购买租赁物，因此，除承租人依赖出租人的技能确定租赁物或者出租人干预选择租赁物的情况外，出租人对租赁物不符合约定或者不符合使用目的，不承担责任。

第三，承租人于租赁关系终止后享有选择权。在租赁合同中，于租赁关系终止后，承租人须将租赁物原物返还给出租人；而在融资租赁合同中，当事人可以约定租赁期限届满后租赁物的归属，承租人既可以按照约定支付租赁物残余的价值购买租赁物而取得其所有权，也可以将租赁物返还给出租人。因此，承租人于融资租赁合同终止后享有选择权。

第四，出租人为专营融资租赁业务的租赁公司。融资租赁合同是以融资为目的，以融物为手段的合同。合同的融资性特点决定了出租人必须是经营融资租赁业务的租赁公司这种特殊主体，而不能是一般的自然人、法人或者非法人组织。

第五，融资租赁合同为诺成合同、双务合同、有偿合同、要式合同。融资租赁合同自双方当事人意思表示一致时起成立，不以出租人交付租赁物为合同的成立条件。合同成立后，当事人双方都既负有一定的义务，也享有一定的权利，双方的权利义务具有对价性，承租人取得租赁物的使用、收益权，是以支付租金为代价的。因此，融资租赁合同为诺成合同、双务合同、有偿合同。《民法典》第 736 条第 2 款规定："融资租赁合同应当采用书面形式。"因此，融资租赁合同为要式合同。

第六，融资租赁合同是具有担保功能的合同（《民法典》第 388 条）。在融资租赁合同中，出租人对租赁物享有所有权，但是这种所有权构成对租金的一种担保，属于非典型担保。但是，出租人对租赁物的所有权，未经登记，不得对抗善意第三人（《民法典》第 745 条）。如果承租人未按照约定支付租金，经催告后在合理期限内仍不支付，则出租人有权请求承租人支付全部剩余租金，并以拍卖、变卖租赁物所得价款优先受偿（《担保制度解释》第 65 条）。

二、融资租赁合同的认定

融资租赁合同是融资与融物相结合的合同，合同关系具有复杂的结构。因此，对于合同是否构成融资租赁合同应当结合标的物的性质、价值、租金的构成以及当事人的合同权利义务进行认定。对于名为融资租赁合同，但是实际不构成融资租赁合同关系的，应当按照其实际构成的法律关系处理（《融资租赁合同解释》第 1 条）。承租人将其自有物出卖给出租人，再通过融资租赁合同将租赁物从出租人处租回的，不能仅以承租人和出卖人系同一人为由否定融资租赁合同关系（《融资租赁合同解释》第 2 条）。

三、融资租赁合同的内容与无效

（一）融资租赁合同的内容

依据《民法典》第 736 条第 1 款的规定，融资租赁合同的内容一般包括如下条款。

（1）租赁物的名称、数量、规格、技术性能、检验方法。这是融资租赁合同中的租赁物条款，主要是为了明确租赁物的具体要求。租赁物是融资租赁合同的主要条款，应当明确具体。关于租赁物，合同应当订明租赁物的名称、数量、规格、型号、技术性能、检验方法等，还应订明租赁物的出卖人以及制造厂家等，租赁物的交付与验收等。

(2) 租赁期限。租赁期限是承租人可以使用租赁物的期限，即租赁的起止时间。在融资租赁合同中，出租人与承租人不得随意地单方解除合同，当事人不得订立不定期融资租赁合同。关于租赁期限，合同中应当明确租赁合同的起止时间。

(3) 租金构成及其支付期限和方式、币种。租金是租赁内容的主要组成部分。在融资租赁合同中，当事人不仅应规定租金的数额，而且应说明租金的构成及支付期限；不仅应订明租金的支付地点和次数及每期的数额，还应订明租金的计算方法、租金的币种等。

(4) 租赁期限届满后租赁物的归属。在融资租赁合同中，由于承租人对租赁物的处理享有选择权，因此，双方当事人应在合同中约定租赁期限届满后租赁物的归属。

(5) 其他条款。除上述条款外，当事人还应在合同中订明租赁物的保养、维修和保险，租赁物的使用，以及发生纠纷时的争议解决方式等。

(二) 融资租赁合同的无效

在融资租赁合同中，应当存在真实的租赁物。当事人以虚构租赁物的方式订立融资租赁合同的，应认定为无效（《民法典》第 737 条），这与《民法典》第 146 条有关以虚假的意思表示实施的民事法律行为无效的规定是相一致的。应当指出，依照法律、行政法规的规定，对于租赁物的经营使用应当取得行政许可的，出租人未取得行政许可并不影响融资租赁合同的效力（《民法典》第 738 条）。

在融资租赁合同认定无效后，当事人就无效情形下租赁物的归属有约定的，按照其约定；没有约定或者约定不明确的，租赁物应当返还出租人。但是，因承租人原因致使合同无效，出租人不请求返还或者返还后会显著降低租赁物效用的，租赁物的所有权归承租人，由承租人给予出租人合理补偿（《民法典》第 760 条）。

第二节 融资租赁合同的效力

一、出租人的主要义务

(一) 按照承租人的要求订立买卖合同购买租赁物

在融资租赁合同中，出租人只有按照承租人对出卖人、租赁物的选择购买租赁物，才能实现融资租赁的目的。因此，出租人按照承租人的选择和要求购买租赁物，是出租人的一项义务。依据《民法典》第 739 条的规定，出租人应当根据承租人对出卖人、租赁物的选择订立买卖合同购买租赁物。出租人不与出卖人订立购买租赁物的买卖合同的，应当向承租人负违约责任。

由于出租人是按照承租人对出卖人、租赁物的选择而订立买卖合同的，因此，未经承租人同意，出租人不得变更与承租人有关的合同内容（《民法典》第 744 条）。这是因为：尽管买卖合同的当事人双方为出租人与出卖人，但是买卖合同中购买标的物的目的是提供给承租人使用，买卖合同中的有关内容与承租人有着直接的利害关系。一般地说，与承租人有关的买卖合同内容包括主体、标的物以及标的物交付等事项。买卖合同的主体虽为出租人与出卖人，但出卖人是由承租人选择并在融资租赁合同中指定的，而承租人对出卖人的选择是出于对出卖人的产品、信誉等方面的信赖。所以，未经承租人同意，出租人不得擅自变更买卖合同的出卖人。买卖合同中的标的物也就是融资租赁合同中的标的物，是根据承租人的选择在融资租赁合同中确定的，出租人只能根据承租人的要求购买承租人需求的租赁物。如果出租人变更买卖合同中的标的物，也就等于变更了融资租赁合同中的标的物，实际上是违背了承租人的意思，也就无法满足承租人的需要。因此，未经承租人同意，出租人不得擅自将买卖合同的标的物变更为他物。在融资租赁合同中，出卖人是直接向承租人交付标的物的，出卖人能否按照约定交付标的物直接决定着承租人起租的时间以及承租人的使用收益。因此，未经承租人同意，出租人不得擅自变更标的物的交付时间、地点和方式等。

出租人未经承租人同意，擅自变更与承租人有关的买卖合同内容的，其行为构成对融资租赁合同的违反，应向承租人承担违约责任，承租人有权拒收标的物，解除合同，并有权要求出租人赔偿损失。

（二）保证承租人对租赁物的占有和使用

依据《民法典》第 748 条第 1 款的规定，出租人应当保证承租人对租赁物的占有和使用。为保证承租人对租赁物的占有和使用，出租人的这一义务包括以下内容。

第一，保证出卖人将租赁物交付给承租人占有。在融资租赁合同中，承租人的目的在于取得对租赁物的使用、收益，因此，出租人应当将租赁物交付给承租人。但是，融资租赁合同中的租赁物交付与租赁合同的租赁物交付有所不同。在租赁合同中，出租人负有现实地将租赁物交付给承租人的义务；而在融资租赁合同中，出租人只是负有保证出卖人交付租赁物给承租人的义务。可见，出租人对融资租赁物的交付并非现实交付，而只是由出卖人直接将融资租赁物交付给承租人，承租人于受领融资租赁物后将受领的事实通知出租人。因此，只要承租人向出租人发出了受领租赁物的通知，则不论承租人是否确实受领了租赁物，出租人均为履行了交付义务。在出卖人未按时交付租赁物给承租人时，出租人应当向出卖人请求交付，并且因承租人未受领租赁物，出租人不得向承租人请求支付租金。出租人的过错致使租赁物不能交付或者迟延交付的，承租人有权请求出租人采取补救措施；出租人逾期未采取补救措施的，承租人有权解除合同，并请求损害赔偿。

第二，保证承租人在租赁期限内对租赁物的占有、使用。在融资租赁合同中，承租人订立合同的根本目的是取得对租赁物的使用权。尽管租赁物的所有权仍归出租人，但是承租人接受出卖人交付的租赁物后，在租赁期限内对租赁物即享有独占的使用权。为保证承租人的使用、收益权，出租人须保证承租人对租赁物的占有、使用。承租人对租赁物的使用、收益权，不仅得对抗出租人的所有权，而且得对抗租赁物上存在的他物权。例如，出租人将租赁物转让所有权的，融资租赁合同对新的所有权人仍然有效；出租人将租赁物抵押的，承租人的使用、收益权得对抗抵押权人的抵押权。

第三，不得妨碍承租人对租赁物的使用、收益并排除他人的妨碍。出租人不仅应保证承租人在整个租赁期限内对租赁物的占有，而且应当保证承租人能够按照合同约定的条件使用租赁物并收益。出租人妨碍承租人对租赁物为使用、收益或者擅自变更承租条件的，应当承担违约责任。在第三人妨碍承租人对租赁物的占有、使用、收益时，出租人应当予以排除。

第四，向出卖人支付货款。由于融资租赁合同是由买卖合同和租赁合同两个合同关系所构成的，因此，出租人按照买卖合同约定向出卖人付款，不仅是对出卖人的义务，也是对承租人所负的义务。出租人不按照合同约定向出卖人支付货款，以致承租人不能依照约定使用租赁物的，应向承租人承担违约责任。承租人可以解除合同，或者请求减少租金或者相应地延长租期。

依据《民法典》第748条第2款的规定，出租人有下列情形之一的，承租人有权请求其赔偿损失：(1) 无正当理由收回租赁物；(2) 无正当理由妨碍、干扰承租人对租赁物的占有和使用；(3) 因出租人的原因致使第三人对租赁物主张权利；(4) 不当影响承租人对租赁物占有和使用的其他情形。

（三）协助承租人向出卖人索赔

按照买卖合同的一般规定，在融资租赁合同中，出卖人不履行合同义务的，出租人作为买受人应当向出卖人行使索赔的权利。但是，由于出租人是按照承租人的指定购买租赁物的，出租人对租赁物的技术性能和质量要求未必了解，并且出卖人又是将租赁物直接交付给承租人的，由承租人对租赁物进行验收，所以，出租人、出卖人、承租人三方当事人可以约定，出卖人不履行买卖合同义务的，可由承租人行使索赔的权利。此外，为便于承租人索赔，出租人有义务协助承租人向出卖人索赔。对此，《民法典》第741条规定："出租人、出卖人、承租人可以约定，出卖人不履行买卖合同义务的，由承租人行使索赔的权利。承租人行使索赔权利的，出租人应当协助。"当然，如果出租人、出卖人、承租人没有约定由承租人行使对出卖人的索赔权利，则出租人于出卖人不履行买卖合同义务时，有权向出卖人索赔。

依据《民法典》第743条的规定，出租人有下列情形之一，致使承租人对出卖人行使索赔权利失败的，承租人有权请求出租人承担相应的责任：(1) 明知租赁物有品质瑕疵而不告知承租人；(2) 承租人行使索赔权利时，未及时提供必要协助。出租人怠于行使只能由其对出卖人行使的索赔权利，造成承租人损失的，承租人有权请求出租人承担赔偿责任。

（四）例外情况下的瑕疵担保责任

在融资租赁合同中，出租人是租赁物的所有人。按照一般原理，租赁物的所有人应对其提供给他人的租赁物负瑕疵担保责任。但是，在融资租赁合同中，由于出租人仅是按照承租人的选择和要求购买租赁物，并不对租赁物实际占有、使用、收益，同时也缺乏关于租赁物是否存在瑕疵的知识和能力，因此，租赁物不符合约定或者不符合使用目的的，出租人不承担赔偿责任。但是，承租人依赖出租人的技能确定租赁物或者出租人干预选择租赁物的，出租人应承担瑕疵担保责任（《民法典》第747条）。租赁物不符合融资租赁合同的约定且出租人实施了下列行为之一，承租人有权要求出租人承担相应的责任：(1) 出租人在承租人选择出卖人、租赁物时，对租赁物的选定起决定作用的；(2) 出租人干预或者要求承租人按照出租人意愿选择出卖人或者租赁物的；(3) 出租人擅自变更承租人已经选定的出卖人或者租赁物的（《融资租赁合同解释》第8条）。

二、承租人的主要义务

（一）按时接受出卖人交付的租赁物

在融资租赁合同中，出租人是买卖关系的当事人，但是出卖人不是向出租人交付租赁物，而是直接向承租人交付租赁物。因此，承租人负有按照合同约定及时接受出卖人交付的租赁物的义务。承租人在接受租赁物时，应当按照合同约定对租赁物验收。承租人于接受租赁物并验收后，应当将收到租赁物的结果通知出租人。承租人通知出租人收到租赁物后，承租人就应向出租人交付租金。在融资租赁合同中，承租人通知出租人收到租赁物是其租金义务发生的唯一要件。也就是说，只要承租人已为收到租赁物的通知，就须负交付租金的义务。即使承租人虽通知出租人收到租赁物但实际上并未收到的，也不得拒付租金或者请求返还已交的租金。

接受租赁物既是承租人的义务，也是承租人的权利。作为权利，在出卖人不交付时，承租人有权要求其交付；作为义务，承租人无正当理由不接受出卖人按合同约定交付的租赁物的，应当承担迟延履行的违约责任。承租人拒绝受领租赁物，未及时通知出租人，或者无正当理由拒绝受领租赁物，造成出租人损失的，应当承担赔偿责任（《融资租赁合同解释》第 3 条）。

（二）按照约定支付租金

在融资租赁期限内，承租人应当按照合同约定向出租人支付租金，这是承租人的基本义务。除当事人另有约定的以外，融资租赁合同的租金应当根据购买租赁物的大部分或者全部成本以及出租人的合理利润确定（《民法典》第 746 条）。可见，融资租赁合同的租金不同于租赁合同的租金，它不是承租人使用租赁物的对价，而是出租人向承租人提供融资的对价，出租人是通过收取租金的形式来收回其向出卖人购买租赁物所支付的价款的。因此，承租人支付租金的义务，以承租人通知出租人收到租赁物为生效条件，而不以承租人实际使用租赁物为条件。另外，承租人对出卖人行使索赔权利，不影响其履行支付租金的义务；但是，承租人依赖出租人的技能确定租赁物或者出租人干预选择租赁物的，承租人可以请求减免相应租金（《民法典》第 742 条）。除法律另有规定或者当事人另有约定外，承租人占有租赁物期间，租赁物毁损、灭失的，出租人有权请求承租人继续支付租金（《民法典》第 751 条）。

承租人应当按照约定支付租金。承租人经催告在合理期限内仍不支付租金的，出租人可以要求支付全部租金；也可以解除合同，收回租赁物（《民法典》第 752 条）。可见，承租人不按照约定支付租金时，出租人可以确定一个合理期限要求承租人支付。经出租人催告，承租人在合理期限内仍不支付租金的，出租人可采取以下两种救济措施：一是请求承租人支付到期和未到期的全部租金。一般地说，对于未到期的租金，出租人无权请求承租人支付，这是承租人享有的一种期限利益。但是，在承租人不依约定按时交付租金，并且经催告在合理期限内仍不支付时，则承租人的期限利益丧失，出租人不仅有权请求承租人支付已到期的租金，而且得请求承租人交付未到期的全部租金。二是解除合同，收回租赁物。出租人不选择请求承租人支付全部租金的，有权解除合同并收回租赁物。出租人对于租赁物享有所有权，在因承租人违约而出租人解除合同时，出租人有权收回租赁物。

（三）保管和维修租赁物

依据《民法典》第750条的规定，承租人应当妥善保管、使用租赁物，并应当履行占有租赁物期间的维修义务。在融资租赁合同中，承租人为自己使用、收益的需要，有权占有和使用租赁物。但是，为保护出租人的利益，承租人应负妥善保管租赁物的义务。承租人在租赁期限只得自己对租赁物为使用、收益，而不得擅自将租赁物转让、抵押、质押、投资入股或者以其他方式处分，否则，出租人得解除合同（《民法典》第753条）。

在融资租赁合同中，出租人一般对租赁物不负物的瑕疵担保责任，因而出租人对租赁物亦无维修的义务。由于出租人享有于租赁期限届满后收回租赁物加以使用或者处分的期待利益，因此，为保障出租人期待利益的实现，承租人不仅须妥善保管租赁物，而且负有维修租赁物的义务。

（四）租赁物致人损害的赔偿责任

依据《民法典》第749条的规定，承租人占有租赁物期间，租赁物造成第三人的人身伤害或者财产损失的，出租人不承担责任。在融资租赁合同中，租赁物是由承租人选择、决定的，承租人对物负有管理、维修的义务，而出租人并不负责租赁物的管理、维修，也不对租赁物为使用、收益，所以，对于租赁物在承租人占有期间造成第三人损害的，出租人不承担赔偿责任。至于租赁物致人损害时如何确定责任主体，应当根据侵权责任相关规则确定。

（五）合同终止时返还租赁物

在融资租赁合同终止时，租赁物归出租人所有的，承租人应将租赁物返还给出租人。

例题 74

三、出卖人的主要义务

（一）向承租人交付租赁物

依据《民法典》第739条的规定，出卖人应当按照约定向承租人交付标的物，承租人享有与受领标的物有关的买受人的权利。出卖人违反向承租人交付标的物的义务，有下列情形之一的，承租人可以拒绝受领出卖人向其交付的标的物：（1）标的物严重不符合约定；（2）未按照约定交付标的物，经承租人或者出租人催告后在合理期限内仍未交付。承租人拒绝受领标的物的，应当及时通知出租人（《民法典》第740条）。

（二）租赁物的瑕疵担保责任

在融资租赁合同中，出卖人是向承租人交付租赁物并由承租人验收租赁物，出卖人和租赁物也是由承租人选择、确定的，因此，在出卖人交付的租赁物不符合合同的约定时，出卖人应当承担瑕疵担保责任。如出卖人交付的租赁物虽不符合约定的条件但不影响使用，承租人愿意继续使用的，可以要求减少价金；若出卖人交付的租赁物不能使用，则承租人可以根据情况要求出卖人予以修理或者更换；如出卖人交付的租赁物无法实现合同的目的，承

例题 75

租人可以要求解除合同并要求赔偿损失。

四、合同期满后租赁物的归属

在融资租赁合同中，出租人购买租赁物并不是为了自己取得租赁物的所有权，出租人所关心的是如何以收取租金来收回成本和取得利润。而且出租人在租赁期限内保有租赁物的所有权，只是为了担保租金债权的实现。因此，在租赁期限届满后租赁物并非一定归出租人所有。

依据《民法典》第 757 条的规定，出租人和承租人可以约定租赁期限届满租赁物的归属；对租赁物的归属没有约定或者约定不明确的，依照《民法典》第 510 条的规定，当事人可以协议补充；不能达成补充协议的，按照合同相关条款或者交易习惯确定；仍不能确定的，租赁物的所有权归出租人。可见，在融资租赁合同中，当事人对租赁期限届满租赁物归属的约定可以有以下两种选择。

一是租赁物归承租人所有。合同约定租赁期满后，租赁物归承租人所有的，承租人取得租赁物的所有权。当事人约定租赁期限届满，承租人仅需向出租人支付象征性价款的，视为约定的租金义务履行完毕后租赁物的所有权归承租人（《民法典》第 759 条）。承租人购买租赁物的，通常被称为留购。当事人约定租赁期限届满租赁物归承租人所有，承租人已经支付大部分租金，但是无力支付剩余租金，出租人因此解除合同收回租赁物的，收回的租赁物的价值超过承租人欠付的租金以及其他费用的，承租人可以要求相应返还（《民法典》第 758 条第 1 款）。

二是租赁物归出租人所有。合同约定租赁期满后，租赁物归出租人所有的，出租人仍保持对租赁物的所有权。当事人约定租赁期限届满租赁物归出租人所有，因租赁物毁损、灭失或者附合、混合于他物致使承租人不能返还的，出租人有权请求承租人给予合理补偿（《民法典》第 758 条第 2 款）。在租赁物归出租人所有的情况下，承租人应当将租赁物返还给出租人。当然，当事人双方也可以协商续租，即由承租人继续承租租赁物，租赁物的所有权仍归出租人。

第三节 融资租赁合同的解除

一、融资租赁合同解除的事由

融资租赁合同属于《民法典》合同编典型合同分编所规定的一种有名合同，合同编通则分编关于合同解除的一般规则均可以适用于融资租赁合同。除此之外，融资租赁合同还具有自己特有的解除事由。

（一）双方当事人解除合同的事由

依据《民法典》第 754 条的规定，有下列情形之一的，出租人或者承租人可以解除融资租赁合同。

（1）出租人与出卖人订立的买卖合同解除、被确认无效或者被撤销，且未能重新订立买卖合同。这一解除事由应同时包括两个条件：一是出租人与出卖人订立的买卖合同解除、被确认无效或者被撤销。在这种情况下，承租人就无法对租赁物继续占有、使用，合同目的也就不能实现。二是出租人与出卖人未能重新订立买卖合同。如果出租人或者承租人重新订立了买卖合同，则承租人据此可以重新取得对租赁物的占有、使用。但是，如果出租人与出卖人不能重新订立买卖合同，则承租人就无法重新占有、使用租赁物，双方就可以解除融资租赁合同。

（2）租赁物因不可归责于当事人的原因毁损、灭失，且不能修复或者确定替代物。这一解除事由应同时包括两个条件：一是租赁物因不可归责于当事人的原因毁损、灭失。融资租赁合同以租赁物能够使用为前提，租赁物因不可归责于当事人的原因毁损、灭失的，则无法达成当事人的合同目的。二是租赁物不能修复或者确定替代物。在租赁物毁损、灭失的情况下，如果能够修复或者确定替代物，则融资租赁合同可以继续履行，否则，当事人可以解除融资租赁合同。

（3）因出卖人的原因致使融资租赁合同的目的不能实现。在融资租赁合同中，租赁物是由出卖人提供的，若出卖人没有交付租赁物，或者交付的租赁物不合格无法使用，则合同目的就不能实现，当事人就有权解除合同。由于这种合同目的不能实现是因出卖人的原因导致的，不能归责于出租人和承租人，故出租人和承租人均有权解除合同。

（二）当事人一方解除合同的原因

在融资租赁合同中，出租人或者承租人在具备法律规定的条件下，均可以单方解除合同。

（1）承租人未按照约定支付租金，经催告后在合理期限内仍不支付租金的，出租人可以解除融资租赁合同（《民法典》第752条）。合同对于欠付租金解除合同的情形没有明确约定，但是承租人欠付租金达到两期以上，或者数额达到全部租金15%以上，经出租人催告后在合理期限内仍不支付的，出租人可以解除合同（《融资租赁合同解释》第5条第2项）。应当指出，出租人不能同时提出解除合同与支付全部未付租金的请求，只能择一行使。当然，如果承租人不履行人民法院有关支付全部未付租金的判决，则出租人有权请求解除融资租赁合同（《融资租赁合同解释》第10条）。

（2）承租人未经出租人同意，将租赁物转让、抵押、质押、投资入股或者以其他方式处分的，出租人可以解除融资租赁合同（《民法典》第753条）。

（3）承租人违反合同约定，具有致使合同目的不能实现的其他情形（《融资租赁合同解释》第5条第3项），出租人可以解除合同。

（4）因出租人的原因致使承租人无法占有、使用租赁物的，承租人可以解除合同（《融资租赁合同解释》第6条）。例如，因出租人原因导致承租人不能及时受领租赁物、因出租人原因导致出卖人无法交付租赁物等，承租人可以解除合同。

二、融资租赁合同解除的法律后果

融资租赁合同解除后，合同关系终止，发生如下主要法律后果。

（一）赔偿损失

融资租赁合同因买卖合同解除、被确认无效或者被撤销而解除的，出卖人、租赁物系承租人选择的，出租人有权要求承租人赔偿相应损失；但是，因出租人原因导致买卖合同解除、被确认无效或者被撤销的除外。出租人的损失已经在买卖合同解除、被确认无效或者被撤销时获得赔偿的，承租人不再承担相应的赔偿责任（《民法典》第755条）。在因承租人未付租金而解除合同的情况下，出租人要求赔偿损失的范围为承租人全部未支付租金及其他费用与收回租赁物价值的差额；合同约定租赁期限届满后租赁物归出租人所有的，损失赔偿范围还应包括合同到期后租赁物的残值（《融资租赁合同解释》第11条）。

（二）收回租赁物

融资租赁合同解除后，将发生恢复原状的效力，出租人有权收回租赁物。应当指出，赔偿损失与收回租赁物可以同时主张（《融资租赁合同解释》第11条）。

（三）损失补偿

融资租赁合同因租赁物交付承租人后意外毁损、灭失等不可归责于当事人的原因解除的，出租人可以请求承租人按照租赁物折旧情况给予补偿（《民法典》第756条）。

重点思考题

1. 如何理解融资租赁的融资性与融物性？
2. 融资租赁合同与租赁合同有何区别？
3. 如何理解融资租赁合同的担保功能？
4. 如何确定融资租赁合同期满后的租赁物归属？

案例讨论

甲公司需要乙公司生产的一套精密成套设备，双方找丙公司商议，由丙公司购买并直接租给甲公司。甲、乙、丙公司三方签订了如下合同：(1) 由丙公司付给乙公司货款500万元；(2) 乙公司负责将精密成套设备运送给甲公司；(3) 甲公司承租该设备，期限为10年，每年租金为60万元。该合同由甲、乙、丙公司的法定代表人签字，甲、乙、丙公司加盖了合同专用章。合同签订后，乙公司按约定将设备交付给甲公司。甲公司收到设备后，经过调试，开始使用设备，但是在使用过程中，闪电击中电线，使设备损坏。

请回答以下问题：

(1) 甲、乙、丙公司之间的合同属于哪种合同？

(2) 若乙公司交付的设备质量不符合要求，则甲公司可否向乙公司追究责任？

(3) 甲公司在使用设备的过程中，因闪电击中电线而令设备受损，损失应由谁承担？

(4) 甲公司在使用过程中部分部件需要维修，该维修费用应由谁承担？

(5) 租赁期满，设备所有权归属于谁？

第十六章 保理合同

第一节 保理合同概述

一、保理合同的概念和特征

保理合同是指应收账款债权人将现有的或者将有的应收账款转让给保理人，保理人提供资金融通、应收账款管理或者催收、应收账款债务人付款担保等服务的合同（《民法典》第761条）。

保理合同具有以下特征。

第一，保理合同中的保理人具有特定性。在保理合同中，保理人是依照国家规定，经主管部门批准开展保理业务的保理公司、商业银行，其他组织或者个人不得开展保理业务。

第二，保理合同是以应收账款转让为前提的合同。在保理合同中，其必备要素是应收账款的转让。如果没有这个要素，保理合同就不能成立，即“无应收账款转让，不成立保理合同”。所谓应收账款，是指应收账款债权人因提供一定的货物、服务或设施而获得的要求应收账款债务人付款的权利以及依法享有的其他付款请求权，包括现有的以及将有的金钱债权，但不包括因票据或其他有价证券而产生的付款请求权，以及法律、行政法规禁止转让的付款请求权（《动产和权利担保统一登记办法》第3条）。应收账款既包括现有的应收账款，也包括将有的应收账款。所谓应收账款的转让，是指与应收账款相关的全部权利及权益的让渡（《商业银行保理业务管理暂行办法》第9条）。应收账款的转让是一种债权转让，因此，除法律对保理合同的规定外，保理合同可以适用债权转让的有关规定（《民法典》第769条）。

第三，保理合同的构造具有复合性。保理合同并不是单一的法律关系，而是由两种以上的法律关系所构成的，其法律构造为“应收账款转让＋”。因此，仅有应收账款的转让，无法成立保理合同。在保理合同中，应收账款转让可以与资金融通、应收账款管理或者催收、付款担保等保理业务中的一个或者多个相结合，形成不同表现形态的保理合同。

第四，保理合同是具有担保功能的合同。在保理业务中，保理人可以提供付款担保，在债务人不付款时，保理人向债权人承担担保责任。可见，保理合同属于《民法典》第388条所规定的具有担保功能的合同。

第五，保理合同为要式合同。依据《民法典》第762条第2款的规定，保理合同应当采用书面形式，故为要式合同。

二、保理合同的分类

根据不同的标准，保理合同可以有不同的分类，主要有如下几种。

（一）国内保理合同与国际保理合同

根据基础交易的性质和债权人、债务人所在地，保理合同可以分为国内保理合同与国际保理合同。

国内保理合同是指债权人和债务人均在中国境内开展保理业务的保理合同；国际保理合同是债权人和债务人中至少有一方在中国境外（包括保税区、自贸区、境内关外等）开展保理业务的保理合同。

区分国内保理合同与国际保理合同的主要意义在于，法律适用有所不同，国际保理合同涉及准据法的选择问题。

（二）有追索权保理合同与无追索权保理合同

根据保理人在债务人破产、无理拖欠或者无法偿付应收账款时，是否可以向债权人反转让应收账款、要求债权人回购应收账款或者返还融资款本息，保理合同可以分为有追索权保理合同与无追索权保理合同。

有追索权保理合同又称回购型保理合同，是指在应收账款到期无法从债务人处收回时，保理人可以向债权人反转让应收账款、要求债权人回购应收账款或者返还融资款本息；无追索权保理合同又称买断型保理合同，是指应收账款在无商业纠纷等情况下无法得到清偿的，由保理人承担应收账款的坏账风险的保理合同。

区分有追索权保理合同与无追索权保理合同的主要意义在于：在有追索权保理合同中，债权人承担返还融资本息的义务，在债务人不履行的情况下，保理人可以向债权人主张权利；在无追索权保理合同中，保理人受让债权，享有债权的全部利益，承担债权不能实现的风险。

（三）单保理合同与双保理合同

根据参与保理服务的保理机构个数，保理合同可以分为单保理合同与双保理合同。

单保理合同是由一家保理机构单独为买卖双方提供保理服务所签订的保理合同；双保理合同是由两家保理机构分别向买卖双方提供保理服务所签订的保理合同。买卖双方保理机构为同一银行不同分支机构的，原则上可视作双保理合同；有保险公司承保买方信用风险的银保合作，视同双保理合同。

区分单保理合同与双保理合同的主要意义在于，这两种保理合同的法律关系有所不同，单保理合同中仅出卖人一方有保理人，而双保理合同中出卖人和买受人均有保理人。

（四）公开型保理合同与隐蔽型保理合同

根据应收账款转让的事实是否通知债务人，保理合同可以分为公开型保理合同与隐蔽型保理合同。

公开型保理合同又称明保理合同，是指保理人应将应收账款转让的事实通知债务人的保理合同；隐蔽型保理合同又称暗保理合同，是指在保理合同签订后的合理期限内，保理人未将应收账款转让的事实通知债务人的保理合同。

区分公开型保理合同与隐蔽型保理合同的主要意义在于，债务人履行债务的对象不同。在公开型保理合同中，因应收账款转让的事实已经通知债务人，故债务人应向保理人履行债务；而在隐蔽型保理合同中，因应收账款转让的事实并没有通知债务人，故仍由债权人继续实现债权，相关款项仅在债权人与保理人之间清算。

三、保理合同的内容

依据《民法典》第 762 条第 1 款的规定，保理合同的内容一般包括如下条款。

(1) 业务类型。业务类型是指保理人开展保理业务的具体类别，如是国内保理还是国际保理、是明保理还是暗保理、是有追索权保理还是无追索权保理等。

(2) 服务范围。服务范围是指保理人提供的保理业务的具体事项，如资金融通、应收账款管理或者催收、付款担保等。

(3) 服务期限。服务期限是指当事人约定的保理合同的履行期限。对于不同的保理业务，保理人会设置不同的服务期限。

(4) 基础交易合同情况。基础交易合同是指产生应收账款债权的合同，如买卖、租赁、服务合同等。保理合同所载明的基础交易合同情况，包括但不限于基础交易当事人的相关信息、当事人的权利义务情况、合同的履行方式和期限等。

(5) 应收账款信息。应收账款信息是指应收账款的数额、履行方式、履行期限、是否存在限制或者禁止转让的情况等。

(6) 保理融资款或者服务报酬及其支付方式。保理融资款是指保理人为债权人提供资金融通的融资数额，服务报酬是指保理人为债权人提供应收账款管理或者催收服务而收取的费用。

第二节　保理合同的效力

一、保理合同对保理人的效力

保理合同对保理人的效力主要体现在如下几个方面。

第一，保理人向应收账款债务人发出转让的通知。保理人向应收账款债务人发出应收账款转让通知的，应当表明保理人身份并附有必要凭证（《民法典》第 764 条）。若债务人未收到转让通知，则债权人与保理人之间的债权转让对债务人不生效力，债务人对保理人不承担履行的义务。

第二，按照约定向债权人提供保理服务。在不同的保理业务中，保理人的服务内容各不相同，保理人应当按照约定内容提供保理服务。例如，保理人提供资金融通服务的，应当按照约定提供融资款；保理人提供应收账款管理或者催收服务的，应当进行妥善管理或者妥当催收。

第三，按照约定向债权人支付保理融资款。保理合同的核心内容是应收账款的转让，保理人在受让应收账款时，应当向债权人支付转让对价即保理融资款。

第四，在有追索权保理合同中，保理人享有追索权，可以选择向债权人或者向债务人主张权利。当事人约定有追索权保理的，保理人可以向应收账款债权人主张返还保理融资款本息或者回购应收账款债权，也可以向应收账款债务人主张应收账款债权。保理人向应收账款债务人主张应收账款债权，在扣除保理融资款本息和相关费用后有剩余的，剩余部分应当返还给应收账款债权人（《民法典》第 766 条）。依据《担保制度解释》第 66 条第 3 款的规定，应收账款债权人向保理人返还保理融资款本息或者回购应收账款债权后，有权请求应收账款债务人向其履行应收账款债务。

第五，在无追索权保理合同中，保理人有权向债务人主张应收账款债权。当事人约定无追索权保理的，保理人应当向应收账款债务人主张应收账款债权，保理人取得超过保理融资款本息和相关费用的部分，无须向应收账款债权人返还（《民法典》第 767 条）。

第六，保理人在应收账款重复转让时享有清偿顺序权。依据《民法典》第 768 条的规定，保理合同的担保功能主要体现在：应收账款债权人就同一应收账款订立多个保理合同，致使多个保理人主张权利的，已经登记的先于未登记的取得应收账款；均已经登记的，按照登记时间的先后顺序取得应收账款；均未登记的，由最先到达应收账款债务人的转让通知中载明的保理人取得应收账款；既未登记也未通知的，按照保理融资款或者服务报酬的比例取得应收账款。同一应收账款同时存在保理、应收账款质押和债权转让的，当事人有权主张参照《民法典》第 768 条的规定确定优先级（《担保制度解释》第 66 条第 1 款）。

二、保理合同对债权人的效力

第一，按照保理合同的约定接受保理人的保理服务。保理人应当按照合同约定为债权人提供保理服务，同时债权人应当接受保理人的保理服务。

第二，按照约定的时间和方式将应收账款转让给保理人。债权人违反这一义务，应当承担违约责任。构成根本违约的，保理人有权解除合同。

第三，在有追索权的保理中，债权人有权要求保理人返还在扣除保理融资款本息和相关费用后剩余的款项。保理人不向债务人而向债权人主张权利的，债权人可以继续向债务人主张债权（《民法典》第 766 条）。在无追索权的保理中，保理人已取得债权且不能向债权人追索，债权人通常已获得债权转让款，则债权人无前述权利。

第四，承担债权转让人的义务。在保理合同中，债权人与保理人达成债权转让的合意，债权人应当将债权转让给保理人，从而使保理人拥有对债务人收款的权利。债权人承担与债权转让相关的义务，除另有规定外，可以适用《民法典》对债权让与的规定（《民法典》第 769 条）。当然，保理人也对债权的真实性等负有审查义务。

第五，向保理人交付其与债务人之间的基础交易合同相关资料并向保理人支付必要的费用。应收账款须具有真实性，即债权人与债务人之间存在真实的交易，债权人应当向保理人交付相关资料，以保障保理人能够行使权利。在保理人提供管理、催收等服务时，债权人应支付相应的费用。

三、保理合同对债务人的效力

虽然应收账款债务人不是保理合同的当事人，但是保理合同对其亦会发生一定的效力。例如，应收账款债务人接到应收账款转让通知后，应收账款债权人与债务人无正当理由协商变更或者终止基础交易合同，对保理人产生不利影响的，对保理人不发生效力（《民法典》第 765 条）。应收账款债权人与债务人虚构应收账款作为转让标的，与保理人订立保理合同的，应收账款债务人不得以应收账款不存在为由对抗保理人，但是保理人明知虚构的除外（《民法典》第 763 条）。也就是说，即便债权人与债务人以恶意串通等虚假意思表示所虚构的基础交易合同无效，也不能对抗善意的保理人，基于虚构的基础交易合同而订立的应收账款的保理合同仍有效，债务人应向保理人承担付款义务。

例题 76

重点思考题

1. 有追索权保理与无追索权保理有何区别？
2. 如何理解保理合同的担保功能？
3. 保理合同发生何种法律效力？

案例讨论

甲公司对乙公司享有应收账款债权 100 万元，1 年后到期。甲公司与丙银行订立的保理合同约定，甲公司将对乙公司的应收账款债权，以 80 万元的价格转让给丙银行。甲公司与丙银行在保理合同中还约定，乙公司到期不向丙银行偿还债务，丙银行可要求甲公司返还融资款。保理合同订立后，丙银行向甲公司支付债权受让金 80 万元，并在乙公司的债务到期时请求乙公司偿还了 100 万元。经查，丙银行支付的价金利息为 8 万元，办理保理业务所花费用为 2 万元。

请回答以下问题：

（1）乙公司向丙银行所偿还的 100 万元，如何处理？

（2）丙银行获得的利益是什么？

（3）如果丙银行请求甲公司承担追索责任，则甲公司在承担追索责任后，应如何处理？

第十七章
承揽合同

第一节　承揽合同概述

一、承揽合同的概念和特征

承揽合同是指承揽人按照定作人的要求完成工作，交付工作成果，定作人给付报酬的合同（《民法典》第 770 条第 1 款）。在承揽合同中，应当完成工作并交付工作成果的一方为承揽人，应当接受承揽人的工作成果并给付报酬的一方为定作人，承揽人所应完成的工作成果为定作物。

承揽合同具有以下特征。

第一，承揽合同以一定工作的完成为目的。在承揽合同中，定作人订立合同的目的是取得承揽人完成的一定工作成果，因此，承揽人须依照定作人的要求完成一定的工作。由于承揽人完成一定工作须提供劳务，所以承揽合同属于提供劳务类的合同。但是在承揽合同中，定作人所需要的并不是承揽人完成工作的过程，而是承揽人完成的工作成果。也就是说，定作人所需要的并不是承揽人的单纯劳务，而是其劳务的结果，承揽人的劳务必须有物化的结果。因此，承揽人完成工作的劳务只有体现在其完成的工作成果上，只有与工作成果相结合，才能满足定作人的需要。承揽合同的这一特征，决定了承揽人的义务只能是作为义务，否则定作人就无法实现其合同目的。

第二，承揽合同的定作物具有特定性。承揽人应当按照定作人的要求完成工作并交付工作成果，这一工作成果就是定作物。该工作成果既可以是体力劳动的成果，也可以是脑力劳动的成果；可以是物，也可以是其他财产。这种定作物的最终成果无论以何种形式体现，都必须符合定作人的特定要求，满足定作人的特殊需要。因此，定作物具有特定性，是不能通过市场购买的，只能由承揽人依定作人的要求通过自己的劳动技能来完成。如果定作人所需要的标的物可以从市场上任意购买，则定作人也就没有必要通过订立承揽合同要求承揽人来完成。

第三，承揽合同的承揽人应以自己的风险独立完成工作。在承揽合同中，定作人所需要的是具有特定性的定作物，而这种定作物只能通过承揽人完成工作来取得。因此，定作人是根据技术、设备、能力等方面的条件来选择承揽人的，定作人注重的是承揽人的工作条件和技能，而不是其他一般人的工作条件和技能。所以，尽管在完成工作中承揽人须接受定作人的必要的监督和检查，承揽人却需要以自己的人力、设备和技术力量等条件独立地完成工作，不得擅自将承揽的主要工作交由第三人完成。由于定作人所最终需要的是承揽人的工作成果，所以承揽人应承担取得该工作成果的风险，对工作成果的完成负全部责任。承揽人不能完成工作和取得符合定作人要求的工作成果的，不能从定作人处得到报酬。

第四，承揽合同是诺成合同、双务合同、有偿合同、不要式合同。承揽合同自当事人双方意思表示一致时即可成立生效，而不以当事人一方实际交付标的物为合同的成立生效要件。承揽合同一经成立，当事人双方均负有一定义务，双方的义务具有对应性，一方的义务即为他方的权利。承揽合同的定作人须为工作成果的取得支付报酬，任何一方从另一方处取得利益均应支付对价。因此，承揽合同为诺成合同、双务合同、有偿合同。此外，法律对承揽合同的形式没有特殊规定，故承揽合同为不要式合同。

二、承揽合同的种类与内容

（一）承揽合同的种类

依据《民法典》第 770 条第 2 款的规定，承揽包括加工、定作、修理、复制、测试、检验等工作。相应地，承揽合同也就包括加工合同、定作合同、修理合同、复制合同、测试合同、检验合同等。

加工合同是承揽人以自己的力量，按照定作人的要求，用定作人提供的原材料，为定作人加工成成品，定作人接受该成品并支付报酬的合同。在加工合同中，原材料只能由定作人提供，而不能由承揽人提供。例如，用定作人提供的材料加工成特定设备，用定作人提供的半成品加工成成品，用定作人提供的衣料加工成服装，用定作人提供的木料加工成家具，为定作人装裱字画等，都属于加工合同。

定作合同是指承揽人用自己的原材料和技术，按照定作人的要求为定作人制作成品，定作人接受该成品并支付报酬的合同。例如，定作设备、定作服装、定作家具、定刻印章等，都属于定作合同。定作合同与加工合同的区别在于，定作合同的原材料提供人是承揽人，而加工合同的原材料提供人是定作人。

修理合同是指承揽人以自己的技术、工作为定作人修复损坏的物品，定作人接受该工作成果并向承揽人支付报酬的合同。例如，修理汽车、电视机、手表、自行车等，都成立修理合同。

复制合同是指承揽人按照定作人的要求，根据定作人提供的样品，为定作人重新依样制作若干份，定作人接受复制品并支付报酬的合同。承揽人按照定作人的要求，可以采取不同的方式进行复制，如对文稿的复印，对画稿的临摹等。

测试合同是指承揽人按照定作人的要求以自己的仪器、设备和技术为定作人完成某一特定项目的测试任务，定作人接受测试成果并支付报酬的合同。

检验合同是指承揽人依定作人的要求，以自己的技术和仪器、设备等为定作人提出的特定事物的性能、问题等进行检验，定作人接受检验成果并支付报酬的合同。

(二)承揽合同的内容

依据《民法典》第771条的规定,承揽合同的内容一般包括如下条款。

(1)承揽的标的、数量、质量。承揽的标的是承揽人应完成的定作人所需要的工作成果,是承揽人和定作人双方的权利义务共同指向的对象。承揽的标的是承揽合同的必要条款,当事人没有约定承揽标的或者对承揽标的约定不明确的,承揽合同不能成立。数量、质量是确定承揽标的的具体条件,是同一种类承揽标的相互区别的标志。一般说来,区分同类承揽标的的具体特征是质量,因此,在承揽合同中当事人特别应当明确承揽标的的质量要求。

(2)报酬。报酬是指定作人为接受承揽人完成的工作成果应向承揽人支付的代价。承揽合同是有偿合同,因此,承揽合同中必须有报酬的条款。当事人对于报酬的约定可以是具体的数额,也可以是报酬的计算方法。

(3)承揽方式。承揽方式是指完成承揽工作的具体方法。例如,承揽工作是由承揽人独立完成还是可以转由他人完成。转由他人完成承揽工作的,为转承揽。在承揽合同中,当事人可以约定承揽的主要工作由第三人完成;若无约定,则承揽的主要工作应当由承揽人完成。

(4)材料的提供。材料是指承揽人完成工作所需要的原料。在承揽合同中,材料可由定作人提供,也可由承揽人提供。因此,承揽合同中应对材料的提供方作出约定。如果合同中未约定由何方提供材料,则推定为由承揽人提供。承揽合同中不仅应约定材料由何方提供,并且应明确材料的数量、质量以及提供的时间、地点。

(5)履行期限。履行期限是指当事人双方履行义务的时间。就承揽人而言,履行期限是指完成工作并交付工作成果的时间;对定作人来说,履行期限主要是指支付报酬的时间。由承揽人提供材料的,承揽合同中还应约定材料费以及其他费用的支付时间;如没有约定或者约定不明确,材料费及其他费用应当与报酬同时支付。

(6)验收标准和方法。验收标准和方法是指检验材料、定作物的质量的标准和方法。承揽合同中明确约定验收标准和方法,有利于确定承揽人完成的工作是否符合定作人的要求,避免双方就工作质量发生纠纷。

第二节　承揽合同的效力

一、承揽人的主要义务

(一)按照约定完成工作的义务

按照合同的约定完成承揽的工作,是承揽人的主要义务。这一义务包括以下两个方面。

1. 承揽人应当在约定的期限内完成承揽工作

一般地说,承揽人于合同成立后,应立即着手开始工作。合同若对承揽人开始工作的时间有约定的,承揽人应按照约定的时间开始工作。如果合同约定以定作人完成一定行为为开始工作的条件,如要求定作人首先提供材料、要求定作人预付一部分报酬或者预付定金等，则在定作人完成所要求的行为后，承揽人即应开始进行工作。承揽人未在合同约定的期限内着手完成工作的，定作人得请求承揽人着手完成工作。

承揽人不仅应在合同约定的期限内开始进行工作，而且应当在规定的期限内完成工作。因可归责于承揽人的事由致工作不能按期完成的，定作人有权请求减少报酬或者请求赔偿损失，也有权解除合同。

2. 承揽人应当以自己的设备、技术、劳力完成工作的主要部分

承揽合同是建立在定作人对承揽人完成工作的条件和能力信任基础上的，所以承揽人应亲自完成自己所承揽的工作任务。所谓亲自完成承揽工作，是指承揽人应完成承揽的主要工作，而不是承揽的全部工作。对于承揽的辅助工作，承揽人可以交由第三人完成。依据《民法典》第 772 条的规定，除当事人另有约定外，承揽人应当以自己的设备、技术和劳力，完成主要工作。承揽人将其承揽的主要工作交由第三人完成的，应当就该第三人完成的工作成果向定作人负责。未经定作人同意的，定作人也可以解除合同。

除承揽的主要工作外，承揽人可以将其承揽的辅助工作交由第三人完成。承揽人将其承揽的辅助工作交由第三人完成的，应当就该第三人完成的工作成果向定作人负责（《民法典》第 773 条）。所谓辅助工作，是指主要工作以外的部分。由于辅助工作对工作成果的质量不起决定性作用，一般也不需要特殊的技能和设备等，所以，承揽人不经定作人的同意，即可将辅助工作交由第三人完成。

无论是当事人约定承揽人可以将承揽的主要工作交由第三人完成，还是承揽人将承揽的辅助工作交由第三人完成，第三人都仅为履行主体而非承揽的义务主体，因此，承揽人应当就该第三人完成的工作成果向定作人负责。

（二）按合同约定提供材料或者接受定作人提供的材料

1. 按照合同约定提供材料

承揽合同约定由承揽人提供材料的，承揽人应当按照约定选用材料，并接受定作人检验（《民法典》第 774 条）。如果承揽合同中没有约定材料的质量标准，则承揽人应当选用符合定作物使用目的的材料。承揽人选用材料，应当接受定作人检验。定作人对承揽人选用的材料质量提出异议的，承揽人应当调换。承揽人隐瞒材料的缺陷或者使用不符合合同约定的材料并使定作物质量不合格的，承揽人应当承担责任。定作人对承揽人选用的材料未及时检验的，则视为同意，不得再对材料的质量提出异议。

2. 接受定作人提供的材料

承揽合同约定由定作人提供材料的，承揽人应当及时接受并检验定作人交付的材料。承揽人经验收发现定作人提供的材料不符合约定的，应及时通知定作人更换、补齐或者采取其他补救措施。另外，承揽人不得擅自更换定作人提供的材料，不得更换不需要修理的零部件（《民法典》第 775 条）。承揽人对于定作人提供的材料负有妥善保管的义务，因其保管不善造成材料毁损、灭失的，应承担赔偿责任（《民法典》第 784 条）。承揽人使用定作人的材料应符合合同中约定的损耗量，因承揽人原因造成浪费的，承揽人应当予以赔偿。

（三）保密义务和通知义务

承揽人应当按照定作人的要求保守秘密，未经定作人许可，不得留存复制品或者技

术资料（《民法典》第785条）。一方面，定作人要求承揽人对其完成的工作保密的，承揽人对其所完成的工作负有保密义务，不得泄露定作人的秘密；另一方面，承揽人在完成工作后，应将复制品及定作人的技术资料一并返还给定作人，未经定作人许可，不得留存复制品或者技术资料。承揽人违反保密义务造成定作人损失的，应负赔偿责任。

承揽人在完成工作过程中，遇有下列情形时负有通知义务，应当将有关事项通知定作人：(1) 定作人提供的材料不符合约定（《民法典》第775条）；(2) 定作人提供的图纸或者技术要求不合理（《民法典》第776条）；(3) 可能影响工作质量或者履行期限的其他不可归责于承揽人的情形。承揽人怠于通知或者未经定作人同意擅自修改定作人的技术要求或者调换定作人提供的材料的，对因此而造成的工作成果质量不合格应当承担责任。

（四）接受定作人必要的监督检验

为保证承揽工作的质量，承揽人在工作期间，应当接受定作人必要的监督检验，但是定作人不得因监督检验妨碍承揽人的正常工作（《民法典》第779条）。在承揽期间，承揽人应当如实地向定作人反映工作情况，不得故意隐瞒工作中存在的问题。对于定作人的指示和提出的技术要求的变更，承揽人应当接受并按定作人的指示进行工作。但是，定作人对承揽人工作的监督检验以“必要”者为限，应当依合同约定的监督范围和方法，或者依承揽的工作性质进行监督检验。定作人对承揽工作的监督检验不得妨碍承揽人的正常工作，否则给承揽人造成损失的，定作人应负赔偿责任。

（五）交付所完成的工作成果

承揽合同以定作人取得一定工作成果为目的，因此，承揽人完成工作的，应当向定作人交付工作成果，并提交必要的技术资料和有关质量证明（《民法典》第780条）。承揽人完成工作成果后应当按照合同中约定的方式和地点将工作成果移交定作人占有；合同中没有约定交付工作成果的时间、地点和方式的，应依合同的其他条款或者补充协议或者交易习惯确定，如仍不能确定的，则承揽人应在工作完成后通知定作人提取工作成果。按照合同约定的承揽工作的性质无须为特别交付的，如房屋的维修、墙壁的粉刷等，则于承揽人完成工作之日即为交付。为便于定作人的验收和检验，承揽人交付工作成果的同时，应提交必要的技术资料和有关质量证明。

定作人定作的目的是取得工作成果的所有权，因此，承揽人在完成工作后应将工作成果的所有权转移给定作人。工作成果附有所有权凭证的，承揽人在交付工作成果的同时应一并交付所有权凭证。在实践中，承揽工作成果的所有权的转移主要有以下几种情况：(1) 定作人提供材料由承揽人加工的，如定作物为动产，工作成果的所有权归定作人，当事人无须进行所有权的转移。(2) 由承揽人自己提供材料，定作物为动产的，工作成果的所有权归承揽人，当事人之间须进行工作成果所有权的转移。(3) 由双方提供材料，定作物为动产的，若定作人提供的材料为工作成果的主要部分，则工作成果的所有权归定作人，当事人之间无须进行工作成果所有权的转移；若承揽人提供的材料为工作成果的主要部分，则工作成果的所有权归承揽人，当事人之间须进行工作成果所有权的转移。(4) 定作物为不动产的，不论材料为何方提供，定作物的所有权均由定作人取得。

（六）工作成果的瑕疵担保责任

瑕疵担保责任包括物的瑕疵担保责任和权利瑕疵担保责任，但是承揽合同中不存在权利瑕疵担保责任问题，因此，承揽人对工作成果的瑕疵担保责任仅指物的瑕疵担保责任。就是说，承揽人应当保证其所完成的工作成果符合合同约定的质量要求。承揽人所完成的工作成果不符合合同中约定的质量标准和要求的，承揽人应负瑕疵担保责任，定作人有权要求承揽人承担违约责任。依据《民法典》第 781 条的规定，承揽人交付的工作成果不符合质量要求的，定作人可以要求承揽人承担修理、重作、减少报酬、赔偿损失等违约责任。（1）修理。工作成果的瑕疵轻微，定作人要求承揽人进行修理的，承揽人应对工作成果予以修理，以使其符合质量要求。因修理而造成工作成果迟延交付的，承揽人应承担逾期交付的违约责任。（2）重作。因工作成果瑕疵严重，定作人不同意修理而要求重作的，承揽人应依定作人的要求予以重作。因承揽人重作而逾期交付的，承揽人仍应承担逾期交付的违约责任。（3）减少报酬。工作成果虽有瑕疵，但是定作人同意利用的，应按质论价，承揽人应相应地减少报酬。（4）赔偿损失。因工作成果的瑕疵给定作人造成损害的，承揽人应当赔偿损失。

（七）共同承揽人的连带责任

共同承揽是数人共同承揽一项工作的承揽。承揽人共同承揽时，合同中应当明确约定各个承揽人的义务和责任。如合同中没有另外约定，共同承揽人对定作人负连带责任（《民法典》第 786 条）。

例题 77

二、定作人的主要义务

（一）协助义务

在承揽合同中，承揽工作需要定作人协助的，定作人有协助的义务（《民法典》第 778 条）。一般地说，协助义务包括如下内容：（1）依照合同的约定或者承揽的工作性质应由定作人提供原材料的，定作人应按照约定的标准提供原材料。（2）由定作人提供设计图纸或者技术要求、技术资料的，定作人应按照约定的期限提供设计图纸或者技术要求、技术资料。定作人提供的图纸或者技术要求不合理的，在接到承揽人的通知后应当及时答复并采取相应的措施；因定作人怠于答复等原因造成承揽人损失的，应当赔偿损失（《民法典》第 776 条）。（3）由定作人提供样品的，定作人应按照约定提供所需的样品。（4）按承揽人的通知，定作人应更换、补齐原材料的，定作人应及时更换、补齐。（5）由定作人提供工作场所或者提供完成承揽工作所需要的生活条件和工作环境的，定作人应按照约定提供。

定作人不履行协助义务致使承揽工作不能完成的，承揽人可以催告定作人在合理期限内履行义务，并可以顺延履行期限；定作人逾期不履行的，承揽人可以解除合同（《民法典》第 778 条）。

（二）受领并验收承揽人完成的工作成果

一般认为，定作人有受领承揽人所完成的工作成果的义务。定作人的受领既包括定作人接受承揽人交付的工作成果，也包括在承揽人无须实际交付时定作人对承揽人所完成的工作成果的承认。但是，定作人受领义务的履行是以承揽人完成的工作成果符合合同约定的标准或者条件为前提的。因承揽人完成的工作成果不符合合同的约定而定作人拒收的，不为定作人受领义务的不履行。

定作人在受领工作成果时，应当验收该工作成果。关于验收工作成果的费用负担，合同中有约定的，从其约定；如合同中无另外的约定，则定作人应承担验收的费用。验收时，定作人发现工作成果的质量不符合要求的，应当及时通知承揽人。

（三）支付报酬、材料费等费用

承揽合同是有偿合同，因此，定作人应向承揽人支付报酬，并应支付材料费及其他有关费用。

关于定作人支付的报酬、材料费等费用的标准，合同中有约定的，按照约定的数额支付；如当事人在合同中没有约定，则依通常标准支付。所谓通常标准，是指工作成果交付的当地当时的同种类工作成果的一般报酬标准。

定作人应当按照合同约定的期限支付报酬。对支付报酬期限没有约定或者约定不明确的，依据《民法典》第 510 条的规定，当事人可以协议补充；不能达成补充协议的，依照合同相关条款或者交易习惯确定；仍不能确定的，定作人应当在承揽人交付工作成果的同时支付。工作成果部分交付的，定作人应当相应支付（《民法典》第 782 条）。如果承揽人完成的工作成果无须交付，如为定作人粉刷墙壁，则定作人应于工作完成之时支付报酬。定作人延期支付报酬的，应当承担逾期支付的利息。

定作人未向承揽人支付报酬或者材料费等价款的，承揽人对完成的工作成果享有留置权或者有权拒绝支付，但是当事人另有约定的除外（《民法典》第 783 条）。

（四）中途变更合同的赔偿责任

在承揽工作过程中，定作人有权中途变更承揽工作的要求，但是变更承揽工作的要求造成承揽人损失的，应当承担赔偿责任（《民法典》第 777 条）。

例题 78

三、承揽合同中的风险负担

承揽合同中的风险负担是指在承揽工作完成过程中，工作成果或者当事人提供的材料因不可归责于当事人任何一方的原因而毁损、灭失的，应由何方负担损失问题。因此，承揽合同中的风险负担主要包括工作成果的风险负担和材料的风险负担两个方面。

（一）工作成果的风险负担

在承揽合同中，工作成果的风险负担应区分以下两种情况：其一，承揽的工作成果应当实际交付的，工作成果的风险在交付前由承揽人负担，在交付后由定作人负担，当事人另有约定或者法律另有规定的除外。其二，承揽的工作成果无须实际交付的，工作成果的风险在完成前由承揽人负担，在完成后由定作人负担，当事人另有约定或者法律另有规定的除外。

（二）材料的风险负担

在承揽合同中，材料的风险负担遵循所有权人负担风险的规则，即由材料所有人承担材料的风险。因此，承揽人提供材料的，材料的风险由承揽人负担。定作人提供材料的，若当事人约定由承揽人付给费用或者价款，则材料的所有权自交付给承揽人时起转移于承揽人，承揽人应当负担材料的风险；若当事人未约定承揽人就定作人提供的材料支付费用或者价款，则材料的所有权仍归定作人，定作人应当负担材料的风险。

第三节　承揽合同的终止

一、承揽合同因当事人协议而终止

承揽合同成立后，承揽人和定作人可以协议解除承揽合同。在当事人双方协议解除合同时，承揽合同即因解除而终止。

二、承揽合同因定作人的任意解除而终止

依据《民法典》第787条的规定，定作人可以随时解除承揽合同，造成承揽人损失的，应当赔偿损失。可见，定作人享有任意解除承揽合同的权利。在承揽合同成立后，定作人出于某种原因的考虑，可能不再需要承揽人继续完成工作。如果承揽人继续履行承揽合同，反而对定作人不利。因此，在这种情况下，法律允许定作人以赔偿损失为代价而解除承揽合同，以平衡当事人之间的利益关系。当然，定作人只能在承揽工作完成前解除承揽合同。

三、承揽合同因当事人一方严重违约被解除而终止

在一方当事人严重违约致使承揽合同不能继续履行时，另一方有权解除合同。例如，承揽人未经定作人同意将承揽的主要工作交由第三人完成的，定作人有权解除合同；定作人不履行协助义务致使承揽工作不能完成的，承揽人有权解除合同；在承揽人违反义务显然不能按期完成工作时，定作人有权解除合同。在有解除权的当事人一方行使解除权时，承揽合同因解除而终止。

重点思考题

1. 承揽人应当如何完成承揽工作？
2. 如何确定承揽合同中工作成果的风险负担？
3. 承揽合同在何种情形下可以解除？

案例讨论

甲公司有300立方米的木材要加工成家具，乙公司与丙公司一起找到甲公司，三方签订了合同。该合同约定：乙公司与丙公司将300立方米的木材加工成家具，合同履行期限为50天，价款为60万元。乙公司与丙公司也签订了一份合同，约定乙公司负责200

立方米，丙公司负责100立方米，所取得的价款以及所承担的责任也照此比例处理。在加工过程中，乙公司工作人员抽烟，导致60立方米的木材被全部烧毁。合同履行期限届满后，乙公司与丙公司将全部木材加工成了家具，但是乙公司能够交付的数量不足。甲公司要求乙公司与丙公司连带赔偿损失，丙公司拒绝承担责任。三方无法协商一致，甲公司要求丙公司交付家具，丙公司提出，甲公司不交付价款，自己便拒绝交付家具。甲公司索性便通知丙公司解除合同。

请回答以下问题：

(1) 乙公司工作人员抽烟，致使60立方米木材被烧毁，如何定性？

(2) 木材被烧毁，能否适用风险负担规则加以处理？为什么？

(3) 乙公司与丙公司是否应当对甲公司承担连带责任？为什么？

(4) 丙公司赔偿了甲公司的损失，是否可以向乙公司追偿？为什么？

(5) 丙公司能否在甲公司交付价款之前拒绝交付家具？为什么？

(6) 甲公司能否解除合同？为什么？

第十八章
建设工程合同

第一节　建设工程合同概述

一、建设工程合同的概念和特征

建设工程合同是指承包人进行工程建设，发包人支付价款的合同（《民法典》第788条第1款）。

建设工程合同是承揽合同的一种特殊形式，因此，《民法典》第808条规定："本章没有规定的，适用承揽合同的有关规定。"建设工程合同除具有承揽合同的一般特征外，如建设工程合同也为诺成合同、双务合同、有偿合同，更具有与承揽合同不同的特殊性，这主要表现在如下方面。

第一，建设工程合同的标的物具有特定性。建设工程合同的标的物是建设工程。也就是说，只有承包基本建设工程，才能成立建设工程承包合同。为建造个人住宅而订立的合同，只能为承揽合同，而不为建设工程合同。所谓建设工程，是指土木建筑工程和建筑业范围内的线路、管道、设备安装工程的新建、扩建、改建及大型的建筑装饰活动，主要包括房屋、铁路、公路、机场、港口、桥梁、矿井、水库、电站、通信线路等。

第二，建设工程合同的主体具有限定性。基本建设工程具有投资大、周期长、技术要求高、涉及面广等特点，一般的民事主体很难完成。因此，建设工程合同的主体资格是受限制的。在建设工程合同中，发包人一般为建设工程的建设单位，即投资建设该项工程的单位。按照规定需要组建项目法人的，应当以该项目法人为发包人。承包人只能是具有从事勘察、设计、建筑、安装任务资格的法人，并且按照承包人拥有的注册资本、专业技术人员、技术装备和完成的建筑工程业绩等资质条件分为不同的资质等级，只有取得相应的资质等级，才能在其资质等级许可的范围内承包相应的工程。

第三，建设工程合同的管理具有特殊性。基于建设工程的特殊地位和作用，国家对建设工程合同实行严格的监督和管理制度。从合同的签订到合同的履行，从资金的投放到最终的成果验收，都受到国家的严格的管理和监督。例如，建设工程合同的签订应当采取招标投标的方式进行、合同的履行要实行监理制度。

第四，建设工程合同的形式具有要式性。《民法典》第 789 条规定："建设工程合同应当采取书面形式。"因此，建设工程合同是要式合同。建设工程合同的要式性是国家对基本建设工程进行监督管理的需要，也是由建设工程合同履行的特点所决定的。同时，由于基本建设工程的建设周期长、质量要求高，当事人双方权利、义务和责任必须明确、具体，这只能以书面的形式加以确定。

二、建设工程合同的订立

建设工程合同的订立也要采取要约、承诺的方式，但是因为建设工程合同具有特殊性，所以，在合同订立上也有特殊的要求，这主要体现在以下方面。

第一，国家重大建设工程合同，应当按照国家规定的程序和国家批准的投资计划、可行性研究报告等文件订立（《民法典》第 792 条）。

第二，建设工程合同若必须采取招标投标的方式订立，其招标投标活动应当依照有关法律的规定公开、公平、公正进行（《民法典》第 790 条）。

第三，对建设工程合同可以采取总承包或者分承包的方式订立。依据《民法典》第 791 条的规定，发包人可以与总承包人订立建设工程合同，也可以分别与勘察人、设计人、施工人订立勘察、设计、施工承包合同。发包人不得将应当由一个承包人完成的建设工程支解成若干部分发包给数个承包人，总承包人或者勘察、设计、施工承包人经发包人同意的，可以将自己承包的部分工作交由第三人完成，第三人就其完成的工作成果与总承包人或者勘察、设计、施工承包人向发包人承担连带责任，但是承包人不得将其承包的全部建设工程转包给第三人或者将其承包的全部建设工程支解以后以分包的名义分别转包给第三人；禁止承包人将工程分包给不具备相应资质条件的单位，禁止分包单位将其承包的工程再分包；建设工程主体结构的施工必须由承包人自行完成。

第二节　勘察、设计合同

一、勘察、设计合同的概念和内容

勘察、设计合同是发包人或者总承包人与勘察人、设计人之间订立的，由勘察人、设计人完成一定的勘察、设计工作，发包人或者总承包人支付价款的合同。

《民法典》第 794 条规定："勘察、设计合同的内容一般包括提交有关基础资料和概预算等文件的期限、质量要求、费用以及其他协作条件等条款。"据此规定，并结合《民法典》第 470 条的规定，勘察、设计合同的内容一般包括如下条款：(1) 工程项目的名称、规模、地点等；(2) 发包人提交勘察、设计的基础资料的内容、要求及期限；(3) 勘察人、设计人提交勘察、设计文件的期限和勘察、设计成果的质量要求；(4) 勘察、设计收费的依据、收费标准及支付方式、期限；(5) 双方其他协作条件。

二、勘察、设计合同的效力

（一）发包人的主要义务

在勘察、设计合同中，发包人负有以下主要义务。

第一，按照约定提供开展勘察、设计所需的基础资料和文件。勘察合同的发包人应当按照合同的约定提供勘察工作需要的勘察基础资料、勘察技术要求及附图，设计合同的发包人应当按照合同的约定提供设计的基础资料、设计的技术要求和相关批文。因发包人变更计划，提供的资料不准确，或者未按照期限提供必需的勘察、设计工作条件而造成勘察、设计的返工、停工或者修改设计，发包人应当按照勘察人、设计人实际消耗的工作量增付费用（《民法典》第805条）。

第二，按照约定提供必要的协作条件。在勘察、设计人员进场工作时，发包人应当为其提供必要的工作条件和生活条件，以保证其正常开展工作。

第三，按照约定接受勘察、设计成果并支付勘察、设计费用。勘察人、设计人按照约定向发包人提交勘察、设计成果的，发包人应当接受，并按照约定支付勘察、设计费用。发包人未按合同约定的方式、标准和期限支付勘察、设计费的，应负延期付款的违约责任。

第四，维护勘察、设计成果。发包人对于勘察人、设计人交付的勘察、设计成果不得擅自修改，也不得擅自转让该成果，否则，应承担相应的违约责任。

（二）勘察人、设计人的主要义务

在勘察、设计合同中，勘察人、设计人负有以下主要义务。

第一，按照合同约定按期完成勘察、设计工作。勘察人应当按照国家规定或者合同约定的标准和技术条件进行工程测量、工程地质、水文地质等勘察工作；设计人应当按照合同的约定，根据发包人提供的文件和资料进行设计工作。勘察人、设计人应按照合同约定的进度完成勘察、设计任务。

第二，提交勘察、设计成果并对勘察、设计成果负瑕疵担保责任。勘察人、设计人应在约定的期限内将完成的勘察成果、设计图纸及说明和材料设备列表、概预算等设计成果按约定的方式交付给发包人。勘察人、设计人完成和交付的工作成果应当符合法律、行政法规的规定，符合建设工程质量、安全标准，符合建设工程勘察、设计的技术规范，符合合同的约定。勘察、设计的质量不符合要求或者未按照期限提交勘察、设计文件拖延工期，造成发包人损失的，勘察人、设计人应当继续完善勘察、设计，减收或者免收勘察、设计费并赔偿损失（《民法典》第800条）。

第三，按合同约定完成协作的事项。设计人应当按照合同的约定对其承担设计任务的工程建设配合施工，进行设计交底，解决施工过程中有关设计的问题，负责设计变更和修改预算，参加试车考核、工程竣工和隐蔽工程等工作的验收。

第三节　施工合同

一、施工合同的概念和内容

施工合同是指发包人与承包人订立的关于工程的建筑与安装的合同。

依据《民法典》第795条的规定，施工合同的内容一般包括如下条款。

（1）工程范围。工程范围是施工的界区，是施工人进行施工的工作范围。

（2）建设工期。建设工期是施工人完成施工工作的具体期限，也即合同履行期限。

（3）中间交工工程的开工和竣工时间。中间交工工程是施工中的阶段性工程，合同中应明确具体的开工和竣工的时间。

（4）工程质量。工程质量是施工合同的核心内容，是工程的等级要求，应当符合国家有关建设工程安全标准。

（5）工程造价。工程造价是工程建设所需要的费用，包括材料费、施工成本费等。

（6）技术资料的交付时间。技术资料主要是指勘察、设计文件以及其他施工所必需的基础资料，合同中应明确具体的交付时间。

（7）材料和设备供应责任。材料和设备供应责任主要是明确由当事人哪一方提供建设工程所需要的材料和设备。

（8）拨款和结算。拨款是工程款的拨付，结算是计算工程的实际造价。拨款和结算是施工人请求发包人支付工程款的依据，合同中应予明确。

（9）竣工验收。竣工验收是建设工程交付使用前的必经程序，也是发包人支付工程款的依据。

（10）质量保修范围和质量保证期。施工人应对建设质量承担保修责任，故合同中应明确质量保修的范围。质量保证期应当与工程的性质相适应，但是不得低于国家规定的最低保证期限。

（11）相互协作等条款。施工合同的履行需要双方的协力配合，故合同中应明确相互协作的具体内容。

二、施工合同的效力

（一）发包人的主要义务

在施工合同中，发包人负有以下主要义务。

第一，做好施工前的准备工作，按照约定提供材料、设备、技术资料。发包人未按照约定的时间和要求提供原材料、设备、场地、资金、技术资料的，承包人可以顺延工程日期，并有权请求赔偿停工、窝工等损失（《民法典》第803条）。关于顺延工期，若当事人约定应当经发包人或者监理人签证等方式确认，承包人虽未取得工期顺延的确认，但是能够证明在合同约定的期限内向发包人或者监理人申请过工期顺延且顺延事由符合合同约定，则承包人有权以此为由主张工期顺延。当事人约定承包人未在约定期限内提出工期顺延申请视为工期不顺延的，按照约定处理，但是发包人在约定期限后同意工期顺延或者承包人提出合理抗辩的除外［《施工合同解释（一）》第10条］。发包人没有做好相应的准备工作，应当承担相应的责任。依据《施工合同解释（一）》第13条的规定，发包人具有下列情形之一，造成建设工程质量缺陷，应当承担过错责任：（1）提供的设计有缺陷；（2）提供或者指定购买的建筑材料、建筑构配件、设备不符合强制性标准；（3）直接指定分包人分包专业工程。承包人有过错的，也应当承担相应的过错责任。

第二，为承包人提供必要的条件。例如，发包人应当派驻工地代表，对工程进度、工程质量进行必要的监督，检查隐蔽工程，办理中间交工工程的验收手续，负责签证、解决应由发包人解决的问题；发包人不得中途变更工程量，应保证其提供的材料、设备的质量。因发包人的原因致使工程中途停建、缓建的，发包人应当采取措施弥补或者减少损失，赔偿承包人因此造成的停工、窝工、倒运、机械设备调迁、材料和构件积压等损失和实际费用（《民法典》第 804 条）。

第三，组织工程验收。在施工合同中，工程验收包括隐蔽工程的验收和工程竣工的验收。隐蔽工程在隐蔽以前，承包人应当通知发包人检查。发包人没有及时检查的，承包人可以顺延工期，并有权请求赔偿停工、窝工等损失（《民法典》第 798 条）。建设工程竣工后，发包人应当根据施工图纸及说明书、国家颁发的施工验收规范和质量检验标准及时进行验收。建设工程竣工经验收合格后，方可交付使用；未经验收或者验收不合格的，不得交付使用（《民法典》第 799 条）。建设工程未经竣工验收，发包人擅自使用后，无权以使用部分质量不符合约定为由主张权利，但是承包人应当在建设工程的合理使用寿命内对地基基础工程和主体结构质量承担责任［《施工合同解释（一）》第 14 条］。在竣工验收中，当事人对建设工程实际竣工日期有争议的，应当分别按照以下情形予以认定：（1）建设工程经竣工验收合格的，以竣工验收合格之日为竣工日期；（2）承包人已经提交竣工验收报告，发包人拖延验收的，以承包人提交验收报告之日为竣工日期；（3）建设工程未经竣工验收，发包人擅自使用的，以转移占有建设工程之日为竣工日期［《施工合同解释（一）》第 9 条］。

第四，接受建设工程并支付工程价款。发包人在建设工程完工后，对竣工验收合格的工程予以接受并应按照约定的方式和期限进行工程结算，向承包人支付工程价款。发包人未按照约定支付价款的，承包人可以催告发包人在合理期限内支付价款。发包人逾期不支付的，除根据建设工程的性质不宜折价、拍卖的以外，承包人可以与发包人协议将该工程折价，也可以请求人民法院将该工程依法拍卖，建设工程的价款就该工程折价或者拍卖的价款优先受偿（《民法典》第 807 条）。依据《民法典》第 807 条及《施工合同解释（一）》第 36～42 条规定，建设工程价款优先受偿权包括如下内容：（1）建设工程价款优先受偿权优于抵押权和其他债权；（2）装饰装修工程具备折价或者拍卖条件，装饰装修工程的承包人有权请求工程价款就该装饰装修工程折价或者拍卖的价款优先受偿；（3）建设工程质量合格的，承包人有权请求其承建工程的价款就工程折价或者拍卖的价款优先受偿；（4）未竣工的建设工程质量合格，承包人有权请求其承建工程的价款就其承建工程部分折价或者拍卖的价款优先受偿；（5）建设工程价款优先受偿的范围依照国务院有关行政主管部门关于建设工程价款范围的规定确定，但是不包括逾期支付建设工程价款的利息、违约金、损害赔偿金等；（6）承包人应当在合理期限内行使建设工程价款优先受偿权，但是最长不得超过 18 个月，自发包人应当给付建设工程价款之日起算；（7）发包人与承包人约定放弃或者限制建设工程价款优先受偿权，损害建筑工人利益的，发包人无权根据该约定主张承包人不享有建设工程价款优先受偿权；（8）建设工程价款优先受偿权的实现包括两种方式：一是发包人与承包人之间协议折价，二是人民法院对建设工程进行拍卖。

（二）承包人的主要义务

在施工合同中，承包人负有以下主要义务。

第一，做好开工前的准备工作。在开工前，承包人应当按照约定做好开工前的各项准备工作，依约做好建筑材料、设备和构件的采购、供应与保管工作。承包人对于发包人提供的施工图和其他技术资料，不得擅自修改。承包人不按照施工图和说明书施工而造成工程质量不符合合同约定条件的，应当负责无偿修理或者返工。

第二，按照约定时间开工。当事人对开工日期有争议的，应当分别按照以下情形予以认定：(1) 开工日期为发包人或者监理人发出的开工通知载明的开工日期；开工通知发出后，尚不具备开工条件的，以开工条件具备的时间为开工日期；因承包人原因导致开工时间推迟的，以开工通知载明的时间为开工日期。(2) 承包人经发包人同意已经实际进场施工的，以实际进场施工时间为开工日期。(3) 发包人或者监理人未发出开工通知，亦无相关证据证明实际开工日期的，应当综合考虑开工报告、合同、施工许可证、竣工验收报告或者竣工验收备案表等载明的时间，并结合是否具备开工条件的事实，认定开工日期 [《施工合同解释（一）》第 8 条]。

第三，接受发包人的必要监督。依据《民法典》第 797 条的规定，发包人在不妨碍承包人正常作业的情况下，可以随时对作业进度、质量进行检查。因此，承包人有义务接受发包人对工程进度和工程质量的必要监督。

第四，按期按质完工并及时交付建设工程。承包人应当按期完成建设工程，并依约提交竣工验收技术资料，通知发包人验收工程并办理工程竣工结算和参加竣工验收，交付建设工程。因施工人的原因致使建设工程质量不符合约定的，发包人有权请求施工人在合理期限内无偿修理或者返工、改建；经过修理或者返工、改建后，造成逾期交付的，施工人应当承担违约责任（《民法典》第 801 条）。依据《施工合同解释（一）》第 12 条的规定，因承包人的原因造成建设工程质量不符合约定，承包人拒绝修理、返工或者改建的，发包人有权请求减少支付工程价款。

第五，建设工程的质量保修义务。在建设工程质量保证期内，工程所有人或者使用人发现工程瑕疵的，有权直接请求承包人修理或者返工、改建。因保修人未及时履行保修义务，导致建筑物毁损或者造成人身、财产损害的，保修人应当承担赔偿责任；保修人与建筑物所有人或者发包人对建筑物毁损均有过错的，各自承担相应的责任 [《施工合同解释（一）》第 18 条]。

第六，对建设工程合理使用期限内的质量安全负担保责任。因承包人的原因致使建设工程在合理使用期限内造成人身损害和财产损失的，承包人应当承担赔偿责任（《民法典》第 802 条）。

例题 79

三、施工合同的无效

（一）施工合同无效的原因

施工合同除具有合同的一般无效原因外，还具有如下特殊无效原因。

第一，承包人未取得建筑施工企业资质或者超越资质等级的，建设工程合同无效 [《施工合同解释（一）》第 1 条第 1 项]。

第二，没有资质的实际施工人借用有资质的建筑施工企业名义的，建设工程合同无效 [《施工合同解释（一）》第 1 条第 2 项]。

第三，建设工程必须进行招标而未招标或者中标无效的，施工合同无效［《施工合同解释（一）》第1条第3项］。

第四，承包人转包、违法分包建设工程的，施工合同无效［《施工合同解释（一）》第1条第2款］。

第五，发包人未取得建设工程规划许可证等规划审批手续的，施工合同无效，但是发包人在起诉前取得建设工程规划许可证等规划审批手续的除外。发包人能够办理审批手续而未办理的，不得以未办理审批手续为由请求确认施工合同无效［《施工合同解释（一）》第3条］。

（二）施工合同无效的处理

依据《民法典》第793条的规定，建设工程施工合同无效，但是建设工程经验收合格的，可以参照合同关于工程价款的约定折价补偿承包人。建设工程施工合同无效，且建设工程经验收不合格的，按照以下情形处理：（1）修复后的建设工程经验收合格的，发包人可以请求承包人承担修复费用；（2）修复后的建设工程经验收不合格的，承包人无权请求参照合同关于工程价款的约定折价补偿。发包人对因建设工程不合格造成的损失有过错的，应当承担相应的责任。

施工合同无效后，一方当事人请求对方赔偿损失的，应当就对方过错、损失大小、过错与损失之间的因果关系承担举证责任。损失大小无法确定，一方当事人请求参照合同约定的质量标准、建设工期、工程价款支付时间等内容确定损失大小的，可以结合双方过错程度、过错与损失之间的因果关系等因素作出认定［《施工合同解释（一）》第6条］。

四、施工合同的解除

依据《民法典》第806条的规定，施工合同的解除原因主要有两种：一是承包人将建设工程转包、违法分包的，发包人可以解除合同（第1款）；二是发包人提供的主要建筑材料、建筑构配件和设备不符合强制性标准或者不履行协助义务，致使承包人无法施工，经催告后在合理期限内仍未履行相应义务的，承包人可以解除合同（第2款）。

施工合同解除后，已经完成的建设工程质量合格的，发包人应当按照约定支付相应的工程价款；已经完成的建设工程质量不合格的，参照《民法典》第793条有关施工合同无效且建设工程不合格的规定处理（《民法典》第806条第3款）。

例题80

第四节　监理合同

一、监理合同的概念

建设工程监理是监理单位接受发包人的委托，根据法律、行政法规、建设工程技术标准和建设工程合同，对建设工程的质量进行监督的专门活动。可见，监理合同是指建设工程合同中的发包人与监理人订立的，监理人对承包人的勘察、设计、施工质量进行全面监督，发包人为此支付报酬的合同。在监理合同中，建设工程合同的发包人为委托人，负责监督工程质量的人为监理人。

二、监理合同的形式和内容

依据《民法典》第796条的规定，建设工程实行监理的，发包人应当与监理人采取书面形式订立委托监理合同。可见，监理合同应当采取书面形式订立，属于要式合同。

关于监理合同的内容，《民法典》没有明确规定。一般地说，监理合同的内容一般包括如下条款：（1）建设工程的名称，即发包人委托监理人实施监督的建设工程的名称；（2）建设工程的地点，即发包人委托监理的建设工程的具体位置；（3）监理人的职责，即监理人所承担的主要义务；（4）报酬的金额及支付期限和方式等；（5）其他约定的事项。

三、监理合同的效力

监理合同在性质上属于委托合同，是发包人委托监理人监督建设工程质量的一项重要措施。因此，《民法典》第796条中规定，发包人与监理人的权利义务以及法律责任，应当适用委托合同以及其他有关法律、行政法规的规定。

重点思考题

1. 建设工程合同在订立上有何特殊要求？
2. 应当如何处理无效施工合同？
3. 如何理解施工合同承包人的建设工程价款优先受偿权？

案例讨论

甲（建筑工程公司）与乙（学校）签订了一份建筑6层综合实验楼的建设工程合同，约定：甲包工包料，乙在工程完工后支付工程款。合同订立后，甲将实验楼的施工任务包给了丙（工程队），乙方驻工地代表发现后未加阻止。工程完工后，甲乙双方对实验楼进行验收，发现实验楼的多数水管漏水，很多房间没有接通电源，部分房间的地板出现裂缝。于是，乙要求甲返工，并赔偿损失。甲认为：实验楼已经包给丙施工，乙知道并未加以制止，应视为同意。因此，实验楼质量不合格的责任应由丙承担。同时，甲认为，工程已经完工，乙应当按照合同约定支付工程款，否则将拍卖该工程以行使优先受偿权。

请回答以下问题：

（1）甲将实验楼的施工任务包给丙的行为是何种性质的行为？是否合法？为什么？

（2）甲应否对实验楼的质量不合格承担责任？为什么？

（3）乙能否解除合同？为什么？

（4）若甲仅将实验楼的水电工程包给丙且经过了乙的同意，则这种行为是否合法？在此情况下，实验楼质量不合格的责任应由谁承担？

（5）甲能否就实验楼行使优先受偿权？为什么？

第十九章
运输合同

第一节　运输合同概述

一、运输合同的概念和特征

运输合同又称运送合同，是指承运人将旅客或者货物从起运地点运输到约定地点，旅客、托运人或者收货人支付票款或者运输费用的合同（《民法典》第809条）。在运输合同中，承担运送任务的一方为承运人，运送货物的人为托运人，收到货物的人为收货人。

运输合同具有如下特征。

第一，运输合同的标的是运送行为。在运输合同中，承运人以将旅客、货物运送到约定地点为目的。因此，运输合同的标的并不是旅客，也不是货物本身，而是承运人的运送行为。可见，运输合同属于提供劳务类合同。

第二，运输合同是双务、有偿合同。运输合同成立后，双方当事人均负有义务。承运人应当在约定期间或者合理期间内将旅客、货物安全运输到约定地点，应当按照约定的或者通常的路线将旅客、货物运输到约定地点；旅客、托运人或者收货人应当支付票款或者运输费用。可见，运输合同是双务合同、有偿合同。

第三，运输合同一般为诺成合同。就客运合同而言，合同自承运人向旅客出具客票时成立，但是当事人另有约定或者另有交易习惯的除外（《民法典》第814条）。可见，客运合同一般为诺成合同，自承运人向旅客出具客票时成立。当然，当事人另有约定或者另有交易习惯的，客运合同也可以是实践合同。就货运合同而言，现行法上并没有对货运合同的诺成性或者实践性作出规定，这说明货运合同是诺成合同。

第四，运输合同一般为格式合同。在运输合同中，承运人多为专门从事运输营业的人，为便于订立合同，简化手续，承运人往往事先制定通用的标准合同文本，当事人的基本权利、义务及责任等也多由专门法规加以规定。客运合同的客票、货运合同的货运单及提单等都是统一印制的，运费也是统一规定的。在运输合同中，托运人、旅客只有是否与承运人订立运输合同的自由，而没有协商合同条款的自由。因此，运送合同一般为格式合同。

第五，运输合同一般具有缔约强制性。在运输合同中，承运人一般属于公用企业，其提供的服务具有一定的行业垄断性，旅客、托运人除接受承运人提供的服务外，一般别无选择。因此，为了保护旅客、托运人的利益，《民法典》第 810 条规定："从事公共运输的承运人不得拒绝旅客、托运人通常、合理的运输要求。"可见，运输合同一般具有缔约强制性。运输合同的缔约强制性必须符合两个条件：一是承运人的运输必须是公共运输，即对社会公众开放的、为社会公众提供服务的运输，如航空运输、铁路运输、公交运输、班轮运输等；二是旅客或者托运人的运输要求必须为通常、合理的要求。至于运输要求是否合理，应当从旅客、托运人的要求与承运人的运输范围、运输路线、运输时间、运输价格等客观情况予以认定。

二、运输合同的分类

在现实生活中，运输合同的适用范围极广，种类甚多。从不同的角度出发，可以对运输合同作不同的分类。在实践中，运输合同主要分为以下几类。

（一）旅客运输合同与货物运输合同

依据运输合同的运输对象，运输合同可分为旅客运输合同与货物运输合同。旅客运输合同简称客运合同，是以旅客为运输对象的运输合同；货物运输合同简称货运合同，是以货物为运输对象的运输合同。

（二）铁路、公路、航空等运输合同

依据运输合同的运输工具，运输合同可分为铁路运输合同、公路运输合同、航空运输合同、水路运输合同、海上运输合同、管道运输合同等。《铁路法》规定了铁路运输合同，《民用航空法》规定了航空运输合同，《海商法》规定了海上运输合同。

（三）单式运输合同与多式联运合同

依据运输合同的运输方式，运输合同可分为单式运输合同与多式联运合同。单式运输合同是以一种运送工具进行运送的运输合同；多式联运合同是以两个以上运送工具进行运送的运输合同。

（四）国内运输合同与国际运输合同

依据运输合同的运输区域，运输合同可分为国内运输合同与国际运输合同。国内运输合同是起运地点和到达地点均在同一国家境内的运输合同；国际运输合同是起运地点和到达地点在不同国家境内的运输合同。由于国际运输合同涉及不同的国家，具有涉外因素，因此，在法律适用上与国内运输合同有所不同。

第二节　客运合同

一、客运合同的概念和特征

客运合同是指承运人将旅客及其行李从起运地点运送到约定地点，旅客支付票款的合同。在客运合同中，旅客是指乘坐交通工具的人。

客运合同除具有运输合同的一般特征外，还具有如下特征。

第一，客运合同运送的对象是旅客，旅客同时又是客运合同的主体。客运合同作为运输合同的一种，其标的是运送旅客的运送行为。在客运合同中，旅客具有双重身份，既是客运合同的运送对象，又是客运合同的主体。旅客身份的取得，通常以自然人取得客票为标志。在货物运输合同中，随运输工具护送货物的人，视为旅客。

第二，客运合同采用客票的形式。客运合同属于格式合同，其表现形式为客票，如铁路客运的火车票、航空客运的飞机票、水路和海上客运的船票等。客票既是客运合同的书面形式，是旅客要求承运人运送的凭证，也是一种有价证券。但是，客票本身并不是客运合同，而只是客运合同订立的初步证明。

第三，客运合同包括旅客行李运送的内容。客运合同的运送对象不限于旅客，通常情况下还包括旅客的行李。但是，旅客的行李运送并不构成独立的运输合同，而是附属于旅客运送的，是客运合同的组成部分。旅客携带的行李不能超过规定的限量，否则，应办理托运手续。托运是凭客票进行的，因此，也属于客运合同的组成部分。

第四，客运合同是旅客得自行解除的合同。在通常情况下，合同成立后，任何一方当事人都不得擅自解除合同。但是，客运合同则不同。在客运合同成立后生效前，旅客可以任意解除合同，不必征得承运人的同意。当然，旅客解除客运合同，应当在承运人规定的期间内进行，旅客也应当支付一定比例的手续费。

二、客运合同的成立与生效

（一）客运合同的成立

依据《民法典》第 814 条的规定，除当事人另有约定或者另有习惯外，客运合同自承运人向旅客出具客票时成立。可见，客运合同的成立时间可以分为两种情况。

一是客运合同自承运人向旅客交付客票时成立。在客运合同中，旅客要求购票并向承运人支付票款的行为属于要约，而承运人向旅客交付客票属于承诺。因此，客运合同自承运人向旅客交付客票时成立。

二是当事人另有约定或者另有习惯的，客运合同不以交付客票为成立时间。一方面，当事人可以另行约定客运合同成立的时间。例如，在航空运输中，旅客与承运人可以约定航空运输合同从旅客登上飞机时成立。另一方面，在有交易习惯的情况下，客运合同的成立应根据交易习惯确定。例如，在出租车运输中，客票的交付时间是在到达目的地后。按照出租车运输交易习惯，该客运合同在旅客登上出租车时成立。

（二）客运合同的生效

客运合同成立后，于检票以前，旅客并没有要求承运人提供运输服务的权利，承运人也没有为旅客提供运输服务的义务，双方的权利和义务只是处于一种期待的状态。因此，客运合同自检票时生效。

三、客运合同的效力

（一）旅客的主要义务

1. 按规定支付票款

在通常情况下，旅客在购买客票时，就需要支付票款。在特殊情况下，也存在于客运合同履行完毕后，旅客才支付票款的情况，如乘坐出租车。承运人未按照约定路线或者通常路线运输增加票款的，旅客可以拒绝支付增加部分的票款（《民法典》第 813 条）。

2. 持有效客票乘坐

客票是旅客乘坐的凭证，因此，旅客应当持有效客票乘坐。具体而言，旅客应当按照有效客票记载的时间、班次和座位号乘坐。旅客无票乘坐、超程乘坐、越级乘坐或者持不符合减价条件的优惠客票乘坐的，应当补交票款，承运人可以按照规定加收票款；旅客不交付票款的，承运人可以拒绝运输。实名制客运合同的旅客丢失客票的，可以请求承运人挂失补办，承运人不得再次收取票款的其他不合理费用（《民法典》第 815 条）。

3. 按照约定限量和品类要求携带行李

在客运合同中，旅客可以随身携带一定的行李，但是应当按照约定的限量和品类要求携带行李；超过限量或者违反品类要求携带行李的，应当办理托运手续（《民法典》第 817 条）。对于旅客托运的行李，通常并不需要支付费用，但若超过免费的限额，则应当支付一定的运费。

4. 不得携带危险物品及其他违禁品

为保证运输安全，旅客不得携带或者在行李中夹带危险品及其他违禁品。依据《民法典》第 818 条的规定，旅客不得随身携带或者在行李中夹带易燃、易爆、有毒、有腐蚀性、有放射性以及有可能危及运输工具上人身和财产安全的危险品或者其他违禁物品。旅客违反这一规定的，承运人可以将违禁物品卸下、销毁或者送交有关部门。旅客坚持携带或者夹带违禁物品的，承运人应当拒绝运输。

5. 服从承运人的指挥并不得损坏运输设施

在运输过程中，旅客应当服从承运人的指挥，对承运人为安全运输所作的合理安排应当积极协助和配合（《民法典》第 819 条后句）。旅客有权使用承运人所提供的运输设施，但不得加以损坏。因旅客的过错造成运输设施损害的，旅客应当负责赔偿。

（二）承运人的主要义务

1. 按照约定完成旅客的运送

在客运合同中，承运人应按照下列规定完成旅客的运送：（1）承运人应当按照有效客票记载的时间、班次和座位号运输旅客。承运人迟延运输或者有其他不能正常运输情形的，应当及时告知和提醒旅客，采取必要的安置措施，并根据旅客的要求安排改乘其他班次或者退票；由此造成旅客损失的，承运人应当承担赔偿责任，但是不可归责于承运人的除外（《民法典》第 820 条）。（2）承运人应当按照约定的或者通常的运输路线将旅客及其行李运送到约定地点（《民法典》第 812 条）。

2. 重要事项的告知义务

承运人应当严格履行安全运输义务，及时告知旅客安全运输应当注意的事项（《民法典》第 819 条前句）。此外，对于有关不能正常运输的重要事由，承运人也应及时告知。

3. 尽力救助旅客

依据《民法典》第 822 条的规定，承运人在运输过程中，应当尽力救助患有急病、分娩、遇险的旅客。承运人的这种义务属于附随义务，意在加重承运人的责任，强化对旅客的保护。在运输过程中，承运人对患有急病、分娩、遇险的旅客不予救助致使旅客受到损害的，应当承担赔偿责任。

4. 保证旅客的人身安全

承运人在运输过程中，负有保证旅客人身安全的义务，应当将旅客安全运送到约定地点。承运人违反保证旅客人身安全的义务造成旅客伤亡的，应当承担赔偿责任；但是，伤亡是旅客自身健康原因造成的或者承运人证明伤亡是旅客故意、重大过失造成的除外（《民法典》第 823 条第 1 款）。可见，承运人对旅客的人身伤亡的赔偿责任是一种无过错责任，只有证明伤亡是旅客自身健康原因造成的，或者是旅客故意、重大过失造成的，承运人才能免除赔偿责任。承运人的上述赔偿责任也同样适用于按照规定免票、持优待票或者经承运人许可搭乘的无票旅客（《民法典》第 823 条第 2 款）。

5. 妥善保管旅客行李

承运人对于旅客随身携带的行李和交付托运的行李，负有妥善保管的义务。因此，在运输过程中，旅客自带物品毁损、灭失，承运人有过错的，应当承担赔偿责任（《民法典》第 824 条第 1 款）。可见，承运人对旅客随身携带的行李所负的赔偿责任为过错责任，承运人只有在有过错的情况下，才承担责任。这是因为，旅客随身携带的行李是由旅客自己保管的，对行李的毁损、灭失情况，旅客能够了解。应当指出，旅客托运的行李毁损、灭失的，承运人应当按照货物运输合同的规定承担赔偿责任（《民法典》第 824 条第 2 款）。

例题 81

四、客运合同的变更或者解除

（一）旅客自身原因导致的客运合同的变更或者解除

旅客因自己的原因不能按照客票记载的时间乘坐的，应当在约定的期限内办理退票或者变更手续；逾期办理的，承运人可以不退票款，并不再承担运输义务（《民法典》第 816 条）。这里所谓的退票，就是解除客运合同；所谓的变更手续，就是变更客运合同。

（二）承运人原因导致的客运合同的变更或者解除

承运人迟延运输或者有其他不能正常运输情形的，应当根据旅客的要求安排改乘其他班次或者退票（《民法典》第 820 条）。所谓的改乘其他班次，就是变更运输合同。

在运送过程中，承运人擅自降低服务标准的，应当根据旅客的要求退票或者减收票款；承运人提高服务标准的，不应当加收票款（《民法典》第 821 条）。减收票款也是变更合同。

第三节　货运合同

一、货运合同的概念与特征

货运合同是指承运人将货物从起运地点运送到约定地点，托运人支付运输费用的合同。

货运合同除具有运输合同的一般特征外，还具有如下特征。

第一，货运合同的运送对象是货物。货运合同不同于客运合同之处在于：货运合同的运送对象是货物，而客运合同的运送对象是旅客。因此，尽管货运合同与客运合同的标的都是运送行为，但运送行为的目的不同：前者以运送货物为直接目的，而后者以运送旅客为直接目的。

第二，货运合同往往有第三人参加。货运合同是由承运人与托运人签订的，托运人与承运人是合同的当事人。但是，托运人既可以是为自己的利益托运货物，也可以是为第三人的利益托运货物；既得以自己为收货人，也得以第三人为收货人。在托运人与收货人不一致的情况下，货运合同就涉及了第三人。收货人虽然不是订立合同的当事人，但却是合同的利害关系人，享受合同的权利并为此承担相应的义务。当托运人与收货人不一致时，货运合同就属于为第三人利益订立的合同。

第三，货运合同的履行以货物交付收货人为终点。货运合同与客运合同都以运送行为为标的，都要求将货物或者旅客运送到目的地。但是，两者的义务履行完毕要求不同：在客运合同中，承运人将旅客运送到目的地，即为履行了合同，义务履行即告完毕；而在货运合同中，承运人将货物运送到目的地，其履行义务并不能完结，承运人只有将货物交付给收货人，其义务的履行才告完毕。

二、货运合同的效力

（一）托运人的义务

1. 支付运输费用等费用

支付运输费用是托运人的一项主要义务。托运人应当按照合同约定的数额、时间、地点、方式等支付运输费用。一般地说，运输费用在货物运送前支付，但是也可以在货物到达目的地后支付。托运人不支付运费、保管费以及其他运输费用的，除当事人另有约定外，承运人对相应的运输货物享有留置权（《民法典》第 836 条）。货物在运输过程中因不可抗力灭失，承运人未收取运费的，不得要求托运人支付运费；承运人已收取运费的，托运人可以要求返还。法律另有规定的，依照其规定（《民法典》第 835 条）。

2. 如实申报货物事项

托运人办理货物运输时，应当向承运人准确表明收货人的名称或者姓名或者凭指示的收货人，货物的名称、性质、重量、数量，收货地点等有关货物运输的必要情况。因托运人申报不实或者遗漏重要情况，造成承运人损失的，托运人应当承担赔偿责任（《民法典》第 825 条）。

3. 办理审批检验手续

托运人托运的货物，需要办理审批、检验手续的，托运人应当按照规定办理有关手续，并将有关文件提交承运人（《民法典》第 826 条）。

4. 按约定的方式包装货物

为保证货物的安全，托运人应当按照约定的方式包装货物。对包装方式没有约定或者约定不明确的，依据《民法典》第 510 条的规定，当事人可以协议补充；不能达成补充协议的，按照合同相关条款或者交易习惯确定；仍不能确定的，应当按照通用的方式包装；没有通用方式的，应当采取足以保护标的物且有利于节约资源、保护生态环境的包装方式。托运人没有按照要求对货物进行包装的，承运人可以拒绝运输（《民法典》第827条）。

5. 危险物品的包装和警示义务

托运人托运危险物品时，为保证货物和运输工具的安全，应当妥善包装，并作出警示标志。依据《民法典》第828条的规定，托运人托运易燃、易爆、有毒、有腐蚀性、有放射性等危险物品的，应当按照国家有关危险物品运输的规定对危险物品妥善包装，做出危险物标志和标签，并将有关危险物品的名称、性质和防范措施的书面材料提交承运人；托运人违反危险物品的包装和警示义务，承运人可以拒绝运输，也可以采取相应措施以避免损失的发生，因此产生的费用由托运人承担。

6. 中止、变更、解除合同的赔偿责任

托运人在承运人将货物交付收货人之前，有权中止运输、变更到达地点或者将货物交给其他收货人，但是造成承运人损失的，托运人负有赔偿责任（《民法典》第829条）。

（二）承运人的义务

1. 按约定完成货物的运送

承运人将托运人交付的货物按照约定完成运送，是承运人的主要义务。承运人应当按照约定的时间、地点、运输路线等完成货物的运送。具体而言，承运人须按照下列要求完成货物的运送：第一，承运人应当按照约定的期间运输货物。承运人应当在约定期间或者合理期间内将货物安全运输到约定地点。承运人迟延运送的，应承担违约责任。第二，承运人应当按照约定的或者通常的运输路线运输货物。承运人未按照约定路线或者通常路线运输增加运输费用的，托运人或者收货人可以拒绝支付增加部分的运输费用（《民法典》第813条）。第三，承运人应将货物运送到约定地点。承运人错发到货地点的，应当无偿将货物运至约定的地点。

2. 及时通知收货人提货

承运人将货物按照约定的期间或者合理期间，以约定的或者通常的运输路线将货物运送到约定地点后，应当及时通知收货人提货（《民法典》第830条）。

3. 保证货物的安全

承运人运输过程中，应当妥善保管货物，保证货物的安全。在运输过程中，货物发生毁损、灭失的，承运人应依法承担赔偿责任。但是，承运人证明货物的毁损、灭失是因不可抗力、货物本身的自然性质或者合理损耗以及托运人、收货人的过错造成的，不承担赔偿责任（《民法典》第832条）。

关于货物毁损、灭失的赔偿额，当事人有约定的，按照其约定；没有约定或者约定不明确的，依照《民法典》第510条的规定，当事人可以协议补充；不能达成补充协议的，按照合同相关条款或者交易习惯确定；仍不能确定的，按照交付或者应当交付时货物到达地的市场价格计算。法律、行政法规对赔偿额的计算方法和赔偿限额另有规定的，应当依照其规定（《民法典》第833条）。

（三）收货人的义务

1. 支付运费及其他费用

按照货运合同的约定，收货人应当支付运费的，应当支付运费。对于在运输过程中所产生的合理运输费用，收货人也有支付的义务。如果收货人不支付运费等费用，则承运人对相应的运输货物享有留置权，但是当事人另有约定的除外（《民法典》第 836 条）。

2. 及时提货

收货人提货既是其权利，也是其义务。收货人在收到承运人的提货通知后，应当及时提货。收货人逾期提货的，应当向承运人支付保管费等费用（《民法典》第 830 条）。收货人不明或者收货人无正当理由拒绝受领货物的，承运人可以依法提存货物（《民法典》第 837 条）。

3. 检验货物

收货人在提货时，应当按照约定的期限对货物进行检验。对检验货物的期限没有约定或者约定不明确的，依照《民法典》第 510 条的规定，当事人可以协议补充；不能达成补充协议的，按照合同相关条款或者交易习惯确定；仍不能确定的，收货人应当在合理期限内检验货物。收货人检验后，在约定的期限或者合理期限内对货物的数量、毁损等未提出异议的，视为承运人已经按照运输单证的记载交付的初步证据（《民法典》第 831 条）。

例题 82

第四节　多式联运合同

一、多式联运合同的概念和特征

联运合同是指两个以上承运人用同一运输凭证将货物运送到指定地点的运输合同。在《民法典》中，“联运”包括两种：其一，单式联运，即两个以上承运人以同一运输方式所进行的联运。在这种联运合同中，与托运人订立合同的承运人应当对全程运输承担责任。损失发生在某一运输区段的，与托运人订立合同的承运人和该区段的承运人承担连带责任（《民法典》第 834 条）。其二，多式联运，即承运人以两个以上不同的运输方式所进行的联运。

多式联运合同就是由多式联运经营人以两种以上不同的运输方式将货物从起运地点运输到约定地点，托运人支付运输费用的合同。多式联运合同除具备一般运送合同的特征外，还具有如下特征。

第一，多式联运合同的主体为多式联运经营人与托运人。多式联运合同一方为托运人，另一方为多式联运经营人。所谓多式联运经营人，是指本人或者委托他人以本人名义与托运人订立多式联运合同的当事人。在多式联运合同中，多式联运经营人不同于承运人，即多式联运经营人是与托运人订立合同的人，而承运人是实际运送货物的人，即实际承运人。

第二，多式联运合同的承运人以相互衔接的不同运送手段承运。多式联运合同的承运人为二人以上，且承运人须以不同的运输方式承运货物。同时，多个承运人的不同运输方式须相互衔接，即各区段的运输连接成为一个整体，都是完成全程运输不可缺少的一个部分，各区段的承运人的运输都是对整个运输合同的履行。在实际运输业务中，多式联运可以是铁路运输与公路运输的联运、铁路运输与海路或者水路运输的联运、公路运输与海路或者水路运输的联运、铁路运输与航空运输的联运，还可以是铁路运输、航空运输与海路或者水路运输的联运等。

第三，托运人一次交费并使用同一运送凭证。在多式联运合同中，虽然承运人为二人以上，但是各承运人只能作为一个整体与托运人订立合同。托运人只需一次交费，承运人只需出具一份运送凭证。因此，多式联运合同是一个合同，而不是数个合同的组合。在多式联运合同中，货物由一个承运人转交另一承运人运送不需要另行交费，也不需要另行办理转运手续。正因为如此，多式联运可以减少运送的中间环节，有利于加快运输速度，提高运输效率。

二、多式联运单据

多式联运单据是指证明多式联运合同以及证明多式联运经营人接管货物并负责按照合同条款交付货物的单据。多式联运单据是多式联运合同的证明，是多式联运经营人已接管货物的收据，也是多式联运经营人交付货物和收货人提取货物的凭证。

多式联运经营人收到托运人交付的货物时，应当签发多式联运单据（《民法典》第840条前句）。多式联运单据的内容主要包括：货物品类、标志、包数或者件数、货物的毛重、货物的外表现状、多式联运经营人的名称和主营业所、托运人名称、收货人名称、多式联运经营人接管货物的地点和日期、交货日期、签发地点和日期、运费、联运人或者经其授权人的签字等。

多式联运单据的种类由托运人选择，可以是可转让单据，也可以是不可转让单据（《民法典》第840条后句）。多式联运经营人如签发可转让单据，应列明是按指示交付还是向持票人交付：如列明按指示交付，须经背书后转让；如列明向持票人交付，无须背书即可转让。不可转让的多式联运单据，应指明记名的收货人。

三、多式联运合同的特殊效力

在多式联运合同中，承运人、托运人和收货人的权利义务与一般货运合同中相关主体的权利义务基本相同。《民法典》只是对多式联运合同的特殊效力作了规定，主要有如下内容。

第一，多式联运经营人负责履行或者组织履行多式联运合同，对全程运输享有承运人的权利，承担承运人的义务（《民法典》第838条）。可见，无论多式联运经营人是否实际承担运输任务，法律都将其作为承运人对待。在多式联运经营人负责履行的情况下，多式联运经营人直接从事运输活动，其具有双重身份：缔约承运人和实际承运人。在这种多式联运合同中，各个实际承运人虽为合同的一方当事人，但是只有第一承运人代表其他承运人与托运人签订运输合同，其他承运人并不参与订立合同。在多式联运经营人组织履行的情况下，多式联运经营人并不参加运输活动，而只是缔约承运人。

第二，多式联运经营人可以与参加多式联运的各区段承运人就多式联运合同的各区段运输约定相互之间的责任，但是该约定不影响多式联运经营人对全程运输承担的义务

(《民法典》第839条)。可见，我国在多式联运合同上采取了统一责任制度，而非分散责任制度。

第三，因托运人托运货物时的过错造成多式联运经营人损失的，即使托运人已经转让多式联运单据，托运人仍然应当承担赔偿责任（《民法典》第841条）。就是说，托运人对多式联运经营人的过错赔偿责任，并不受多式联运单据是否转让的影响。

第四，货物的毁损、灭失发生于多式联运的某一运输区段的，多式联运经营人的赔偿责任和责任限额，适用调整该区段运输方式的有关法律规定。货物毁损、灭失发生的运输区段不能确定的，应当按照《民法典》关于货运合同的规定承担赔偿责任（《民法典》第842条)。例如，货物的毁损、灭失发生在航空运输区段的，应当按照《民用航空法》关于货物毁损、灭失赔偿责任的规定处理；货物的毁损、灭失发生在铁路运输区段的，应当按照《铁路法》关于货物毁损、灭失赔偿责任的规定处理。

重点思考题

1. 如何理解客运合同的成立与生效时间?
2. 如何认定货运合同中的货损责任?
3. 多式联运合同有何特殊效力?

案例讨论

2021年2月10日，甲公司与乙公司签订一份购买1 000台A型微波炉的合同，约定由乙公司3月10日前办理托运手续，货到付款。乙公司如期办理了托运手续，但装货时多装了50台B型微波炉。甲公司于3月13日与丙公司签订合同，将处于运输途中的前述合同项下的1 000台A型微波炉转卖给丙公司，约定货物质量检验期为货到后10天内。3月15日，上述货物在运输途中突遇山洪，致使100台A型微波炉受损报废。3月20日货到丙公司。4月15日，丙公司以部分货物质量不符合约定为由拒付货款，并要求退货。

请回答以下问题：

(1) 如乙公司在办理完托运手续后即请求甲公司付款，甲公司应否付款？为什么?

(2) 乙公司办理完托运手续后，货物的所有权归谁？为什么?

(3) 对因山洪报废的100台A型微波炉，应当由谁承担风险损失？为什么?

(4) 对于乙公司多装的50台B型微波炉，应当如何处理？为什么?

(5) 丙公司能否拒付货款和要求退货？为什么?

第二十章
技术合同

第一节　技术合同概述

一、技术合同的概念和特征

技术合同是指当事人就技术开发、转让、许可、咨询或者服务订立的确立相互权利义务的合同（《民法典》第 843 条）。

技术合同包括技术开发、技术转让、技术许可、技术咨询和技术服务合同。尽管这些合同都具有自己的特点，但是一般说来，技术合同具有如下特征。

第一，技术合同的标的是技术成果。所谓技术成果，是指利用科学技术知识、信息和经验作出的，涉及产品、工艺、材料及其改进等的技术方案，包括专利、专利申请、技术秘密、计算机软件、集成电路布图设计、植物新品种等（《技术合同解释》第 1 条第 1 款）。技术成果有专利技术成果和非专利技术成果、生产技术成果和非生产技术成果、职务技术成果和非职务技术成果之分。无论何种技术成果，作为一种无形商品，与有形商品一样，都具有价值和使用价值。

第二，技术合同的主体具有限定性。在技术合同中，技术成果的取得并非一般民事主体能力所及，因此，对技术合同的主体有特定的要求，即当事人中通常至少一方是能够利用自己的技术力量从事技术开发、技术转让、技术服务或者技术咨询的法人、非法人组织或者自然人。

第三，技术合同是诺成合同、双务合同、有偿合同。技术合同因当事人双方意思表示一致而成立，不以交付标的物为成立条件；技术合同成立后，当事人双方都负有一定的义务，双方的权利与义务是相对应的；当事人取得权利，必须付出一定的对价。因此，技术合同是诺成合同、双务合同、有偿合同。

第四，技术合同受多重法律调整。技术合同是技术领域中技术成果的交换和使用关系的反映，体现为一种债权债务关系。因此，技术合同受《民法典》合同编调整。同时，由于技术合同的标的是技术成果，因此，技术合同还受其他与保护技术成果有关的法律规范的调整。例如，在技术成果的权属方面，要受专利法和技术秘密保护法的调整；在使用技术成果方面，要受反不正当竞争法的调整。

二、技术合同的内容

依据《民法典》第845条的规定，技术合同的内容一般包括如下条款。

(1) 项目名称。项目名称是区分不同类型技术合同的标志，也就是技术标的所涉及的项目名称，如技术成果的名称、类别、性质，技术服务和技术咨询的项目名称等。

(2) 标的的内容、范围和要求。这是技术合同的中心条款，是确定当事人权利义务的依据。不同的技术合同标的之技术范围、技术指标要求等各不相同。因此，技术合同不仅要明确标的，而且要明确标的的内容、范围和要求，以便当事人履行技术合同。

(3) 履行的计划、地点和方式。履行的计划是技术合同履行的具体安排，如技术开发合同的开发规划、工作进度等；履行的地点是履行技术合同的具体地点和场所，即履行地；履行的方式是当事人履行技术合同，以达到技术合同标的所要求的技术指标和经济指标的具体方法。

(4) 技术信息和资料的保密。技术信息和资料的保密直接涉及权利人的权利保护，因此，技术合同中应当对需要保密的技术信息和资料的事项、范围、期限、责任等作出约定。

(5) 技术成果的归属和收益的分成办法。有的技术合同的履行是为了取得一定的技术成果，如技术开发合同的目的就是取得技术成果；在履行有的技术合同过程中，也会取得一定的技术成果，如技术服务合同和技术咨询合同。对于技术合同履行所取得的技术成果的权利归属，以及利用技术成果所取得的收益应如何分配，合同中都应加以约定。

(6) 验收标准和方法。技术合同的履行是否符合合同的约定，即技术成果的质量是否合格，应以验收标准和方法为依据。为明确当事人的责任，合同中应约定验收标准和方法。

(7) 名词和术语的解释。技术合同具有很强的专业性，许多名词和术语都是专业名词和术语。为避免当事人对名词和术语的理解发生分歧，合同中应对名词和术语作出解释。

除上述条款外，与履行合同有关的技术背景资料、可行性论证和技术评价报告、项目任务书和计划书、技术标准、技术规范、原始设计和工艺文件，以及其他技术文件，按照当事人的约定可以作为合同的组成部分。技术合同涉及专利的，应当注明发明创造的名称、专利申请人和专利权人、申请日期、申请号、专利号以及专利权的有效期限。

三、技术合同价款、报酬或者使用费的支付方式

技术合同价款、报酬或者使用费的支付方式由当事人约定，可以采取一次总算、一次总付或者一次总算、分期支付的方式，也可以采取提成支付或者提成支付附加预付入门费的方式。约定提成支付的，可以按照产品价格、实施专利和使用技术秘密后新增的产值、利润或者产品销售额的一定比例提成，也可以按照约定的其他方式计算。提成支付的比例可以采取固定比例、逐年递增比例或者逐年递减比例。约定提成支付的，当事人可以在合同中约定查阅有关会计账目的办法（《民法典》第846条）。

依据《技术合同解释》第 14 条的规定，对技术合同的价款、报酬和使用费，当事人没有约定或者约定不明确的，可以按照以下原则处理：(1) 对于技术开发合同和技术转让合同、技术许可合同，根据有关技术成果的研究开发成本、先进性、实施转化和应用的程度，当事人享有的权益和承担的责任，以及技术成果的经济效益等合理确定；(2) 对于技术咨询合同和技术服务合同，根据有关咨询服务工作的技术含量、质量和数量，以及已经产生和预期产生的经济效益等合理确定。技术合同的价款、报酬、使用费中包含非技术性款项的，应当分项计算。

四、技术成果的权利归属及相关权益

(一) 职务技术成果的权利归属

职务技术成果是指执行法人或者非法人组织的工作任务，或者主要是利用法人或者非法人组织的物质技术条件所完成的技术成果（《民法典》第 847 条第 2 款）。这里的"物质技术条件"，包括资金、设备、器材、原材料、未公开的技术信息和资料等（《技术合同解释》第 3 条）。依据《技术合同解释》第 2 条的规定，下列情形属于"执行法人或者非法人组织的工作任务"：(1) 履行法人或者非法人组织的岗位职责或者承担其交付的其他技术开发任务；(2) 离职后 1 年内继续从事与其原所在法人或者非法人组织的岗位职责或者交付的任务有关的技术开发工作，但是法律、行政法规另有规定的除外。当然，法人或者非法人组织与其职工就职工在职期间或者离职以后所完成的技术成果的权益有约定的，应当依约定确认。依据《技术合同解释》第 4 条的规定，"主要利用法人或者非法人组织的物质技术条件"，主要包括职工在技术成果的研究开发过程中，全部或者大部分利用了法人或者非法人组织的资金、设备、器材或者原材料等物质条件，并且这些物质条件对形成该技术成果具有实质性的影响；还包括该技术成果的实质性内容是在法人或者非法人组织尚未公开的技术成果、阶段性技术成果基础上完成的情形。但是，以下两种情况除外：一是对利用法人或者非法人组织提供的物质技术条件，约定返还资金或者交纳使用费的；二是在技术成果完成后利用法人或者非法人组织的物质技术条件对技术方案进行验证、测试的。

职务技术成果的使用权、转让权属于法人或者非法人组织的，法人或者非法人组织可以就该项职务技术成果订立技术合同。法人或者非法人组织订立技术合同、转让职务技术成果时，职务技术成果的完成人享有以同等条件优先受让的权利（《民法典》第 847 条第 1 款）。个人完成的技术成果属于执行原所在法人或者非法人组织的工作任务，又主要利用了现所在法人或者非法人组织的物质技术条件的，应当按照该自然人原所在和现所在法人或者非法人组织达成的协议确认权益；不能达成协议的，根据对完成该项技术成果的贡献大小由双方合理分享（《技术合同解释》第 5 条）。

(二) 非职务技术成果的权利归属

非职务技术成果的使用权、转让权属于完成技术成果的个人，完成技术成果的个人可以就该项非职务技术成果订立技术合同（《民法典》第 848 条）。

(三) 完成技术成果人的相关权利

依据《民法典》第 849 条的规定，完成技术成果的个人享有在有关技术成果文件上写明自己是技术成果完成者的权利和取得荣誉证书、奖励的权利。完成技术成果的个人，包括对技术成果单独或者共同作出创造性贡献的人，也即技术成果的发明人或者设计人。提出实质性技术构成并由此实现技术方案的人，属于作出创造性贡献的人。提供资金、设备、材料、试验条件，进行组织管理，协助绘制图纸、整理资料、翻译文献等人员不属于职务技术成果的完成人、完成技术成果的个人（《技术合同解释》第 6 条）。

五、技术合同无效的特别规定

依据《民法典》第 844 条的规定，订立技术合同，应当有利于知识产权的保护和科学技术的进步，促进科学技术成果的研发、转化、应用和推广。因此，非法垄断技术或者侵害他人技术成果的技术合同无效（《民法典》第 850 条）。依据《技术合同解释》第 10 条的规定，这类无效的技术合同主要包括以下情形：（1）限制当事人一方在合同标的技术基础上进行新的研究开发或者限制其使用所改进的技术，或者双方交换改进技术的条件不对等，包括要求一方将其自行改进的技术无偿提供给对方、非互惠性转让给对方、无偿独占或者共享该改进技术的知识产权；（2）限制当事人一方从其他来源获得与技术提供方类似技术或者与其竞争的技术；（3）阻碍当事人一方根据市场需求，按照合理方式充分实施合同标的技术，包括明显不合理地限制技术接受方实施合同标的技术生产产品或者提供服务的数量、品种、价格、销售管道和出口市场；（4）要求技术接受方接受并非实施技术必不可少的附带条件，包括购买非必需的技术、原材料、产品、设备、服务以及接收非必需的人员等；（5）不合理地限制技术接受方购买原材料、零部件、产品或者设备等的管道或者来源；（6）禁止技术接受方对合同标的技术知识产权的有效性提出异议或者对提出异议附加条件。

技术合同无效或者被撤销后，技术开发合同研究开发人、技术转让合同让与人、技术许可合同许可人、技术咨询合同和技术服务合同的受托人已经履行或者部分履行了约定的义务，并且造成合同无效或者被撤销的过错在对方的，对其已履行部分应当收取的研究开发经费、技术使用费、提供咨询服务的报酬，可以认定为因对方原因导致合同无效或者被撤销给其造成的损失。技术合同无效或者被撤销后，因履行合同所完成新的技术成果或者在他人技术成果基础上完成后续改进技术成果的权利归属和利益分享，当事人不能重新协议确定的，人民法院可以判决由完成技术成果的一方享有（《技术合同解释》第 11 条）。侵害他人技术秘密的技术合同被确认无效后，除法律、行政法规另有规定的以外，善意取得该技术秘密的一方当事人可以在其取得时的范围内继续使用该技术秘密，但是应当向权利人支付合理的使用费并承担保密义务。当事人双方恶意串通或者一方知道或者应当知道另一方侵权仍与其订立或者履行合同的，属于共同侵权，侵权人应当承担连带赔偿责任和保密义务，因此取得技术秘密的当事人不得继续使用该技术秘密（《技术合同解释》第 12 条）。

例题 83

第二节　技术开发合同

一、技术开发合同的概念和特征

技术开发合同是指当事人之间就新技术、新产品、新工艺、新品种或者新材料及其系统的研究开发所订立的合同（《民法典》第851条）。

技术开发合同包括委托开发合同和使用开发合同。当事人之间就具有实用价值的科技成果实施转化订立的合同，可以参照适用技术开发合同的有关规定。

技术开发合同除具有技术合同的一般特征外，还具有如下特征。

第一，技术开发合同的标的是具有创造性的技术成果。技术开发合同的标的是一种技术成果，即新技术、新产品、新工艺和新材料及其系统。所谓新技术、新产品、新工艺和新材料及其系统，是指当事人在订立合同时尚未掌握的产品、工艺、材料及其系统等技术方案。但是，在技术上没有创新的现有产品改型、工艺变更、材料配方调整以及技术成果的检验、测试和使用的除外（《技术合同解释》第17条）。技术开发合同的技术成果是在订立合同时尚没有掌握、不存在的成果，而不是已有的科技成果，它只有经过研究开发的创造性科技活动才能取得。作为技术开发合同标的的技术已经由他人公开，致使技术开发合同的履行没有意义的，当事人可以解除合同（《民法典》第857条）。

第二，技术开发合同的当事人共同承担风险。技术开发合同的技术成果是经过研究开发的创造活动所取得的成果，其取得具有一定的或然性。如果研究开发的课题在现有技术水准下具有足够的难度，即使研究开发人作了最大的努力，也可能失败或者部分失败。这种失败属于技术开发合同的风险，应由研究开发双方共同承担。当然，当事人也可以约定风险责任的承担。

第三，技术开发合同是要式合同。《民法典》第851条第3款规定："技术开发合同应当采用书面形式。"因此，技术开发合同属于要式合同。技术开发合同之所以为要式合同，主要是因为技术开发是一项长期的工作，而当事人的权利义务关系又较复杂。为正确履行合同和合理解决合同纠纷，技术开发合同应采取书面形式。

二、技术开发合同的效力

（一）委托开发合同的效力

委托开发合同是指委托人委托研究开发人进行技术研究开发所订立的合同。在委托开发合同中，当事人双方均有一定的义务。在委托开发合同中，承担研究开发工作的人为研究开发人，委托研究开发人进行技术研究开发的人为委托人。

1. 委托人的主要义务

依据《民法典》第852条的规定，委托开发合同的委托人应当承担以下义务。

（1）按合同约定支付研究开发经费和报酬。研究开发经费是指完成研究开发工作所需要的成本，研究开发报酬是指研究开发成果的使用费和研究人员的科研补贴。对于研究开发经费和报酬，委托人应当按照合同约定的时间、数额、方式支付。

(2) 按约定提供技术资料。委托开发合同是研究开发人根据委托人的要求进行的，因此，只有委托人按照合同约定的时间和要求向研究开发人提供技术资料，研究开发人才能更好地满足委托人的要求。在研究开发过程中，委托人应研究开发人的要求，应补充必要的背景资料，但不得超过履行合同所需要的范围。

(3) 提出研究开发要求，完成协作事项。虽然委托开发合同的研究开发是由研究开发人进行的，但为保证研究开发工作的顺利完成，实现预期的目的，委托人应当提出研究开发要求，对研究开发人的工作予以协助。

(4) 按期接受研究开发成果。接受研究开发成果既是委托人的一项权利，也是委托人的一项义务。委托人应当按照合同约定的期限，接受研究开发人完成的开发成果。

委托人违反约定造成研究开发工作停滞、延误或者失败的，应当承担违约责任（《民法典》第 854 条）。

2. 研究开发人的主要义务

依据《民法典》第 853 条的规定，委托开发合同的研究开发人应当承担下列义务。

(1) 制定和实施研究开发计划。研究开发计划是指导研究开发人实现委托开发合同确定的预期目标的指导性文件，是研究开发工作的具体步骤和方法。在委托开发合同中，研究开发人的主要任务是做好项目的研究开发工作。因此，研究开发人需要制定严密的科学研究开发计划，并组织落实计划的实施。

(2) 合理使用研究开发经费。研究开发人应按合同约定的用途使用研究开发经费，不能将经费用于与研究开发项目无关的活动上。同时，研究开发人应做到合理使用，避免浪费和给委托人增加不合理的负担。研究开发人应当接受委托人对研究开发经费使用情况的检查。

(3) 按期完成研究开发工作并交付研究开发成果。研究开发人应按照合同约定的条件完成研究开发成果，不得擅自变更标的的内容、形式和要求。研究开发工作完成后，研究开发人应按期交付研究成果。

(4) 提供有关的技术资料和必要的技术指导，帮助委托人掌握研究开发成果，如对委托人进行技术培训等。

研究开发人违反约定造成研究工作停滞、延误或者失败的，应当承担违约责任（《民法典》第 854 条）。

（二）合作开发合同的效力

合作开发合同是指当事人各方就共同进行研究工作所订立的合同。依据《民法典》第 855 条的规定，合作开发各方有如下义务。

1. 按照约定进行投资

合作各方应当按照合同约定的时间、地点、方式等进行投资。所谓投资，是指当事人以资金、设备、材料、试验条件、技术资料、专利权、非专利技术成果等对研究开发项目所作的投入。采取资金以外的形式进行投资的，应当折算成相应的金额，明确当事人在投资中所占的比例。

2. 按照合同约定的分工参与研究开发工作

合作各方参与研究开发工作，包括按照约定的计划和分工，共同或者分别承担设计、工艺、试验、试制等研究开发工作。参与研究开发工作既是合作各方的义务，也是各方的权利。合作各方必须按照约定的分工参与研究工作。一方当事人仅提供资金、设备、材料等物质条件，或者承担辅助协作事项，另一方进行研究开发工作的，属于委托开发合同（《技术合同解释》第19条）。

3. 协作配合研究开发工作

合作开发活动，由于各方都参与开发，因此，特别需要合作各方的协作配合。各方所掌握的技术资料以及其他与项目有关的知识、研究进度等，都应及时通报他方，以利于开发工作的顺利进行。

合作开发合同的当事人违反约定造成研究开发工作停滞、延误或者失败的，应当承担违约责任（《民法典》第856条）。

三、技术开发合同的风险责任和技术成果归属

（一）技术开发合同的风险责任

技术开发合同的风险责任是指在研究开发过程中，虽然经当事人一方或者双方主观努力，但是受现有科技知识、认识水平和试验条件的限制，出现无法预见、无法防止和无法克服的技术困难，导致研究开发失败或者部分失败所发生的损失分担。由于技术开发是一项研究探索性的工作，因而存在着失败的风险，而研究开发工作的失败会造成一定的经济损失。这种损失应当由谁承担呢？依据《民法典》第858条的规定，在技术开发合同履行过程中，因出现无法克服的技术困难，致使研究开发失败或者部分失败的，该风险责任由当事人约定。没有约定或者约定不明确的，依照《民法典》第510条的规定，当事人可以协议补充；不能达成补充协议的，按照合同相关条款或者交易习惯确定；仍不能确定的，风险责任由当事人合理分担。当事人一方发现可能致使研究开发失败或者部分失败的情形时，应当及时通知另一方并采取适当措施减少损失。没有及时通知并采取适当措施，致使损失扩大的，应当就扩大的损失承担责任。

（二）技术开发合同的技术成果归属

技术开发合同的技术成果归属，应当分别依下列情形确定。

在委托开发合同中，委托开发完成的发明创造，除法律另有规定或者当事人另有约定外，申请专利的权利属于研究开发人。研究开发人取得专利权的，委托人可以免费实施该专利；研究开发人转让专利申请权的，委托人享有以同等条件优先受让的权利（《民法典》第859条）。

在合作开发合同中，合作开发完成的发明创造，除当事人另有约定的以外，申请专利的权利属于合作开发的当事人共有；当事人一方转让其共有的专利申请权的，其他各方享有以同等条件优先受让的权利。合作开发的当事人一方声明放弃其共有的专利申请权的，可以由另一方单独申请或者由其他各方共同申请。申请人取得专利权的，放弃专利申请权的一方可以免费实施该专利。合作开发的当事人一方不同意申请专利的，另一方或者其他各方不得申请专利（《民法典》第860条）。

在委托开发合同和合作开发合同中，完成的技术秘密成果的使用权、转让权以及利益的分配办法，由当事人约定。没有约定或者约定不明确的，依据《民法典》第 510 条的规定，当事人协议补充；不能达成补充协议的，按照合同相关条款或者交易习惯确定；仍不能确定的，在没有相同技术方案被授予专利权前，当事人均有使用和转让的权利。但是，委托开发的研究开发人不得在向委托人交付研究开发成果之前，将研究开发成果转让给第三人（《民法典》第 861 条）。对于技术秘密，“当事人均有使用和转让的权利”，包括当事人均有不经对方同意而自己使用或者以普通许可的方式许可他人使用技术秘密，并独占由此所获利益的权利。当事人一方将技术秘密成果的转让权让与他人，或者以独占或者排他使用许可的方式许可他人使用技术秘密，未经对方当事人同意或者追认的，应当认定该让与或者许可行为无效（《技术合同解释》第 20 条）。

例题 84

第三节　技术转让合同和技术许可合同

一、技术转让合同和技术许可合同的概念和特征

依据《民法典》第 862 条的规定，技术转让合同是指合法拥有技术的权利人将现有特定的专利、专利申请、技术秘密的相关权利让与他人所订立的合同（第 1 款）；技术许可合同是指合法拥有技术的权利人，将现有特定的专利、技术秘密的相关权利许可他人实施、使用所订立的合同（第 2 款）。

技术转让合同和技术许可合同除具有技术合同的一般特征外，还具有如下特征。

第一，技术转让和许可使用的是现有技术成果。技术转让合同和技术许可合同所转让和许可的只能是现有的、能够为某人独占，或者不具有公开性，能够在生产经营中产生经济效益的技术成果。尚待研究开发的技术成果或者不涉及专利、专利申请或者技术秘密的知识、技术、经验和信息等，不能成为技术转让、许可的标的（《技术合同解释》第 22 条第 1 款）。

第二，技术转让合同和技术许可合同的目的在于取得技术成果的相关权利，如技术转让合同的目的在于取得技术成果的专利权或者专利申请权等，技术许可合同的目的在于对技术成果进行使用。应当指出，技术转让合同和技术许可合同中关于提供实施技术的专用设备、原材料或者提供有关的技术咨询、技术服务的约定，属于合同的组成部分（《民法典》第 862 条第 3 款）。

第三，技术转让合同和技术许可合同是要式合同。依据《民法典》第 863 条第 3 款的规定，技术转让合同和技术许可合同应当采取书面形式。

二、技术转让合同和技术许可合同的效力

技术转让合同包括专利权转让、专利申请权转让、技术秘密转让等合同，技术许可合同包括专利实施许可、技术秘密使用许可等合同（《民法典》第 863 条第 1、2 款）。集成电

路布图设计专有权、植物新品种权、计算机软件著作权等其他知识产权的转让和许可，参照适用技术转让合同和技术许可合同的有关规定（《民法典》第876条）。法律、行政法规对技术进出口合同或者专利、专利申请合同另有规定的，依照其规定（《民法典》第877条）。

在技术转让合同中，转让技术成果的一方为让与人，接受技术成果的一方为受让人；在技术许可合同中，许可他人使用技术成果的一方为许可人，使用技术成果的一方为被许可人。

（一）专利权转让合同和专利权实施许可合同的效力

1. 让与人、许可人的主要义务

（1）按照约定将专利权移交给受让人或者许可被许可人实施专利。依据《技术合同解释》第25条的规定，专利实施许可包括独占实施许可、排他实施许可和普通实施许可。独占实施许可是指许可人在约定许可实施专利的范围内，将该专利仅许可一个被许可人实施，许可人依约定不得实施该专利；排他实施许可是指许可人在约定许可实施专利的范围内，将该专利仅许可一个被许可人实施，但是许可人依约定可以自行实施该专利；普通实施许可是指许可人在约定许可实施专利的范围内许可他人实施该专利，并且可以自行实施该专利。当事人对专利实施许可方式没有约定或者约定不明确的，认定为普通实施许可。专利实施许可合同约定被许可人可以再许可他人实施专利的，认定该再许可为普通实施许可，但是当事人另有约定的除外。许可人未按照约定许可技术的，应当返还部分或者全部使用费，并应当承担违约责任。许可人实施专利超越约定的范围的，或者违反约定擅自许可第三人实施该项专利的，应当停止违约行为，承担违约责任。让与人违约的，参照许可人违约处理（《民法典》第872条）。

（2）保证自己是所提供技术的合法拥有者，并保证所提供的技术完整、无误、有效，能够达到约定的目标（《民法典》第870条）。就专利实施许可合同而言，其仅在该专利权的存续期限内有效。专利权有效期限届满或者专利权被宣告无效的，专利权人不得就该专利与他人订立专利实施许可合同（《民法典》第865条）。在专利实施许可合同中，许可人负有在合同有效期内维持专利权有效的义务，包括依法缴纳专利年费和积极应对他人提出宣告专利无效的请求，但是当事人另有约定的除外（《技术合同解释》第26条）。

（3）许可人应当交付实施专利有关的技术资料，提供必要的技术指导（《民法典》第866条）。

（4）瑕疵担保责任。受让人或者被许可人按照约定实施专利侵害他人合法权益的，由让与人或者许可人承担责任，但是当事人另有约定的除外（《民法典》第874条）。

2. 受让人、被许可人的主要义务

（1）按照约定支付费用。受让人、被许可人应当按照约定支付转让费、使用费。被许可人未按照约定支付使用费的，应当补交使用费并按照约定支付违约金；不补交使用费或者支付违约金的，应当停止实施专利，交还技术资料，承担违约责任。受让人不按照约定支付转让费的，参照被许可人违约进行处理（《民法典》第873条）。

（2）按照约定承担保密义务。受让人、被许可人应当按照约定的范围和期限，对让与人、许可人提供的技术中尚未公开的秘密部分，承担保密义务（《民法典》第871条）。

（3）受让人受让取得专利权，应当按照法律规定实施专利技术。专利权实施许可合同可以约定实施专利的范围，但不得限制技术竞争和技术发展（《民法典》第 864 条）。合同约定实施专利范围的，被许可人应当按照约定实施专利，被许可人实施专利超越约定的范围的，未经许可人同意擅自许可第三人实施专利的，应当停止违约行为，承担违约责任（《民法典》第 867 条、第 873 条）。

（二）专利申请权转让合同的效力

专利申请权转让合同是指让与人将其就特定的发明创造申请专利的权利移交受让人，受让人支付约定价款所订立的合同。在专利申请权转让合同中，让与人所转移的是特定发明创造的专利申请权。专利申请权转让后，受让人取得就该发明创造申请专利的权利，其申请一旦被批准，受让人即成为专利权人。

1. 让与人的主要义务

(1) 按照约定移交专利申请权，并提供申请专利和实施发明创造所需要的技术资料。但是，让与人并没有保证所转让的专利申请权获得批准的义务。

(2) 保证自己是转让的专利申请权的合法拥有者，并保证所提供的技术完整、无误、有效，能够达到约定的目标（《民法典》第 870 条）。

2. 受让人的主要义务

(1) 按照约定支付使用费。受让人未按照约定支付使用费的，应当补交使用费并按照约定支付违约金。

(2) 按照约定的范围和期限承担保密义务。违反这一义务的，应当承担违约责任。

（三）技术秘密转让合同和技术秘密许可合同的效力

技术秘密是指不为公众所知悉的技术、具有商业价值并经权利人采取相应保密措施的技术信息（《技术合同解释》第 1 条第 2 款）。

1. 让与人、许可人的主要义务

(1) 按照合同约定转让或者许可实施技术秘密，提供技术资料，进行技术指导，保证技术的实用性、可靠性（《民法典》第 868 条第 1 款）。让与人、许可人未按照约定转让技术秘密或者许可使用技术秘密的，应当返还部分或者全部费用，并应当承担违约责任（《民法典》第 872 条）。

(2) 保证自己是技术秘密的合法拥有者，并保证所提供的技术完整、无误、有效，能够达到约定的目标（《民法典》第 870 条）。

(3) 让与人、许可人应当按照约定使用技术秘密。让与人、许可人使用技术秘密超越约定的范围，或者违反约定擅自许可第三人使用该项技术秘密的，应当停止违约行为，承担违约责任（《民法典》第 872 条）。

(4) 按照约定的范围和期限承担保密义务。让与人与许可人均承担保密义务。许可人承担的保密义务不限制其申请专利，但是当事人另有约定的除外（《民法典》第 868 条第 2 款）。

(5) 瑕疵担保责任。受让人、被许可人按照约定使用技术秘密侵害他人合法权益的，让与人、许可人应承担责任，但是当事人另有约定的除外（《民法典》第 874 条）。

2. 受让人、被许可人的主要义务

(1) 按照约定使用技术秘密（《民法典》第 869 条）。技术秘密转让合同和技术秘密许可合同可以约定使用技术秘密的范围，但是不得限制技术竞争和技术发展（《民法典》第 864 条）。受让人、被许可人使用技术秘密不得超越约定的范围，超越约定范围或者未经让与人、许可人同意，擅自许可第三人使用该技术秘密的，应当停止违约行为，承担违约责任。

（2）按照约定支付费用（《民法典》第 869 条）。受让人未按照约定支付转让费、许可费的，应当补交费用并按照约定支付违约金；受让人不补交使用费或者支付违约金的，应当停止使用技术秘密，交还技术资料，承担违约责任。

（3）按照约定的范围和期限承担保密义务。受让人、被许可人应当按照约定的范围和期限，对让与人、许可人提供的技术中尚未公开的秘密部分，承担保密义务（《民法典》第 871 条）。

例题 85

三、技术转让合同和技术许可合同中后续改进的技术成果的归属

所谓后续改进的技术成果，是指在技术转让合同的有效期限内，一方或者双方对作为合同标的的专利技术或者技术秘密所作的革新和改良而取得的技术成果。当事人可以按照互利的原则，在技术转让合同中约定实施专利、使用技术秘密后续改进的技术成果的分享办法。没有约定或者约定不明确的，依据《民法典》第 510 条的规定，当事人可以协议补充；不能达成补充协议的，按照合同相关条款或者交易习惯确定；仍不能确定的，一方后续改进的技术成果，其他各方无权分享（《民法典》第 875 条）。

例题 86

第四节　技术咨询合同和技术服务合同

一、技术咨询合同

（一）技术咨询合同的概念和特征

技术咨询合同是指当事人一方以技术知识为另一方就特定技术项目提供可行性论证、技术预测、专题技术调查、分析评价报告等而订立的合同（《民法典》第 878 条第 1 款）。

技术咨询合同除具有技术合同的一般特征外，具有如下特征。

第一，技术咨询合同的标的是技术性劳务成果。当事人订立技术咨询合同的目的，是就特定技术项目进行分析、论证、评价、预测和调查，即提供技术服务。所谓“特定技术项目”，包括有关科学技术与经济社会协调发展的软科学研究项目，促进科技进步和管理现代化、提高经济效益和社会效益等运用科学知识和技术手段进行调查、分析、论证、评价、预测的专业性技术项目（《技术合同解释》第 30 条）。

第二，技术咨询合同是不要式合同。与技术开发合同、技术转让合同、技术许可合同不同，《民法典》并没有规定技术咨询合同应当采取书面形式，因此，技术咨询合同为不要式合同。

（二）技术咨询合同的效力

1. 委托人的主要义务

(1) 按照约定阐明咨询的问题，提供技术背景材料及有关技术资料（《民法典》第879条）。委托人的咨询问题是受托人研究、分析的对象，委托人必须说明需要咨询的问题。咨询问题的有关技术背景材料及技术资料，是受托人解答咨询问题的重要依据，委托人应当按照合同的约定及时提供。受托人发现委托人提供的资料有明显错误或者缺陷，未在合理期限内通知委托人的，视为其对委托人提供的技术资料予以认可。委托人在接到受托人的补正通知后未在合理期限内答复并予补正的，发生的损失由委托人承担（《技术合同解释》第32条）。委托人未按照约定提供必要的资料，影响工作进度和质量的，支付的报酬不得追回，未支付的报酬应当支付（《民法典》第881条第1款）。

(2) 按期接受受托人的工作成果，支付报酬。委托人应当按合同约定的期间及时接受受托人完成的工作成果，不得迟延接受或者拒绝接受。委托人应当按合同约定的时间、数额、地点、方式支付报酬。委托人不接受或者逾期接受工作成果的，支付的报酬不得追回，未支付的报酬应当支付（《民法典》第881条第1款）。

(3) 对受托人提出的咨询报告和意见有保密的义务。委托人对受托人提出的咨询报告和意见，在合同约定的范围和期限内，有保密的义务。当事人对受托人提出的咨询报告和意见未约定保密义务，当事人一方引用、发表或者向第三人提供的，不认定为违约行为，但是侵害对方当事人对此享有的合法权益的，应当依法承担民事责任（《技术合同解释》第31条）。

2. 受托人的主要义务

(1) 按照合同约定如期完成咨询报告或者解答问题（《民法典》第880条）。咨询报告或者问题的解答，是受托人完成的工作成果。受托人应当按照合同的约定，利用自己的技术知识，对咨询问题进行全面、认真的论证、预测、调查、分析，如期完成咨询报告或者解答问题。受托人未按期提出咨询报告的，应当承担减收或者免收报酬等违约责任（《民法典》第881条第2款）。

(2) 提出的咨询报告达到合同约定的要求（《民法典》第880条）。受托人应当对自己提出的咨询报告的质量负责，保证符合合同约定的要求，如形式、份数、内容等都须符合合同的约定。受托人提出的咨询报告不符合约定的，应当承担减收或者免收报酬等违约责任（《民法典》第881条第2款）。但是，委托人按照受托人符合要求的咨询报告和意见作出决策所造成的损失，应由委托人承担，但是当事人另有约定的除外（《民法典》第881条第3款）。

(3) 对委托人提供的技术资料有保密的义务。受托人对委托人提供的技术资料，在合同约定的范围和期限内有保密的义务。当事人对委托人提供的技术资料未约定保密义务，当事人一方引用、发表或者向第三人提供的，不认定为违约行为，但是侵害对方当事人对此享有的合法权益的，应当依法承担民事责任（《技术合同解释》第31条）。

(4) 支付相关费用。技术服务合同对受托人正常开展工作所需费用的负担没有约定或者约定不明确的，由受托人负担（《民法典》第886条）。

二、技术服务合同

（一）技术服务合同的概念与特征

技术服务合同是指当事人一方以技术知识为另一方解决特定技术问题所订立的合同（《民法典》第878条第2款）。

技术服务合同除具有技术合同的一般特征外，还具有如下特征。

第一，技术服务合同是以解决特定技术问题而订立的合同。所谓“特定技术问题”，包括需要运用专业技术知识、经验和信息解决的有关改进产品结构、改良工艺流程、提高产品质量、降低产品成本、节约资源能耗、保护资源环境、实现安全操作、提高经济效益和社会效益等专业技术问题（《技术合同解释》第33条）。

第二，技术服务合同是不要式合同。与技术咨询合同一样，《民法典》并没有规定技术服务合同应当采取书面形式，因此，技术服务合同为不要式合同。

（二）技术服务合同的效力

1. 委托人的主要义务

（1）按照约定提供服务条件，完成配合事项（《民法典》第882条）。委托人应当按合同约定，为受托人提供工作条件。受托人发现委托人提供的资料、数据、样品、材料、场地等工作条件不符合合同约定的，应及时通知委托人。委托人在接到受托人的补正通知后未在合理期限内答复并予补正的，发生的损失由委托人承担（《技术合同解释》第35条）。委托人不履行合同义务或者履行合同义务不符合约定，影响工作进度和质量的，支付的报酬不得追回，未支付的报酬应当支付（《民法典》第884条第1款）。

（2）按期接受受托人的工作成果并支付报酬（《民法典》第882条）。委托人不接受或者逾期接受工作成果的，支付的报酬不得追回，未支付的报酬应当支付（《民法典》第884条第1款）。

2. 受托人的主要义务

（1）按照约定完成服务项目，解决技术问题，保证工作质量，并传授解决技术问题的知识（《民法典》第883条）。受托人未按照合同约定完成服务工作的，应当承担免收报酬等违约责任（《民法典》第884条第2款）。

（2）妥善保管委托人提供的技术资料、数据、样品，并按合同约定的范围和期限承担保密义务。

（3）支付有关费用。当事人对受托人提供服务所需费用的负担没有约定或者约定不明确的，由受托人负担（《民法典》第886条）。

三、技术咨询合同和技术服务合同的技术成果归属

依据《民法典》第885条的规定，在技术咨询合同、技术服务合同履行过程中，受托人利用委托人提供的技术资料和工作条件完成的新的技术成果，属于受托人；委托人利用受托人的工作成果完成的新的技术成果，属于委托人。但是当事人另有约定的，按

照其约定。

重点思考题

1. 如何区分职务技术成果与非职务技术成果?
2. 如何确定技术开发合同中的风险责任和技术成果归属?
3. 如何确定技术转让合同中后续改进的技术成果的归属?

案例讨论

甲公司想生产一种麻醉注射泵，便找到乙公司，双方签订了技术委托开发合同，约定了如下内容：(1) 甲公司向乙公司提供技术资料，由乙公司组织专家进行研发，2 年之内向甲公司提供符合甲公司所提出的技术要求的麻醉注射泵；(2) 如果遭遇不能克服的技术困难，乙公司无法完成合同，则甲公司只向乙公司支付实际支出费用的一半；(3) 合同总价款为 100 万元，合同生效后，甲公司向乙公司预付 20 万元；(4) 乙公司不得将甲公司提供的技术资料提供给第三人；(5) 如果研发成功，则乙公司不得向第三人转让或者许可第三人使用麻醉注射泵的生产技术。合同签订 1 年之后，甲公司检查乙公司的工作进程时，认为乙公司在合同履行期间内应当会研发成功，便与丙公司签订了买卖合同，约定 1 年之后，甲公司以每台 5 000 元的价格向丙公司出售 1 000 台麻醉注射泵，违约金为 6 万元。但是，乙公司在研发中遇到了目前技术条件无法克服的技术困难，于是便停止了工作，当时乙公司已经耗资 60 万元。虽然乙公司知道甲公司与丙公司签订了买卖合同，但乙公司并未通知甲公司。对于乙公司遇到技术困难一无所知的甲公司又与丁公司签订了买卖合同，约定 1 年之后，甲公司以每台 5 000 元的价格向丁公司出售 1 000 台麻醉注射泵，违约金为 10 万元。乙公司在合同履行期限届满后未能完成研发，无法向甲公司提供技术成果。与此同时，丙公司与丁公司均要求甲公司履行合同，否则应支付违约金。

请回答以下问题：

(1) 乙公司遇到无法克服的技术困难而不能完成研发，能否要求甲公司支付其实际耗资 60 万元？为什么？

(2) 甲公司向丙公司支付 6 万元违约金后，甲公司能否就该损失要求乙公司赔偿？为什么？

(3) 甲公司向丁公司支付 10 万元违约金后，甲公司能否就该损失要求乙公司赔偿？为什么？

(4) 如果乙公司研发成功，那么甲公司是否可以使用该技术？为什么？

第二十一章
保管合同

第一节　保管合同概述

一、保管合同的概念和特征

保管合同又称寄托合同、寄存合同，是指保管人保管寄存人交付的保管物，并返还该物的合同（《民法典》第888条第1款）。在保管合同中，为他人保管物品的一方为保管人，寄存物品的一方为寄存人，被保管的物品为保管物。

保管合同具有如下特征。

第一，保管合同的标的是保管行为。保管合同订立的直接目的是由保管人保管物品，而非由保管人获得保管物品的所有权或者使用权。因此，保管合同的标的是保管人的保管行为，即保管人为保管物品而提供的劳务。在保管合同中，寄存人须转移保管物的占有，保管人应直接控制、占有保管物。但是，这种控制、占有只是对物的保存行为，而不是管理行为，保管不是管理。因此，保管人不经寄托人允许或者依照有关规定，不得对保管物行使使用、收益和处分的权利。

第二，保管合同一般为实践合同、不要式合同。依据《民法典》第890条的规定，保管合同自保管物交付时成立，但是当事人另有约定的除外。可见，保管合同一般为实践合同。只有在当事人约定的情况下，保管合同才可以不自保管物交付时成立，即为诺成合同。保管合同仅以寄存人交付保管物为成立条件，并不要求当事人采取特定的形式，因此，保管合同是不要式合同。

第三，保管合同可以是有偿合同，也可以是无偿合同。保管合同是否为有偿合同，依当事人的约定而定。若当事人约定支付保管费，则保管合同为有偿合同。当事人对保管费没有约定或者约定不明确的，依据《民法典》第510条的规定，当事人可以协议补充；不能达成补充协议的，按照合同相关条款或者交易习惯确定；仍不能确定的，视为无偿保管（《民法典》第889条）。有偿保管合同的当事人双方相互负有对待给付义务，即保管人提供保管劳务，寄存人支付保管费，因此，有偿保管合同为双务合同；而无偿保管合同的当事人双方并不相互负有对待给付义务，仅保管人一方提供保管劳务，寄存人不负相应的义务，因此，无偿保管合同为单务合同。

第四，保管物包括动产和不动产，但是通常为动产。因此，保管合同主要是指动产的保管合同。在动产保管合同中，保管物可以是不可代替物，也可以是可代替物。

二、保管合同的分类

（一）有偿保管合同与无偿保管合同

根据保管合同是否有偿，保管合同可以分为有偿保管合同与无偿保管合同。有偿保管合同是指寄存人应当支付保管费的合同，无偿保管合同是指保管人不支付保管费的合同。

区分有偿保管合同与无偿保管合同的主要意义在于，在保管物毁损、灭失时，保管人因保管合同有偿或者无偿而承担不同的赔偿责任。

（二）规则保管合同与不规则保管合同

根据保管物的不同，保管合同可以分为规则保管合同与不规则保管合同。规则保管合同是指保管物为不可代替物并不转移保管物所有权的保管合同；不规则保管合同又称消费保管合同，是指保管物为可代替物并转移保管物所有权的保管合同。

区分规则保管合同与不规则保管合同的主要意义在于，这两种不同的保管合同在保管物的所有权转移上、保管物的返还上存在不同。在规则保管合同中，保管物的所有权不发生转移，保管人于保管合同终止时须返还原物；在不规则保管合同中，保管物的所有权发生转移。依据《民法典》第 901 条的规定，保管人保管货币的，可以返还相同种类、数量的货币；保管其他可替代物的，可以按照约定返还相同种类、质量、数量的物品。

（三）视为保管合同

依据《民法典》第 888 条第 2 款的规定，寄存人到保管人处从事购物、就餐、住宿等活动，将物品存放在指定场所的，视为保管，但是当事人另有约定或者另有交易习惯的除外。可见，除当事人另有约定或者另有交易习惯外，寄存人到保管人处从事购物、就餐、住宿等活动，将物品存放在指定场所的，视为成立保管合同。视为保管合同的成立须具备两个条件：一是须寄存人到保管人处从事购物、就餐、住宿等活动。从事其他活动的，不能视为成立保管合同。二是将物品存放在指定的场所，如供客人使用的停车场、寄存柜等。将物品存放于非指定场所的，不能视为成立保管合同。

视为保管合同实为推定保管合同，允许通过当事人的约定或者交易习惯推翻。至于这种保管是有偿还是无偿，应视是否支付报酬而定。若寄存人需要支付报酬如停车费，则为有偿保管，否则为无偿保管。

第二节　保管合同的效力

一、保管人的主要义务

（一）给付保管凭证

保管凭证是指保管人收到保管物时向寄存人给付的表示已收到保管物的一种凭证。

依据《民法典》第 891 条的规定，除另有交易习惯外，寄存人向保管人交付保管物的，保管人应当给付保管凭证。在保管合同中，保管凭证具有两个方面的作用：一是表明保管人收到了保管物。只要保管人向寄存人给付了保管凭证，就可以认为保管人收到了保管物。二是寄存人可以凭保管凭证领取保管物。保管凭证通常是无记名的，因此，谁持有保管凭证，谁就有权领取保管物。如保管凭证为记名的，则只有记名的持有人才有权领取保管物。

应当指出，保管凭证只是表明保管人收到了保管物，与保管合同的成立无关。即使保管人没有给付保管凭证，也不影响保管合同的成立。从性质上说，保管凭证只是保管合同成立的一种证据。

（二）妥善保管保管物

保管合同是以物品的保管为目的的，因此，妥善保管保管物是保管人的主要义务（《民法典》第 892 条第 1 款）。所谓“妥善保管”，是指保管人应当以相当注意义务进行保管。这里的相当注意义务，依保管合同的有偿与否而有所区分。依据《民法典》第 897 条的规定，保管期间，因保管人保管不善造成保管物毁损、灭失的，保管人应当承担赔偿责任。但是，无偿的保管人证明自己没有故意或者重大过失的，不承担赔偿责任。可见，在有偿保管合同中，只要保管人保管不善造成保管物损失，保管人就要承担赔偿责任。这里的“保管不善”就是保管人具有故意和过失（包括重大过失和一般过失）。而在无偿保管合同中，保管人只有在有故意或者重大过失的情况下，才负赔偿责任；保管人只具有一般过失的，对保管物的损失不承担赔偿责任。

为妥善保管保管物，保管人应当在适当的保管场所，按照适当的保管方法进行保管。在合同约定了保管场所或者保管方法时，保管人应按照约定的保管场所或者保管方法进行保管。除紧急情况或者为了维护寄存人利益外，保管人不得擅自改变保管场所或者方法（《民法典》第 892 条第 1 款）。在合同没有约定保管场所或者保管方法时，保管人应按照保管物的性质、种类、价值等，依据诚信原则，选择适当的保管场所或者保管方法。

（三）亲自保管标的物

保管人亲自保管标的物属于保管人的专属保管义务，即保管行为具有专属性。因此，保管人应按合同约定亲自保管标的物，即将标的物置于自己的控制之下，保存于自己的保管场所。除当事人另有约定外，保管人不得将保管物转交第三人保管。保管人擅自将保管物转交第三人保管，对保管物造成损失的，应当承担赔偿责任（《民法典》第 894 条）。

保管人亲自保管标的物，不仅包括保管人自己保管，也包括利用履行辅助人辅助保管。同时，保管人亲自保管，并不绝对排斥第三人进行保管。在合同约定或者经寄存人同意的情况下，保管人可以将保管物转由第三人保管。在第三人代为保管的情况下，保管人对第三人的选任和指示承担过失责任。

（四）不得擅自使用或者使第三人使用保管物

保管合同的目的在于保管物品，而不在于使用物品。因此，除当事人另有约定外，保管人不得擅自使用或者使第三人使用保管物（《民法典》第 895 条）。当然，按照交易习惯，基于保管物性质的必要使用，即保管物的使用是保管方法的组成部分，保管人虽未经寄存人同意，但可以使用保管物。例如，保管汽车时，为保持汽车的性能，可以为必要的驾驶。

保管人擅自使用或者使第三人使用保管物属于违法使用保管物，是一种违约行为，将产生两种法律后果：其一，保管人擅自使用或者使第三人使用保管物而造成保管物毁损、灭失的，保管人应承担赔偿责任；其二，保管人擅自使用或者使第三人使用保管物的，无论保管人主观上有无过错，均应向寄存人支付相当的报酬，以资补偿。至于报酬的数额，可比照租金的标准计算。

（五）危险通知的义务

所谓危险通知，是指在第三人对保管人提起诉讼或者对保管物申请扣押时，保管人应当及时通知寄存人（《民法典》第 896 条第 2 款）。这种危险通知义务的目的在于使寄存人能够及时参加诉讼或者对扣押提出异议，以维护自己的权利。保管人违反危险通知义务，造成寄存人损害的，应当承担赔偿责任。

（六）返还保管物

保管合同是转移保管物占有权的合同，并不涉及保管物的所有权转移问题。因此，保管人负有返还保管物的义务。

保管人返还保管物的时间，为保管合同终了之时。依据《民法典》第 899 条的规定，无论保管合同是否定有期限，寄存人都可以随时领取保管物，保管人应予返还；在合同没有约定保管期限或者约定不明确时，保管人可以随时要求寄存人领取保管物。但是，在合同约定保管期限时，保管人除非有特别事由，如保管人患重病、出国留学等，不得要求寄存人提前领取保管物。

保管人返还保管物的场所为保管地，但是当事人另有约定的除外。由于保管债务为往取债务，而非赴偿债务。因此，保管人并不负将保管物送交寄存人的义务。

保管物的返还相对人为寄存人，即使在第三人对保管物主张权利时，除依法对保管物采取财产保全或者执行措施外，保管人仍应当向寄存人履行返还保管物的义务（《民法典》第 896 条第 1 款）。这是因为，第三人并不是保管合同的当事人，保管人只依合同约定对寄存人承担义务。但是，当依法对保管物采取财产保全或者执行措施时，保管人不得将保管物返还给寄存人。

保管人在返还保管物时，如保管物生有孳息，应一并返还之（《民法典》第 900 条）。

例题 87

二、寄存人的主要义务

（一）支付保管费及其他费用

保管费是指寄存人因保管人为其保管物提供保管服务而向保管人支付的报酬。在有偿保管合同中，寄托人应按照约定的期限向保管人支付保管费。当事人对支付期限没有约定或者约定不明确的，依据《民法典》第 510 条的规定，当事人可以协议补充；不能达成补充协议的，按照合同相关条款或者交易习惯确定；仍不能确定的，应当在领取保管物的同时支付（《民法典》第 902 条）。

保管合同无论有偿或者无偿，保管人为保管物品而支出了其他必要费用的，寄存人有义务予以偿还。例如，保管人为维持保管物的原状所支出的重新包装、防腐、防火费用，动物的饲养费用等，寄存人都应偿还给保管人。

寄存人未按照约定支付保管费以及其他费用的，除当事人另有约定外，保管人对保管物享有留置权（《民法典》第903条）。

（二）保管物情况的告知义务

为保证保管人对保管物的妥善保管，寄存人应当将保管物的相关情况告知保管人。依据《民法典》第893条的规定，寄存人交付的保管物有瑕疵或者根据保管物的性质需要采取特殊保管措施的，寄存人应当将有关情况告知保管人。寄存人未告知，致使保管物受损失的，保管人不承担赔偿责任；保管人因此受损失的，除保管人知道或者应当知道并且未采取措施的以外，寄存人应当承担赔偿责任。可见，寄存人有关保管物情况的告知义务产生于如下两种情形：其一，保管物有瑕疵。所谓保管物的瑕疵，是指保管物自身存在的破坏性缺陷的情况。如果保管物存在瑕疵，寄存人就应当将该瑕疵告知保管人，以便于保管人采取措施，防止保管物的损坏。其二，按照保管物的性质需要采取特殊保管措施。这种情形主要是指保管物属于易燃、易爆、有毒、放射性等危险物品以及易腐蚀物品。因为对这类性质的保管物必须采取特殊的保管措施，才能防止损害的发生，所以寄存人负有告知的义务。

寄存人没有履行告知义务，致使保管人受有损失的，寄存人应当承担赔偿责任。寄存人未履行告知义务的赔偿责任须具备两个条件：一是寄存人没有履行告知义务；二是保管人为善意，即保管人不知道也不应当知道对保管物需要采取特殊保管措施。

（三）贵重物品的声明义务

货币、有价证券或者其他贵重物品与一般物品不同，它们不仅价值高，而且灭失后的价值不易确定，因此，对于贵重物品的保管不同于对一般物品的保管。依据《民法典》第898条的规定，寄存人寄存货币、有价证券或者其他贵重物品的，应当向保管人声明，由保管人验收或者封存。寄存人未声明的，该物品毁损、灭失后，保管人可以按照一般物品予以赔偿。

例题88

重点思考题

1. 消费保管合同有何特殊性？
2. 如何认定保管人的赔偿责任？

案例讨论

甲有两头母牛，分别交给乙与丙照管，期限为1年。甲与乙的保管合同为有偿保管合同，甲与丙的保管合同为无偿保管合同。在乙照管过程中，牛生下一头小牛。丙在照管过程中，未经甲同意将牛借给丁耕田。某日，乙买来草料喂牛，正好碰见丙也在喂牛，便给了丙一些草料，丙用这些草料喂了牛。由于草料有毒，两头牛均被毒死。乙与丙都未想到草料中会有毒。

请回答以下问题：

(1) 甲与乙、丙之间的保管合同何时成立？为什么？

(2) 乙所照管的母牛生下小牛，小牛的所有权属于谁？为什么？

(3) 1 年期限未到，甲能否要求返还母牛？为什么？

(4) 丙能否将牛借给丁耕田？为什么？

(5) 乙照管的牛死亡，甲能否要求乙赔偿损失？

(6) 丙照管的牛死亡，甲能否要求丙赔偿损失？

第二十二章
仓储合同

第一节　仓储合同概述

一、仓储合同的概念和特征

仓储合同是保管人储存存货人交付的仓储物，存货人支付仓储费的合同（《民法典》第 904 条）。在仓储合同中，储存货物的一方为存货人，保管货物的一方为保管人，仓储的货物为仓储物。

仓储合同具有如下特征。

第一，保管人是从事仓储保管业务的人。在仓储合同中，保管人只能是从事仓储保管业务的人，即仓库营业人。仓库营业人须具有仓储设备和从事仓储业务的资格。所谓仓储设备，是指能够满足储藏和保管仓储物的要求的设施，这是保管人从事仓储经营活动的基本物质条件。关于仓储设备，法律上并没有特定的要求，只要能够满足储藏和保管仓储物的要求即可。所谓从事仓储业务的资格，是指保管人应取得专门或者兼营仓储保管业务的营业许可，进行仓储营业登记。

第二，仓储物为动产。在仓储合同中，保管人利用自己的仓库为存货人保管仓储物，存货人须按照合同约定将仓储物交付保管人，由保管人进行储藏和保管。因此，仓储物只能是动产，不动产不能成为仓储物。

第三，仓储合同是诺成合同、双务合同、有偿合同。仓储合同自保管人和存货人意思表示一致时成立（《民法典》第 905 条）。因此，仓储合同是诺成合同。在仓储合同中，当事人双方于合同成立后互负给付义务。保管人须提供仓储服务，存货人须给付仓储费，双方的义务具有对应性和对价性。因此，仓储合同是双务合同、有偿合同。

第四，仓储合同是不要式合同。从《民法典》的规定来看，法律并没有要求仓储合同应当采取某种特定的形式。保管人签发的仓单并不是仓储合同本身，签发仓单也不是仓储合同成立的条件，仓单是提取仓储物的凭证。因此，仓储合同为不要式合同。

二、仓储合同的特别法律适用

仓储合同属于一种特殊的保管合同，因此，按照特殊规定与一般规定的关系，在法律对仓储合同没有特别规定时，应适用保管合同的有关规定（《民法典》第 918 条）。

第二节　仓　单

一、仓单的概念和性质

仓单是指保管人在收到仓储物时向存货人签发的表示收到一定数量的仓储物的有价证券。

仓单作为一种有价证券，具有如下主要性质。

第一，仓单是要式证券。要式证券是具备法定格式才能有效的证券，即法律对要式证券的格式有严格要求。《民法典》第 909 条对仓单的格式和记载事项有严格规定，即仓单必须有保管人签字或者盖章，并记载规定的事项，否则，仓单不能产生效力。因此，仓单是要式证券。

第二，仓单是背书证券。背书证券是指可以通过背书方式加以转让的证券。存货人或者仓单持有人在仓单上背书并经保管人签字或者盖章的，可以转让提取仓储物的权利（《民法典》第 910 条后句）。可见，仓单可以通过背书加以转让，故为背书证券。

第三，仓单是物权证券。物权证券是以物权为证券权利内容的证券。仓单是提取仓储物的凭证（《民法典》第 910 条前句）。存货人取得仓单后，即意味着取得了仓储物的所有权。仓单发生转移，仓储物的所有权也发生转移。因而，仓单是物权证券。

第四，仓单是文义证券。文义证券是指证券上的权利义务仅依证券上记载的文义而确定的证券。仓单所创设的权利义务是依仓单记载的文义予以确定的，不能以仓单记载以外的其他因素加以认定或者变更。因此，仓单是文义证券。

第五，仓单是记名证券。记名证券是在证券上记载权利人姓名或者名称的证券。依据《民法典》第 909 条的规定，仓单上应当载明存货人的名称或者姓名和住所。可见，仓单属于记名证券。

第六，仓单是无因证券。无因证券是指证券权利的存在和行使不以作成证券的原因为要件，证券的效力与作成证券的原因完全分离的证券。在仓储合同中，保管人签发仓单后，仓单持有人对保管人即可行使权利，而对取得仓单的原因不负证明责任。就是说，仓单持有人无论是否为存货人，都可以行使仓单所代表的权利。因此，仓单是无因证券。

二、仓单的内容

依据《民法典》第 909 条的规定，保管人应当在仓单上签字或者盖章。仓单包括下列事项：

（1）存货人的名称或者姓名和住所。仓单是记名证券，应当记载存货人的名称或者姓名和住所。这是仓单必须记载的事项，否则仓单不发生效力。

（2）仓储物的品种、数量、质量、包装及其件数和标记。在仓单中，有关仓储物的事项必须记载，因为这些事项与当事人的权利义务直接相关。有关仓储物的事项包括仓储物的品种、数量、质量、包装及其件数和标记等。这些事项应当记载准确、详细，以防止发生争议。

（3）仓储物的损耗标准。仓储物在储存过程中，由于自然因素和货物本身的自然性质可能发生损耗，如干燥、风化、挥发等，这就不可避免地造成仓储物数量上的减少。因此，在仓单中应当明确规定仓储物的损耗标准，以免在返还仓储物时发生纠纷。

（4）储存场所。储存场所是存放仓储物的地方。仓单上应当明确载明储存场所，以便存货人或者仓单持有人能够及时、准确地提取仓储物，同时，也便于确定债务的履行地点。

（5）储存期限。储存期限是保管人为存货人储存货物的起止时间。储存期限在仓储合同中十分重要，它不仅是保管人履行保管义务的起止时间，也是存货人或者仓单持有人提取仓储物的时间界限。因此，仓单上应当明确储存期限。

（6）仓储费。仓储费是保管人为存货人提供仓储保管服务而获得的报酬。仓储合同是有偿合同，仓单上应当载明仓储费的有关事项，如数额、支付方式、支付地点、支付期限等。

（7）仓储物已经办理保险的，其保险金额、期间以及保险人的名称。如果存货人在交付仓储物时，已经就仓储物办理了财产保险，则应当将保险的有关情况告知保管人，由保管人在仓单上记载保险金额、保险期间以及保险公司的名称。

（8）填发人、填发地点和填发时间。保管人在填发仓单时，应当将自己的名称或者姓名以及填发仓单的地点和时间记载于仓单上，以便确定当事人的权利义务。

在上述事项中，第（1）（2）（4）（8）项应为绝对必要记载事项；其他事项则为相对必要记载事项。对于绝对必要记载事项，若欠缺记载，则仓单不发生效力；对于相对必要记载事项，若欠缺记载，则可依据《民法典》有关规定予以处理。

三、仓单的效力

仓单具有如下三个方面的主要效力。

第一，提取仓储物的效力。仓单是物权证券，保管人签发仓单后，存货人或者仓单持有人可以凭仓单提取仓储物。

第二，转移仓储物的效力。存货人或者仓单持有人在仓单上背书并经保管人签字或者盖章的，可以转让提取仓储物的权利（《民法典》第910条后句）。

第三，以仓单出质的效力。依据《民法典》第440条的规定，存货人或者仓单持有人可以仓单设立质权。以仓单设定的质权属于权利质权，适用担保物权的相关规定。

第三节　仓储合同的效力

一、保管人的主要义务

（一）出具仓单、入库单等凭证

存货人交付仓储物的，保管人应当出具仓单、入库单等凭证（《民法典》第908条）。

保管人出具仓单、入库单，既是其接收存货人交付仓储物的必要手续，也是其向存货人履行的一项义务。

（二）验收仓储物

为保证仓储物的安全，保管人应当按照约定对入库仓储物进行验收。保管人验收时发现入库仓储物与约定不符合的，应当及时通知存货人。保管人验收后，发生仓储物的品种、数量、质量不符合约定的，保管人应当承担赔偿责任（《民法典》第 907 条）。保管人验收的项目主要有：货物的品名、规格、数量、外包装状态以及无须开箱拆捆直观可辨的质量情况。包装内的货物品名、规格、数量，以外观包装或者货物上的标志为准；外包装或者货物上无标志者，以供货人提供的验收资料为准。

（三）妥善保管仓储物

保管人应当按照仓储合同约定的储存条件和保管要求，妥善保管仓储物。保管人储存易燃、易爆、有毒、有腐蚀性、有放射性危险物品时，应当具备相应的保管条件（《民法典》第 906 条第 3 款）。在储存期间，因保管人保管不善造成仓储毁损、灭失的，保管人应当承担赔偿责任。但是，因仓储物本身的性质、包装不符合约定或者超过有效储存期造成仓储物变质、损坏的，保管人不承担赔偿责任（《民法典》第 917 条）。

（四）同意存货人或者仓单持有人检查仓储物或者提取样品

在保管人保管仓储物期间，存货人或者仓单持有人为及时了解、知悉仓储物的储存保管情况，有权向保管人提出请求，对仓储物进行检查或者提取样品，保管人应当同意其检查仓储物或者提取样品（《民法典》第 911 条）。这是存货人的权利，同时也是保管人的义务。

（五）通知和催告的义务

保管人对仓储物有妥善保管的义务，保管人应当按照仓储合同约定的储存条件和要求进行保管。保管人因保管不善造成仓储物变质或者损坏的，应当承担赔偿责任。因此，为明确仓储物的货损责任，保管人在保管仓储物过程中，发现入库仓储物有变质或者其他损坏的，应当及时通知存货人或者仓单持有人（《民法典》第 912 条）。同时，保管人发现入库仓储物的变质或者其他损坏，危及其他仓储物的安全和正常保管的，应当催告存货人或者仓单持有人作出必要的处置。因情况紧急，保管人可以作出必要的处置；但是，事后应当将该情况及时通知存货人或者仓单持有人（《民法典》第 913 条）。

（六）返还仓储物

返还仓储物是保管人的一项基本义务。保管人应当按照合同约定的期限，将仓储物返还存货人或者仓单持有人。当事人对储存期限没有约定或者约定不明确的，存货人或者仓单持有人可以随时提取仓储物，保管人也可以随时要求存货人或者仓单持有人提取仓储物，但是应当给予必要的准备时间（《民法典》第 914 条）。

二、存货人的主要义务

（一）按照合同约定交存仓储物入库

存货人应当按照合同约定的品名（品类）、时间、数量等将仓储物交保管人入库，提供验收资料，据实告知货物的情况。存货人储存易燃、易爆、有毒、有腐蚀性、有放射性等危险物品或者易变质物品的，应当说明该物品的性质，提供有关资料。存货人违反这一义务的，保管人可以拒收仓储物，也可以采取相应措施以避免损失的发生，因此产生的费用由存货人承担（《民法典》第906条第1、2款）。

（二）支付仓储费及其他必要费用

仓储合同是有偿合同，存货人应当按照合同约定向保管人支付仓储费。仓储费的数额、支付时间及地点等依仓单的记载而定。如果保管人为保管仓储物而支出了其他必要费用，如运费、修缮费、保险费、转仓费等，存货人也应偿付给保管人。当然，如果仓储合同中约定仓储费中已经包含必要费用，则存货人不必另行支付。存货人没有按照合同约定支付仓储费和其他必要费用的，保管人对仓储物享有留置权。

（三）按时提取仓储物

提取仓储物既是存货人的一项义务，也是其权利。储存期间届满，存货人或者仓单持有人应当凭仓单、入库单等凭证提取仓储物。存货人或者仓单持有人逾期提取的，应当加收仓储费；提前提取的，不减收仓储费（《民法典》第915条）。储存期间届满，存货人或者仓单持有人不提取仓储物的，保管人可以催告其在合理期限内提取，逾期不提取的，保管人可以提存仓储物（《民法典》第916条）。

例题89

重点思考题

1. 仓储合同与保管合同有何区别？
2. 如何认识仓单的效力？

案例讨论

2021年2月1日，甲公司与乙公司订立仓储合同，将一批货物存储在乙公司的仓库里，存储期为12个月，仓储费为1万元。2021年2月3日，乙公司收到货物，便向甲公司签发了仓单。随后，甲公司与丙公司签订买卖合同，甲公司需要依约向丙公司支付30万元，由于甲公司资金周转不灵，便将该仓单折价30万元，于2021年6月1日依法转让给了丙公司。2021年8月1日，丙公司持仓单要求乙公司交付货物。乙公司提出该批货物的仓储费并未支付，从而拒绝交付货物。2021年8月4日，丙公司向乙公司支付了1万元仓储费，取走货物。2021年9月1日，甲公司经过诉讼，将其与丙公司之间的买卖合同撤销。甲公司便主张乙公司向丙公司交付货物是无效的，要求乙公司赔偿损失。

请回答以下问题：

（1）甲公司与乙公司之间的仓储合同何时成立？为什么？

（2）甲公司将仓单依法转让给丙公司，需要具备什么条件？

（3）2021年8月1日，乙公司可否拒绝向丙公司交付货物？为什么？

（4）乙公司是否需要向甲公司赔偿损失？为什么？

第二十三章 委托合同

第一节　委托合同概述

一、委托合同的概念和特征

委托合同又称委任合同，是指委托人和受托人约定，由受托人处理委托事务的合同（《民法典》第919条）。在委托合同中，接受委托处理他人事务的一方为受托人，将自己的事务委托他人处理的一方为委托人。

委托合同具有如下特征。

第一，委托合同以委托人与受托人相互信任为基础。委托人选定受托人为自己处理事务，是以他对受托人的办事能力和信誉的了解、信任为基础的；而受托人接受委托，是出于愿意为委托人服务，能够完成委托事务的自信，这也是其基于对委托人的了解和信任。因此，委托合同只能发生在双方相互信任的特定人之间。

第二，委托合同的标的是处理委托事务。委托合同是提供劳务类合同，其标的是劳务，这种劳务体现为受托人为委托人处理委托事务。委托事务的范围十分广泛，包括与人们生活有关的一切事务：既包括民事法律行为，也包括事实行为；既包括财产上的行为，也包括非财产上的行为。当然，委托事务的范围也并不是没有任何限制的，委托事务必须是委托人有权实施的，且不违反法律或者社会公共利益、公序良俗的行为。此外，委托事务不包括不作为，因为处理委托的事务须以积极作为为内容。

第三，委托合同一般是受托人以委托人的名义和费用处理委托事务。受托人处理事务，除法律另有规定外，不是以自己的名义和费用，而是以委托人的名义和费用进行的。因此，委托合同的受托人处理委托事务的后果，直接由委托人承受。

第四，委托合同可以是有偿的，也可以是无偿的。依据《民法典》第929条的规定，委托合同可以是有偿合同，也可以是无偿合同。委托合同是否有偿，取决于当事人双方的约定。如约定收取报酬，则为有偿合同；如法律没有另外规定，当事人双方又没有约定给付受托人报酬的，则为无偿合同。有偿委托合同因当事人双方相互负有对待给付义务，故为双务合同；而无偿委托合同因当事人双方并不相互负有对待给付义务，故为单务合同。

第五，委托合同为诺成合同、不要式合同。委托合同自双方达成一致的协议时即成立，不以物的交付或者当事人实际履行行为作为合同成立的要件。因此，委托合同为诺成合同。委托合同为不要式合同，合同采用何种形式，由当事人双方自行约定。

二、委托合同的分类

（一）特别委托合同与概括委托合同

根据受托人的权限范围，委托合同可以分为特别委托合同与概括委托合同。特别委托合同是指委托人特别委托受托人处理一项或者数项事务的委托合同，概括委托合同是指委托人委托受托人处理一切事务的委托合同（《民法典》第920条）。

区分特别委托合同和概括委托合同的主要意义在于，受托人处理事务的权限范围不同。在一些特殊的法律关系中，法律限制概括委托合同的适用，只能适用特别委托合同。例如，在委托律师从事诉讼时，对于特殊事项（如和解等），委托人须对受托人作出特别授权。

（二）有偿委托合同与无偿委托合同

根据委托人是否需要支付报酬，委托合同可以分为有偿委托合同与无偿委托合同。有偿委托合同是指委托人需要向受托人支付报酬的委托合同，无偿委托合同是指委托人不需要向受托人支付报酬的委托合同。

区分有偿委托合同与无偿委托合同的主要意义在于，处理委托事务的注意义务有所不同，赔偿责任亦有所不同。

（三）单独委托合同与共同委托合同

根据受托人的人数，委托合同可以分为单独委托合同与共同委托合同。单独委托是指受托人为一人的委托，共同委托是指受托人为两人以上的委托。

区分单独委托合同与共同委托合同的主要意义在于，不仅受托人的人数不同，而且受托人处理事务的方式和承担的责任亦不同。依据《民法典》第932条的规定，两个以上的受托人共同处理委托事务的，对委托人承担连带责任。

第二节　委托合同的效力

一、受托人的主要义务

（一）依照委托人的指示处理委托事务

受托人处理委托事务，既是受托人的一项义务，也是其权利。依据《民法典》第922条的规定，受托人应当按照委托人的指示处理委托事务。需要变更委托人指示的，应当经委托人同意；因情况紧急，难以和委托人取得联系的，受托人应当妥善处理委托事务，但是事后应当将该情况及时报告委托人。

受托人在办理委托事务过程中，应尽到必要的注意义务。受托人怠于注意即为有过失，由此给委托人造成损失的，应承担赔偿责任。受托人的赔偿责任，因委托合同的有偿与无偿而有所不同。在有偿委托合同中，因受托人的过错给委托人造成损失的，委托人可以要求赔偿损失；在无偿委托合同中，因受托人的故意或者重大过失给委托人造成损失的，委托人可以要求赔偿损失（《民法典》第 929 条第 1 款）。此外，受托人不能超越权限处理委托事务。受托人超越权限给委托人造成损失的，应当赔偿损失（《民法典》第 929 条第 2 款）。

（二）受托人应当亲自办理受托事务

委托合同是建立在受托人与委托人相互信任基础之上的，因此，受托人应当亲自处理委托事务。只有在委托人同意的情况下，受托人才可以转委托。转委托经同意或者追认的，委托人可以就委托事务直接指示转委托的第三人，受托人仅就第三人的选任及其对第三人的指示承担责任；转委托未经同意或者追认的，受托人应当对转委托的第三人的行为承担责任，但是在紧急情况下受托人为维护委托人的利益需要转委托的除外（《民法典》第 923 条）。转委托只能在下列情况下发生：其一，委托人同意或者追认。在委托人同意或者追认的情况下，受托人可以将委托事务转托给第三人。转委托经委托人同意或者追认的，受托人与第三人之间形成转委托关系，但是受托人与委托人之间的委托合同仍然有效。委托人可以就委托事务直接指示转委托的第三人，受托人就第三人的选任及其对第三人的指示承担责任。委托人未经同意而转委托的，受托人应当对转委托的第三人的行为承担责任。其二，情况紧急。为了维护委托人的利益，因紧急情况而来不及通知委托人时，受托人可以将委托事务转托给第三人。

（三）及时向委托人报告事务办理的情况

在处理受托事务过程中，受托人应按照委托人的要求，报告委托事务处理的情况。在委托合同终止时，受托人应当报告委托事务的结果（《民法典》第 924 条）。受托人的报告义务以委托人的要求或者有必要为限，委托人不要求报告或者没有必要报告的，受托人不必报告。

（四）将办理事务所得利益及时交给委托人

在委托合同中，受托人是为委托人处理委托事务的，因此，受托人处理委托事务所取得的财产，应当转交给委托人（《民法典》第 927 条）。例如，受托人在办理委托事务过程中收取的金钱、物品及其孳息等财物，应交付委托人；受托人以委托人名义订立的合同，应及时交付委托人。受托人因办理委托事务所取得的财物，无论是以委托人名义还是以受托人自己的名义取得的，也无论是由第三人取得的还是受托人在处理事务时直接取得的，均须交付给委托人。受托人为了自己的利益，使用应交付于委托人的金钱或者使用本应为委托人利益而使用的金钱的，应支付自使用时起的利息。受托人因此给委托人造成损失的，还应负赔偿责任。

二、委托人的主要义务

（一）承受受托人在委托权限内处理委托事务的后果

受托人是以委托人的名义和费用为委托人处理委托事务的，因此，受托人在委托权限内处理事务的后果，均由委托人承受。这种处理事务的后果包括两个方面：一是有利的后果，即受托人处理委托事务所取得的利益。对此，受托人有移交的义务。二是不利的后果，这主要是受托人处理委托事务所产生的债务负担。对此，委托人应当承受。

（二）支付处理委托事务的费用

无论委托合同是否有偿，委托人都负有向受托人支付处理委托事务费用的义务。依据《民法典》第 921 条的规定，委托人应当预付处理委托事务的费用；受托人为处理委托事务垫付的必要费用，委托人应当偿还该费用并支付利息。可见，在支付处理委托事务的费用上，我国法律采取了预付的办法，但是受托人已经垫付必要费用的，则采取偿还的办法。

委托人预付费用的数额以及预付的时间、地点、方式等，应当依据委托事务的性质和处理的具体情况而定。预付费用系为委托人利益使用的，与委托事务的处理并无对价关系，因此，两者间并不存在适用同时履行抗辩权的问题。受托人为处理委托事务垫付了必要费用的，有权请求委托人偿还该费用并支付利息。所谓必要费用，是指处理委托事务所不可缺少的费用，如交通费、手续费、保管费等。支出的费用是否为必要，应以客观的必要费用为标准，而不以当事人的主观决定为标准。在确定必要费用的范围时，应充分考虑委托事务的性质、受托人的注意义务及支出费用当时的具体情况，实事求是地确定。在支付当时为必要的，其后即使为无必要的，也为必要费用；反之，在支付当时不为必要的，即使其后为必要的，也不为必要费用。

（三）有偿委托合同的委托人应向受托人支付报酬

委托合同可以是有偿的，也可以是无偿的。如委托合同是有偿的，则委托人有向受托人支付报酬的义务。委托人支付报酬的标准和期限，应依合同约定而定；合同没有约定的，依习惯或者委托性质应当由委托人支付报酬的，委托人也应支付报酬。

委托人支付报酬的时间，《民法典》采取了报酬的“后付主义”，即受托人完成委托事务的，委托人应当按照约定向其支付报酬（第 928 条第 1 款）。因不可归责于受托人的事由，致使委托合同解除或者委托事务不能完成的，委托人应当向受托人支付相应的报酬，除非当事人另有约定（《民法典》第 928 条第 2 款）。

（四）委托人的赔偿损失责任

委托人对受托人在执行委任事务过程中非因自己过错所遭受的损失，应负赔偿的义务。例如，受托人处理委托事务时，因不可归责于自己的事由受到损失的，可以向委托人要求赔偿损失（《民法典》第 930 条）；委托人经受托人同意，可以在受托人之外委托第三人处理委托事务，因此给受托人造成损失的，受托人可以向委托人要求赔偿损失（《民法典》第 931 条）。

例题 90

三、受托人以自己名义与第三人订立合同的特殊效力

在委托合同中，受托人原则上应当以委托人的名义与第三人订立合同。但是，现实生活中也存在着受托人以自己的名义与第三人订立合同的情况。受托人以委托人名义与第三人订立合同的情况，属于直接代理；而受托人以自己的名义与第三人订立合同的情况，属于间接代理。在我国法上，受托人以自己的名义与第三人订立合同有两种情形。

（一）受托人以自己名义且公开代理关系订立合同

受托人以自己的名义且公开代理关系订立合同，是指受托人以自己的名义在委托人

的授权范围内与第三人订立合同，而该第三人知道受托人与委托人之间代理关系的情形。

在受托人以自己的名义并公开代理关系订立的合同中，第三人订立合同时知道受托人与委托人之间的代理关系，因此，这一合同将直接约束委托人和第三人。但是，如果有确切证据证明该合同只约束受托人和第三人，则该合同对委托人没有约束力（《民法典》第925条）。所谓"直接约束委托人和第三人"，是指委托人自动介入受托人与第三人之间的合同关系，从而取代受托人在该合同中的地位，委托人可以直接向第三人行使权利，反之亦然。当然，在有确切证据证明该合同只约束受托人和第三人的情况下，委托人不能自动介入。例如，受托人与第三人订立的合同中明确约定该合同仅约束受托人与第三人，不涉及其他人。

（二）受托人以自己名义且不公开代理关系订立合同

受托人以自己名义且不公开代理关系订立合同，是指受托人以自己的名义，与不知道受托人与委托人代理关系的第三人订立合同。依据《民法典》第926条的规定，在受托人以自己名义且不公开代理关系订立的合同中，委托人享有介入权，第三人享有选择权。

委托人的介入权是指在受托人因第三人的原因对委托人不履行义务时，受托人应当向委托人披露第三人，委托人可以行使受托人对第三人权利的权利。委托人行使介入权须具备如下条件：(1) 受托人以自己的名义与第三人订立了合同；(2) 第三人不知道受托人与委托人之间的代理关系；(3) 受托人因第三人的原因对委托人没有履行义务；(4) 受托人应当向委托人披露第三人。在委托人行使介入权，即行使受托人对第三人的权利时，第三人可以向委托人主张其对受托人的抗辩。在委托人不行使介入权的情况下，委托人不能向第三人主张权利，只能向受托人主张权利。当然，第三人与受托人订立合同时知道该委托人就不会订立合同的，委托人不得行使介入权。

第三人的选择权是指在受托人因委托人的原因对第三人不履行义务，受托人向第三人披露委托人后，第三人在受托人或者委托人之间选择其中之一作为合同相对人的权利。第三人行使选择权须具备下列条件：(1) 受托人以自己的名义与第三人订立了合同；(2) 第三人在订立合同时不知道受托人与委托人之间的代理关系；(3) 受托人因委托人的原因对第三人不履行义务；(4) 受托人应当向第三人披露委托人。应当指出，一旦第三人行使了选择权，即确定了合同相对人，只能向选定后的人主张权利。而且，第三人选定之后，即不得变更选定的相对人。如果第三人选定委托人作为其相对人，委托人可以向第三人主张其对受托人的抗辩以及受托人对第三人的抗辩。

例题 91

第三节　委托合同的终止

一、委托合同因任意解除而终止

在委托合同中，合同的当事人双方均享有任意终止权，可以随时解除委托合同（《民法典》第933条前句）。可见，无论是有偿委托合同还是无偿委托合同，也无论是定有期限的委托合同还是未确定期限的委托合同，也无论委托事务的处理进行到何种程度，当事人均有权解除委托合同。这是因为，委托合同是以当事人的相互信任为基础的。而信任关系属于主观范畴，具有主观任意性，并无一定的规格和限制。如果一方当事人在观念上对对方当事人的信任有所动摇，就应不问有无确凿可信的理由，均允许其随时解除委托合同。即使勉强维持双方之间的合同关系，也会影响委托合同目的的实现。

当事人一方因行使任意解除权而解除委托合同，造成对方损失的，除不可归责于该当事人的事由外，无偿委托合同的解除方应当赔偿因解除时间不当造成的直接损失，有偿委托合同的解除方应当赔偿对方的直接损失和合同履行后可以获得的利益（《民法典》第 933 条后句）。可见，在委托合同的任意解除中，行使解除权的一方应当承担相应的赔偿责任。该赔偿责任的范围因委托合同有偿与无偿而存在差别，即：无偿委托合同的解除方的赔偿范围限于直接损失，而直接损失是因解除时间不当造成的；而有偿委托合同的解除方的赔偿范围既包括直接损失（不限于解除时间不当造成的），也包括合同履行后可以获得的利益（可得利益损失）。

二、委托合同的当然终止

（一）委托合同当然终止的原因

依据《民法典》第 934 条的规定，委托人死亡、终止或者受托人死亡、丧失民事行为能力、终止的，委托合同终止；但是，当事人另有约定或者根据委托事务的性质不宜终止的除外。可见，委托合同当然终止的原因主要是当事人死亡、终止或者丧失民事行为能力。

在委托人和受托人一方或者双方为自然人的情况下，无论是委托人死亡还是受托人死亡，或者两者均死亡，合同主体的一方或者双方已不存在，委托合同当然终止。这里的死亡包括自然死亡，也包括宣告死亡。

在受托人为自然人的情况下，若其丧失民事行为能力，因其本身的事务尚须其法定代理人代为处理，根本也就没有再为他人处理事务的能力，故委托合同应当然终止。

在委托人和受托人一方或者双方为法人、非法人组织的情况下，无论是一方终止还是双方终止，委托合同均当然终止。

当然，委托合同因当事人一方死亡、丧失民事行为能力或者终止而当然终止，只是一般原则。在特殊情况下，委托合同也可以不终止。这些特殊情况包括：一是当事人另有约定，如委托律师进行诉讼的，委托合同可以约定，不因委托人的死亡而终止代理诉讼；二是根据委托事务的性质不宜终止，即若终止将损害委托人的利益。

（二）委托合同当然终止的法律后果

因委托人死亡或者被宣告破产、解散，致使委托合同终止将损害委托人利益的，在委托人的继承人、遗产管理人或者清算人承受委托事务之前，受托人应当继续处理委托事务（《民法典》第 935 条）。在性质上，受托人继续处理委托事务属于后合同义务。

因受托人死亡、丧失民事行为能力或者被宣告破产、解散，致使委托合同终止的，受托人的继承人、遗产管理人、法定代理人或者清算人应当及时通知委托人；因委托合同终止将损害委托人利益的，在委托人作出善后处理之前，受托人的继承人、遗产管理人、法定代理人或者清算人应当采取必要措施（《民法典》第936条）。这里的“必要措施”，既包括委托事务的消极保存行为，也包括委托事务的积极处理行为。

重点思考题

1. 如何处理委托合同的费用问题？
2. 如何认识转委托的效力？
3. 受托人以自己名义与第三人订立合同有何特殊效力？

案例讨论

1. 甲公司与乙签订运输合同，由乙开车运输一车香蕉到北京，运费为2 000元。甲公司的负责人在乙将香蕉装到汽车上以后，考虑到自己最近事务繁杂，实在抽不出时间进行香蕉销售工作，因而又委托乙，让乙在北京以甲公司的名义将香蕉卖出去，并且指示了香蕉销售价格不得低于每公斤3元，事毕，乙按照香蕉销售款的5%提成。

乙在开车过程中，突发疾病、身体虚弱，无法继续开车。乙只得在路边的商店里住下来，2天后仍未好转。躺在病床上的乙担心已经耽搁了两天，香蕉可能腐烂，会使甲公司蒙受损失。然而，当地不通电话，手机也没有信号，乙无法联系到甲公司。乙便找来丙，说明事情原委。双方签订了合同，约定由丙将香蕉运到北京，运费为1 000元，并由丙以甲公司的名义将香蕉售出。考虑到香蕉运输的时间已经耽搁了两天，已有轻微腐烂的迹象，乙便指示香蕉销售价格不得低于每公斤2.5元，事毕，丙按照香蕉销售款的3%提成。丙按照要求将香蕉运到了北京，因其急于回家，便以每公斤2元的价格售出了全部香蕉。

请回答以下问题：

(1) 丙是谁的受托人？为什么？

(2) 甲公司能否要求乙赔偿损失？为什么？

(3) 甲公司能否要求丙赔偿损失？为什么？

(4) 甲公司能否要求乙与丙承担连带责任？为什么？

(5) 甲公司能否要求乙为丙的行为承担责任？为什么？

2. 甲公司生产电器，其与乙公司订立了委托合同，由乙公司向丙公司销售甲公司所生产的电器，并且乙公司应以自己的名义与丙公司订立合同。之后，乙公司以自己的名义与丙公司订立了买卖合同：丙公司以100万元购买100台电器，但是双方没有约定履行顺序。因甲公司生产出现了问题，一直未向乙公司交货。丙公司要求乙公司履行合同——交付100台电器，但是乙公司不能对丙公司履行。丙公司要求乙公司赔偿损失，此时乙公司只得向丙公司披露其是受甲公司的委托而与丙公司订立合同的。甲公司由于生产出现问题，因而未将电器交给乙公司。丙公司便要求甲公司承担违约责任。同时，乙公司告诉甲公司，丙公司也没有履行合同。

请回答以下问题：

(1) 丙公司能否要求甲公司承担违约责任？为什么？

（2）甲公司能否拒绝丙公司提出的交货要求？为什么？

（3）丙公司向甲公司追究责任不成，又要求乙公司承担违约责任，乙公司是否可以拒绝承担违约责任？为什么？

第二十四章 物业服务合同

第一节 物业服务合同概述

一、物业服务合同的概念和特征

物业服务合同是指物业服务人在物业服务区域内，为业主提供建筑物及其附属设施的维修养护、环境卫生和相关秩序的管理维护等物业服务，业主支付物业费的合同（《民法典》第937条第1款）。

物业服务合同具有以下特征。

第一，物业服务合同的主体具有特殊性。物业服务合同的主体包括物业服务人和业主。物业服务人包括物业服务企业和其他管理人（《民法典》第937条第2款），须具有提供物业服务的能力，物业服务企业应当具有独立的法人资格（《物业管理条例》第32条第1款）。在物业服务合同中，提供物业服务的人为物业服务人；业主为房屋所有权人（《物业管理条例》第6条第1款），但是作为物业服务合同主体的业主并非指个体业主，而是指全体业主。因此，业主委员会或者业主大会与物业服务人订立的物业服务合同，对业主具有法律约束力（《民法典》第939条）。

第二，物业服务合同的内容具有复合性。物业服务人所提供的物业服务并非单一的服务，而是具有复合性内容的服务：既涉及建筑物及其附属设施的维修养护，也涉及环境卫生和相关秩序的管理维护；既涉及对物的管理，也涉及对人的管理。因此，物业服务合同的内容涉及委托、承揽、劳务等多种因素。

第三，物业服务合同是继续性合同。物业服务人应当按照法律规定和合同约定，向主业提供各项物业服务。而这种物业服务并不是一次性完成的，而是需要在约定期限内持续不断提供，因此，物业服务合同属于继续性合同。由于继续性合同在终止时没有溯及既往的效力，因此，在物业服务合同终止时，对于物业服务人已经提供的物业服务，业主仍应当按照合同约定支付相应的报酬。

第四，物业服务合同是诺成合同、双务合同、有偿合同、要式合同。物业服务合同自当事人意思表示一致时成立，为诺成合同；在合同成立后，物业服务人提供物业服务，业主支付报酬，因此，物业服务合同为双务合同、有偿合同。物业服务合同应当采用书面形式（《民法典》第 938 条第 3 款），因此，物业服务合同为要式合同。

二、物业服务合同的内容

依据《民法典》第 938 条第 1 款的规定，物业服务合同的内容一般包括如下条款。

（1）服务事项。服务事项是物业服务人按照约定应当提供的具体服务类型，如业主共有部分的维修、养护、清洁、绿化，基本秩序的维护等。

（2）服务质量。服务质量是物业服务人提供的物业服务应达到的要求。物业服务质量能够量化的应尽量量化，如电梯维修次数、保安数量的要求等；不能量化的，应提出概括的要求，如保持小区卫生整洁等。

（3）服务费用的标准和收取办法。服务费用是指物业服务人按照物业服务合同的约定提供物业服务向业主所收取的费用。关于服务费用的标准，需要秉承合理、公开以及费用与服务水平相适应的原则，区分不同物业的性质和特点分别实行政府指导价和市场调节价。关于服务费用的收取办法，合同中亦应约定，如何时收取等。

（4）维修资金的使用。维修资金应当存入相关主管部门或者业主大会委托的住宅专项维修资金专户管理银行的住宅专项维修资金专户，但是维修资金的使用由物业服务人或者相关业主提出建议或者方案，并组织实施该建议或者方案。

（5）服务用房的管理和使用。物业服务用房是满足物业服务人的办公及值班等需求所使用的房屋。物业服务用房的用途是特定的，只能用于物业服务，未经业主大会同意，物业服务人不得改变服务用房的用途。

（6）服务期限，即物业服务合同双方当事人约定的合同存续期限。

（7）服务交接。物业服务人在提供物业服务过程中，会掌握小区内相关设施、物业服务的很多相关资料。对于这些资料，合同中应明确交接的具体事项。

此外，物业服务人公开作出的有利于业主的服务承诺，为物业服务合同的组成部分（《民法典》第 938 条第 2 款）。

三、物业服务合同的分类

（一）前期物业服务合同与普通物业服务合同

根据合同的订立主体的不同，物业服务合同可以分为前期物业服务合同与普通物业服务合同。前期物业服务合同是指在业主委员会或者业主大会选聘物业服务人之前，由建设单位与其选聘的物业服务人所订立的合同；普通物业服务合同是指由业主委员会或者业主大会与其选聘的物业服务人所订立的合同。

区分前期物业服务合同与普通物业服务合同的主要意义在于，前期物业服务合同的物业服务人通常由建设单位选聘，而普遍物业服务合同的物业服务人由业主大会或者业主委员会选聘。前期物业服务合同虽然是由建设单位与物业服务人订立的，但是对业主具有法律约束力（《民法典》第 939 条）。此外，建设单位依法与物业服务人订立的前期物业服务合同约定的服务期限届满前，业主委员会或者业主与新物业服务人订立的物业服务合同生效的，前期物业服务合同终止（《民法典》第 940 条）。

（二）定期物业服务合同与不定期物业服务合同

根据物业服务合同是否定有期限，物业服务合同可以分为定期物业服务合同与不定期物业服务合同。物业服务合同中明确约定了期限的，则为定期物业服务合同；物业服务合同中没有约定期限的，则为不定期物业服务合同。定期物业服务合同的期限届满后，业主没有依法作出续聘或者另聘物业服务人的决定，物业服务人继续提供物业服务的，原物业服务合同继续有效，但是服务期限为不定期（《民法典》第 948 条第 1 款）。

区分定期物业服务合同与不定期物业服务合同的主要意义在于，对于不定期物业服务合同，当事人可以随时解除，但是应当提前 60 日书面通知对方（《民法典》第 948 条第 2 款）。

第二节　物业服务合同的效力

一、物业服务人的主要义务

（一）亲自提供物业服务

物业服务人应当亲自履行提供物业服务的义务，不得将其应当提供的全部物业服务转委托给第三人，或者将全部物业服务支解后分别转委托给第三人（《民法典》第 941 条第 2 款）。物业服务人将物业服务区域内的部分专项服务事项委托给专业性服务组织或者其他第三人的，应当就该部分专项服务事项向业主负责（《民法典》第 941 条第 1 款）。

（二）妥善提供物业服务

物业服务人应当按照约定和物业的使用性质，妥善维修、养护、清洁、绿化和经营管理物业服务区域内的业主共有部分，维护物业服务区域内的基本秩序，采取合理措施保护业主的人身、财产安全（《民法典》第 942 条第 1 款）。物业服务人未能履行物业服务合同的约定，导致业主人身、财产安全受到损害的，应当依法承担相应的法律责任（《物业管理条例》第 35 条第 2 款）。

（三）报告义务

物业服务人应当定期将服务的事项、负责人员、质量要求、收费项目、收费标准、履行情况，以及维修资金使用情况、业主共有部分的经营与收益情况等以合理方式向业主公开并向业主大会、业主委员会报告（《民法典》第 943 条）。对物业服务区域内违反有关治安、环保、消防等法律法规的行为，物业服务人应当及时采取合理措施制止、向有关行政主管部门报告并协助处理（《民法典》第 942 条第 2 款）。

（四）通知义务

物业服务期限届满前，业主依法共同决定续聘的，应当与原物业服务人在合同期限届满前续订物业服务合同。物业服务期限届满前，物业服务人不同意续聘的，应当在合同期限届满前 90 日书面通知业主或者业主委员会，但是合同对通知期限另有约定的除外（《民法典》第 947 条）。

（五）返还义务

物业服务合同终止的，原物业服务人应当在约定期限或者合理期限内退出物业服务区域，将物业服务用房、相关设施、物业服务所必需的相关资料等交还给业主委员会、决定自行管理的业主或者其指定的人，配合新物业服务人做好交接工作，并如实告知物业的使用和管理状况。原物业服务人违反上述义务的，不得请求业主支付物业服务合同终止后的物业费；造成业主损失的，应当赔偿损失（《民法典》第949条）。

（六）合同终止的后续义务

物业服务合同终止后，在业主或者业主大会选聘的新物业服务人或者决定自行管理的业主接管之前，原物业服务人应当继续处理物业服务事项，并可以请求业主支付该期间的物业费（《民法典》第950条）。

二、业主的主要义务

（一）支付物业费

依据《民法典》第944条的规定，业主应当按照约定向物业服务人支付物业费。物业服务人已经按照约定和有关规定提供服务的，业主不得以未接受或者无须接受相关物业服务为由拒绝支付物业费。业主违反约定逾期不支付物业费的，物业服务人可以催告其在合理期限内支付；合理期限届满仍不支付的，物业服务人可以提起诉讼或者申请仲裁。但是，物业服务人不得采取停止供电、供水、供热、供燃气等方式催交物业费。

（二）告知义务

业主装饰装修房屋的，应当事先告知物业服务人，遵守物业服务人提示的合理注意事项，并配合其进行必要的现场检查。业主转让、出租物业专有部分、设立居住权或者依法改变共有部分用途的，应当及时将相关情况告知物业服务人（《民法典》第945条）。

（三）解除合同的赔偿责任

业主依照法定程序共同决定解聘物业服务人的，可以解除物业服务合同。业主共同决定解聘物业服务人，应当提前60日书面通知物业服务人，但是合同对通知期限另有约定的除外。业主解除合同造成物业服务人损失的，除不可归责于业主的事由外，应当赔偿损失（《民法典》第946条）。

例题92

重点思考题

1. 如何认识物业服务合同的特殊性？
2. 物业服务合同的解除有何特殊要求？

案例讨论

某小区业主熊某起初按时交物业服务费。后来邻居窗户外搭建了遮阳篷，导致楼上住户所扔杂物、垃圾滞留在熊某家的窗外。熊某认为，物业服务公司对违章建筑搭建有强行制止义务，故拒交物业服务费。张某购买毛坯房后出国工作1年，未装修和入住，以其这段时间并未完全享受物业服务为由，要求物业服务费按五折计算。李某将房屋出租，并将“房屋租赁协议”向物业服务公司进行了备案。后承租人一直未交纳物业服务费，物业服务公司进行催交，李某以房屋已经租给了承租人，应当由承租人交纳物业费为由拒绝交纳。另外，业主委员会就李某长期违法占用小区地下停车公共区域提起诉讼。

请回答以下问题：

(1) 熊某是否有权拒交物业费？为什么？

(2) 张某要求合理吗？为什么？

(3) 李某将房屋出租后，物业服务公司应向谁收取物业费？为什么？

(4) 业主委员会是否有权起诉？为什么？

第二十五章
行纪合同

第一节　行纪合同概述

一、行纪合同的概念和特征

行纪合同是指行纪人以自己的名义为委托人从事贸易活动，委托人支付报酬的合同（《民法典》第951条）。在行纪合同中，以自己的名义为他人从事贸易活动的一方为行纪人，委托他人的一方为委托人，委托人委托行纪人代购、代销以及寄售的物品为委托物。

行纪合同具有如下特征。

第一，行纪人为得经营行纪业务的人。所谓行纪，是指以自己的名义，为他人利益从事交易活动而受报酬的营业。从事行纪营业的人，就是行纪人。行纪营业属于特殊行业，行纪人的设立须经过批准或者许可。未经批准或者许可的人，不得从事行纪营业。因此，在行纪合同中，对行纪人的资格有特殊要求，即须有经营行纪业务的资格。

第二，行纪合同的标的是处理委托事务。行纪合同与委托合同一样，都属于提供劳务类合同，其标的也是劳务，即处理委托事务。这种处理委托事务体现为行纪人为委托人从事贸易活动。这里的贸易活动应以动产、有价证券的买卖以及其他商业上具有交易性质的行为为限，如代购、代销、寄售等。可见，行纪合同的标的只能限于民事法律行为，事实行为不能成为行纪合同的标的。

第三，行纪人以自己的名义和费用处理委托事务。在行纪合同中，行纪人是以自己的名义为委托人处理委托事务的。就是说，在行纪人与第三人实施民事法律行为时，自己为权利义务主体，委托人并不直接成为权利义务主体，第三人并不须知道委托人为何人。行纪人不仅以自己的名义处理委托事务，而且以自己的费用为委托人处理委托事务。这里的费用是行纪人处理委托事务所支出的费用，相当于为获取利润而支出的成本。

第四，行纪人为委托人的利益办理事务。行纪合同的行纪人虽以自己的名义与第三人直接发生法律关系，但他是为委托人的利益与第三人发生关系的，其因该关系所生的权利义务最终应归属于委托人。因此，行纪人在与第三人实施行为时，应当考虑委托人的利益，并将其结果归属于委托人。行纪人为委托人购、售的货物或者委托人交给行纪人的价款或者行纪人出卖委托人货物而收受的价款，虽在行纪人的支配下，但其所有权归委托人。因此，这些财产意外毁损、灭失的风险也应由委托人承担。

第五，行纪合同为诺成合同、双务合同、有偿合同、不要式合同。行纪合同自当事人双方意思表示一致时即可成立，无须标的物的实际交付或者其他给付行为，因此，行纪合同是诺成合同。行纪人负有为委托人处理委托事务的义务，而委托人负有给付报酬的义务，双方的义务是相对应的；此外，行纪人为委托人处理委托事务须收取报酬，是有偿而非无偿的。因此，行纪合同是双务合同、有偿合同。行纪合同的成立无须履行特别的方式，当事人可以约定采取口头、书面或者其他方式，因此，行纪合同为不要式合同。

二、行纪合同的特别法律适用

在行纪合同中，行纪人与委托人之间存在着委托关系，即行纪人是受委托人的委托而从事贸易活动的，因此，行纪合同具有委托合同的性质。因行纪合同具有委托合同的性质，故在法律对行纪合同没有特别规定时，应适用委托合同的有关规定（《民法典》第960条）。

第二节　行纪合同的效力

一、委托人的主要义务

（一）支付报酬

行纪是一种以营利为目的营业活动，行纪合同都为有偿合同。即使行纪合同中没有特别的约定，委托人也有支付报酬的义务。行纪合同的报酬是行纪人为行纪行为的对价，其支付的时间、地点、数额由合同当事人约定。依据《民法典》第959条的规定，行纪人完成或者部分完成委托事务的，委托人应当向其支付相应的报酬。委托人逾期不支付报酬的，行纪人对委托物享有留置权，但是当事人另有约定的除外。

（二）按约定支付费用

行纪人处理委托事务的费用，由行纪人负担，但是当事人另有约定的除外（《民法典》第952条）。如果行纪合同约定由委托人负担处理委托事务的费用，则委托人应按照约定负担该费用。委托人应支付的费用，可以预付，也可以于委托事务处理完毕后偿还。委托人还应依合同约定向行纪人支付保管费、运送费等费用。

（三）受领行纪人完成的委托事务

委托人在接到行纪人完成行纪事务的通知后，应当及时受领行纪人依合同约定所完成的事务的一切后果。依据《民法典》第957条的规定，行纪人按照约定买入委托物，委托人应当及时受领。经行纪人催告，委托人无正当理由拒绝受领的，行纪人可以提存委托物；委托物不能卖出或者委托人撤回出卖，经行纪人催告，委托人不取回或者不处分该物的，行纪人亦可以提存委托物。

二、行纪人的主要义务

（一）按照委托人的指示处理委托事务

虽然行纪人以自己的名义与第三人订立合同，但由于行纪人是为委托人的利益而实施行纪行为的，故行纪人在办理委托事务时应遵从委托人的指示，选择对委托人最为有利的条件处理。行纪人除为保障委托人的利益所必需者外，不得变更委托人的指示。依据《民法典》第 955 条的规定，行纪人低于委托人指定的价格卖出或者高于委托人指定的价格买入的，应当经委托人同意；未经委托人同意，行纪人补偿其差额的，该买卖对委托人发生效力。行纪人高于委托人指定的价格卖出或者低于委托人指定的价格买入的，可以按照约定增加报酬；没有约定或者约定不明确的，依据《民法典》第 510 条的规定，当事人可以协议补充；不能达成补充协议的，按照合同相关条款或者交易确定；仍不能确定的，该利益属于委托人。委托人对价格有特别指示的，行纪人不得违背该指示卖出或者买入。

（二）直接履行合同

行纪人以自己的名义为委托人的利益而与第三人订立合同，因此，行纪人与第三人之间所为的民事法律行为，并不直接对委托人发生效力，而是由行纪人自己直接享有、承担该法律行为所产生的权利、义务，即“行纪人与第三人订立合同的，行纪人对该合同直接享有权利、承担义务”（《民法典》第 958 条第 1 款）。第三人不履行义务致使委托人受到损害的，行纪人应当承担赔偿责任，除非行纪人与委托人另有约定（《民法典》第 958 条第 2 款）。

（三）妥善保管委托物

行纪人占有委托物的，该委托物的所有权并不属于行纪人，而是属于委托人。所以，行纪人应当妥善保管委托物（《民法典》第 953 条）。

（四）负担行纪费用

行纪人处理委托事务所支出的费用，除当事人另有约定外，行纪人应自己负担，不得要求委托人承担（《民法典》第 952 条）。

例题 93

三、行纪人的主要权利

（一）报酬请求权

委托人负有按照合同约定或者法律规定或者习惯，向行纪人支付报酬的义务。因此，行纪人就享有向委托人请求支付报酬的权利。

（二）委托物的处理权

依据《民法典》第 954 条的规定，委托物交付给行纪人时有瑕疵或者容易腐烂、变质的，经委托人同意，行纪人可以处分该物；不能与委托人及时取得联系的，行纪人可以合理处分。可见，行纪人对委托物的处理权须符合以下条件：第一，委托物交付给行纪人时须有瑕疵或者容易腐烂、变质；第二，行纪人处理委托物一般须经委托人同意。行纪人与委托人不能及时取得联系的，行纪人也可以合理处分。

（三）介入权

行纪人的介入权是指行纪人接受委托卖出或者买入具有市场定价的商品时，以自己的名义充当出卖人或者买受人的权利。

依据《民法典》第956条第1款的规定，行纪人行使介入权须具备以下条件：（1）行纪人须卖出或者买入具有市场定价的商品。这是行纪人行使介入权的前提条件，也是判断行纪人是否以不利于委托人的方式介入并因此应承担赔偿责任的根据。所谓具有市场定价，是指交易的标的物在市场上有公示的统一的交易价格。通常情况下，交易物品的市场定价应以买卖实际发生的时间、地点为准。（2）委托人须没有禁止介入的意思表示。当事人双方可在行纪合同中特约禁止行纪人介入，若有此特约，则行纪人不得行使介入权。（3）行纪人须尚未对第三人卖出或者买进。如果行纪人已对第三人卖出或者买进，则交易的相对人已经确定，行纪人已经没有介入的余地，只能为委托人的利益妥善行使对第三人的权利，履行对第三人的义务。

行纪人行使介入权后，将产生两个方面的效力：一方面，在行纪人与委托人之间直接成立买卖合同关系，法律关于买卖合同的规定均可适用。另一方面，行纪人行使介入权，既是与委托人成立了买卖合同，同时也是行纪人对行纪合同的履行，因此，行纪人的介入并不影响其报酬请求权的行使。当符合报酬请求权的条件时，行纪人仍可请求委托人支付报酬（《民法典》第956条第2款）。

例题94

重点思考题

1. 行纪合同与委托合同有何区别？
2. 行纪人应当如何处理委托事务？
3. 行纪人如何行使介入权？

案例讨论

甲与乙订立了一份合同，约定：甲将一批水果交给乙出售，要求在10天之内售完，价格不低于5元/斤，售完后乙可以按照销售款的5%提成。由于突发泥石流，道路堵塞，乙根本没有办法将水果运出，水果发生腐烂。乙又无法同甲取得联系，便以3元/斤的价格处理了一部分水果，剩下的水果乙自掏腰包全部买下，从而处理了全部的水果。

请回答以下问题：

（1）甲与乙订立的合同是何种类型的合同？为什么？

（2）甲将水果交付给乙，水果的所有权归属于谁？为什么？

（3）乙是否应就水果腐烂而向甲承担违约责任？为什么？

（4）乙以3元/斤的价格处理了一部分水果，是否需要补足2元差额？为什么？

（5）乙自己购买水果，从而将甲的水果全部处理，乙能否要求甲支付报酬？为什么？

第二十六章 中介合同

第一节　中介合同概述

一、中介合同的概念和特征

中介合同是指中介人向委托人报告订立合同的机会或者提供订立合同的媒介服务，委托人支付报酬的合同（《民法典》第961条）。在中介合同中，提供中介服务的一方为中介人，接受中介服务的一方为委托人。

中介合同具有如下特征。

第一，中介合同的标的是中介人所提供的中介劳务。中介合同属于提供劳务类合同，中介人所提供的劳务为中介劳务，即向委托人报告订约机会或者提供订约媒介服务。报告订约机会是为委托人寻觅及指示可与其订立合同的相对人，提供订约媒介是指介绍双方当事人订立合同。可见，中介活动的内容就是使委托人能够与另一方订立合同。因此，中介合同是以委托人与第三人订立合同为目的的。

第二，中介人须按委托人的指示和要求为中介活动。中介人应当根据委托人的具体要求，为委托人报告有关可以与委托人订立合同的人，给委托人提供订约的机会，或者充任委托人与第三人之间订立合同的中介人，使双方订立合同。中介人是中间商，他并不以一方的名义或者以自己的名义与第三人订立合同，并不是委托人订立合同的代理人，也不是为委托人的利益而充当与第三人订立合同的当事人。因此，中介人只能按照委托人的指示和要求从事中介活动。

第三，中介合同是诺成合同、双务合同、有偿合同、不要式合同。中介合同自当事人双方意思表示一致时成立，不以当事人的现实交付为成立条件，因此，中介合同为诺成合同。在中介合同中，中介人为委托人报告订约机会或者提供订约媒介服务，委托人支付报酬，两者互为对价，因此，中介合同为双务合同、有偿合同。当事人可以采取口头、书面或者其他形式订立中介合同，因此，中介合同为不要式合同，

第四，中介合同中委托人的给付义务具有不确定性。在中介合同中，只有中介人的中介活动达到目的，即中介人促成合同成立，委托人才负给付报酬的义务。中介人的中介活动能否达到目的，委托人与第三人之间的合同关系能否建立，具有不确定性，不是

完全由中介人的意志所决定的。因此，委托人给付报酬的义务是否须履行，也就具有不确定性。

二、中介合同的特别法律适用

在中介合同中，中介人与委托人之间存在着委托关系，即中介人是受委托人的委托而从事中介服务的，因此，中介合同具有委托合同的性质。因中介合同具有委托合同的性质，故在法律对中介合同没有特别规定时，应适用委托合同的有关规定（《民法典》第966条）。

第二节　中介合同的效力

一、中介人的主要义务

（一）如实报告订立合同的事项

中介人在从事中介活动时，就有关订立合同的事项应向委托人如实报告（《民法典》第962条第1款）。在中介活动中，对订约的有关事项，如相对人的订约能力和信用状况、相对人将用于交易的标的物的存续状态等，中介人应就其所知据实报告委托人。中介人故意隐瞒与订立合同有关的重要事实或者提供虚假情况，损害委托人利益的，不得要求支付报酬并应当承担赔偿责任（《民法典》第962条第2款）。应当指出，在媒介中介服务中，中介人应将有关订约的事项向各方如实报告。

（二）尽力进行中介服务

依据诚信原则，中介人应负尽力的义务，即尽力促成交易。至于尽力的标准，应依中介的内容和当事人的约定以及交易习惯确定。例如，为报告订约机会进行中介的，按委托人的指示寻找依其资格和倾向有希望与委托人订约的人，并向委托人指明该人，即为已尽力。

（三）保密义务

在中介合同中，中介人对在为委托人完成中介服务过程中获悉的委托人的有关商业秘密以及委托人提供的其他各种信息、成交机会等，应当依据合同的约定和法律的规定保守秘密。中介人违反保密义务，造成委托人损害的，应当承担赔偿责任。

二、委托人的义务

（一）按约定给付报酬

中介合同是有偿合同，因此，中介人促成合同成立的，委托人应当按照约定支付报酬。对中介人的报酬没有约定或者约定不明确的，依据《民法典》第510条的规定，当事人可以协议补充；不能达成补充协议的，按照合同相关条款或者交易习惯确定；仍不能确定的，根据中介人的劳务合理确定。因中介人提供订立合同的媒介服务而促成合同成立的，由该合同的当事人平均负担中介人的报酬（《民法典》第963条第1款）。可见，中介人未促成合同成立时不得请求支付报酬（《民法典》第964条）。

依据《民法典》第965条的规定，委托人在接受中介人的服务后，利用中介人提供的交易机会或者媒介服务，绕开中介人直接订立合同的，应当向中介人支付报酬。该规定明确了委托人“跳单”时，仍应向中介人支付报酬。

如果中介人在从事中介活动时，违反其承担的义务，损害委托人的利益，则委托人不负给付报酬的义务，即中介人丧失报酬请求权。如中介人故意隐瞒与订立合同有关的重要事实或者提供虚假情况，损害委托人利益的，不得请求支付报酬（《民法典》第962条）。

（二）偿付必要费用

由于中介人从事中介活动所支出的费用，通常包括在报酬之中，所以，中介人从事中介活动所支出的费用，应由中介人自己负担（《民法典》第963条第2款）。但是，中介人没有促成合同成立的，虽不能请求支付报酬，但是可以要求委托人支付从事中介活动支出的必要费用（《民法典》第964条但书）。

例题 95

重点思考题

1. 中介合同与委托合同、行纪合同有何区别？
2. 如何处理委托人的“跳单”行为？

案例讨论

甲公司与乙签订一份合同，约定：由乙为甲公司寻找机会，租赁一幢适合甲公司作办公之用的大楼。事成之后，甲公司支付给乙2万元的报酬，合同履行期限为30天。签订合同后，乙四处奔波，为甲公司寻找适合的大楼，但是一直未找到。甲公司的负责人很着急，经常打电话询问乙是否找到适合的大楼。乙担心若道出实情，甲公司很可能会另托他人，就不会向自己支付2万元，便一直说正在与对方协商，稍等几天便可以签合同。甲公司的负责人信以为真，便一直等着乙传来好消息。合同履行期限届满，乙未找到合适的大楼。

请回答以下问题：

（1）甲公司与乙订立的合同属于何种类型的合同？为什么？

（2）乙的行为是否属于违约行为？为什么？

（3）乙能否请求甲公司支付活动费用？为什么？

（4）甲公司能否要求乙赔偿损失？为什么？

第二十七章 合伙合同

第一节 合伙合同概述

一、合伙合同的概念和特征

合伙合同是两个以上合伙人为了共同的事业目的，订立的共享利益、共担风险的协议（《民法典》第967条）。

合伙合同具有以下特征。

第一，合伙人须为两人以上。在合伙合同中，合伙人可以是自然人，也可以是法人、非法人组织。但是，无论何种民事主体作为合伙人，数量上均须为两个以上。至于合伙人的具体数量，由当事人自行选择。因此，合伙合同是多方民事法律行为。

第二，合伙人具有共同的事业目的。合伙人订立合伙合同的目的在于实现共同的事业目的，合伙人订立合伙合同具有目的上的一致性。因此，合伙合同是共同行为。共同的事业目的可以是任何合法的目的，不限于经营目的，无论是经济、科学目的还是艺术等目的，无论是公益目的还是私益目的，无论是持续性的目的还是暂时性的目的，无论是为合伙人利益的目的还是为他人利益的目的，均无不可。

第三，合伙人共享利益、共担风险。基于共同的事业目的，合伙人应当共享利益。这里的利益可以是经济利益，也可以是其他非经济利益。同时，基于共同的事业目的，合伙人之间须共担风险。

第四，合伙合同是诺成合同、不要式合同、继续性合同。合伙合同自合伙人意思表示一致时成立，为诺成合同。除法律另有规定外，合伙合同不需要采取特定的形式，故为不要式合同。合伙合同的共同目的可以是长期性的，也可以是临时性的，但是均需要合伙人持续履行合同，故合伙合同为继续性合同。

二、合伙合同的分类

（一）定期合伙合同与不定期合伙合同

根据合伙合同是否定有期限，合伙合同可以分为定期合伙合同与不定期合伙合同。定期合伙合同是指有存续期限的合伙合同，不定期合伙合同是指没有固定期限的合伙合同。关于合伙期限，应当依合伙合同的约定确定。合伙合同中对合伙期限没有约定或者约定不明确的，依据《民法典》第510条的规定，当事人可以协议补充；不能达成补充协议的，按照合同相关条款或者交易习惯确定；仍不能确定的，视为不定期合伙合同（《民法典》第976条第1款）。此外，合伙期限届满，合伙人继续执行合伙事务，其他合伙人没有提出异议的，原合伙合同继续有效，但是合伙期限为不定期（《民法典》第976条第2款）。

区分定期合伙合同与不定期合伙合同的主要意义在于：不定期合伙合同的合伙人可以随时解除合伙合同，但是应当在合理期限之前通知其他合伙人（《民法典》第976条第3款）；而定期合伙合同的合伙人在合伙期限内不享有随时解除合伙合同的权利。

（二）长期合伙合同与临时合伙合同

根据合伙合同的存续时间，合伙合同可以分为长期合伙合同与临时合伙合同。长期合伙合同是指在较长期限内持续存在的合伙合同；临时合伙合同又称一时性合伙合同，是指为特定事项而临时订立的持续时间较短的合伙合同。

区分长期合伙合同与临时合伙合同的主要意义在于：长期合伙的合伙人通常组成一个实体性组织，长期合伙合同存续时间较长，通常适用于持续开展的合伙事务；而临时合伙的合伙人通常不组成一个实体性组织，临时合伙合同存续时间较短，通常适用于一时性的合伙事务。

第二节　合伙合同的效力

一、合伙人的出资义务

在合伙合同中，所有合伙人都负有按照合同约定的方式促进共同事业目的实现的义务，而出资是合伙人实现共同事业目的的经济手段，故合伙人都负有出资义务。依据《民法典》第968条的规定，合伙人应当按照约定的出资方式、数额和缴付期限，履行出资义务。合伙人的出资方式由合伙人约定，可以是货币出资，也可以是其他形式的出资；出资的数额可以均等，也可以不均等；出资的缴付期限也不要求一致。

二、合伙财产的归属

合伙财产包括合伙人的出资、因合伙事务依法取得的收益和其他财产（《民法典》第969条第1款）。除合伙获得的收益外，因合伙事业而取得的其他财产主要包括：用合伙财产所购入的新财产，合伙财产所生的孳息，以及因合伙财产毁损、灭失等原因而获得的保险金、赔偿金或者补偿金等。合伙财产属于全体合伙人，因此，合伙合同终止前，合伙人不得请求分割合伙财产（《民法典》第969条第2款）。

三、合伙事务的决定和执行

合伙合同属于共同行为，因此，对合伙事务原则上实行一致决规则。依据《民法典》

第 970 条第 1 款的规定，合伙人就合伙事务作出决定的，除合伙合同另有约定外，应当经全体合伙人一致同意。

关于合伙事务的执行，通常有三种方法：一是全体合伙人共同执行，二是委托一个或者数个合伙人执行，三是合伙人分别执行。按照合伙合同的约定或者全体合伙人的决定，可以委托一个或者数个合伙人执行合伙事务；其他合伙人不再执行合伙事务，但是有权监督执行情况（《民法典》第 970 条第 2 款）。合伙人分别执行合伙事务的，执行事务合伙人可以对其他合伙人执行的事务提出异议；提出异议后，其他合伙人应当暂停该项事务的执行（《民法典》第 970 条第 3 款）。

四、执行事务合伙人的报酬

执行合伙事务虽然是为全体合伙人的利益，但也是合伙人按照合同应尽的义务，况且实践中不乏以劳务的方式出资的合伙人，以无偿为原则最符合合伙的本旨。因此，《民法典》第 971 条规定，合伙人不得因执行合伙事务而请求支付报酬，但是合伙合同另有约定的除外。

五、合伙的利润分配与亏损分担

所谓利润分配，是指合伙在扣除必要支出后所获利润在各合伙人之间的分配；所谓亏损分担，是指合伙在一定时期内各种收入减去各项费用之后出现负差额，亦即发生了亏损，就此亏损在各合伙人之间分担。依据《民法典》第 972 条的规定，合伙的利润分配和亏损分担，按照合伙合同的约定办理；合伙合同没有约定或者约定不明确的，由合伙人协商决定；协商不成的，由合伙人按照实缴出资比例分配、分担；无法确定出资比例的，由合伙人平均分配、分担。可见，合伙合同的利润分配与亏损分担的具体比例，遵循意定优先、法定补充的规则适用顺序。

六、合伙合同的债务承担

依据《民法典》第 973 条的规定，合伙人对合伙债务承担连带责任。清偿合伙债务超过自己应当承担份额的合伙人，有权向其他合伙人追偿。合伙人对合伙债务的连带责任使合伙债务更容易获得清偿，有助于保护债权人利益。合伙人对合伙债务承担连带责任，具体应按《民法典》第 519 条关于连带债务的清偿规则确定，即实际承担债务超过自己份额的连带债务人，有权就超出部分在其他连带债务人未履行的份额范围内向其追偿，并相应地享有债权人的权利，但是不得损害债权人的利益。其他连带债务人对债权人的抗辩，可以向该债务人主张。被追偿的连带债务人不能履行其应分担份额的，其他连带债务人应当在相应范围内按比例分担。至于合伙人内部对合伙债务承担份额的确定，应适用《民法典》第 972 条关于利润分配和亏损分担份额的规定。

七、合伙财产份额的转让

合伙合同为共同行为，且合伙人具有共同的事业目的，因此，合伙人向合伙人以外的人转让其全部或者部分财产份额的，须经其他合伙人一致同意，但是合伙合同另有约定的除外（《民法典》第974条）。合伙份额的外部转让以其他合伙人一致同意为原则，这是维护合伙高度人合性的必然要求。合伙人对外转让合伙份额，既可以部分转让，也可以全部转让。在部分转让的情况下，发生受让人的入伙；在全部转让的情况下，发生受让人的入伙和转让人的退伙。

八、合伙人的债权人行使代位权的限制

所谓合伙人的债权人，是指合伙人个人债务的债权人。合伙人的个人债务是合伙人以自己的名义发生的债务，该债务可能与合伙事务有关，也可能与合伙事务无关。但是，即使是与合伙有关的债务，只要是以合伙人个人名义发生的，对外也仍然是个人债务。而合伙人对合伙所享有的权利，是基于合伙人之间的特别信赖而产生的，具有人合性，自不应允许合伙人的债权人代位行使，否则会发生第三人介入合伙关系的结果。因此，《民法典》第975条规定，合伙人的债权人不得代位行使合伙人依照《民法典》对合伙的规定和合伙合同享有的权利。当然，合伙人享有的利益分配请求权属于财产权，即使合伙人的债权人代位行使，也不会破坏合伙人之间的人合性，故应允许合伙人的债权人代位行使。

例题96

第三节　合伙合同的终止

一、合伙合同终止的原因

合伙合同的终止原因主要有以下几项。

第一，合伙期限届满。若合伙合同约定了合伙存续期限，期限届满后，合伙人不愿继续合伙的，可以终止合伙合同。

第二，合伙人死亡、丧失民事行为能力或者终止的，合伙合同终止；但是，合伙合同另有约定或者根据合伙事务的性质不宜终止的除外（《民法典》第977条）。

第三，其他原因。如合伙目的已经实现或者无法实现，合伙人可以终止合伙合同；经全体合伙人决定，可以终止合伙合同。

二、合伙合同终止的后果

合伙合同终止后，合伙人需要进行清算。合伙财产在支付因终止而产生的费用以及清偿合伙债务后有剩余的，依据《民法典》第972条的规定进行分配（《民法典》第978条）。

重点思考题

1. 对合伙事务应当如何管理？
2. 合伙人如何承担合伙债务？

案例讨论

甲、乙二人口头约定组成合伙，一起承揽劳务，后因活儿比较多，又雇了丙干活儿。甲与丁达成协议，由甲、乙合伙为丁维修其小型车库。甲、丙从甲、乙合伙的仓库带了工具，到丁处开始维修。但在干活儿的过程中，甲不小心将工具扔出，砸坏旁边的一辆汽车。而丁的车库天花板突然掉落，丙被砸伤。汽车的所有人要求丁赔偿损失，丙也要求丁赔偿损失。

请回答以下问题：

(1) 丙受雇于谁？为什么？

(2) 汽车的所有人是否有权要求丁赔偿损失？为什么？

(3) 丙是否有权要求丁赔偿损失？为什么？

第二十八章 准合同

第一节　无因管理

一、无因管理的概念与性质

《民法典》第 121 条规定：“没有法定的或者约定的义务，为避免他人利益受损失而进行管理的人，有权请求受益人偿付由此支出的必要费用。”根据这一规定，无因管理是指没有法定的或者约定的义务，为避免他人利益受损失而进行管理的行为。其中，进行管理的行为人为管理人，受事务管理的一方为受益人或者本人。在无因管理中，管理人有权请求受益人偿还因管理事务所支出的必要费用，管理人因管理事务受到损失的，可以请求受益人给予适当补偿（《民法典》第 979 条第 1 款）。管理人与受益人之间因事务的管理而产生的这种权利义务关系，属于一种债的关系。所以，无因管理为法律规定的债的发生原因，因无因管理所产生的债为无因管理之债。

《民法典》虽然将无因管理规定于合同编，并以“准合同”概括之，但是，无因管理是债的发生的独立法律事实。从性质上说，无因管理属于事实行为，而不是民事法律行为。民事法律行为是以发生一定的民事法律后果为目的的行为，以意思表示为要素。这种意思表示不仅需要有效果意思，而且需要表意人将自己的意思表示于外部而为他人所知晓。在无因管理中，管理人并不是以发生一定民事法律后果为目的而实施管理行为的，因而无因管理行为并不以管理人的意思表示为要素。尽管法律也要求管理人有为他人管理的意思，但这种意思并非效果意思，也无须通过某种方式表示于外部。因此，无因管理不属于民事法律行为，而只能属于事实行为。

二、无因管理的成立条件

一般地说，无因管理须具备以下三个条件才能成立。

（一）管理他人事务

管理他人事务是无因管理成立的前提条件。没有对他人事务的管理，就不会产生无因管理。所谓管理他人事务，是指对他人的事务进行处理的事实。处理事务既包括对他人事务的管理，如对他人财物的保存、利用、改良、管领、处分等；也包括对他人提供服务，如为他人提供劳务帮助。具体地说，管理他人的事务包含以下两层意思。

1. 管理事务

所谓事务，是指可以满足人们生活需要的、适于为债的客体的一切事项。有关财产的或者非财产的事项，继续的行为或者一时的行为，都可为事务。管理事务可以是事实行为，如抢救他人失火的财物、将危急病人送往医院等；也可以是民事法律行为，如出卖他人的物品、雇人修缮他人的房屋等。

由于无因管理是债的发生原因，因此，不能在当事人之间产生债权债务关系的事项，不能为管理的事务，即对该类事项的管理不能构成无因管理。一般说来，管理下列事务不发生无因管理：(1) 违法的或者违背社会公德的行为；(2) 不足以发生民事法律后果的纯粹道义上的、宗教上的或者其他一般性的生活事务；(3) 单纯的不作为行为；(4) 依照法律规定须由本人实施或者须经本人授权才能实施的行为。

2. 管理的事务须为他人的事务

无因管理是管理他人事务的行为，因此，管理人所管理的事务须为他人的事务。管理人纯为自己事务而管理的，不能成立无因管理。管理人所管理的事务是否为他人的事务，应依事务的性质和管理人的证明来确定。事务就其性质而言，可分为三类：(1) 自己的事务。事实上属于自己的事务，而管理人误信为他人事务而进行管理的，为幻想管理，不成立无因管理。例如，误信自己的车辆为他人车辆而进行维修等。(2) 客观的他人事务。有的事务客观上是属于他人的，如管理人进行了管理，即可成立无因管理，而无须管理人证明事务系为他人事务。例如，为他人清偿债务，为他人修缮房屋，抢救病人入院治疗，从外部形式上即可断定为管理他人的事务。(3) 中性事务。所谓中性事务，是指事务在性质上与特定人并无当然的结合关系，而依管理人的意思决定是否属于他人的事务。也就是说，这类事务从外部不能断定为属于何人的事务。例如，购买物品，若行为人为自己利益实施，则属于管理自己的事务；若行为人是为他人利益实施的，则属于管理他人的事务（主观的他人事务）。中性事务亦得为无因管理的标的，但是应由管理人举证证明该事务为他人的事务。如果管理人不能证明其所管理的事务为他人的事务，则其管理不能构成无因管理。

（二）管理人须有管理意思

管理人的管理意思，是指管理人在主观上有为他人利益进行管理的意思。也就是说，管理人应当具有将其管理行为所生的利益归属于受益人的意思。

管理意思在无因管理中具有重要意义，是无因管理成立的主观要件，也是无因管理阻却违法性的根本原因。由于管理意思不是效果意思，因此，只要事实上有为他人管理事务的意思即可，而无须表示。那么，如何判定管理人是否具有管理意思呢？一般而言，对于客观的他人事务，依该事务的性质与管理人的行为，自客观上就足以认定管理人具有管理意思。但是，就主观的他人事务而言，管理人主张有管理意思的，应负举证责任，就事务的性质、管理的必要性以及管理的后果诸方面证明自己的管理意思。管理人的管理意思并不以完全为他人管理事务为必要，可以兼有为自己利益的意思。就是说，管理人为他人的意思与为自己的意思可以并存，管理人为他人管理事务兼具有为自己利益的，仍可成立无因管理。例如，为避免邻居的房屋倒塌而为之修缮，管理人不仅有为避免邻居遭受危险的意思，而且使自己有免受危险的利益，仍不影响无因管理的成立。但是，如果管理人纯粹为自己的利益而管理他人的事务，即使本人从其管理中受有利益，也不能构成无因管理。

管理人误将他人的事务作为自己的事务而管理的（误信管理），或者明知为他人事务而作为自己事务而管理的（不法管理），因管理人欠缺乏管理意思，自不能构成无因管理。在误信管理时，如果管理符合不当得利的条件，可成立不当得利；如构成对他人事务的干涉，则可构成侵权行为。在不法管理时，原则上亦适用不当得利和侵权行为的规定。

（三）无法律上的义务

无因管理中的“无因”是指没有法律上的原因，即管理人的管理没有法律上的根据。在社会生活中，任何人都有处理自己事务的权利，他人不得干涉。如果要管理他人的事务，就须有法律上的根据，或者是有权利，或者是有义务。没有权利或者没有义务而管理他人的事务，就是无法律根据。因此，各国在规定无因管理之“无因”上，有的基于权利，有的基于义务。我国《民法典》是从义务角度规定“无因”的，即“没有法定的或者约定的义务”。所谓法定义务，是指法律直接规定的义务。如果管理人负有法定义务，则管理人管理他人事务属于履行义务，不构成无因管理。例如，失踪人的财产代管人管理失踪人的财产是《民法典》第43条规定的义务，财产代管人管理失踪人的财产不为无因管理。所谓约定义务，是指管理人与本人基于合同而约定的义务。在实际生活中，产生管理他人事务义务的合同主要是委托合同，因为委托合同就是一方委托另一方处理事务的协议。当然，基于约定义务而管理他人的事务不限于委托合同，其他合同也可以产生管理他人事务的义务，如基于保管、运输、租赁、承揽等合同，当事人一方也有管理另一方事务的义务。只要管理人是基于当事人双方的约定应当管理他人的事务，其管理就是有义务的，就不能构成无因管理。

认定管理人有无管理他人事务的义务，应以管理人着手管理时的客观事实而定，而不能以管理人主观的判断为标准。管理人原无管理的义务，而于管理时有义务的，不能成立无因管理；管理人原有管理的义务，而于管理时已没有义务的，则自没有义务之时起可成立无因管理；管理人虽有义务，但处理事务超出义务范围的，可以成立无因管理；管理人事实上没有管理的义务，而管理人主观上认为有义务的，可以成立无因管理；管理人事实上有义务，而其主观上误认为无义务的，不能成立无因管理。

应当指出，管理人管理事务经受益人事后追认的，从管理事务开始时起，应当适用委托合同的规定，但是管理人另有意思表示的除外（《民法典》第984条）。

例题 97

三、无因管理的效力

无因管理成立后，发生两方面的法律效力：一是阻却违法性，即管理人的管理行为成为合法行为，不构成侵权行为；二是在管理人与受益人之间产生债权债务关系，即无因管理之债。在无因管理之债中，管理人和受益人都享有相应的权利和负担相应的义务。

（一）管理人的义务

管理人的义务，是指管理人着手管理后依法承担的义务。管理人原本无管理的义务，但因无因管理的成立，管理人也就承担了一定的义务。一般地说，管理人的义务有以下几项。

1. 适当管理

所谓适当管理，是指管理人在管理他人事务时，应当依照该事务的性质，并依管理人已知或者可得推知的受益意思，以有利于受益人利益的方法进行管理。可见，管理人履行适当管理义务，须满足以下两个条件。

一是不违反受益人的意思。所谓不违反受益人的意思，是指管理人管理事务应当符合受益人的真实意思（《民法典》第 979 条第 2 款前一分句）。受益人的真实意思是明示的或者可推知的意思。例如，受益人明确表示过要修理自己的危房，则为明示的意思，管理人为之修理的，即为适当的管理；受益人于路途中发病，虽未明确表示要去医院治疗，但是从受益人所处的情形可推知其有去医院治疗的意思，管理人将其送往医院治疗，也为适当的管理。如果受益人的真实意思违反法律或者违背公序良俗，则管理人虽违反受益人的真实意思，但为适当的管理（《民法典》第 979 条但书）。例如，对自杀者予以抢救，管理人的管理虽然与自杀者的真实意思相反，但是与其根本利益相一致，管理人的管理为适当管理。

二是以有利于受益人的方法管理事务。管理人在着手管理后，应当采取利于受益人的方法进行管理。中断管理对受益人不利的，管理人无正当理由不得中断（《民法典》第 981 条）。所谓有利于受益人的方法，是指管理人对事务管理的方式、管理的结果有利于受益人，而不损害受益人的利益。管理方法是否有利于受益人，应以管理人管理事务当时的具体情况确定，而不能以管理人的主观意识为标准。管理人虽主观上认为其管理方法有利于受益人，而客观上并不利于受益人，甚至使受益人的利益受损失的，则其管理是不适当的。反之，受益人主观上认为管理人的管理方式不利于自己，但是从当时的情况看，管理人的管理是有利于受益人的，则管理人的管理是适当的。

2. 通知义务

管理人开始管理后，应当将管理事务的情况及时通知受益人。管理人的这种通知义务，以能够通知和有必要通知为限。管理人通知本人后，如果没有紧急情况，应当等待受益人的指示（《民法典》第 982 条）。管理人将开始管理的事实通知受益人后，管理人于受益人可以进行管理前，应当继续进行管理，不得无故中断。

3. 报告与计算义务

依据《民法典》第 983 条的规定，管理人在完成事务管理后，应当向受益人报告管理的情况，提供有关管理的资料，并应本人的要求予以说明；管理人在完成事务管理时，应当将管理期间所取得的财产及时移交给受益人。

（二）管理人的权利

1. 必要费用偿还请求权

管理人为受益人管理事务所支出的必要费用，有权请求受益人偿还（《民法典》第 979 条第 1 款前一分句）。管理人所支出的费用是否为必要，应以费用支出时的客观情况而定。如果管理人虽认为是必要费用，但是客观上属于非必要费用，则管理人无偿还请求权；如果受益人虽不认为是必要费用，而客观上属于必要费用，则管理人有偿还请求权。如果费用在支出时是必要的，则即使在嗣后未能获得预期的效果，管理人仍有偿还请求权。

2. 损失补偿请求权

管理人因管理事务所受到的损失，有权请求受益人补偿（《民法典》第979条第1款后一分句）。管理人有权请求补偿的损失，限于实际损失，不包括可得利益损失。因为可得利益损失属于管理人的自我牺牲，自不应向受益人请求补偿。此外，管理人的实际损失应与管理事务有因果关系，如因救火而受伤所支出的医疗费，管理人才有权请求补偿。

应当指出，即使管理事务不构成无因管理，但是受益人享有管理利益的，管理人仍享有上述权利，只是受益人仅限于在其获得的利益范围内向管理人承担相应的义务（《民法典》第980条）。

例题98

第二节　不当得利

一、不当得利的概念和性质

《民法典》第122条规定："因他人没有法律根据，取得不当利益，受损失的人有权请求其返还不当利益。"根据这一规定，不当得利是指没有法律根据取得利益而使他人受损失的事实。在这一事实中，取得不当利益的一方为得利人，受到损失的一方为受损人。

关于不当得利的性质，理论上存在不同的认识。虽然《民法典》将不当得利规定为一种"准合同"，但是，不当得利并非因当事人的意思而产生的，其效力是由法律直接规定的，故不当得利不是民事法律行为。同时，就形成不当得利的原因事实来说，其可能是事件，也可能是事实行为，还可能是民事法律行为。但是，无论引起得利人得利的原因事实如何，不当得利都与人的意思无关，不是由得利人的意志所决定的。因此，不当得利在性质上属于事件。

二、不当得利的成立条件

一般认为，不当得利的成立条件包括：一方受有利益、他方受有损失、受益与受损之间有因果关系、没有法律根据。

（一）一方受有利益

不当得利是以一方受有利益为前提的，没有一方受有利益，则不发生得利的当与不当的问题，也就无所谓的不当得利。因此，一方受有利益是不当得利成立的必要条件。

所谓一方受有利益，是指一方当事人因一定的事实结果而财产总额增加，包括积极增加和消极增加。至于一方受有利益的原因和方法如何，法律上并无限制。所以，凡因一定事实而受利益，无论是事实行为，还是民事法律行为；无论是得利人或者受损人的行为，还是第三人的行为，均可构成不当得利。财产的积极增加即积极受有利益，是指财产权利的增强或者财产义务的消灭，如财产权的取得、财产权范围的扩张或者效力的增强、财产权限制的消除、债务的消灭、占有的取得等；财产的消极增加即消极受有利益，是指财产本应减少而没有减少，如本应支出的费用而没有支出、本应承担的债务而未承担、所有权上应设定负担的而未设定等。

（二）他方受有损失

他方受有损失，是不当得利成立的另一必要条件；若无他方的损失，虽有一方的得利，也不成立不当得利。

所谓损失，是指一定的事实结果使财产利益的总额减少，包括积极损失和消极损失。积极损失是指现有财产利益的减少；消极损失是指财产应增加而未增加，亦即应得利益的损失。这里的财产总额不限于具有金钱价值的权利总和，亦包含随时可以使用、收益的潜在价值，不必斟酌受损人对于该财产有无使用、收益的意思或者有无使用的计划，只需依通常情形认为该项权利应归属于受损人，得利人即应将利益返还。[1] 例如，居住他人的空房，若从损害方面看，所有权人本就没有出租该房，居住者未给所有权人造成“损失”，但居住人的居住是对房屋的使用，而使用、收益的利益本应属于所有权人，其没有法律根据受有该利益，所有权人也就受有失去该利益的损失。

（三）受益与受损之间有因果关系

所谓受益与受损之间有因果关系，是指他方的损失是一方受益造成的，一方受益是他方受损的原因，二者之间具有变动的关联性。

依据《民法典》第 122 条的规定，没有法律根据，取得不当利益并造成他人损失，即构成不当得利。因此，只要他人的损失是由取得不当利益造成的，或者如果没有其不当利益的取得，他人就不会遭受损失，就应当认定受益与受损之间有因果关系。在一般情况下，取得利益与受到损失是基于同一原因事实发生的。在某些情况下，尽管由两个原因事实引起得利与受损，但是为保护当事人的合法权益，也应认定构成不当得利。例如，甲拾得乙的财物赠与丙，虽乙的受损与丙的受益非出于同一原因，但乙也可依不当得利请求丙返还。

（四）没有法律根据

所谓没有法律根据，是指得利人取得利益没有法律上的原因。在社会交易中，任何利益的取得都须有法律根据，或者是直接依据法律规定，或者是依据民事法律行为。有法律根据而取得利益的，即使使他方受有损失，该利益的取得也是正当的，应受法律的保护。但是，非以法律规定或者民事法律行为为根据而取得利益的，就是没有法律根据，即没有法律上的原因，自应将利益返还。得利人在取得利益时没有法律根据的，当然无法律根据；取得利益时虽有法律根据，但其后该根据丧失的，亦属于没有法律根据。

例题 99

---

① 孙森焱．民法债编总论：上册．北京：法律出版社，2006：121.

三、不当得利的基本类型

根据不当得利的发生原因，不当得利可分为给付型不当得利与非给付型不当得利两种基本的类型。

（一）给付型不当得利

给付型不当得利是指基于受损人的给付而发生的不当得利，其目的在于矫正给付当事人间因欠缺给付目的而发生的财产变动。给付是债务人为了履行自己的义务而为的行为，会发生财产利益变动的后果。如果一方的给付是为实现一定法律目的而为的，而该法律目的又欠缺，则另一方因给付而取得的利益就是没有法律根据的，即构成给付型不当得利。

1. 给付型不当得利的类型

给付型不当得利的发生原因主要包括以下三种情形。

（1）给付目的自始不存在。给付目的自始不存在，是指受损人为履行自己的义务而向得利人给付，但是该义务自始就是不存在的。因给付目的自始不存在而发生的不当得利主要有：一是非债清偿，即一方是为清偿债务而给付财产利益的，而其实际上并没有债务。例如，不知债务已经清偿而仍为给付。二是作为给付原因的行为不成立、无效或者被撤销。例如，甲为履行与乙的买卖合同而向乙交付货物，而该买卖合同原本就不成立。

（2）给付目的嗣后不存在。给付目的嗣后不存在，是指一方给付财产原有法律根据，但是该法律根据于给付后不存在。例如，在附解除条件或者终期的民事法律行为中，因条件成就或者期限届满而使给付目的不存在；因双方合意解除合同而使给付目的不存在；给付后因给付义务的免除而使给付目的不存在。在上述情况下，均因给付目的嗣后不存在而发生不当得利。

（3）给付目的未达到。给付目的未达到，是指一方为实现将来某种目的而为给付，但是其他障碍致使该目的没有实现。例如，债权人以受偿为目的而将债权证书或者债务受偿的收据交给债务人，而其后债务人并未清偿的，债权人即得请求债务人返还因此而生的不当得利。在附停止条件的民事法律行为中，当事人预期条件成就而为清偿，结果条件竟未成就，即构成给付目的未达到的不当得利。

2. 给付型不当得利的排除

在一般情况下，具有上述三种情形之一的，即可产生给付型不当得利。但是，依据《民法典》第985条的规定，在以下三种情形下，一方虽没有给付义务而为给付的，仍不构成不当得利。

（1）为履行道德义务进行的给付。为维护社会道德，受损人的给付若系履行道德上的义务，虽无法律上原因，也不得请求返还，以免法律和道德发生冲突。例如，养子女对其生父母的法定赡养义务因收养而解除。若该养子女仍供养其生父母，则属于尽道德义务。对于因此而支出的费用，养子女不得以不当得利请求返还。

（2）债务到期之前的清偿。债务到期之前的清偿即期前清偿，是指债务人于债务履行期届满前履行未到期的债务。在期前清偿的情形下，债务并非不存在，债权人受领给付并非无债权而受领。因此，债务人主动提前清偿而债权人受领的，即使债务人因此而失去利益，债权人因此而取得利益，债务人也不得以不当得利请求返还。

（3）明知无给付义务而进行的债务清偿。一方明知自己没有义务而向他人交付财产的，若对方接受该财产，则应视为赠与，不能以不当得利的规定要求对方返还。

除上述三种情形外，不法原因的给付亦不构成不当得利。所谓不法原因的给付，是指给付的标的和目的具有不法性。因不法原因而为给付的，给付一方所主张的利益是基于不法原因而取得的，因此，给付一方不能以不当得利请求对方返还。

（二）非给付型不当得利

非给付型不当得利是指基于给付以外的事实所发生的不当得利。这种不当得利的发生原因可以是行为或者法律规定，也可以是自然事件。

1. 基于行为而发生的不当得利

基于行为而发生的不当得利，是基于得利人、受损人或者第三人的行为所发生的不当得利。

基于得利人的行为而发生的不当得利，是以得利人的行为侵害他人的合法权益为条件的，往往又构成侵权行为。得利人的行为既可以是民事法律行为，也可以是事实行为，如无权处分行为、擅自出租他人之物的行为、未经许可使用或者消费他人之物的行为等。

基于受损人的行为而发生的不当得利，是受损人因自己的行为而受到损失并使他人得利的情形。若受损人实施行为时有使他人得利的目的，则因其行为而发生的不当得利属于给付型不当得利。例如，误认他人的牲畜为自己的牲畜而加以喂养所支出的费用，将他人之物认作自己之物而为之改善所支出的费用等。

基于第三人的行为而发生的不当得利，是第三人的行为使一方得利而另一方受损失的情形。例如，甲以乙的饲料饲养丙的牲畜，丙的得利与乙的损失就是基于第三人甲的行为而发生的。

2. 基于法律规定而发生的不当得利

基于一定事实的发生，直接由法律规定而受利益的，与当事人的意思无关。这种受益因系直接基于法律规定，故该利益的取得并非无法律上的原因。但是，依法律规定的意旨，使得利人取得该利益，仅是在形式上使该利益归属于得利人，而无使得利人一并取得该利益的实质上财产价值的用意。因此，对于这种利益的取得，仍属无法律根据而构成不当得利。例如，在添附的情况下，依法律规定，一方可取得添附物的所有权，这种权利的取得是有法律根据的。但是，法律并不允许取得所有权的一方取得因添附所产生的实质上的财产利益而使他人受到损失。也就是说，取得所有权的一方没有取得利益的法律根据，所以其得利可构成不当得利，另一方有权基于不当得利规定请求取得所有权的一方返还其利益。依据《民法典》第322条的规定，在添附中，因确定物的归属造成另一方损失的，应当给予补偿。

3. 基于自然事件而发生的不当得利

在有些情况下，因自然事件的发生，也会发生一方受益与他方受损的结果，这就会成立基于自然事件而发生的不当得利。例如，甲养殖的对虾因池水漫溢而进入乙的虾池内，就可成立不当得利。

四、不当得利的效力

不当得利成立后，在得利人与受损人之间产生债权债务关系，即不当得利之债。不当得利之债的内容是得利人返还不当利益的义务与受损人请求返还不当利益的权利（《民法典》第985条），所以，不当得利的基本效力为受损人的不当得利返还请求权。

（一）不当得利的返还标的

不当得利的返还标的为得利人所取得的不当利益。得利人返还的不当利益，可以是原物、原物所生的孳息、原物的价金、使用原物所取得的利益，也可以是其他利益。在返还不当利益时，应以返还原物为原则，以价额偿还为补充。就是说，在返还不当利益时，能够返还原物的，应返还原物；得利人的受益依其性质或者其他原因不能返还的，应进行价额偿还。

（二）不当得利的返还范围

不当得利的返还范围，也就是得利人返还义务的范围。得利人的返还范围因其是否为善意而有所不同，具体分为以下四种情形。

1. 得利人为善意时的利益返还

得利人的善意是指得利人于取得利益时不知道且不应当知道自己取得利益无法律根据。在得利人为善意的情形下，若受损人的损失大于得利人取得的利益，则得利人返还的利益仅以现存利益为限；利益已不存在的，得利人不负返还义务（《民法典》第986条）。所谓现存利益，是指得利人受返还请求时享有的利益。现存利益不以原物的固有形态为限，因此，原物的形态虽改变但其价值仍存在或者可以代偿的，仍为有现存利益。如果得利人所受利益大于受损人的损失，得利人返还的利益范围以受损人受到的损失为准。因为，若以其受益范围决定返还的范围，则对受损方又会发生不当得利。

2. 得利人为恶意时的利益返还

得利人的恶意是指受益人于受有利益时知道或者应当知道其取得利益没有法律根据。在得利人为恶意的情形下，得利人应当返还其所取得的全部利益。即使得利人所取得的利益已不存在，也应负责返还。受损人的损失大于得利人所得到的利益的，得利人除返还其所得到的全部实际利益外，还须依法赔偿损失（《民法典》第987条）。

3. 得利人受益时为善意而其后为恶意的利益返还

得利人于取得利益时是善意的，而嗣后为恶意的，得利人所返还的利益范围应以恶意开始时的利益范围为准。

4. 第三人的返还

依据《民法典》第988条的规定，得利人已经将取得的利益无偿转让给第三人的，受损人可以请求第三人在相应范围内承担返还义务。根据反面解释规则，若得利人将取得的利益有偿转让给第三人，则受损人就不能请求返还。

例题 100

重点思考题

1. 如何理解无因管理与不当得利的性质?

2. 如何认定无因管理与不当得利的成立条件和效力?

案例讨论

1. 张某在一风景区旅游，爬到山顶后，见一女子孤身站在山顶悬崖边上，目光异样，即心生疑惑。该女子见有人来，便向悬崖下跳去，张某情急中拉住女子衣服，将女子救上来。张某救人过程中，随身携带的照相机被碰坏，手臂被擦伤；女子的头也被碰伤，衣服被撕破。张某将女子送到山下医院，为其支付各种费用 500 元，并为包扎自己的伤口用去 20 元。次日，轻生女子的家人赶到医院，向张某表示感谢。

请回答以下问题：

(1) 张某与女子之间存在何种民事法律关系?

(2) 女子应否偿付张某照相机被损坏以及治疗伤口的费用? 为什么?

(3) 张某能否请求女子偿付其为女子支付的医疗费等费用? 为什么?

(4) 张某能否请求女子给付一定的报酬? 为什么?

(5) 张某应否赔偿女子的衣服损失? 为什么?

2. 甲所在单位年终发放奖金，每人 5 000 元，用信封封装。甲领到装有奖金的信封后，没有清点，便带回家中。次日中午，甲请客人吃饭，便从信封中抽出 800 元，并消费掉 500 元。饭后，甲又到商场用剩余的 300 元购买了一件衬衣。三天后，单位发现给甲多发了 1 200 元奖金，便找到甲。经清点，甲承认奖金多了 1 200 元，于是单位要求甲返还。但是甲认为，单位多发的 1 200 元已经被消费了 800 元，只同意返还 400 元。

请回答以下问题：

(1) 甲与单位之间形成了何种法律关系?

(2) 甲应否返还单位多发的 1 200 元奖金?

主要参考书目

1. 王利明．合同法：上，下册．2版．北京：中国人民大学出版社，2021.

2. 崔建远．合同法．4版．北京：北京大学出版社，2021.

3. 韩世远．合同法．2版．北京：高等教育出版社，2022.

4. 徐涤宇．合同法学．3版．北京：高等教育出版社，2020.

5. 梁慧星．合同通则讲义．北京：人民法院出版社，2021.

6. 郭明瑞．合同法通义．上海：商务印书馆，2020.

7. 黄薇．中华人民共和国民法典合同编释义．北京：法律出版社，2020.

8. 王利明．中国民法典释评：合同编·通则．北京：中国人民大学出版社，2020.

9. 王利明．中国民法典评注：合同编（1—4）．北京：人民法院出版社，2021.

10. 王轶，等．中国民法典释评：合同编·典型合同：上，下卷．北京：中国人民大学出版社，2020.

11. 朱广新，谢鸿飞．民法典评注：合同编·通则（1—2）．北京：中国法制出版社，2020.

12. 谢鸿飞，朱广新．民法典评注：合同编·典型合同与准合同（1—4）．北京：中国法制出版社，2020.

13. 最高人民法院民法典贯彻实施工作领导小组．中华人民共和国民法典合同编理解与适用（1—4）．北京：人民法院出版社，2020.

图书在版编目（CIP）数据

合同法/房绍坤著. --北京：中国人民大学出版社，2023.12
21世纪普通高等教育法学系列教材
ISBN 978-7-300-32366-4

Ⅰ.①合… Ⅱ.①房… Ⅲ.①合同法-中国-高等学校-教材 Ⅳ.①D923.6

中国国家版本馆CIP数据核字（2023）第231746号

21世纪普通高等教育法学系列教材
合同法
房绍坤 著
Hetong Fa

出版发行	中国人民大学出版社		
社　　址	北京中关村大街31号	**邮政编码**	100080
电　　话	010－62511242（总编室）		010－62511770（质管部）
	010－82501766（邮购部）		010－62514148（门市部）
	010－62515195（发行公司）		010－62515275（盗版举报）
网　　址	http：//www.crup.com.cn		
经　　销	新华书店		
印　　刷	天津鑫丰华印务有限公司		
开　　本	787 mm×1092 mm　1/16	**版　　次**	2023年12月第1版
印　　张	20插页1	**印　　次**	2024年1月第2次印刷
字　　数	447 000	**定　　价**	59.00元

《　　　　　　》※任课教师调查问卷

为了能更好地为您提供优秀的教材及良好的服务，也为了进一步提高我社法学教材出版的质量，希望您能协助我们完成本次小问卷，完成后您可以在我社网站中选择与您教学相关的1本教材作为今后的备选教材，我们会及时为您邮寄送达！如果您不方便邮寄，也可以申请加入我社的**法学教师QQ群：436438859（申请时请注明法学教师）**，然后下载本问卷填写，并发往我们指定的邮箱（cruplaw@163.com）。

邮寄地址：北京市海淀区中关村大街31号中国人民大学出版社806室收

邮　　编：100080

再次感谢您在百忙中抽出时间为我们填写这份调查问卷，您的举手之劳，将使我们获益匪浅！

基本信息及联系方式※：

姓名：__________ 性别：__________ 课程：__________________

任教学校：____________________ 院系（所）：______________

邮寄地址：____________________ 邮编：__________________

电话（办公）：__________ 手机：__________ 电子邮件：__________

调查问卷※：

1. 您认为图书的哪类特性对您选用教材最有影响力？（　　）（可多选，按重要性排序）
   A. 各级规划教材、获奖教材　　B. 知名作者教材
   C. 完善的配套资源　　D. 自编教材
   E. 行政命令
2. 在教材配套资源中，您最需要哪些？（　　）（可多选，按重要性排序）
   A. 电子教案　　B. 教学案例
   C. 教学视频　　D. 配套习题、模拟试卷
3. 您对于本书的评价如何？（　　）
   A. 该书目前仍符合教学要求，表现不错将继续采用
   B. 该书的配套资源需要改进，才会继续使用
   C. 该书需要在内容或实例更新再版后才能满足我的教学，才会继续使用
   D. 该书与同类教材差距很大，不准备继续采用了
4. 从您的教学出发，谈谈对本书的改进建议：____________________

____

____

选题征集：如果您有好的选题或出版需求，欢迎您联系我们：

联系人：黄　强　吴静雨　联系电话：010-62515955/5727

索取样书：书名：________________________________

书号：____________________________________

备注：※ 为必填项。